biblioteca
del
pensamiento socialista

SERIE
ENSAYOS CRITICOS

traducción
de
maría dolores de la peña

MICHAEL LÖWY

PARA UNA SOCIOLOGÍA DE LOS INTELECTUALES REVOLUCIONARIOS

la evolución política de lukács 1909-1929

siglo veintiuno editores, sa
CERRO DEL AGUA 248, MEXICO 20, D.F.

siglo veintiuno de españa editores, sa
C/PLAZA 5, MADRID 33, ESPAÑA

siglo veintiuno argentina editores, sa

siglo veintiuno de colombia, ltda
AV. 3a. 17-73 PRIMER PISO, BOGOTA, D.E. COLOMBIA

edición al cuidado de jorge tula
portada de anhelo hernández

primera edición en español, 1978

primera edición en francés, 1976

título original: pour une sociologie des intellectuels révolutionnaires

ISBN 968-23-0116-5

ÍNDICE

APÉNDICE

Para Ilana,
coautora de este trabajo

AGRADECIMIENTOS

Deseamos primeramente expresar nuestro profundo reconocimiento al profesor Louis-Vincent Thomas, de la Universidad René-Descartes, director de nuestra tesis de doctorado en letras, cuya contribución a la orientación de nuestro estudio ha sido de un valor inestimable.

Nuestro reconocimiento también a todos aquellos que nos han aportado críticas o sugerencias: Georges Haupt, György Litvan, Sami Naïr, Reginaldo Di Piero, Roberto Schwarz, Charles Urjewicz.

Un agradecimiento especial a Ilona Duczynska, cuyas cartas han sido un estímulo y una ayuda muy importante; a nuestros amigos de la "Escuela de Budapest", Agnès Heller, Ferenc Féher y György Markus, cuyas críticas, a la vez amistosas y apasionadas, nos han inspirado una mejor comprensión de la obra de Lukács; y al profesor Ernst Bloch, que ha tenido la gentileza de concedernos una entrevista.

Asimismo deseamos agradecer a los investigadores que han tenido a bien intercambiar con nosotros sus trabajos sobre Lukács: Laura Boella (Pisa), Paul Breines (Nueva York), Eva Karadí (Budapest), Leandre Konder (Bonn); así como Martha Dufournaud y Rita Kiss que han traducido para nosotros escritos húngaros de Lukács.

Nuestra gratitud a los responsables del Archivo Lukács de Budapest (en especial al señor Ferenc Janossy, heredero de Lukács), de la biblioteca del Instituto Internacional de Historia Social de Amsterdam y de la biblioteca de la Fundación Lelio Basso de Roma, que nos han permitido beneficiarnos de sus colecciones.

Por último, deseamos expresar nuestra deuda con el siempre recordado Lucien Goldmann, quien nos reveló la obra de Lukács y cuyo método inspiró ampliamente nuestro trabajo.

INTRODUCCIÓN

El problema de los intelectuales que se incorporan a la lucha del proletariado es tan viejo como el movimiento obrero mismo. Marx lo menciona en un pasaje célebre del *Manifiesto del partido comunista*:

"En las épocas [. . .] en que la lucha de clases se aproxima al momento decisivo, el proceso de desagregación reviste, dentro de la clase dominante, dentro de toda la vieja sociedad, un carácter de tal manera violento y brutal, que una pequeña fracción de la clase dominante se desprende de ésta y se fusiona a la clase revolucionaria, la clase que tiene en su manos el porvenir. Igual que antaño una parte de la nobleza pasó a la burguesía, una parte de la burguesía pasa ahora al proletariado, principalmente una parte de los ideólogos burgueses que, a fuerza de trabajo, se han elevado hasta la comprensión (*Verständnis*) teórica del conjunto del movimiento histórico."[1]

Este texto de Marx provoca varias observaciones:

1] No es, en general, una parte de la ***burguesía*** la que se fusiona al proletariado, sino una parte de los ideólogos ***pequeñoburgueses.*** La diferencia es muy significativa. Hay casos de burgueses pasados al movimiento obrero (¡Friedrich Engels!), pero son más bien excepcionales e individuales; no constituyen una *fracción,* ni siquiera pequeña, de la clase dominante.

2] Si la comparación con la nobleza incorporada al tercer estado es posible, no hay que perder de vista que se trata de fenómenos *completamente distintos,* por cierto número de razones concretas:

a] los intelectuales que se adhieren al campo del proletariado, contrariamente a los aristócratas instruidos del siglo XVIII, no se pasan del lado de una clase ya económicamente poderosa si no es hegemónica, esto es, capaz de asegurar a sus aliados o ideólogos toda una serie de privilegios materiales y sociales;

b] la extensión del movimiento es mucho más vasta: no se trata de unos cuantos individuos "traidores a su clase" (como los nobles que se unieron a la asamblea del tercer estado en junio de 1789) sino de sectores enteros de la inteliguentsia pequeñoburguesa.

3] Este fenómeno no solamente tiene lugar cuando la lucha del proletariado "se acerca al momento decisivo" o cuando la clase dominante está "en desagregación", sino también en el curso de diferentes

[1] Karl Marx, *Manifiesto del partido comunista,* en *Obras escogidas,* Moscú. Progreso, 1973, t. I, p. 120.

etapas de la lucha de clases, y a veces aun después de una derrota del movimiento obrero (reacción de los intelectuales al triunfo del fascismo, etc.).

4] La "comprensión teórica del conjunto del movimiento histórico" está en relación dialéctica con una *toma de posición* político-ideológica que hay que explicar sociológicamente; frecuentemente es la opción de una posición de clase proletaria lo que crea en el intelectual las condiciones de posibilidad de esta visión teórica.[2]

Aparte de Gramsci, han sido raros los pensadores marxistas que han tratado de explicar este fenómeno, decisivo sin embargo para el movimiento obrero, y cada vez más importante y masivo en el trascurso del siglo XX. Lenin ha destacado el papel crucial que desempeñan los intelectuales revolucionarios en la lucha ideológica contra la burguesía y en la construcción del partido de vanguardia, pero da pocos elementos para comprender las causas de su incorporación al campo proletario (de la que él mismo es un ejemplo ilustre).

Este trabajo evidentemente no es más que una contribución extremadamente parcial y limitada para una futura sociología marxista de la inteliguentsia revolucionaria, que está todavía por desarrollarse. Su objeto es comprender la evolución política de Lukács hasta el año de 1929, en el marco de un estudio sobre la inteliguentsia radicalizada de Alemania y Hungría a principios de siglo, brindando una atención especial a los grupos en los cuales Lukács participó directamente: el Círculo Max Weber de Heidelberg, el "Círculo del domingo" de Budapest, etc. Se trata de alcanzar dos objetivos a la vez: analizar las ideas políticas de aquel a quien muchos consideran el más grande filósofo marxista del siglo XX y, por otra parte, aprehender a través de su evolución ideológica un *caso ejemplar* para la comprensión sociológica del problema de los intelectuales revolucionarios.

Nuestro método, en el estudio del "fenómeno Lukács" es, por lo tanto, el materialismo histórico y, en especial, una interpretación de éste ampliamente inspirada por *Historia y conciencia de clase.* Casi se podría decir que se trata no solamente de un estudio marxista de un pensador marxista sino aun de un análisis lukacsiano de Lukács...

Esto significa que nuestro punto de partida es la categoría de la *totalidad,* con un cierto número de implicaciones metodológicas:

1] La ideología política, estética, etc., de un autor no puede ser comprendida más que en sus relaciones con *el conjunto global* de su

[2] Sobre la relación entre "ciencia" e "ideología", "punto de vista de clase" y "objetividad", véase nuestra obra *Dialéctica y revolución,* México, Siglo XXI, 1975.

pensamiento, y éste a su vez debe estar insertado en la *visión del mundo* que le da su estructura significativa.

2] Las ideologías, teorías y visiones del mundo deben ser comprendidas como aspecto de una totalidad histórica concreta, en sus lazos dialécticos con las relaciones de producción, el proceso de la lucha de clases, los conflictos políticos y las otras corrientes ideológicas. Más especialmente, deben ser comprendidas en su relación con el modo de vida y de pensamiento, los intereses, aspiraciones, deseos y aversiones de las clases, capas y categorías sociales.

3] Una comprensión dialéctica de un acontecimiento histórico, ya sea económico, político o ideológico, implica la aprehensión de su papel dentro del todo social, dentro de la *unidad* del proceso histórico. Los "hechos" abstractos y aislados deben ser disueltos y concebidos como *momentos* de ese proceso unitario.

4] Por este método, la relación con la totalidad histórica, socioeconómica y politicosocial, no es un complemento exterior, un anexo, un apéndice del análisis interno de los sistemas ideológicos y productos culturales. Esta relación *ilumina desde el interior* la estructura significativa de la obra política, filosófica o literaria y permite comprender su génesis (la evolución ideológica de su autor, etc.). Es, pues, un elemento esencial para la interpretación del *sentido* mismo de las obras y de su *contenido*.[3]

5] Un estudio que se sitúa en esta perspectiva escapa necesariamente a las compartimentaciones tradicionales de las disciplinas académicas e implica un enfoque a la vez económico, sociológico, histórico, político, filosófico, etc., aun si puede favorecer a tal o cual vía más que a tal otra (en nuestro caso la sociológica).

Lukács escribió en *Geschichte und Klassenbewusstsein* [*Historia y conciencia de clase*] esta célebre frase que ha hecho correr mucha tinta: "Lo que diferencia decisivamente al marxismo de la ciencia burguesa no es la tesis del predominio de los motivos económicos en la explicación de la historia, sino el punto de vista de la totalidad [...] El dominio de la categoría de totalidad es el portador del principio revolucionario en la ciencia."[4] Contrariamente a lo que pretenden diversos críticos "materialistas" de Lukács, esta afirmación no niega el papel de la economía en el devenir histórico; para Lukács se trata simplemente de destacar lo que da al marxismo su carácter de ciencia *revolucionaria*. Esto no impide, en absoluto, reconocer explícitamente "la

[3] Véase Lucien Goldmann, *Recherches dialectiques* [*Investigaciones dialécticas*], París, Gallimard, 1969, p. 42.

[4] György Lukács, *Historia y conciencia de clase*, México, Grijalbo, 1969, p 29.

fundamentación económica objetiva de todas las formas de sociedad".[5]

Nuestro análisis de los intelectuales anticapitalistas y del pensamiento de Lukács se sitúa pues en el marco de la tesis marxista de la *determinación económica en última instancia.* Tesis que es motivo de múltiples equívocos y que demanda cierto número de precisiones:

1] El papel decisivo de la "infraestructura" económica sobre los fenómenos ideológicos pasa por una serie de *mediaciones,* de las que la más importante es el *campo de la lucha de clases.*

2] La explicación económica de un producto cultural no es de ninguna manera una explicación psicológica por "el interés económico" de tal o cual individuo; eso sería reducir el marxismo a un vulgar utilitarismo benthamiano. Se trata de los intereses objetivos de las clases sociales y de la economía como *condición objetiva* de la vida social.

3] En la vida y el comportamiento social de los individuos, grupos o hasta clases sociales, el *papel principal* puede ser desempeñado en tal o cual situación o período histórico por factores políticos o ideológicos. Pero son las relaciones de producción en la formación social concreta las que *explican el papel de esos factores y su eventual predominio.* Marx reconoce el peso que la religión y la política tenían respectivamente en la Edad Media y en la Antigüedad, pero agrega inmediatamente: "Lo indiscutible es que ni la Edad Media pudo *vivir* de catolicismo ni el mundo antiguo de política. Es, a la inversa, el modo y la manera en que la primera y el segundo se ganaban la vida, lo que explica por qué en un caso la política y en otro el catolicismo desempeñaron el papel protagónico."[6]

4] La esfera ideológica disfruta de una *autonomía relativa* que debe ser tomada en consideración en todo análisis concreto: es evidente que el desarrollo del pensamiento obedece a un conjunto de exigencias internas de sistematización, de coherencia, de racionalidad, etc. Nada sería más estéril que buscar las "bases económicas" de todo el contenido de una obra literaria, filosófica o política, ignorando las reglas específicas de continuidad de la historia de las ideologías, las particularidades de una esfera ideológica determinada (arte, moral, etc.), o las exigencias de lógica interna de la obra (o aun los rasgos personales del autor como individualidad psicológicamente determinada). Este concepto de autonomía relativa (en el sentido etimológico griego: *auto-nomos*: "reglas propias") nos permite sobrepasar la eterna polémica entre la historia idealista del pensamiento, en la cual los sistemas ideológicos están completamente desprendidos de las "contingencias"

[5] *Ibid.,* p. 62.
[6] Karl Marx, *El capital,* México, Siglo XXI, 1975, t. I/1, p. 100.

historicosociales y flotan libremente en el cielo puro de lo absoluto, y el economismo vulgar, seudomarxista, que reduce todo el universo del pensamiento a un reflejo inmediato de la "infraestructura".[7]

Al partir de tales presupuestos metodológicos, nos parece que la evolución del pensamiento de Lukács debe sujetarse a un análisis de las condiciones históricas (economicosociales, políticas, etc.) de la formación de una ideología anticapitalista y/o revolucionaria en la inteliguentsia alemana y húngara de finales del siglo XIX-principios del XX. No se trata de un estudio del "medio" o de las "influencias" en el sentido tradicional (y académico):

—Lo que nos interesa no es el "medio" de Lukács en un sentido vago y superficial (o anecdótico), sino el sector radicalizado de una categoría social determinada, de un período histórico preciso, en su relación compleja con ciertas clases sociales.

—Más que "explicar" el pensamiento de Lukács por la influencia de Weber y Dostoievski, se trata de explicar *por qué* en tal o cual etapa de su desarrollo ha sido influido por tal o cual autor; la "recepción" de una doctrina es un hecho social que debe ser comprendido con relación a la realidad histórica concreta.

No se pueden comprender las diferentes "metamorfosis" del pensamiento filosófico y político de Lukács sin estudiar sociológicamente cómo ciertos sectores de la inteliguentsia alemana y húngara se volvieron anticapitalistas primero, luego (unos cuantos) fueron atraídos por el movimiento obrero y finalmente (sobre todo en Hungría) fueron integrados por la vanguardia revolucionaria del proletariado.

¿Por qué el "caso" Lukács nos parece en cierta medida *paradigmático* y esclarecedor para una comprensión general del problema de la inteliguentsia revolucionaria?

1] Probablemente, Lukács es, después de Marx, el intelectual "tradicional" (con todas las implicaciones universitarias y/o culturales) *más importante* que se ha pasado a las filas del movimiento obrero (con excepción, por supuesto, de los dirigentes políticos como Lenin, Rosa Luxemburg, etc., quienes estaban, por otra parte, lejos de ser intelectuales "tradicionales" típicos).

2] Habiéndose adherido al marxismo militante a una edad mucho

[7] A este respecto, véanse los escritos de Lucien Goldmann, *Sciences humaines et philosophie* [*Las ciencias humanas y la filosofía*], París, Gonthier, 1966, "Médiations"; *Recherches dialectiques*, París, Gallimard, 1959, etc. Por supuesto, en el marco de esta introducción, no tenemos la posibilidad de analizar, de una manera ni siquiera poco profunda, las cuestiones esenciales del materialismo histórico; las observaciones hechas aquí no deben ser consideradas más que como un conjunto de tesis "programáticas" que formulan la orientación metodológica de nuestro trabajo.

más avanzada que la mayoría de los otros pensadores revolucionarios (que llegan al socialismo en su primera juventud), nos permite estudiar sistemáticamente todas las etapas de su evolución ideológica. En otros términos: el camino que Lukács ha recorrido en diez años, la mayoría de los intelectuales marxistas lo han hecho en mucho menos tiempo, y frecuentemente antes de los 18 años de edad... De ahí la riqueza y el interés de esta "larga marcha" hacia Marx y Lenin.

3] Por la envergadura de su pensamiento, enraizado en dos culturas a la vez, pero sobrepasándolas hacia un horizonte intelectual global, Lukács es una figura esencialmente *universal* ("cosmopolita" dirán sus adversarios...).

4] Los fundamentos sociales de la evolución ideológica de Lukács tienen también un carácter universal, en la medida en que combinan la problemática de una formación social industrial avanzada (Alemania) y la de una sociedad relativamente "atrasada" y dependiente (Hungría)...

5] Lukács posee en el más alto grado la virtud —atribuida con razón o sin ella al pensamiento alemán— de *Gründlichkeit*; en cada etapa de su devenir intelectual desarrolla su posición hasta las últimas consecuencias, con una coherencia profunda, sistemática y rigurosa. El estudio de la obra de Lukács en cada uno de esos estadios nos permite, en consecuencia, comprender mejor una serie de fenómenos culturales y políticos del siglo XX: el neorromanticismo, la visión trágica del mundo (y también el existencialismo, según Goldmann), el "izquierdismo", el bolchevismo, el estalinismo...

1. PARA UNA SOCIOLOGÍA DE LA INTELIGUENTSIA ANTICAPITALISTA

I. LOS INTELECTUALES COMO CATEGORÍA SOCIAL

¿Qué es un intelectual? Sin duda se trata de un ser singular y difícil de clasificar. La primera evidencia es que el intelectual puede ser reclutado en todas las clases y capas de la sociedad; puede ser aristócrata (Tolstoi), industrial (Owen), profesor (Hegel) o artesano (Proudhon). En otros términos: los intelectuales no son una clase sino una *categoría social*; no se definen por su lugar en el proceso de producción sino por su relación con instancias extraeconómicas de la estructura social; igual que los burócratas y los militares se definen por su relación con lo político, así los intelectuales se sitúan por su relación con la superestructura ideológica. Es decir, los intelectuales son una categoría social definida por su papel ideológico: son los *productores directos* de la esfera ideológica, los *creadores de productos ideológico-culturales*. Ocupan pues un lugar específico en lo que se podría llamar el proceso de producción ideológico, el lugar del productor inmediato, que se distingue del de empresario, administrador o distribuidor de bienes culturales. Los intelectuales así definidos comprenden grupos como los escritores, artistas, poetas, filósofos, sabios, investigadores, publicistas, teólogos, algunos tipos de periodistas, algunos tipos de profesores y de estudiantes, etc. Constituyen el sector "creador" de una masa más amplia de "trabajadores intelectuales" (por oposición a "trabajadores manuales") que incluye las profesiones liberales, los empleados, los técnicos, etc. Son también el sector de esa masa que está más distante de la producción económica.

El comportamiento de los intelectuales está en cierta medida determinado por su origen de clase individual, pero también por su dependencia de la categoría social común, igual que el burócrata y el militar, se comportan (excepto en tiempos de crisis) ante todo como miembros de su categoría.

Como categoría social más alejada del proceso de producción material, los intelectuales disfrutan de cierta autonomía con relación a las clases; autonomía que se manifiesta por una cierta inestabilidad, por fluctuaciones y movimientos diversos. De ahí el adjetivo *freischwebend* ("libremente flotante") con el que Alfred Weber y Mannheim, los han calificado. No obstante, contrariamente a lo que deja entender Mannheim, que tiende a generalizar dicha autonomía, no hay inteliguentsia verdaderamente "neutra" y por encima de las clases. La flotación de los intelectuales, como la de los globos de aire caliente en la noche de San Juan, es un estado provisional: generalmente terminan por ceder a la ley de gravedad y por dejarse atraer por una de las grandes clases sociales en lucha (burguesía, proletariado, a veces campesinado) o en todo caso por la clase que les es más cercana: *la pequeña burguesía.*

En verdad, la etiqueta "intelectual pequeñoburgués", a pesar de su uso abusivo, contiene una gran parte de verdad. Hay entre la inteliguentsia y la pequeña burguesía una afinidad, una intimidad, una complicidad sociológicamente explicables. Por una parte, porque la mayoría de los miembros de la inteliguentsia se reclutan en la pequeña burguesía, más precisamente en el sector "trabajadores intelectuales" (y no en los otros sectores de esta clase: pequeños comerciantes, pequeños campesinos, etc.). Existe, pues, un innegable lazo de origen social entre una gran fracción de la categoría social y la clase pequeñoburguesa, lazo que es necesario no ignorar ni sobrestimar. Por otra parte, porque las profesiones intelectuales (escritor, profesor, artista, etc.), los medios de trabajo y subsistencia ofrecidos a los intelectuales pertenecen tradicionalmente, por su naturaleza, a la pequeña burguesía en general y a las profesiones liberales en particular (lo que no impide, por supuesto, que una minoría de intelectuales pertenezca, por su profesión y su posición social, a la burguesía, a la aristocracia o aun a la clase obrera).

II. OBSERVACIONES SOCIOLÓGICAS SOBRE LA RADICALIZACIÓN ANTICAPITALISTA DE LOS INTELECTUALES: EL PAPEL DE LAS MEDIACIONES ÉTICO-CULTURALES

En un artículo de 1920, Lukács escribía que la inteliguentsia como clase social no era revolucionaria, y que los intelectuales no pueden convertirse en revolucionarios más que *como individuos.*[1] Sin embargo, Lukács parece olvidar que cuando muchos individuos, una verdadera masa de individuos (intelectuales) se vuelve revolucionaria, no se trata

[1] György Lukács, "Zur Organisationsfrage der Intelektuellen", *Kommunismus,* I/3, 1920, pp. 17-18 ["El problema de la organización de los intelectuales", en György Lukács, *Revolución socialista y antiparlamentarismo,* Cuadernos de Pasado y Presente núm. 41, Córdoba (Arg.), 1973, p. 12].

ya de un caso "personal", de un asunto psicológico, sino de un *fenómeno social,* que exige una explicación sociológica.

Evidentemente, Lukács no fue en absoluto un caso aislado. Una gran parte de su círculo y un elevado número de intelectuales de orígenes diversos se adhirieron también al Partido Comunista de Hungría en 1918-1919. Muchos otros por lo menos apoyaron, de una u otra forma, a la Comuna húngara de Bela Kun, como lo reconoce, por otra parte, el mismo Lukács (en 1969): "Si no toda la inteliguentsia húngara, por lo menos la capa dirigente de la cultura húngara se inclinó desde el primer instante a colaborar con el poder de los consejos. De tal manera que la política cultural (de ese poder) recibió una base socialmente muy amplia."[2]

En realidad, Lukács y sus camaradas húngaros no son sino un ejemplo particular de un fenómeno mucho más universal: el que innumerables intelectuales, de Marx a nuestros días, se hayan pasado políticamente a las filas del proletariado y en especial a su vanguardia revolucionaria. Se trata de un hecho innegable y bien conocido, pero hasta ahora insuficientemente estudiado en sus fundamentos sociológicos. A partir del caso de Lukács, que es particularmente ejemplar, trataremos de formular algunas hipótesis generales a ese respecto. La pregunta que se plantea es, pues, la siguiente: ¿por qué una parte significativa de los intelectuales se vuelve radicalmente opuesta al capitalismo y termina por adherirse al movimiento obrero y a la *Weltanschauung* marxista? Nos parece que las causas de este fenómeno son muy diferentes de las que conducen al proletariado hacia el socialismo, esto es, a través de la experiencia directa de la explotación y por motivaciones en primer lugar directamente socioeconómicas.

¿Cómo se vuelve *anticapitalista* un intelectual? ¿Cómo se *radicaliza* la inteliguensia?[3] ¿Cuáles son las causas de ese fenómeno en general y en especial en la época del joven Lukács?

En nuestra opinión, hay dos tipos de procesos sociológicos distintos que es necesario analizar: los que son característicos de la pequeña burguesía en su conjunto y los que son específicos de los intelectuales (que son sobre todo de naturaleza ético-cultural).

Dada la afinidad profunda que existe entre pequeña burguesía e inteliguentsia, los "mecanismos" de radicalización en la primera reper-

[2] György Lukács, "La politique culturelle de la République des Conseils, 1969" [La política cultural de la República de los Consejos], en *Action poétique,* núm. 49, 1972, p. 29.

[3] "*Radical.* Adj. que tiende a actuar sobre la causa profunda de los efectos que se quiere modificar", *Petit Robert,* p. 1447. El intelectual "radicalizado" es aquel que ve en el capitalismo la causa profunda de la "enfermedad en la civilización", y que, en consecuencia, quiere abolirlo.

cuten necesariamente en el seno de la segunda. Las causas del espíritu anticapitalista en el seno de la pequeña burguesía son, por lo tanto, válidas, en gran medida, para los intelectuales, con la circunstancia adicional de que las tendencias diluidas en el seno de la clase asumen una forma mucho más concentrada e intensa en la categoría social, cuya función es precisamente la elaboración ideológica.

Tales causas son para la pequeña burguesía, como clase social definida por su posición en las relaciones de producción, de naturaleza esencialmente socioeconómica y politicosocial:

1] El carácter "precapitalista" del trabajo en la pequeña burguesía. Para el artesano, el campesino parcelario, el profesional liberal y el intelectual tradicional, no hay separación entre el productor y el producto de su trabajo, el individuo y el proceso de producción, la personalidad del trabajador y su obra. El desarrollo del capitalismo, que introduce la ruptura, la disociación, el desgarramiento de esta unidad, es sentido por el pequeñoburgués como un proceso hostil a su modo de vida, a su manera de ser.

2] La proletarización de la pequeña burguesía y de los intelectuales, bajo formas diversas: desempleo o semidesempleo, caída del nivel de vida, reducción a la condición de trabajador asalariado. Esta aproximación objetiva de la condición proletaria tiene como resultado frecuente (mas no necesario) una rebelión amarga y virulenta contra el capitalismo responsable de este brutal "desplazamiento de clase".[4]

3] A nivel político: el jacobinismo del ala izquierda de la pequeña burguesía, combinación específica de democracia plebeya y de moralismo romántico (Rousseau), tiende a entrar en conflicto con la ideología y la práctica liberal-individualista de la gran burguesía. En los países donde la burguesía desempeña un papel revolucionario esta contradicción es relativamente neutralizada: la pequeña burguesía y los intelectuales tienden a gravitar alrededor de la burguesía (p. ej., Francia en el siglo XVIII). Por el contrario, en los países "atrasados" en el siglo XIX (Alemania) y en el siglo XX (Rusia), en los que la burguesía no es ya revolucionaria y por temor a las masas populares capitula ante la monarquía, los feudales y los conservadores, el jacobinismo pequeñoburgués tiende a radicalizarse y a entrar en conflicto con esta burguesía, acusada de traición para con los principios democráticos. Tal radicalización puede eventualmente conducir a una fracción de la pequeña burguesía y de la inteliguentsia, que se encuentra en el extremo del combate por la libertad y la democracia, a romper violentamente con la burguesía y a convertirse en socialista. Dos ejem-

[4] Por supuesto, esta rebelión no siempre conduce al socialismo; a veces puede hasta llevar al fascismo.

plos clásicos: Marx y algunos intelectuales alemanes antes de 1848, la inteliguentsia rusa desde fines del siglo XIX. En Rusia en 1917-1919, no solamente los intelectuales sino también considerables sectores de la pequeña burguesía urbana y sobre todo rural apoyaron a los bolcheviques, los que aparecieron como la única fuerza capaz de realizar las tareas de la revolución democrática.

Quedan por examinar las causas específicas de la radicalización anticapitalista de los intelectuales *como tales* (distintas de sus rasgos comunes con la pequeña burguesía). Como categoría social, los intelectuales son definidos por su relación con la superestructura ideológica: es, pues, comprensible que su evolución hacia el socialismo pase por mediaciones ético-culturales y político-morales:

1] Los intelectuales, los escritores, poetas, artistas, teólogos, sabios, etc., *viven en un universo regido por valores cualitativos*: lo vivo y lo muerto, lo bello y lo feo, la verdad y el error, el bien y el mal, lo justo y lo injusto, etc. Muchos intelectuales se encuentran, pues, por así decirlo, natural, espontánea, orgánicamente en contradicción con el universo capitalista, regido rigurosamente por *valores cuantitativos*, valores de cambio. Para un artista, un cuadro es ante todo bello, luminoso, expresivo o inquietante; para el capitalismo, es ante todo ¡un objeto que vale 50 000.00! Es la oposición entre dos mundos profundamente *heterogéneos*: entre el intelectual y el capitalismo hay, pues, con frecuencia, *antipatía* en el sentido antiguo —alquímico— de la palabra: "falta de afinidad entre dos sustancias". Siendo ambas sustancias valores cualitativos y valores cuantitativos, cultura ética o estética y dinero. Y no se trata de una relación estática: el universo cuantitativo está constantemente en expansión, amenazando con absorber y desnaturalizar los valores cualitativos, con disolverlos, digerirlos y reducirlos a su valor de cambio.[5] El intelectual tiende a resistir a esta amenaza que constantemente quiere trasformar todo bien material o cultural, todo sentimiento, todo principio moral, toda emoción estética en una mercancía, en una "cosa" puesta en el mercado y vendida por su justo precio. En la medida en que resiste no puede sino volverse instintiva, visceralmente anticapitalista. No es sino en la medida en que capitula, en la medida en que acepta someter al dominio del valor de cambio los valores cualitativos de su universo ideológico-cultural, como puede, evidentemente, ser integrado al capitalismo. La distinción entre estos dos tipos de intelectuales es habitual y a veces asume la forma de una ruptura violenta.[6] Los casos intermedios, de

[5] Cf. Lucien Goldmann, *La sociologie du roman* [*La sociología de la novela*], Gallimard, p. 31.

[6] Por ejemplo, la expulsión de Salvador Dalí del grupo de los surrealistas, ridiculizado con el sobrenombre infamante de "Ávida Doll: ...

tentativa de conciliación ecléctica entre ambas exigencias, también existen, desde luego.

El anticapitalismo romántico de la inteliguentsia centroeuropea a fines del siglo XIX y principios del XX, su ideología de la oposición entre "Cultura" y "Civilización", son precisamente la expresión de esta resistencia.

Uno de los mayores méritos de Lukács es haber vuelto a formular en términos marxistas, a través de la teoría de la reificación, las críticas confusas y románticas de los intelectuales contra el inexorable proceso de cuantificación del modo de producción capitalista.

2] Los intelectuales, por su alejamiento de la producción material y sobre todo por la naturaleza misma de su categoría social (definida por su papel ideológico), son el grupo de la sociedad para el cual las ideologías y los valores tienen la mayor importancia y el peso más decisivo. En consecuencia, nadie, más que los intelectuales, ha "tomado en serio" los principios, valores e ideales del humanismo burgués, del Renacimiento a la filosofía de las Luces y al idealismo clásico alemán. Ahora bien, como lo muestra Lukács, la burguesía se ha visto obligada, una vez en el poder, a actuar en contradicción con su propia ideología, a negar, degradar y abandonar en la práctica los valores que no había dejado de proclamar como suyos.[7] En nombre de esos principios humanistas la inteliguentsia se vuelve entonces contra la burguesía y el capitalismo, y descubre eventualmente en el proletariado la clase capaz de realizar verdaderamente los ideales de libertad, igualdad y fraternidad. Para los intelectuales, "el humanismo marxista se convierte así en el heredero de las adquisiciones más acabadas de los pensadores burgueses y el movimiento obrero debe convertirse en el ejecutor práctico de esas ideas defendidas hasta ahora únicamente en teoría".[8]

Para Lukács y su generación, la gran guerra de 1914 fue probablemente la demostración más evidente del abismo existente entre las tradiciones humanistas de la cultura clásica y la realidad concreta de la sociedad burguesa y del mundo capitalista. El movimiento de "politización" que él y muchos intelectuales conocieron después de 1914 es en cierta medida la expresión de ese traumatismo ético-cultural.

Evidentemente, los intelectuales no reaccionaron de manera homo-

[7] György Lukács intitula esto "la crisis moral de la mentira interior" de la burguesía. Véase "Alte Kultur und neue Kultur", en *Kommunismus,* I/43, 1920, p. 1542 ["Vieja y nueva *Kultur*", en György Lukács, *Revolución socialista y antiparlamentarismo* cit., p. 79].

[8] F. Jacubowsky, *Les superstructures idéologiques dans la conception matérialiste de l'histoire,* París, EDI, 1971, p. 60. Dicho esto, es necesario agregar que el humanismo marxista no es la simple continuación del humanismo burgués, sino su *Aufhebung* [superación].

génea a esa contradicción: se puede distinguir, por ejemplo, con relación a la gran guerra, *grosso modo,* tres tendencias: 1] una tentativa de negar la contradicción entre la realidad del capitalismo y su ideología humanista; la guerra de 1914-1918 se presenta como una lucha de la civilización alemana contra la barbarie rusa, o, alternativamente, de la democracia occidental contra la barbarie germánica; 2] una crítica de la guerra en los términos mismos de la ideología democraticoliberal, en nombre de la paz, de la fraternidad entre los pueblos, los derechos democráticos de las naciones. Esta crítica puede, sin embargo, radicalizarse, ganar un carácter antimperialista y anticapitalista global, y desembocar en 3] el descubrimiento del proletariado como único portador de los valores democráticos y humanistas ante la barbarie burguesa generalizada.

La posibilidad de las dos últimas variantes deriva de la naturaleza misma de la categoría social, del peso específico que ocupan los valores en el modo de vida de los intelectuales. La decisión entre la segunda y la tercera variante depende no solamente del grado de *repulsión* con relación al capitalismo sino también del grado de *atracción* que ejerce el campo proletario.

Tal atracción es ante todo ideológica o teórica: el *marxismo,* como sistema coherente, científico y revolucionario aparece ante muchos intelectuales radicalizados como la única teoría que explica y devela la verdadera causa de la reificación, de la dominación aplastante de lo cuantitativo, de la despersonalización de la vida, de la degradación de los valores, de la guerra, esto es, el capitalismo. El marxismo atrae a esos intelectuales no solamente por su rigor científico, por el carácter global y universal de su concepción del mundo, sino también porque pregona la abolición radical de la hegemonía del valor de cambio sobre la vida social, y porque es capaz de mostrar una fuerza social real que tiende hacia ese fin: el proletariado revolucionario. Para muchos intelectuales radicalizados, el descubrimiento del proletariado como sujeto de la historia, como el sepulturero del capitalismo, no se da más que gracias al marxismo, por medio del marxismo *como sistema teórico.* La adhesión política de los intelectuales al proletariado o la fijación de su revuelta en un estadio puramente ético-cultural depende pues, en cierta medida, de la existencia de una tradición marxista en sus países y de la posibilidad o no de tener acceso a la literatura marxista.

A veces, el simple movimiento de rechazo radical y coherente del capitalismo puede conducir al intelectual al descubrimiento del marxismo y al paso a las filas del movimiento obrero. Sin embargo, para una amplia fracción de la categoría es necesario un acontecimiento exterior —como lo fue en su época la revolución de 1917— que actúe como un polo catalizador, para cristalizar el anticapitalismo difuso y amorfo de los intelectuales y atraerlos del lado del proletariado. Esto es especialmente válido para los intelectuales que, como Lukács, habían llegado a un grado extremo, violento y total de oposición ético-cultural al capitalismo y que no se sentían atraídos en absoluto por un movimiento obrero socialdemócrata a la hegemonía reformista y parlamentaria, en sus diferentes versiones (revisionista o kautskyana). No es sino con la irrupción masiva en la escena de la historia del proletariado revolucionario (en 1917-1919) que esta rama "extremista" de la inteliguentsia se unirá a la clase obrera, adhiriéndose a su ala más radical, es decir el partido comunista.

III. EL ANTICAPITALISMO DE LOS INTELECTUALES EN ALEMANIA

Si el fenómeno de la inteliguentsia anticapitalista es más o menos universal en Europa a principios de este siglo, en Alemania es donde se manifestó con una especial agudeza. ¿Por qué precisamente en Alemania? Sin duda, una de las razones es la tradición anticapitalista romántica, fuertemente enraizada entre los intelectuales alemanes a partir de los inicios del siglo XIX.

Según Lukács, "a pesar de su retroceso temporal a mediados del siglo XIX, la ideología romántica fue la que más influyó en los intelectuales alemanes. Y eso no es una casualidad. Sus formas corresponden de la mejor manera a la situación de los intelectuales en medio de la miseria alemana [...]"[9] En efecto, los intelectuales se encuentran, por su situación social y su modo de vida, íntimamente ligados a los sectores precapitalistas de la sociedad alemana, y en especial a la pequeña burguesía. Ahora bien, si el romanticismo alemán fue la ideología común de las capas y clases sociales afectadas en su modo de vida e intereses por el desarrollo del capitalismo, la más importante base social del movimiento fue la pequeña burguesía tradicional, donde se reclutaron sus principales portavoces literarios, filosóficos y políticos.[10]

[9] György Lukács, *Brève histoire de la litérature allemande* [*Nueva historia de la literatura alemana*], París, Nagel, 1949, p. 94.

[10] En el seno de esta clase desempeñó un papel especial una categoría social específica: los hijos de pastores protestantes (categoría inexistente en países católicos como Francia): "Especialmente es en el hijo del pastor protestante en quien las Luces crean dudas acerca de la religión tradicional, sin por ello conducirlo al otro extremo, el racionalismo abstracto [...] Conoce ante todo una trasformación de su conciencia religiosa. Los hábitos tradicionales de pensamiento y las reacciones emocionales creadas por la vida religiosa en la casa pater-

La oposición a la filosofía de las Luces, a la revolución francesa, al Código Napoleón, se combina en la ideología romántica con una dimensión anticapitalista que se caracteriza por el rechazo del universo social burgués, del liberalismo económico y aun de la industrialización. Frente al desarrollo del capitalismo, que reduce al hombre cada vez más a una dimensión abstracta, calculable, que instaura un sistema racionalista rigurosamente cuantitativo, el romanticismo defiende con pasión las formas concretas, cualitativas e intuitivas de pensamiento y de vida, las relaciones humanas personales y concretas que permanecen vivas en las capas precapitalistas (campesinado, pequeña burguesía, nobleza). Las viejas tradiciones, estilos de vida y comportamientos sociales negados por el racionalismo capitalista abstracto, son ideológicamente rehabilitados y restaurados por los románticos.[11] Contra la concepción abstracta de la propiedad y de la libertad propagada por la burguesía liberal, la doctrina romántica desarrolla la idea tradicional y cualitativa de la propiedad y de la libertad como relaciones concretas y personales; por ejemplo, la propiedad feudal orgánicamente ligada al propietario, inalienable y no cuantificable, es opuesta a la venalidad de la relación capitalista moderna; según Adam Müller, "todos los capitales que los siglos anteriores habían acumulado y justamente inmovilizado han sido comercializados y arrastrados a la depreciación universal; se arranca a la propiedad territorial todo lo que puede trasformarse en dinero, como si el mundo entero debiera entre-

na sobreviven al impacto de las Luces. Privadas de su contenido positivo, son dirigidas con una fuerza redoblada contra la atmósfera racionalista del período"; Karl Mannheim, "Das konservative Denken" (1927), en *Wissensoziologie,* extractos de la obra editada por K. H. Wolff, Berlín, Luchterhand, 1964, p. 452. Véase también Raymond Aron, *La sociologie allemande contemporaine* [*La sociología alemana contemporánea*], Presses Universitaires de France, 1966, p. 135: "Los filósofos alemanes, sobre todo en el siglo pasado, pertenecen con frecuencia a un medio de funcionarios (en especial de iglesia): el hijo de pastor es su representante más típico [...] Aun vueltos incrédulos, conservan el sentido de la religión como una forma suprema de las aspiraciones espirituales [...] Esta religiosidad sin Dios lleva a reconocer el papel del sentimiento irreductible en el de la razón; con frecuencia inspira una protesta contra la sociedad capitalista y racional." Aron sugiere que este origen social puede ser una de las causas de la notoria divergencia entre la sociología alemana y la francesa.

[11] Karl Mannheim, "Conservative Thought" ["El pensamiento conservador"], en *Essays on Sociology and Social Psychology* [*Ensayos de sociología y psicología social*], Londres, Routledge, 1953, pp. 87-90. Según Mannheim hay una cierta afinidad entre el pensamiento conservador y el pensamiento proletario: "Partiendo de objetivos fundamentales enteramente diferentes, tal afinidad une ambos modos de pensamiento en oposición a los objetivos del mundo capitalista burgués y a la abstracción de su pensamiento" (*ibid.*, p. 92). En el capítulo sobre los intelectuales húngaros, al examinar sus lazos con Lukács, volveremos a este ensayo de Mannheim.

garse al arbitrio de explotadores sin amor; y el esqueleto sin valor de una antigua soberanía feudal es abandonado por un precio infame [...] toda la economía monetaria actual no es otra cosa que la señal de ese estado de espíritu antisocial, de ese egoísmo orgulloso, de esa infatuación inmoral por el racionalismo de las Luces que ha provocado las tremendas revoluciones que vivimos desde hace treinta años".[12] Adam Müller rechaza categóricamente la doctrina económica de Adam Smith, porque "entrega el estado atado de pies y manos a la industria, trasforma todos los asuntos en comercio, todos los servicios en trabajo asalariado, y no reconoce más que una sola forma de relaciones humanas, a saber, el mercado".[13]

Paradójicamente, gracias a su punto de vista anticapitalista conservador, el romanticismo puede darse el lujo de una visión más lúcida de las contradicciones de clase en el seno de la sociedad industrial que la ideología liberal burguesa, cegada por el mito de la "armonía prestablecida": "¿Qué hay de sorprendente, cuando hemos emprendido la construcción de un mundo entregado al egoísmo, un edificio racional que excluye a Dios y a la Revelación, un sistema de dinero que ignora los servicios recíprocos y gratuitos, una propiedad privada que no está compensada por la comunidad de bienes, en suma, el estado sin la iglesia; qué hay de sorprendente en que, en semejante mundo, no haya ya sino dos clases, una frente a otra: la poco numerosa de los propietarios y la infinitamente vasta de los no propietarios?"[14]

Esta última frase recuerda irresistiblemente ciertas formulaciones del *Manifiesto del partido comunista*; sin embargo, Marx sólo tiene desprecio hacia lo que él llama "el socialismo feudal": al reconocer que éste "a veces pega al corazón de la burguesía por medio de una crítica amarga y espiritualmente mordaz", destaca que "produce un efecto cómico por su impotencia total para comprender la marcha de la historia moderna".[15] No es menos crítico para con esa otra variante del neorromanticismo de mediados de siglo, el "socialismo alemán" o "verdadero socialismo", expresión político-ideológica de la pequeña burguesía precapitalista.[16] En realidad, el socialismo de Marx

[12] Adam Müller, *Deutsche Staatsanzeigen*, I, 1816, núm. 5, pp. 428*ss.*, en Jacques Droz, *Le romantisme politique en Allemagne*, París, Colin, 1963, pp. 98-99.

[13] *Ibid.*, p. 95.

[14] Adam Müller, *Deutsche Staatsanzeigen*, II, 1818, p. 360, en Droz, *op. cit.*, pp. 165-166.

[15] Karl Marx, *Manifiesto del partido comunista* cit., p. 130.

[16] Karl Marx, *Manifiesto del partido comunista* cit., pp. 133-134: "Si el 'verdadero' socialismo se convirtió así, en manos de los gobiernos, en un arma contra la burguesía alemana, representaba además y directamente un interés reaccionario: el interés de la pequeña burguesía alemana. En Alemania, la

no tiene nada que ver, social e ideológicamente, con el romanticismo anticapitalista; encuentra sus raíces en un sector diferente de la pequeña burguesía: jacobino, iluminista, democrático-revolucionario, antifeudal y "francófilo", del que Heinrich Heine, ese enemigo encarnizado del romanticismo, es el genial representante literario. Originaria de las regiones más avanzadas, las más "burguesas" de Alemania (Renania-Wesfalia), frecuentemente judía, esta inteliguentsia "republicana" (en el sentido de 1793) va a ser profundamente burlada por la "cobardía" política de la burguesía liberal alemana, incapaz de conducir una lucha revolucionaria democrática consecuente contra la monarquía feudal. Algunos de ellos, como Marx, van a romper así con la burguesía y a buscar otra clase con la cual aliarse contra el régimen establecido. Con su llegada a París a fines de 1843, Marx descubre una respuesta clara y coherente, que se le impone como una evidencia irrefutable: el proletariado es el que desempeñará ese papel revolucionario, al cumplir a la vez la emancipación política (antifeudal) y la emancipación humana, universal (socialista) de Alemania.[17]

Schopenhauer, y sobre todo Nietzsche, desempeñan, en cierta medida, en Alemania, el papel de eslabón intermedio entre el romanticismo de principios del siglo y su versión renovada de los años 1880-1918. Nietzsche es, en su ideología sociopolítica, a la vez cercano y opuesto a la corriente romántica anticapitalista. Por su odio a la revolución francesa —"es entonces cuando la última nobleza política que subsistía todavía en Europa, la de los siglos XVII y XVIII franceses, se desplomó bajo el golpe de los instintos populares del resentimiento"—[18] y a las "ideas francesas", las "ideas modernas", las "ideas del siglo XVIII", que considera, por otra parte, como originarias en la "bajeza plebeya" inglesa,[19] Nietzsche comparte en gran medida las opciones fundamentales de un Adam Müller. No obstante, ve en Napoleón, ese archiene-

pequeña burguesía legada por el siglo XVI, y desde esa época, sin cesar renaciente bajo formas diversas, constituye la verdadera base social del estado de cosas existente. Mantener esa pequeña burguesía es mantener el régimen alemán actual. Ahora bien, la supremacía industrial y política de la burguesía se ve amenazada por una destrucción segura, primero por la concentración del capital, luego por el ascenso de un proletariado revolucionario. El 'verdadero' socialismo le parecía que mataba dos pájaros de un tiro. Se propagó como una epidemia."

[17] Karl Marx, *Introduction à la critique de la philosophie du droit de Hegel* [*En torno a la crítica de la filosofía del derecho de Hegel*], 1844, en *Werke*, Berlín, Dietz Verlag, 1961, vol. I, pp. 389-390. Véase a este respecto nuestra obra *La teoría de la revolución en el joven Marx*, México, Siglo XXI, 1972.

[18] Friedrich Nietzsche, *La généalogie de la morale* [*La genealogía de la moral*], 1887, París, Gallimard, 1972, p. 70.

[19] Friedrich Nietzsche, *Par-delà le bien et le mal* [*Más allá del bien y del mal*], 1886, París, UGE, 1973.

migo de los románticos conservadores, no solamente una "síntesis de lo *inhumano* y de lo *sobrehumano*", sino incluso la encarnación del "ideal antiguo *en persona* [...] *el ideal noble por excelencia* [...]"[20]

Las mismas contradicciones se encuentran en su actitud hacia el capitalismo. Como los románticos, va a criticar violentamente el maquinismo, la división moderna del trabajo, la abolición de la pequeña producción artesanal, la despersonalización de los individuos, el crecimiento de las grandes ciudades industriales —fenómenos que liga de manera intuitiva a la declinación cultural de la sociedad europea; como ellos, opone a la incultura de la era industrial (el "crepúsculo de las artes") la imagen idealizada de la alta cultura de las sociedades precapitalistas. Según Lukács, "la crítica romántica de la civilización capitalista es el centro de la filosofía y en consecuencia también de la estética de Nietzsche".[21] Empero, por su hostilidad apasionada y feroz contra la religión cristiana, la Iglesia y los padres ("¡Aplasten al infame!"), por su ética brutalmente individualista del superhombre y por su anticolectivismo visceral (contra el "rebaño"), Nietzsche se distingue radicalmente de la corriente romántica e introduce una dimensión nueva en la "ideología alemana". Escapa al marco de nuestro trabajo tomar posición en el encarnizado debate sobre "la herencia" nietzschiana: ¿es él el heraldo y profeta del imperialismo y de la barbarie fascista (Lukács *dixit*)? ¿O más bien un precursor del espíritu libertario?[22] Nos basta comprobar que cuando el anticapitalismo romántico se desarrolla en los inicios de este siglo, en ciertos medios lite-

[20] Friedrich Nietzsche, *La généalogie de la morale*, p. 70.

[21] György Lukács, *Nietzsche als Vorläufer der faschistischen Ästhetik* [Nietzsche como precursor de la estética fascista], 1934, en Franz Mehring, György Lukács, *Friedrich Nietzsche*, Berlín, Aufbau Verlag, 1957, p. 57. Véase también p. 48: "Su posición para con las consecuencias culturales del desarrollo capitalista es en su punto de partida la del romanticismo anticapitalista, de la crítica romántica de los resultados anticulturales (*Kulturzerstörenden*) de la 'era de las máquinas'." Lukács cita el siguiente pasaje de Nietzsche como ejemplo característico: "Soldados y jefes tienen cuando menos una relación más educada entre ellos que la del obrero con el empresario. Toda cultura con fundamento militar es todavía muy superior a la llamada cultura industrial; ésta en su forma actual es, en suma, la más vulgar forma de existencia que haya aparecido hasta el presente." (*Ibid.*, p. 55.)

[22] El anarquista Rudolf Rocker cita con aprobación el siguiente pasaje de Nietzsche: "La cultura y el estado [...] son antagónicos [...] Uno prospera a expensas del otro. Todos los grandes períodos de cultura son períodos de declinación política. Todo lo que es grande en sentido cultural es no político, es hasta apolítico." Véase Rudolf Rocker, *The ideology of Anarchism* [*La ideología del anarquismo*], en Irving L. Horowitz, editor, *The Anarchists* [*Los anarquistas*], Nueva York, Dell Publishing Co., 1964, pp. 191-192. La relación es evidente entre esta tesis y el pensamiento de Thomas Mann en *Consideraciones de un apolítico* de 1918.

rarios y universitarios, frecuentemente sucede por la mediación ideológica de Nietzsche.

La crítica cultural del capitalismo se manifiesta en esa época en Alemania en los intelectuales en general, en muchos escritores y poetas en especial, pero su expresión más intensa, más sistemática y más coherente se encuentra en círculos académicos. ¿Por qué la universidad se convierte en un foco ideológico anticapitalista (romántico)?

Los universitarios alemanes en general, y sobre todo el sector de los *Geisteswissenschaften* —humanistas, filósofos, juristas, historiadores, cientificistas sociales—, han disfrutado en el curso del siglo XIX de una situación social especialmente privilegiada. Esos "mandarines", que constituían una comunidad relativamente homogénea e integrada, ocupaban una posición dominante en el sistema de estratificación en Alemania, por su prestigio, influencia y rango social (estatus). Esta preeminencia de la inteliguentsia académica corresponde a una etapa precisa del desarrollo de la formación social alemana: aquélla en que el modo de producción feudal está en vías de perder su dominio, sin que el capitalismo industrial haya todavía establecido su hegemonía definitiva: "En ese estadio intermedio, la propiedad de cantidades significativas de capital líquido no se ha vuelto todavía generalizada o ampliamente aceptada como calificación para el rango social y, por otra parte, los títulos hereditarios fundados en la propiedad territorial, si todavía significativos no son ya prerrequisitos absolutos. En esta situación, el *background* educacional y el estatuto profesional pueden convertirse en la única base importante para aspirar a una posición social que pueda rivalizar con el prestigio tradicional de la aristocracia."[23]

Por otra parte, la forma de estado que corresponde en Alemania a esta transición socioeconómica es una monarquía tradicional altamente burocratizada, lo que favorece necesariamente la fuerza sociopolítico-cultural de los mandarines; en efecto, los profesores universitarios controlan todo el sistema de calificación, aprendizaje, exámenes, criterios de selección, preparación ideológica, etc., necesario para el reclutamiento del personal burocrático; se encuentran así en una posición estratégica con relación a la estructura político-administrativa del estado. Max Weber compara el sistema universitario alemán con el

[23] Fritz K. Ringer, *The Decline of the German Mandarins. The German Academic Community 1890-1933,* Cambridge, Massachusetts, Harvard University Press, 1969, p. 7. Según Ringer, "si la industrialización es lenta y controlada por el estado, si la organización social tradicional persiste por largo tiempo, los intelectuales urbanos tienden a concentrar la atención exclusivamente en los derechos de los universitarios. Tratarán de constituir una especie de aristocracia de los educados para suplantar a la clase dominante puramente tradicional [. . .]"

mandarinato chino y destaca la importancia en ambos casos de una calificación cultural general como medio de acceso al aparato burocrático de estado: en Alemania —como en China—, "tal educación era, hasta hace poco, casi la única condición para una carrera oficial conducente a posiciones dirigentes en la administración civil y militar".[24]

En consecuencia, hasta fines del siglo XIX los universitarios ocuparon una situación extraordinariamente privilegiada e influyente en la medida en que la educación superior era un factor central en el sistema de estratificación social de la Alemania imperial. El mandarinato académico era pues el portavoz y el representante más prestigioso de toda una "élite cultivada" que se extendía a las profesiones liberales, a la burocracia, al ejército, etcétera.

Según el universitario y filósofo neokantiano Friedrich Paulsen, en su ensayo sobre las universidades alemanas publicados en 1902, "las personas con una educación superior constituyen una especie de aristocracia intelectual y espiritual en Alemania [...] Forman algo así como una nobleza de funcionarios, puesto que todas participan en el gobierno y en la administración del estado [...] Juntas componen un segmento homogéneo de la sociedad; se reconocen mutuamente como socialmente iguales sobre la base de su cultura universitaria [...] Por el contrario, todos aquellos que en Alemania no tienen educación universitaria, carecen de algo que la riqueza y la alta alcurnia no pueden remplazar del todo. El comerciante, el banquero, el manufacturero rico, o aun el gran propietario terrateniente [...] en ocasiones se verán ofendidos por su falta de formación universitaria".[25]

En realidad, en el momento de la aparición del libro de Paulsen, el mandarinato académico alemán estaba ya en decadencia. Las profundas trasformaciones de la formación socioeconómica alemana hacia fines del siglo habían afectado seriamente las bases del poder mandarinal. Entre 1870 y 1914, Alemania se trasformó en una nación altamente industrializada (gracias, entre otras cosas, a las condiciones favorables creadas por la unificación nacional: unidad del mercado,

[24] *From Max Weber, Essays in Sociology,* editado por Gerth and Mille, Londres, Routledge & Kegan Paul Ltd., 1967, p. 427. Las siguientes observaciones de Weber sobre China pueden aplicarse casi al pie de la letra a los mandarines alemanes del siglo XIX: "El rango social en China era determinado más por la calificación para el oficio administrativo que por la riqueza. Esa calificación, a su vez, era determinada por la educación, y especialmente por los exámenes [...] La estructura cada vez más burocrática de la política china y de sus detentadores ha dado a toda la tradición literaria de China su sello característico." (*Ibid.,* p. 417.)

[25] Friedrich Paulsen, *Die Deutschen Universitäten und dar Universitätsstudium,* Berlín, 1902, pp. 149-150.

abolición de la separación económica, etc.). La industrialización es rápida, intensiva, hasta brutal.

El siguiente cuadro da una idea del vertiginoso arranque de la industria pesada:

PRODUCCIÓN EN MILLONES DE TONELADAS

	Carbón	*Mineral de hierro*	*Fundición*	*Acero*
1871	34	4.3	1.7	0.2
1913	277	28.7	19.2	18.3

En la producción de acero, Alemania, que estaba atrás de Francia y mucho más atrás que Inglaterra en 1860, produjo en 1910, ¡más acero que Francia e Inglaterra juntas! A principios de siglo, Alemania se trasformó, de país "pobre" y semifeudal, en la segunda potencia industrial del mundo, después de Estados Unidos.

El comercio exterior se acrecentó al mismo ritmo: de 2.5 miles de millones de marcos en 1875, a 10.1 en 1913. Los capitales alemanes en el extranjero, aumentan de 5 mil millones de marcos en 1880 a 35 mil millones en 1913. Por otra parte, se asiste a una fuerte concentración de capitales y a la formación de cárteles en lo textil, el carbón, la siderurgia, las industrias química y eléctrica, etc. En una palabra: a través de un proceso de crecimiento industrial acelerado *sin precedente,* Alemania pasa directamente del capitalismo atrasado al estadio imperialista.[26]

Es evidente que ese arranque repentino y aplastante del capitalismo industrial atenta contra la situación económica, modo de vida y valores socioculturales de las capas precapitalistas en su conjunto y de los mandarines universitarios en particular. No solamente los valores culturales tradicionales son marginados, degradados, sumergidos por el valor de cambio, por el universo mercantil y sus criterios puramente cuantitativos, sino el feudo mismo de la élite académica, la universidad alemana, es sometida progresivamente a los imperativos del modo de producción capitalista. Es Max Weber mismo quien va a analizar con amarga lucidez ese desarrollo en su célebre discurso de 1919, *Wissenschaft als Beruf* ["La ciencia como vocación"]: "Podemos observar claramente que en numerosos dominios de la ciencia los recientes desarrollos del sistema universitario alemán se orientan en dirección del

[26] Véanse: Pierre Guillen, *L'Allemagne de 1848 à nos jours,* F. Nathan, 1970, pp. 58-60; Fritz K. Ringer, *op. cit.,* pp. 42-43.

sistema norteamericano. Los grandes institutos de ciencia y de medicina se han convertido en empresas del 'capitalismo de estado'. Ya no es posible administrarlos sin la ayuda de medios considerables. Y se ve aparecer, como en cualquiera otra parte donde se introduce una empresa capitalista, el fenómeno específico del capitalismo que termina por 'separar al trabajador de los medios de producción'. El trabajador —el profesor adjunto— no tiene otros recursos que las herramientas de trabajo que el estado pone a su disposición [...] Además la posición del adjunto es ahí frecuentemente tan precaria como la de cualquiera otra existencia 'proletaroide' o la del adjunto de las universidades norteamericanas."

"Como los demás sectores de nuestra vida, la universidad alemana se norteamericaniza en importantes aspectos. Estoy convencido de que esta evolución atañerá aun a disciplinas en las cuales el trabajador es personalmente propietario de sus medios de trabajo (esencialmente de su biblioteca). Por el momento, el trabajador de mi especialidad es todavía en gran medida su propio patrón, a semejanza del artesano de antaño en el marco de su oficio. Pero la evolución avanza a grandes pasos [...] Exterior e interiormente, hay un abismo entre el jefe de esta especie de gran empresa universitaria capitalista y el habitual profesor titular del viejo estilo."[27] Este notable análisis de Weber nos permite comprender mejor la afinidad —a pesar de todo lo que los separa desde el punto de vista social y cultural— entre el mandarinato universitario y el conjunto de las capas pequeñoburguesas quebrantadas por la hegemonía cada vez más aplastante del modo de producción capitalista: artesanado, pequeño comercio, campesinado parcelario, etcétera.

¿Cómo van a responder los mandarines a este advenimiento repentino de la era industrial que tiende a reducirlos a una situación marginal e impotente?[28]

Profundamente traumatizados por el impacto social y cultural de la dominación abrupta del capitalismo, reaccionarán "con una intensidad tan desesperada que el espectro de una era moderna 'sin alma' obsesiona todo lo que han dicho o escrito, poco importa sobre qué

[27] Max Weber, "Le métier et la vocation de savant", en *Le savant et le politique* [*El político y el científico*], París, UGE, 1963, pp. 56-57.

[28] Véase Fritz K. Ringer, *op. cit.*, pp. 12-13: "En la medida en que nos acercamos a la plena industrialización y urbanización, los ricos empresarios y los obreros industriales desafían la hegemonía de la élite cultural. A pesar de sus esfuerzos, los mandarines verán reducirse su influencia sobre los asuntos públicos. Jefes de partidos, capitalistas y técnicos usurpan su *leadership* [...] La educación tradicional de la élite, orientada hacia la producción de verdaderos mandarines, héroes y símbolos de una cultura vasta y ligeramente esotérica, no parece ya suficientemente práctica para los modernistas [...]"

tema"; todo su pensamiento está caracterizado por "el horror a una época estandarizada y, según ellos, superficial y materialista".[29]

Aparece así hacia fines de siglo una nueva versión del romanticismo anticapitalista, sobre todo universitario, cuyo leitmotiv central es la oposición entre *Kultur* y *Zivilisation*. En tanto que *Kultur* define una esfera caracterizada por valores éticos, estéticos y políticos, un estilo de vida personal, un universo espiritual "interior", "natural", "orgánico", típicamente alemán, *Zivilisation* designa el progreso material, técnico-económico, "exterior", "mecánico", "artificial", de origen anglo-francés. Esta problemática fuertemente teñida de romanticismo conservador, será desarrollada por Tönnies, Julius Langbehn, Alfred Weber y encontrará su expresión más popular (mas no la más profunda...) el *La decadencia de Occidente* de Oswald Spengler (1918). Es necesario agregar que una corriente "neorromántica" de este tipo va a manifestarse también entre muchos intelectuales alemanes no universitarios, sobre todo escritores, que comparten a su manera las preocupaciones socioculturales de los mandarines: Theodor Storm, Stephan George, Paul Ernst y aun, en cierta medida, Thomas Mann. Hablaremos de esto más adelante.

Sin embargo, el anticapitalismo universitario de principios de siglo, al renovar algunos temas del movimiento romántico, se distingue de éste por un cierto "espíritu de resignación". Un Adam Müller podía todavía tener la ilusión, después de la derrota de Napoleón, de que el desarrollo del racionalismo capitalista podría ser detenido: "Los frutos más venenosos de ese árbol han sido tirados por tierra en Leipzig y en Waterloo, pero el tronco continuará floreciendo y dando frutos hasta que el brazo de un héroe lo tire con su hacha o los relámpagos del cielo lo abatan definitivamente [...]"[30] Para los mandarines más lúcidos de 1890-1914 se había vuelto ya evidente que el arranque del capitalismo industrial era un fenómeno irreversible e inevitable: sabían pertinentemente que ningún héroe teutónico podía golpear a muerte al *Deutsche Bank* y que ningún relámpago del cielo vendría a abatir a la todopoderosa *Allgemeine Elektrizität Gesellschaft*...

Este anticapitalismo académico asumía dos formas principales: una "ortodoxia" tradicionalista y reaccionaria, característica de los sectores menos expresivos, políticamente menos matizados e intelectualmente menos significativos del *establishment* universitario alemán; y un "conservatismo esclarecido" o "modernista", más realista, más sofisticado, cuyos principales representantes se reclutan en las ciencias so-

[29] *Ibid.*, pp. 3, 13.

[30] Adam Müller, *Deutsche Staatsanzeigen*, I, 1816, núm. 5, p. 428, en J. Droz, *Le romantisme politique en Allemagne*, París, A. Colin, 1963, p. 99.

ciales.[31] Pero los límites entre ambas corrientes no eran siempre muy claros y frecuentemente se les puede encontrar juntos en el seno de movimientos con carácter parcialmente anticapitalista, de los cuales el más típico es la *Verein für Sozialpolitik* (Asociación para una política social).

Fundada en 1872 por un grupo de universitarios eminentes (sobre todo economistas), Gustav Schmoller, Adolph Wagner y Lujo Brentano —con la participación de Tönnies y Max Weber hacia fines del siglo— la *Verein* fue el centro ideológico del célebre *Kathedersozialismus.* En realidad, no había mucho de "socialismo" (en el sentido proletario o marxista) en su doctrina, sino más bien una crítica del individualismo burgués, del utilitarismo materialista, del *laissez-faire* económico y del egoísmo de los empresarios capitalistas; se trataba de ignorar el marxismo y el liberalismo manchesteriano en nombre de valores éticos supremos, de la grandeza nacional, de la armonía social y de la tradición cultural germánica. Su programa social concreto pregonaba una "orientación ético-social de la economía" por medio de la intervención del estado, y a través de reformas sociales: leyes de inspección de fábrica, planes de seguridad social, impuestos progresivos, etc. Empero, la *Verein für Sozialpolitik* no era un absoluto homogénea desde el punto de vista ideológico: en un polo conservador se encuentra Wagner, que defiende los intereses de la Alemania rural contra la industrial, que hace campaña para la elevación de tarifas agrícolas, y que se convierte en ferviente propagandista del nacionalismo y de la autarquía económica; en el polo opuesto, Lujo Brentano, que lucha contra los grandes propietarios terratenientes, que participa en la campaña contra el aumento de precio de los granos, y que quiere dar a los sindicatos obreros un cierto papel en el marco de una política social "éticamente orientada". Entre ambos, Schmoller, partidario entusiasta de la monarquía y de la burocracia prusiana —"los únicos elementos neutros en la guerra social de las clases"— que pregona un gobierno paternalista, capaz de conducir reformas sociales limitando así las más nefastas consecuencias de la lucha entre los trabajadores y los empresarios.[32] No se puede explicar la colaboración en el seno de la *Verein* de personajes con opiniones aparentemente tan diversas si no se comprende que esas diferentes posiciones no son sino variantes de una misma problemática anticapitalista romántica, producto ideológico de las aspiraciones e inquietudes del mandarinato universitario en crisis.

La corriente anticapitalista "modernista" representada por Brentano encuentra su expresión más coherente, más profunda y más lúcida

[31] Véase Fritz K. Ringer, *op. cit.*, pp. 130-134.
[32] Véase Fritz K. Ringer, *op. cit.*, pp. 146-151.

en la sociología académica de principios de siglo: "La sociología alemana era el verdadero hijo del modernismo mandarinal; no puede comprenderse sin sus antepasados; refleja la actitud pesimista para con las condiciones sociales modernas características de los mandarines. Se ocupa de los efectos destructores del capitalismo sobre las formas precapitalistas de la organización social. Narra los efectos perturbadores de ese proceso sobre la vida cultural y política y plantea preguntas inquietantes sobre las relaciones entre los hombres en la sociedad moderna. En realidad, la sociología alemana hace eco a las preocupaciones y angustias que han sido centrales en las teorías sociales y políticas del conservatismo romántico. Pero difiere de las filosofías más antiguas en diversos aspectos importantes [...] No era agraria o feudal en su orientación, porque no tenía lazo social con la aristocracia terrateniente [...] Un sentido de resignación era típico de esta teoría social 'adaptacionista'. Los modernistas, al contrario de sus colegas ortodoxos, comprendían que no había escapatoria total a la modernidad. Proponían hacer frente a los hechos, aceptar ciertos aspectos de la vida moderna como inevitables [...]"[33]

Sin embargo, por su crítica a los vicios del capitalismo, los sociólogos alemanes continúan compartiendo, como muchos de los románticos de principios de siglo, las preocupaciones socioeconómicas de los sectores tradicionales de la pequeña burguesía, a los cuales están ligados por innumerables lazos familiares y sociales, así como por el carácter "artesanal" de su modo de vida (esto es válido también para los artistas, escritores, poetas, etc.). El ejemplo más característico de esta afinidad ideológica entre la ciencia social universitaria y las capas medias precapitalistas es la obra de aquel a quien se puede considerar a justo título como el fundador de la sociología alemana moderna: Ferdinand Tönnies.

Tönnies nació en 1855 en una granja de pequeños agricultores en el Schleswig-Holstein; vivió su infancia en el campo, y luego, después de la jubilación de su padre, en una pequeña ciudad marítima, Husum, en la misma región. Del lado de la madre, descendía de una familia de pastores protestantes, y del lado paterno, de una tribu milenaria de campesinos independientes, los Frisiens, que jamás fueron sometidos a la servidumbre feudal.[34]

El arranque del capitalismo después de 1870 alcanzó también a las

[33] Fritz K. Ringer, *op. cit.*, pp. 162-163.

[34] Véase W. J. Calmann, R. Heberle, " 'Introduction' to Tönnies", en *On Sociology,* Chicago, The University of Chicago Press, 1971, p. xv. Según estos autores, Tönnies permaneció siempre "emocionalmente atado a la tierra y al pueblo del Schleswig-Holstein", y a pesar de su condición académica tenía "un contacto fácil con la gente simple del pueblo".

regiones agrarias tradicionales como el Schleswig-Holstein, en donde la vieja producción de los pequeños campesinos comenzó a ser remplazada por una agricultura capitalista, que disolvió y destruyó poco a poco las antiguas estructuras sociales.

En *Gemeinschaft und Gesellschaft* [*Comunidad y Sociedad*] (1887), obra que va a inspirar toda la sociología alemana hasta la década del 30 del siglo XX, Tönnies va a oponer dos universos socioeconómicos, de una manera abstracta, como dos tipos de relaciones socioculturales: "Comunidad" (*Gemeinschaft*) y "Sociedad" (*Gesellschaft*); sustituye así a la base objetiva (económica) de la estructura social un principio subjetivo: la voluntad, "esencial" (*Wessenwille*) en la Comunidad y "arbitraria" (*Kürwille*) en la Sociedad. Según Tönnies, el universo comunitario (familia, pueblo, pequeña ciudad tradicional) está reglamentado por hábitos, costumbres y ritos; el trabajo es motivado por el placer y el amor por producir que se manifiestan en la economía doméstica, la agricultura y el artesanado; las relaciones sociales se caracterizan por la ayuda mutua y la confianza mutua y el todo es coronado por el reino de la *Kultur* (religión, arte, moral y filosofía); el mundo societal, por el contrario (la gran ciudad, el estado nacional, etc.), es movido por el cálculo, la especulación, la utilidad; la ganancia es el objetivo único del trabajo, que es degradado a la condición de simple medio en el comercio y la industria modernos; la vida social es desgarrada por el egoísmo y la guerra hobbesiana de todos contra todos, en el marco del desarrollo constante e irreversible de la *Zivilisation* (progreso técnico-industrial).

A pesar de su esfuerzo por ser objetiva, la obra de Tönnies está impregnada de un extremo al otro de una profunda nostalgia de la *Gemeinschaft* agraria tradicional (de la que su Schleswig-Holstein natal sigue siendo el arquetipo implícito): "Lo que en todos los tiempos ha sido el valor de la vida en el campo, es que la comunidad es ahí más fuerte y más viva entre los hombres: la comunidad es la vida común real y duradera; la sociedad es solamente pasajera y aparente. Y, en cierta medida, se puede comprender la comunidad como un organismo vivo y a la sociedad como un conjunto mecánico y artificial."[35]

Con el más vivo pesar comprueba el desarrollo del capitalismo en la economía rural: "El principio: *profit is the sole end of trade* es aplicado así a esta 'economía', la más antigua y la más verdadera", que, en consecuencia, es "abatida de su rango de madre del trabajo normal al de una rama de la industria nacional o mundial."[36]

[35] Ferdinand Tönnies, *Communauté et société*, París, Presses Universitaires de France, 1944, p. 5.
[36] *Ibid.*, p. 65.

Es evidente que toda esa problemática —especialmente la oposición entre lo "orgánico" tradicional y lo "artificial" moderno— debe mucho al romanticismo y que, por lo tanto, se puede, sin vacilación, caracterizar su doctrina sociológica como perteneciente al universo mental del anticapitalismo romántico. La *Gesellschaft* es en él, evidentemente, la sociedad capitalista vista desde ese ángulo crítico, mientras que la *Gemeinschaft* incluye todo el campo del precapitalismo, al idealizar las sociedades "vivas" y "naturales" del pasado en oposición al carácter "mecánico", impersonal y anticultural de la sociedad industrial moderna.[37] Aquí, como entre los románticos, la contradicción entre los valores concretos y cualitativos, por una parte, y el proceso de cuantificación mercantil, por la otra, se encuentra en el centro de toda la reflexión social: "Desde el punto de vista moral, se desprende una vez más, de la teoría de Tönnies, la conclusión de que el cálculo y la especulación matan la vida, y por lo tanto agotan la fuente misma de la moralidad. El valor del trabajo, que residía en la dominación de la materia por la energía humana sensible y concreta, no es ya en la sociedad capitalista más que una cantidad abstracta y matemática, comprada por medio de una moneda de papel; y se trata aquí del mismo caso respecto de todos los valores comunitarios reales y sinceros."[38]

Sin embargo, como lo hemos ya destacado, Tönnies, como los demás sociólogos alemanes, se distingue radicalmente de la *Weltanschauung* romántica por la comprensión lúcida de la inevitabilidad del advenimiento del capitalismo y de la imposibilidad de un regreso al pasado "orgánico". La contradicción entre *Kultur* y *Zivilisation* se convierte en él, en consecuencia, en un conflicto *trágico* e insoluble.[39] Volveremos más adelante a esta dimensión trágica de la visión del mundo de la inteliguentsia alemana. La única esperanza que conservaba todavía Tönnies era la conservación de estructuras de tipo comunitario en el seno de la sociedad industrial moderna, gracias a los sindicatos y a las cooperativas de consumo; de ahí sus afinidades con

[37] Véase György Lukács, *Die Zerstörung der Vernunft*, Berlín, Aufbau-Verlag, 1953 [*El asalto a la razón*, Barcelona, Grijalbo, 1976, p. 483].

[38] J. Leif, "Introduction" à Tönnies, *Communauté et société*, París, Presses Universitaires de France, 1944, p. XVII. Véase por ejemplo Tönnies, *op. cit.*, p. 53: "Cuanto más puede tener lugar general y libremente el tráfico de cambio, es más verosímil que las leyes puras de ese tráfico tengan valor y que caigan ante él las cualidades propias de los hombres y de las cosas, unas con relación a las otras."

[39] György Lukács, *ibid.*; véase también Fritz K. Ringer, *op. cit.*, p. 168: "Tönnies jamás abandonó su convicción de que todo el curso de la cultura moderna era profundamente trágico; pero resistió a la tentación de escapar al pesimismo por medio de lo que le parecía una ilusión oscurantista."

el ala reformista de la socialdemocracia (a la que se adhiere en 1932, como un acto de protesta ante el avance nazi).

La problemática que subtiende el sistema sociológico de Tönnies se encuentra en el centro de la obra de algunos escritores de la época, especialmente en la de su poeta preferido, Theodor Storm, quien, por otra parte, vivía en la misma ciudad que él (Husum). Los escritos de Storm están profundamente investidos del culto a los valores tradicionales y "orgánicos", descompuestos por el individualismo moderno; como lo destaca uno de sus biógrafos, Storm, "en contradicción con su época, que tiende además a debilitar los lazos sociales, y que destruye las comunidades que resultan de un crecimiento orgánico [...] da cada vez más importancia en su obra al valor vital de la comunidad".[40]

Un notable análisis de la obra de Theodor Storm y de su fundamento social se encuentra precisamente en el joven Lukács, en *El alma y las formas* (1910). Para Lukács, el rasgo esencial de la estética de Storm es la habilidad del artesano, que está inseparablemente ligada a una cierta forma de vida (*Lebensgestaltung*) artesanal-burguesa.[41] Agrega el comentario siguiente, muy esclarecedor para nuestra problemática: "Lo que aquí decide es el trabajo, y no el resultado. Esta concepción del arte se relaciona en este punto profunda y auténticamente con la de la Edad Media, aquella edad de oro de los románticos nostálgicos de la aplicación del artesano." Y se sigue con una definición sorprendente y casi marxista de la "infraestructura" de la obra de Storm: "Muchos desarrollos, particularmente económicos, han empezado en Alemania mucho después que en otros lugares, y muchas antiguas formas de sociedad, y aun más de vida, se han mantenido en ella más tiempo que en otros lugares. A mediados del siglo pasado había aún en Alemania, particularmente en la periferia, ciudades en las cuales la vieja burguesía seguía siendo fuerte y viva, esa burguesía que es lo

[40] Franz Stuckert, *Theodor Storm der Dichter in seinem Werk,* Tübingen, Max Niemeyer Verlag, 1952, pp. 44, 127. Véase también *ibid.,* p. 49: "Storm, en lo esencial, permaneció pues, como hombre y como poeta, en el interior de la esfera o en el círculo de las comunidades de vida estrechas, orgánicamente desarrolladas. Poéticamente [...] penetró ese mundo, y conservó en su obra de arte valores vitales decisivos de nuestra nacionalidad, que estaban amenazados de destrucción por el desarrollo político-económico, o que no encontraban lugar en la formación moderna." Stuckert destaca la importancia que toman en la obra literaria de Storm la familia, el "clan" (*Stamm*), las comunidades locales (*Wohngemeinschaft*), la comuna lugareña (*Dorfgemeinde*), etc. (*Ibid.,* pp. 47, 127, 128.) Resulta inútil destacar la rigurosa homología con las doctrinas sociales de Tönnies.

[41] György Lukács, *Die Seele und die Formen,* Berlín, 1911 [*El alma y las formas,* Barcelona, Grijalbo, 1970, p. 107]; el sentido de la palabra "burgués" es aquí más bien el etimológico, de habitante del burgo.

más opuesto a la presente. Estos escritores han nacido del seno de aquella burguesía, y son auténticos y grandes representantes de esa burguesía [. . .] La patria chica, la procedencia genealógica, la clase eran su vivencia determinante."[42] El universo poético de Storm está, pues, dominado por "la fuerza de la renuncia, la fuerza de la resignación, la fuerza de la vieja burguesía frente a la nueva vida", la consideración de su propia decadencia con "tranquila seguridad, que acepta, cargada de lágrimas, lo irrevocable", el sentimiento histórico que da a las cosas "los reflejos melancólicos, pero sin luto, de la implacable ley del perecer y el ajarse".[43] El paralelismo con Tönnies es comprensible y nos muestra cómo una misma "estructura mental" (para emplear un concepto caro a Lucien Goldmann) puede manifestarse en constelaciones significativas tan diversas como la poesía lírica y la sociología universitaria.

En este ensayo, Lukács compara a Storm con Thomas Mann para destacar que "el estado de ánimo de la decadencia que rodea a ese mundo [de Storm] no es todavía lo suficientemente intenso y consciente como para volver a ser monumental, como lo deviene en los *Buddenbrooks* de Thomas Mann".[44]

Thomas Mann, habiendo leído *El alma y las formas* ("un bello y profundo libro del joven ensayista húngaro") manifestará en las *Consideraciones de un apolítico* (1918) el más vivo interés por el ensayo que considera "¡brillante, extremadamente fino y auténtico!" y del que cree (no sin razón) haber sido uno de los inspiradores, por su obra literaria: "Me encuentro —escribe— en la posición de un padre que, sonriente, se deja enseñar por su hijo instruido." Destaca, pues, su ascendencia íntima (*Stammesverwandschaft*) sobre Storm, su liga, como descendiente de la vieja burguesía patriarcal, con "los representantes de la maestría artística artesanal alemana" Storm y Meyer, hacia los cuales se siente atraído por "una simpatía humana y social".[45] En cuanto a los *Buddenbrooks* (1901), Thomas Mann manifiesta su acuerdo con la interpretación que les da Lukács: monumentalización del espíritu de decadencia que rodea el mundo de Storm. En el último capítulo de *Consideraciones de un apolítico* vuelve sobre la significación de su primera gran novela: la historia de la decadencia de los *Buddenbrooks* expresa, en último análisis, el desarrollo de la "Civilización" en Alemania, es decir, del progreso de tipo occidental,

[42] György Lukács, *op. cit.*, pp. 109-110; véase también *Die Seele und die Formen,* Luchterhand, p. 93.

[43] *Ibid.*, pp. 111 y 120.

[44] György Lukács, *op. cit.*, p. 129.

[45] Thomas Mann, *Betrachtungen eines Unpolitischen,* 1918, Berlín, Fischer Verlag, 1925, pp. 75-79.

de la democratización, del "mejoramiento" (los entrecomillados irónicos son de Thomas Mann), un proceso "moral-político-biológico" que subleva a Thomas Mann y al cual opone el concepto de "Vida" como "concepto conservador" nietzscheano.[46]

Lukács tiene pues razón (en 1953) en destacar que en las *Consideraciones de un apolítico* los aspectos legítimos de esa crítica de la democracia burguesa están "todavía encubiertos y desfigurados" (*verdeckt und verdreht*) por un anticapitalismo romántico a la alemana".[47]

Esta afinidad —muy matizada y ambivalente, pero real— con la problemática anticapitalista conservadora se manifiesta también en su entusiasmo por Adam Müller, "cuyas consideraciones sobre la ciencia del estado están quizás entre las más espirituales y auténticas que hayan sido jamás dichas a ese respecto", y por Nietzsche, con quien comparte la "profunda repugnancia" por las "ideas francesas", las ideas del siglo XVIII, la "palabrería ruidosa del burgués demócrata". Para Thomas Mann el representante más típico de este espíritu detestado de "filantropía revolucionaria lacrimosa" es Giuseppe Mazzini, el carbonario y francmasón latino, con su insoportable retórica del progreso.[48] Cualquier parecido con un tal Settembrini es mera coincidencia...

Como en muchos autores alemanes durante la primera guerra mundial, el anticapitalismo romántico-cultural de Thomas Mann se fusiona con el nacionalismo para justificar la guerra por la contradicción entre la *Kultur* alemana ("alma, libertad, arte") y la *Zivilisation* anglofrancesa ("sociedad", "derecho de sufragio", "literatura").[49] El hecho de que poco tiempo después haya renegado de *Consideraciones de un apolítico* y apoyado la República de Weimar no significa necesariamente una ruptura total con la problemática romántica; volveremos a esto más adelante. Sería completamente unilateral, para no decir falso, tratar de reducir la *Weltanschauung* rica, sutil y multiforme de Thomas Mann a tal dimensión anticapitalista.

El principal centro de pensamiento sociológico en la Alemania de principios del siglo XX era Heidelberg, en donde se reunían alrededor de Max Weber una pléyade brillante de intelectuales y universitarios. Entre los participantes regulares o esporádicos en ese famoso "círculo

[46] Thomas Mann, *op. cit.*, pp. 79, 626-627. El aspecto "biológico" de la decadencia es para Thomas Mann la caída vertiginosa de la tasa de natalidad en Alemania después de 1900...

[47] György Lukács, *El asalto a la razón* cit., p. 57. Según Thomas Mann mismo (en 1930), esta obra ha sido "la suprema batalla librada, no sin bravura, por la burguesía romántica en vías de replegarse ante lo 'nuevo' ". (Thomas Mann, *Esquisse de ma vie* [*Relato de mi vida*], París, Gallimard, 1967, p. 132.)

[48] *Ibid.*, pp. 51, 245, 395, 558.

[49] Thomas Mann, *op. cit.*, p. XXXVI.

Weber de Heidelberg" uno encuentra, de 1906 a 1918, a los sociólogos Ferdinand Tönnies, Werner Sombart, Georg Simmel, Alfred Weber (el sociólogo de la cultura, hermano de Max), Arthur Salz (miembro de la *Verein für Sozialpolitik* de los "socialistas de la cátedra"), Robert Michels (en esa época "sindicalista revolucionario"), Ernst Troeltsch (sociólogo de las religiones de orientación "social-cristiana"), Paul Honigsheim (entonces joven estudiante), los filósofos neokantianos Wilhelm Windelband, Hugo Münsterberg y Emil Lask, los neohegelianos Ehrenberg (judío convertido en místico cristiano) y Rosenzweig, el jurista Georg Jellinek, el esteta Friedrich Gundolf (amigo del poeta Stephan George), el poeta pacifista Ernst Toller, el psiquiatra y futuro filósofo kierkegardiano Karl Jaspers, el especialista en Dostoievski Nikolai von Bubnov, y dos jóvenes dostoievskianos escatológicos, Ernst Bloch y Georg von Lukács...

Evidentemente, no se puede hablar de una ideología común en semejante conjunto abigarrado e incoherente, pero indiscutiblemente se encuentra ahí una fuerte corriente anticapitalista romántica; según el muy esclarecedor testimonio de Paul Honigsheim, "aun antes de la guerra, había en varios medios una tendencia a alejarse del modo de vida burgués, la cultura de la ciudad, la racionalidad instrumental, la cuantificación, la especialización científica, y todos los demás elementos considerados entonces como fenómenos repugnantes... Lukács y Bloch, Ehrenberg y Rosenzweig eran partidarios de esa tendencia. Ese neorromanticismo, si se le puede llamar así, estaba unido al viejo romanticismo por múltiples, aunque ocultas, pequeñas corrientes de influencia; no podemos dar sino algunos ejemplos: Schopenhauer, Nietzsche, el viejo Schelling, Constantin Franz... y el Movimiento de Juventud... El neorromanticismo, en sus diversas formas, estaba representado en Heidelberg... y sus adeptos sabían a qué puerta llamar: la puerta de Max Weber".[50]

Una de las manifestaciones de ese estado de ánimo era un extraño renacimiento de la religiosidad, como forma de rechazo radical del racionalismo burgués; según Paul Honigsheim "era una época en que la religión comenzaba a estar de moda —en los salones y los cafés—, en que se leía naturalmente a los místicos y se simpatizaba espontáneamente con el catolicismo, una época en que era de buen tono lanzar una mirada despectiva hacia el siglo XVIII... para luego poder denostar al liberalismo hasta saciarse". Esa tendencia se manifestaba también en el círculo Max Weber, entre otros en Bloch y Lukács quienes gustaban de hacer, en ese momento, "profundas alabanzas al catolicismo".[51]

[50] Paul Honigsheim, *On Max Weber,* Nueva York, Free Press, 1968, p. 79.
[51] Paul Honigsheim, "Der Max-Weber-Kreis in Heidelberg", en *Kölner*

Sin embargo, más que la iglesia católica, era la mística y la literatura rusas lo que lograba la unanimidad del círculo de Heidelberg; era además una manera de rechazar la civilización occidental capitalista. Gracias a esta eslavofilia —estimulada por la participación en las reuniones del domingo (en casa de Weber) de Nikolai von Bubnov, profesor de historia del misticismo en Heidelberg, autor de diversas publicaciones sobre la filosofía religiosa rusa en general y Dostoievski en particular, y por la presencia del escritor Feodor Stepun, quien introdujo al público alemán la obra del teórico del misticismo ruso Vladimir Soloviev—[52] la obra de Tolstoi y Dostoievski se encontraba en el centro de los debates del círculo Max Weber, especialmente en el contexto de la contradicción entre la ética absoluta pregonada por los escritores rusos (radical y sin concesiones) y la ética de responsabilidad, que implica que se tome sobre sí el fardo del pecado, como el Gran Inquisidor de Dostoievski...[53] Esta problemática obsesiona todavía a Max Weber en 1919; en su célebre discurso a los estudiantes acerca de la vocación política, menciona explícitamente al Gran Inquisidor de Dostoievski como la presentación más palpable de esta contradicción.[54]

Vierteljahrschrift für Soziologie, año 5, fasc. 3, 1926, p. 284, y Honigsheim, *On Max Weber, op. cit.*, p. 91.

[52] Lukács escribirá una relación de las obras de Soloviev en 1915, caracterizándolo como "el representante intelectual más significativo de la aversión de Rusia por el materialismo y el positivismo". György Lukács, "Solovjeff", Vladimir, *Auggewählte Werke,* t. 1, *Archiv für Sozialwissenschaft und Sozialpolitik,* Tübingen, J. C. B. Mohr, 1915, t. 39, p. 572.

[53] Véase Paul Honigsheim, *On Max Weber,* p. 85: "Mucho más significativo para las discusiones en la casa de Weber era el hecho de que Tolstoi y Dostoievski estaban, por así decirlo, realmente presentes [...] No recuerdo una sola conversación de domingo en la que el nombre de Dostoievski no haya sido mencionado. Quizá todavía más apremiante, hasta candente, era la necesidad de ocuparse de Tolstoi."

[54] Max Weber, "Le métier et la vocation d'homme politique" (1919), en *Le savant et le politique,* París, UGE, 1963, pp. 174-175: "El partidario de la ética de convicción no puede soportar la irracionalidad ética del mundo. Es un 'racionalista' cosmoético. Aquellos de ustedes que conocen a Dostoievski pueden evocar aquí la escena del Gran Inquisidor en el curso de la cual ese problema está expuesto de manera pertinente. No es posible conciliar la ética de convicción y la ética de responsabilidad como tampoco es posible decretar en nombre de la moral cuál es el fin que justifica tal medio, si jamás se hace la menor concesión al principio." Véase también pp. 180-181: "Aquel que, en general, quiere hacer política, y sobre todo que quiere hacer de ello su vocación, debe tomar conciencia de esas paradojas éticas [...] Lo repito, se compromete con fuerzas diabólicas que están al acecho en toda violencia. Los grandes virtuosos del amor y de la bondad acósmicos [...] que nos llegan de Nazareth, de Asís o de los castillos reales de las Indias, no han trabajado con el medio político de la violencia [...] Las figuras de Platón Karataiev y los santos de Dostoievski son indudablemente las reconstituciones más fieles de ese género de virtuosos."

Veremos que los dilemas ético-políticos de Lukács en 1918-1919 presentan una similitud sorprendente con la actitud de Weber en tanto parte de las mismas fuentes, es decir Dostoievski y Tolstoi.[55]

El círculo Max Weber mantenía ciertas relaciones con otro grupo de Heidelberg, mucho más esotérico y cerrado, el círculo Stephan George, que reunía amigos y admiradores casi religiosos alrededor del célebre poeta. Por lo menos un miembro de ese grupo, el crítico de arte Friedrich Gundolf, participaba en ambos círculos, y Max Weber mismo leía con interés los poemas de George. Lukács dedicó un ensayo a Stephan George en 1908 (publicado después en *El alma y las formas*) en el que destaca el carácter "algo aristocrático" de su lirismo que "mantiene lejos de sí toda trivialidad ruidosa, todo suspiro fácil y todo movimiento barato de ánimo". No obstante, el ensayo no gustó a los iniciados del círculo místico de los adoradores del poeta, porque no reconocía los pretendidos dones proféticos sobrenaturales de George.[56] Muchos años más tarde, en 1946, Lukács vuelve sobre la significación de la obra de Stephan George; destaca la "no fraternidad aristocrático-estética de su visión del mundo" y agrega: "George rechaza apasionadamente la vida social de su época. No ve en ella más que prosa mortífera para el alma, símbolo de perdición [...] Se ven claramente las consecuencias de la expresión alemana del anticapitalismo romántico. Es el odio contra ese mundo, el mundo del capitalismo contemporáneo y de la democracia, que nació como el 'profetismo' de George [...]"[57] En seguida se ven las posibles afinidades con la corriente neorromántica en el seno del círculo de Max Weber.

Weber destaca, en honor de sus jóvenes oyentes de izquierda, que no solamente "la patria" sino también el porvenir del socialismo son metas "que no es posible alcanzar de otra manera más que por medio de la actividad política, la cual necesariamente apela a medios violentos y toma las vías de la ética de responsabilidad, que ponen en peligro la 'salud del alma' " (p. 182).

[55] Lukács llegará a la misma conclusión que Weber: para el porvenir del socialismo es necesario inevitablemente comprometerse con "las fuerzas diabólicas que están al acecho en toda violencia"... Volveremos a esto.

[56] György Lukács, *El alma y las formas,* p. 149; véase también su "Methodischer Zweifel" [Duda metódica], en *Der Monat,* abril de 1966, p. 95.

[57] György Lukács, *Brève histoire de la littérature allemande* [Breve historia de la literatura alemana], París, Nagel, 1949, pp. 198-199, 202. Lukács insiste en las implicaciones políticas de ese "profetismo", por medio del cual George "se convierte en el jefe espiritual de la reacción que avanza. No se contenta con formular apasionadas acusaciones contra el mundo contemporáneo, anuncia también con una virulencia creciente su caída necesaria y al mismo tiempo el advenimiento de un mundo nuevo, de un 'nuevo Reich' que salvará de la maldad y de la fealdad [...] Fundándose en tales poemas el fascismo lo reclama. No estaba enteramente justificado en lo que concierne al poeta. George no quiso saber nada del hitlerismo: murió en exilio voluntario [...] No existen lazos esenciales al menos objetivamente" (*ibid.*, p. 201).

En realidad, Max Weber mismo no puede ser clasificado como un neorromántico. Su posición político-ideológica es, por otra parte, muy difícil de definir: ¿es un "liberal" como pretende Merleau-Ponty, un "representante activo de la política del capital monopolista" como piensa la Academia de Ciencias de la URSS, o un aristócrata nietzschiano como sugiere Jean-Marie Vincent? ¿Estaba por o contra la democracia parlamentaria, el militarismo, la socialdemocracia? Sin querer en absoluto resolver el debate, deseamos solamente llamar la atención sobre cierta "afinidad electiva", a pesar de muchas diferencias significativas, entre la sociología de Weber y el anticapitalismo romántico. Jean-Marie Vincent caracteriza con razón la ideología weberiana como "una especie de humanismo precario, ajeno a las tendencias fundamentales del desarrollo social (burocratización, desencanto)", un pesimismo que rechaza con obstinación ciertos rasgos de la evolución del mundo moderno.[58] Desde ese punto de vista, sin duda ha sido profundamente influido por Tönnies, del que con frecuencia toma las categorías y los análisis, incluyendo las críticas al capitalismo, al tratar de sobrepasarlos hacia una visión más objetiva de la realidad socioeconómica moderna.[59]

En Weber, la resignación ante el advenimiento de la sociedad industrial (burguesa) es más acentuada que en Tönnies: es necesario aceptar el capitalismo "no porque nos parezca mejor que las antiguas formas de estructura social, sino porque es prácticamente inevitable".[60] Esto no le impide manifestar un pesar nostálgico del "mundo encantado" precapitalista y de sus valores ético-culturales: "Es el destino de nuestra época, caracterizada por la racionalización, por la intelectualización y sobre todo por el desencanto del mundo (*Entzauberung der*

[58] Jean-Marie Vincent, "Aux sources de la pensée de Max Weber", en *Fétichisme et société* [*Fetichismo y sociedad*], París, Anthropos, 1974, pp. 134, 143. Vincent destaca, por otra parte, que la lección inaugural de Weber en 1895 en la Universidad de Friburg proponía un concepto del estado "ampliamente derivado del pensamiento conservador o romántico alemán" (*ibid.*, p. 120).

[59] Véase W. Heise, *Die deutsche Philosophie von 1895-1917,* Berlín, DDR, Deutscher Verlag der Wissenschaft, 1962, p. 69: "Los conceptos sociológicos de Tönnies y Weber contienen ambos momentos de un anticapitalismo romántico, aunque en formas muy distintas. En Tönnies se expresa en su análisis y prognosis de la sociedad, en Weber en su concepto de un progreso inevitable del racionalismo, de la burocratización, etc. Ambos destacan la impotencia creciente del individuo frente al proceso de desarrollo social, frente a los poderes e instituciones sociales, frente al estado, la burocracia y las empresas gigantes, así como frente a la dominación de la máquina sobre los productores."

[60] Max Weber, "Die 'Objektivität' sozialwissenschaftlicher und sozialpolitischer Erkenntnis" (1904), en *Gesammelte Aufsätze zur Wissenschaftslehre* ["La objetividad del conocimiento en las ciencias y política sociales", en *Ensayos sobre metodología sociológica*], Tübingen, J. C. B. Mohr, 1922, p. 159.

Welt), en la que precisamente los valores supremos y los más sublimes han dejado la vida pública para refugiarse ya sea en el reino extramundano de la vida mística, ya en la fraternidad de las relaciones directas y recíprocas entre individuos aislados."[61] Y sobre todo, esto no le impide criticar con un pesimismo lúcido (pero elitista) el dominio creciente sobre los hombres del aparato burocrático, máquina fría, "racional", impersonal e inhumana: "Imaginen las consecuencias de tal burocratización y racionalización general a la que nos acercamos desde hoy. Ya ahora, en toda empresa privada de la gran industria, así como en todas las demás empresas económicas dirigidas según criterios modernos, el *Rechenhaftigkeit* (cálculo racional) se manifiesta en cada etapa. Por ese medio, el rendimiento de cada trabajador individual está matemáticamente medido, cada hombre se convierte en una pequeña pieza de la máquina [...] es horrible pensar que un día el mundo estará habitado solamente por esas pequeñas piezas, pequeños hombres que se arrebatan pequeños empleos y que buscan obtener otros más grandes; una situación que [...] desempeña un papel creciente en el espíritu de nuestro sistema administrativo presente [...] Esa pasión por la burocracia [...] es suficiente para conducirnos a la desesperación [...] La gran pregunta no es saber cómo promover y estimular tal evolución, sino cómo oponerse a ese maquinismo para conservar una parte de la humanidad libre de esa partición del alma, de esa suprema dominación por el modo de vida burocrático."[62]

La caracterización misma del espíritu del capitalismo por Weber en *L'éthique protestante* [*La ética protestante y el espíritu del capitalismo*] (1905) es cercana a las de los neorrománticos, aun si evita cuidadosamente todo juicio de valor explícito: "El hombre está dominado por la actividad de hacer dinero, por la adquisición como el objetivo supremo de la vida. La adquisición económica no está ya subordinada al hombre como un medio de satisfacción de sus necesidades naturales. Ese trastrocamiento de lo que debemos llamar la relación natural, tan irracional desde un punto de vista ingenuo, evidentemente es también en definitiva el principio dirigente del capitalismo, que es ajeno a todos los pueblos no sometidos a la influencia capitalista."[63]

Sin esta dimensión anticapitalista —que por supuesto no es más que un aspecto de un sistema teórico complejo, matizado, y a veces contradictorio— es difícil comprender ciertos fenómenos como la sim-

[61] Max Weber, "Wissenschaft als Beruf" ["La ciencia como ocupación"] (1919), en *op. cit.*, p. 554.

[62] Max Weber, *Gesammelte Aufsätze zur Soziologie und Sozialpolitik*, Tübingen, J. C. B. Mohr, 1924, p. 412.

[63] Max Weber, *The protestant ethic and the spirit of capitalism*, Londres, Unwin University Books, 1967, p. 53.

patía de Weber por los sindicatos obreros: "Son los únicos dentro del Partido Socialdemócrata que [...] no se han rebajado, y que han conservado el idealismo ante la mediocridad del partido [...] El único refugio del trabajo idealista y de la convicción idealista en el seno del Partido Socialdemócrata es y será, en nuestras condiciones alemanas, los sindicatos."[64] ¿Se puede explicar esta simpatía por el hecho de que "el movimiento sindical vaya mucho más lejos en el rechazo de la ideología revolucionaria" que el partido, por el realismo pragmático de sus dirigentes, como piensa Jean-Marie Vincent?[65] En nuestra opinión, la actitud de Weber va *más bien en sentido inverso;* si no ¿cómo comprender su insistencia en "el idealismo" sindical en oposición a la "mediocridad" socialdemócrata? Según Eduard Baumgarten, para Weber los sindicatos constituyen precisamente un contrapeso al aburguesamiento y a la burocratización del partido,[66] punto de vista que reprochaba el eminente sociólogo de Heidelberg a su discípulo "sindicalista revolucionario" Robert Michels. Michels mismo destaca, por otra parte, el interés de Weber por sus ideas y la apertura de las páginas del *Archiv für Sozialwissenschaft* a la corriente sindicalista, con la publicación de artículos de Hubert Lagardelle, Arturo Labriola, Enrico Leone, etc.[67] Por último, según el testimonio siempre revelador y penetrante de Paul Honigsheim, la *Weltanschauung* de Weber le llevaba hacia "la proximidad con los anarquistas y, sobre todo, con los sindicalistas bergsonianos".[68] Es solamente en ese contexto como se puede comprender el sorprendente comentario que hacía Lukács a sus amigos de Heidelberg: "Max Weber es el hombre que podría arrancar al socialismo del miserable relativismo producido por la acción de Franck (un dirigente socialdemócrata revisionista y derechista, M. L.) y sus afines"; juicio erróneo de punta a punta, pero fundado en ilusiones inexplicables si no se toma en consideración la dimensión anticapitalista *sui generis* del pensamiento de Weber.[69]

Probablemente el "visitante" más importante e influyente del círculo Max Weber era Georg Simmel, en cuya casa, en Berlín, estudiaron Lukács, Bloch y Karl Mannheim.[70] Según Lukács (en 1953), el pensa-

[64] Max Weber, *Gesammelte Aufsätze sur Soziologie...*, pp. 398-399.

[65] Jean-Marie Vincent, *Fétichisme et société*, p. 127.

[66] Franz Baumgarten, *Max Weber Werk und Person*, Tübingen, J. C. B. Mohr, 1964, p. 608.

[67] Robert Michels, "Eine syndicalistische gerichtete Unterströmung im deutschen Sozialismus (1903-1907)", en *Festschrift für Carl Grünberg*, Leipzig, 1932, pp. 357-359.

[68] Paul Honigsheim, *On Max Weber*, p. 132.

[69] La frase de Lukács es mencionada por Paul Honigsheim, *op. cit.*, p. 27.

[70] Lukács, en un artículo a la memoria de Simmel escrito en 1919, le rinde un ferviente homenaje: "Era tan excesivamente atractivo para todos aquellos

miento de Simmel debe ser además comprendido como expresión del descontento anticapitalista de los intelectuales, y situado en el marco global de la tendencia crítica anticapitalista de la cultura.[71]

No es pues casualidad que, en una de sus principales obras, *La philosophie des Geldes* (1900),[72] el *leitmotiv* central sea la preponderancia creciente de la cantidad sobre la calidad, la tendencia a disolver ésta en aquélla, y a sustituir todo lo que sea determinación específica, individual, cualitativa, por la simple determinación numérica —tendencia cuya dominación cada vez más aplastante del dinero sobre la vida social es la expresión más palpable. Gracias a esta venalidad universal no solamente todos los objetos sino también valores en principio no cuantificables como el honor y la convicción, el talento y la virtud, la belleza y la salud del alma, se convierten en mercancías, adquieren un "precio de mercado".[73] La prostitución es la forma suprema de esta mercantilización de los valores humanos, forma que manifiesta en su ser la naturaleza fundamental del dinero, su fría impersonalidad, su reducción del ser humano a la condición de simple medio.[74]

que estaban en verdad filosóficamente inclinados en la nueva generación, que casi no hay ninguno de ellos que no haya estado sometido, durante más o menos largo tiempo, a la magia de su pensamiento." György Lukács, "Georg Simmel", en *Pester Loyd*, núm. 230, 2 de octubre de 1918.

[71] György Lukács, *El asalto a la razón* cit., p. 365. Nuestro interés por los juicios de Lukács mismo sobre sus contemporáneos, se debe a dos razones evidentes: 1) La profundidad histórico-social de esos análisis, a pesar de su carácter unilateral, a lo que volveremos más adelante; y 2) El hecho de que estamos interesados precisamente por el lazo entre esos pensadores (Max Weber, Tönnies, Simmel, etc.) y la obra de Lukács. Aun cuando la actitud del Lukács de 1953 hacia esos autores es muy distinta de la que tuvo en 1910-1919, nos permite significativas aclaraciones.

[72] En 1933-1934, en un gran manuscrito (228 páginas) inédito, Lukács destaca la importancia de esta obra de Simmel y su contexto social; hacia fines del siglo en Alemania "los problemas de la división del trabajo capitalista, de la cosificación y la reificación capitalista de las relaciones humanas (la *Philosophie des Geldes* de Simmel) se plantean mucho más enérgicamente en primer plano que algunos decenios antes, cuando el capitalismo no aparecía a los ojos de la *Kulturkritik* más que como un poder ajeno y disolvente de los lazos orgánicos" (György Lukács, *Zur Entstehungsgeschichte der faschistischen Philosophie in Deutschland* [Historia de los orígenes de la filosofía fascista en Alemania], ms., p. 33, Lukács Archivum).

[73] Georg Simmel, *Philosophie des Geldes*, Leipzig, Verlag von Duncker und Humblot, 1920, pp. 264, 292.

[74] Georg Simmel, *op. cit.*, p. 414: "Se siente en la esencia misma del dinero algo de la esencia de la prostitución. La indiferencia con la que se presta a cualquier uso, la infidelidad con la que se separa de cada sujeto, porque no está verdaderamente ligado a ninguno, la objetividad que excluye todo sentimiento que le es propio para ser un simple *medio*, todo esto suscita una fatal analogía entre él y la prostitución."

El capitalismo, destaca Simmel, está fundado en la trasformación del trabajo humano en mercancía, en objeto que se opone al trabajador, que se le ha vuelto ajeno, y que tiene sus propias leyes de movimiento. Todo el universo de la producción capitalista aparece como un cosmos regido por leyes internas independientes de los individuos y de su voluntad. Estos análisis recuerdan evidentemente la problemática marxista del fetichismo de la mercancía, pero la diferencia es que para Simmel el fenómeno estudiado por Marx no es sino un "caso particular" de lo que constituye la "tragedia de la cultura": la alienación de la cultura objetiva con relación a la cultura subjetiva, el arranque de la cultura de las cosas y la declinación de la cultura de las personas.[75] Por ese lado, el análisis económico concreto, históricamente determinado, de Marx, se trastroca, o más bien se disuelve en una visión del mundo trágica, una psicosociología ahistórica, una filosofía de la cultura con tendencia profundamente *metafísica.*[76]

No se puede hablar de visión trágica con carácter metafísico sin referirse inmediatamente al poeta y dramaturgo Paul Ernst, quien había frecuentado a Simmel hacia 1895-1897, y al que Lukács dedicará en 1910 su célebre ensayo "Metafísica de la tragedia" (publicado en *El alma y las formas*). Paralelamente a las tragedias neoclásicas sobre temas medievales (*Canossa,* 1908) o teutónicos (*Brunhild,* 1908), que han atraído el interés y la simpatía de Lukács, Paul Ernst escribió un gran número de ensayos estéticos y literarios en los que se desarrolla toda la problemática romántica anticapitalista: la descomposición de los valores comunitarios, la despersonalización y la mecanización cre-

[75] Georg Simmel, *op. cit.*, pp. 515-531; véase también, en la p. XIII, "Steigerung der Kultur der Dinge, Zurückbleiben der Kultur der Personen". Este tema está desarrollado sobre todo en un importante artículo de Simmel de 1912, "Der Begriff un die Tragödie der Kultur", en *Logos,* t. II, 1911-1912, p. 20: "El 'carácter fetichista' que Marx atribuye a los objetos económicos en la época de la producción mercantil, no es más que un caso especialmente modificado del destino universal de nuestros contenidos culturales. Tales contenidos están sometidos a una paradoja: son creados por sujetos y destinados a sujetos, pero continúan bajo la forma transitoria de la objetividad (*Zwischenform der Objetivität*) [...], una lógica de desarrollo inmanente, que los aliena (*entfremden*) en su origen y en su fin [...] Ésta es la verdadera tragedia de la cultura [...] Designamos como una fatalidad trágica el hecho siguiente: que las fuerzas destructoras dirigidas contra un ser nacen precisamente del fondo mismo de ese ser."

[76] Simmel mismo ha definido explícitamente su relación metodológica con el marxismo en el prefacio de *Philosophie des Geldes*: "Construir por debajo del marxismo un fundamento (*Stockwerk*) que conserve el valor explicativo de la comprensión de la vida económica entre las causas de la cultura espiritual, pero que reconozca en esas mismas formas económicas el resultado de valoraciones y corrientes más profundas, de presuposiciones psicológicas y hasta metafísicas." (P. VIII.)

ciente de la sociedad moderna, etc.[77] El tema central es una vez más la oposición *Kultur-Zivilisation*: "Debemos liberarnos del lazo entre nuestros conceptos de la cultura y las conquistas de la civilización. Los bárbaros pueden utilizar la electricidad y navegar en el aire; pero solamente los hombres cultos (*Gebieldete*) tienen sentimientos profundos y pensamientos elevados. La ciencia también se encuentra hoy en día sometida a la gestión económica. Pero no es el hombre de la economía quien puede decidir si un pueblo tiene o no cultura, sino el poeta y el sacerdote."[78]

La evolución ideológica de Paul Ernst desde fines del siglo XIX hasta su muerte (en 1933) es un itinerario extraño pero bastante característico de las ambigüedades del radicalismo anticapitalista de los intelectuales alemanes de ese período: hacia 1888 se adhiere al Partido Socialdemócrata y lleva una correspondencia político-literaria con Friedrich Engels (cuya carta a Paul Ernst, del 5 de junio de 1890, sobre la sociología de las obras de Ibsen es muy célebre); en 1891 se adhiere a un ala izquierda, semianarquista, del PSD alemán, conocida como *die Jünger* ("los jóvenes"), compuesta sobre todo de intelectuales ("una rebelión de estudiantes y de literatos", escribirá Engels) y termina por dejar el partido.[79] En 1892 colabora con el "socialista agrario" Rudolf Mayer en la redacción de una obra titulada *Der Kapitalismus fin de siècle,* pero pronto deja la política para dedicarse a sus actividades literarias. Hacia 1908-1911 escribe sus tragedias neoclásicas y se hace amigo de Lukács, sosteniendo con él una rica correspondencia de 1911 a 1926.[80] Finalmente, después de 1917, se orienta cada vez más hacia una ideología político-literaria nacionalista y ultraconservadora cuya expresión perfecta es la obra *Kaiserbuch* (1923-1928), un himno a la gloria del Reich alemán en la Edad Media.[81]

Sin embargo, aun en su fase reaccionaria, el anticapitalismo permanece en el centro del pensamiento de Paul Ernst; en un ensayo redac-

[77] Véase Karl August Kutzbach, "Nachwort des Herausgebers" [Posfacio del editor], en Paul Ernst, *Gedanken zur Weltliteratur* (*Aufsätze*), Gutersloh, C. Bertelsmann Verlag, 1959, p. 415. Véase también Paul Ernst, *ibid.*, p. 338: "Cuando Schiller escribía sus poemas, nadie sabía nada sobre el actual aburguesamiento y mecanización del mundo; pero Schiller los había presentido [. . .]".

[78] Paul Ernst, *op. cit.*, p. 34.

[79] Véase Franz Mehring, *Geschichte der Deutschen Sozial-demokratie*, Berlín, Dietz Verlag, vol. 2, p. 678. Entre esos literatos figuraba el notable escritor anarco-utopista Gustav Landauer, futuro dirigente de la República de los Consejos de Baviera, asesinado por la contrarrevolución en 1919.

[80] Cartas de Lukács a Paul Ernst, *The New Hungarian Quarterly*, núm. 47, otoño de 1972, pp. 88-89, y *Paul Ernst und Georg Lukács, Dokumente einer Freundschaft*, Emsdetten, Verlag Lechte, 1974.

[81] Es curioso que Lukács, que en su *Brève histoire de la littérature allemande*

tado en 1926, echa de menos con nostalgia el mundo "orgánico" destruido por el capitalismo y la industria, y denuncia el universo dominado por el capital como una "barbarie absurda" (*sinnlose Barbarei*). Es interesante destacar que en 1926 (o 1927) Lukács le escribió una carta a propósito de ese artículo, la última de su correspondencia, en la que el militante bolchevique encuentra todavía un punto de entendimiento con el poeta conservador: "Cualquiera que sea, por otra parte, la divergencia entre nuestros conceptos, hay una posibilidad de discusión, si por lo menos valorizamos el capitalismo de manera semejante. Pienso que usted se engaña prácticamente sobre todas las cuestiones, pero que, no obstante, no está del otro lado de la barricada."[82]

Esta ambigüedad, este hermafrodismo ideológico, esta tendencia sorprendente a pasar de un extremo al otro, esta aparente incoherencia del anticapitalismo romántico, nadie lo representa mejor que el sociólogo "sindicalista" del círculo Max Weber, Robert Michels.

Michels organiza, a partir de 1903, en la ciudad universitaria de Marburgo, lo que más tarde llamará "una corriente subterránea de orientación sindicalista en el socialismo alemán", constituida esencialmente por estudiantes y universitarios, cuya ideología mezclaba en dosis desiguales a Kant, Marx y Tolstoi.[83] Michels y sus amigos condenan con pasión el parlamentarismo mediocre y rutinario de la socialdemocracia alemana, su falta de energía y de virilidad política. Para ellos, la SPD (*Sozialdemokratische Partei Deutschlands*) es, para emplear una imagen mordaz fraguada por Michels, "un gigante que a pesar de la enormidad de sus miembros no es capaz de embarazar a una virgen". El joven sociólogo va pues a buscar referencias políticas en otra parte y terminará por establecer lazos personales y políticos con sindicalistas italianos (Arturo Labriola, Enrico Leone) y franceses (Georges Sorel, Hubert Lagardelle, Edouard Berth, Paul Delesalle, etc.). Participará también en el círculo Max Weber en Heidelberg, en donde disfrutará de la amistad y la protección benévola de Werner Sombart y de Max Weber mismo, quien le abre, como lo hemos mencionado ya, las páginas

(1944) distribuye generosamente a izquierda y derecha el calificativo de "precursor del fascismo" (por ejemplo, a Rainer María Rilke, etc.), evite cuidadosamente mencionar a Paul Ernst; ¿es por olvido, mortificación o indulgencia para con el viejo amigo?

[82] *Paul Ernst und Georg Lukács*, pp. 198, 202.

[83] Véase Robert Michels, "Eine syndikalistisch gerichtete Unterströmmung im deutschen Sozialismus" (1903-1907), en *Festchrift für Carl Grünberg*, Leipzig, 1932, p. 346. Según Michels mismo, Marburgo era una pequeña ciudad no industrial, en un medio de pequeño y mediano campesinado" (*ibid.*, p. 343). Era, por otra parte, la sede de una corriente neokantiana conocida como "la escuela de Marburgo": Herman Cohen, Paul Natorp, Ernst Cassirer, etcétera.

del *Archiv für Sozialwissenschaft*.[84] Un amigo de Max Weber, el dirigente "socialcristiano" Friedrich Naumann, describe a Michels hacia 1911 como un "idealista", "revolucionario romántico", que "se pasea con temeridad por la frontera entre la socialdemocracia y la anarquía".[85]

En 1907, Michels participa, como delegado de la fracción sindicalista de la sección italiana, en el Congreso de la Internacional Socialista en Stuttgart. Encuentra ahí a sus amigos sindicalistas, que describe en los siguientes términos: "El filósofo Edouard Berth, discípulo preferido de Sorel [...]; Hubert Lagardelle de Toulouse, en compañía de su bella esposa Sinaïa, de una familia de la nobleza rusa emparentada con los Hohenzollern; Gustave Hervé, catedrático de la Universidad [...] con su amigo ruso el doctor Boris Kritschewski y el notable parlamentario socialista Ettore Ciccotti, profesor de historia antigua en la Universidad de Messina. Verdaderamente era una sociedad escogida de alta capacidad espiritual y renombre europeo."[86] En realidad, detrás de esta homogeneidad académica se esconde una diferencia significativa: el "sindicalismo revolucionario" alemán (al contrario del italiano o del francés), prácticamente no tenía lazos con el movimiento obrero; era una corriente esencialmente intelectual, o más bien universitaria; en último análisis, una manifestación —muy marginal— del anticapitalismo académico.

En 1907 Michels rompe sus últimos lazos con el movimiento socialista y en 1911 publica su célebre obra sobre la sociología de los partidos políticos (*Zur Soziologie des Parteiwesens in der modernen Demokratie. Untersuchung über die oligarchischen Tendenzen des Gruppenslebens*), que tiene el indiscutible mérito de ser una de las primeras tentativas serias de análisis del fenómeno burocrático en el seno del movimiento obrero. A primera vista el libro parece una crítica *linksradikale* (de extrema izquierda) del carácter antidemocrático y conservador de la burocracia de la SPD. En realidad, es la ideología elitista de Pareto y Mosca lo que inspira la actitud de Michels: el poder oligárquico en el partido es una "ley social ineluctable", consecuencia de la "inmadurez objetiva de las masas"; "la existencia de los jefes

[84] Michels destaca el parentesco entre su pensamiento y el de Weber en 1911, y agrega: "Max Weber luchó más tarde por la democracia. Pero su concepto de la democracia tenía un resabio fascista. Se puede decir que su último ideal político era carismático." *Op. cit.*, p. 358.

[85] En Robert Michels, *op. cit.*, p. 365.

[86] Robert Michels, *op. cit.*, p. 364. Michels cita también el comentario de Sombart, que acudió a Stuttgart especialmente para conocer "revolucionarios": "Eran gente amable, fina e instruida; hombres cultos de costumbres rectas, con buenas maneras y esposas elegantes, con los cuales uno puede de buen grado dialogar de igual a igual." ¿Es voluntaria la ironía?

es un fenómeno inherente a todas las formas de vida social", y en consecuencia "el ideal absoluto sería una aristocracia de hombres moralmente buenos y técnicamente capaces".[87]

La evolución ideológica de Michels alcanza una nueva etapa en 1912 con la publicación de una serie de ensayos en el *Archiv für Sozialwissenschaft* sobre el sindicalismo italiano; defiende ahí la tesis de un "imperialismo proletario" de Italia, pregonado por los "nacional-sindicalistas" (y precursores directos del fascismo) Enrico Corradini, Arturo Labriola y Paolo Orano. Estaba abierto el camino que llevaría a Michels a las filas del *establishment* universitario fascista al convertirse —por invitación personal de Mussolini— en profesor de sociología en la Universidad de Perugia...[88]

Un análisis de los intelectuales cercanos al sindicalismo revolucionario francés escapa al marco de este trabajo. Nos limitamos a destacar el carácter anticapitalista romántico de la ideología del grupo que se reune en torno de la revista *Mouvement socialiste* (Sorel, Lagardelle, Berth, etc.) y que encuentra un punto de entendimiento provisional con la CGT, organización sindical que reunía, antes de 1914, sobre todo a un proletariado artesanal calificado, cuyo modo de vida y supervivencia social estaban amenazados por el desarrollo industrial moderno y la concentración de capital (que se producían también en Francia a la vuelta del siglo). Por su antiparlamentarismo, antidemocratismo, idealismo irracionalista (bergsoniano) y adhesión a valores morales tradicionales, una parte de ese grupo de intelectuales terminará por incorporarse hacia 1910 a la Action Francaise; más tarde, unos cuantos, a través de un itinerario muy parecido al de Robert Michels, se volverán fascistas (Lagardelle) o por lo menos simpatizarán con las hazañas de Mussolini (Sorel), en tanto que los obreros de la CGT, se adherirán en gran número al joven partido comunista... Sin embargo, es necesario no perder de vista la profunda ambivalencia de esta ideología, que Edouard Berth definirá más tarde como "un concepto trágico del mundo, bajo los auspicios de Proudhon, Nietzsche, Marx, Bergson, Sorel".[89] Ambivalencia que explica las tendencias procomunistas de Berth mismo en la posguerra (su participación en el movimiento *Clarté* con Barbusse y Raymond Lefevre) así como la incomprensible y confusionista "defensa de Lenin" por Sorel en 1919.

Tampoco en Alemania es en el fascismo (o la reacción) en donde

[87] Robert Michels, *Les partis politiques* [*Los partidos políticos*], 1911, Flammarion, 1971, pp. 290, 295, 299, 302.

[88] Véase Enzo Santarelli, "Le socialisme national en Italie: précédents et origines", en *Le Mouvement social,* núm. 50, enero-marzo de 1965, pp. 62-63.

[89] Edouard Berth, "Avant-propos" (1926), *Les méfaits des intellectuels,* Marcel Rivière, 1926, 2ª ed., p. 28.

necesariamente desemboca el anticapitalismo romántico de los intelectuales, escritores y universitarios. Si tomamos como punto de referencia el círculo Max Weber de Heidelberg, que era uno de los principales focos de difusión de esa corriente, encontraremos ahí un "ala izquierda" que se volverá marxista, revolucionaria y bolchevique en la posguerra. Esta "izquierda de Heidelberg" dará al movimiento comunista un gran filósofo marxista, utópico-mesiánico —Ernst Bloch—; un poeta, dramaturgo y comandante del Ejército Rojo de la República de los Consejos de Baviera (1919) —Ernst Toller— y, finalmente, el más grande filósofo marxista del siglo XX y comisario del pueblo en la República húngara de los Consejos (1919), —György Lukács...

Toller representa el desarrollo expresionista-revolucionario del romanticismo anticapitalista. Su primera educación política tiene lugar hacia 1916-1917, al lado de Max Weber en Heidelberg, maestro al que rinde homenaje en su novela autobiográfica *Una jeunesse en Allemagne* (1933): "La juventud se aferra a Max Weber; su personalidad, su probidad intelectual la atraen hacia él [...] En conversaciones nocturnas se revela la naturaleza combativa de este erudito. Con palabras que ponen en peligro su libertad, su vida misma, descubre las miserias del Reich. Ve en el Emperador el mal principal [...]"[90] Luego experimenta la influencia utopista del gran pensador anarco-socialista Gustav Landauer (descrito por su amigo Martin Buber como un "conservador revolucionario"), que quería remplazar la ciudad capitalista por una *Gemeinschaft* rural, una aldea socialista a la vez agrícola e industrial, cuyo punto de partida deberían ser las tradiciones campesinas comunitarias conservadas, renovadas y desarrolladas.[91] En 1917 Toller se comunica con Landauer cuya *Appel au socialisme* (1915) lo "conmovió y determinó de manera decisiva".[92] Primero simplemente pacifista, asqueado por la guerra (que vivió personalmente como soldado), el joven poeta evolucionará rápidamente hacia una posición anticapitalista: "Los políticos se engañan a sí mismos y engañan a los ciudadanos, llaman 'ideales' a sus intereses, y por esos 'ideales', por el oro, por la tierra, por las minas, por el petróleo, por todas estas cosas muertas los hombres son hambreados, desesperados, muertos. En todas partes. La cuestión de saber quién tiene la culpa de la guerra, palidece junto a la culpa del capitalismo." Va pues a rebelarse, en nombre de ese paci-

[90] Ernst Toller, "Eine Jugend in Deutschland", 1933, en *Prosa, Briefe, Dramen, Gedichte,* Rowohlt, 1961, pp. 75-77.

[91] Véase Martin Buber, *Pfade in Utopia* [*Caminos de utopía*], Heidelberg, Verlag Lambert Scheneider, 1950, cap. VI: "Landauer". Recordemos que Landauer había participado con Paul Ernst en el círculo de los "Jóvenes" en 1891.

[92] Ernst Toller, *op. cit.,* p. 81.

fismo ardiente, contra la economía y el estado capitalistas, esos Golems, esos falsos ídolos que reclaman ilimitados sacrificios de vidas humanas.[93]

Arrestado durante una manifestación obrera contra la guerra en Munich, Toller escribe en la prisión, en 1917-1918, un drama romántico-expresionista que le hará célebre: *Die Wandlung*, en el que se encuentran grandiosas visiones idealistas y mesiánicas:

> Ahora se abren, salidas del seno del universo
> Las altas puertas arqueadas de la catedral de la humanidad
> La juventud ardiente de todos los pueblos se lanza
> Hacia la urna luminosa de cristal que percibe en la noche.[94]

Habiéndose adherido al USPD (*Unabhängige Sozialdemokratische Partei Deutschlands*: Partido Socialdemócrata Independiente, escisión de izquierda de la SPD en 1917) y establecido lazos de amistad con su dirigente Kurt Eisner (socialista neokantiano y presidente del gobierno de izquierda de Baviera), Toller se convertirá —después del asesinato de Eisner por un aristócrata reaccionario— en uno de los jefes de la efímera República de los Consejos de Baviera. La participación de Toller en la "Comuna de Munich" de abril de 1919, del poeta expresionista Erich Müsahm y de Gustav Landauer, muestra cómo, a pesar de su confusión y limitación ideológicas, esas corrientes expresionistas y neorrománticas podían ganar una dimensión revolucionaria auténtica.

Lukács, en su célebre ensayo sobre *Grösse und Verfall des Expressionismus* [Grandeza y decadencia del expresionismo] (1934), destaca el parentesco de esa corriente artística con el anticapitalismo romántico, y especialmente con la crítica cultural del capitalismo, tal como se la encuentra, por ejemplo, en *Philosophie des Geldes* de Simmel. Además, Lukács trata de deshacer los lazos entre el expresionismo y la ideología del USPD, citando como ejemplo típico de su unidad precisamente el caso de Toller en Munich. Empero, de manera falaz y unilateral, no ve en esos dos movimientos (político y artístico) más que "la vacilación de la pequeña burguesía frente a la revolución proletaria inminente [. . .], el miedo frente al 'caos' de la revolución". Y concluye con esta observación feroz, en la que se siente un resabio del sectarismo del "Tercer Período" de la Comintern: "Las duras luchas de los primeros años de la revolución y las primeras derrotas de ésta en Alemania destruyen de manera cada vez más clara las seudodiferencias entre la retórica revolucionaria y los lamentos de los cobardes. Y es entonces el fin —simultáneamente con la disolución del USPD, en una coin-

[93] *Ibid.*, pp. 82, 88.

[94] Citado por John Willet, *L'expressionnisme dans les arts (1900-1968)*, París, Hachette, 1970, p. 55. Otro pasaje característico:

> La juventud se adelanta, engendrándose eternamente

cidencia temporal que no se debe al azar— del expresionismo como corriente literaria dominante en Alemania."[95]

Ahora bien, Lukács guarda silencio respecto de que la desaparición del USPD tiene lugar en 1920 en el Congreso de Halle, cuando *la mayoría de los delegados decide la fusión con el PC alemán,* partido al que se adhiere también (como muchos otros escritores expresionistas) Ernst Toller, después de haber pasado muchos años en prisión por sus funciones a la cabeza de la República de los Consejos y del Ejército Rojo de Baviera...

El esquematismo de Lukács es todavía más sorprendente cuando pretende que "el expresionismo es sin duda una de las múltiples corrientes ideológicas burguesas que desembocan más tarde en el fascismo; su función ideológica de preparación no es más grande —ni más pequeña— que la de otras corrientes contemporáneas diversas".[96] Tres años después de la publicación del ensayo de Lukács, los nazis organizan la tristemente célebre exposición del *Arte degenerado,* en la que figuran prácticamente todos los pintores expresionistas conocidos. En una nota agregada a su artículo en 1953, Lukács proclama imperturbablemente: "El hecho de que los nacionalsocialistas hayan rechazado más tarde el expresionismo como 'arte degenerado' no cambia en nada la exactitud histórica del análisis aquí expuesto."[97] Lo menos que se puede decir (sin querer negar la ambigüedad ideológica de la corriente) es que un análisis histórico que ignora la dimensión revolucionaria del expresionismo y lo reduce a un precursor de la ideología nazi está muy lejos de ser "exacto"...

El otro representante notable de la "izquierda de Heidelberg" es Ernst Bloch, cuya obra —íntimamente ligada, por su estilo y su tema, a la corriente expresionista— es el ejemplo más coherente de romanticismo revolucionario y la demostración más irrefutable de la posibilidad de un desarrollo hacia el comunismo marxista a partir de la *Weltanschauung* anticapitalista romántica. En ese sentido es la negación viva de la tesis unilateral y esquemática del "viejo Lukács" sobre los frutos inevitablemente envenenados, es decir reaccionarios, si no fascistas, de ese árbol ideológico.

Este pensamiento profundamente original encuentra sus raíces en

Destruyendo eternamente todo lo que está congelado (*erstarrtes*)
Creando una Vida inflamada por el Espíritu.

Ernst Toller, "Die Wandlung", en *Prosa, Briefe,* etc., 1919, p. 277.

[95] György Lukács, "Grösse und Verfall des Expressionismus", 1934, en *Essays über Realismus,* [*Ensayos sobre el realismo*], Neuwied, Luchterhand, 1971, p. 136.

[96] *Ibid.*, p. 120.

[97] *Ibid.*, p. 149.

la sociología alemana de principios de siglo. Bloch dio sus primeros pasos en el seminario berlinés de Georg Simmel, del que era uno de los alumnos preferidos (véase la entrevista anexa); más tarde desarrollará en sus obras la problemática simmeliana de la tragedia de la cultura, esto es, de la oposición entre el alma y sus objetivaciones, principalmente en *Geist der Utopie,* en donde, por ejemplo, formulará esta sugestiva metáfora: "Todas las alienaciones humanas (*alles Menschlich Entfremdete*) quedan, en último análisis, sin valor, puesto que Dios [...] en el juicio final no reconoce sino la ética como valor en oro, en tanto que el conjunto de las exteriorizaciones formales [...] aparentemente objetivas en sí mismas [...] no tienen para él más que un valor de Asignados."[98]

Bloch dejará Berlín hacia 1912 para trasladarse a Heidelberg, en donde será introducido por Lukács al "círculo Max Weber". Según Paul Honigsheim, la *Weltanschauung* de Bloch en ese momento era "una combinación de elementos católicos, gnósticos, apocalípticos y económicos colectivistas";[99] la mujer de Max Weber (que no quería a Bloch) lo describe como "un nuevo filósofo judío —un joven [...] que se creía, evidentemente, el precursor de un nuevo Mesías" y cuyo pensamiento se caracterizaba por "grandes especulaciones apocalípticas".[100] Con la guerra mundial, la actitud de Bloch se "politiza" y se acerca más al marxismo, sin por eso abandonar su soplo mesiánico, lo que producirá el célebre último capítulo de *Geist der Utopie,* "Karl Marx, der Tod und die Apokalypse", en el que denuncia la guerra como un producto del capitalismo —"una guerra de empresarios en toda su desnudez" (*nackten Unternehmerkrieg*)— y ve en la revolución anticapitalista el único medio para "arrancar de la boca del Golem del militarismo europeo su papel de la vida".[101] Va pues a saludar con

[98] Ernst Bloch, *Geist der Utopie,* 1918, Frankfurt, Suhrkamp Verlag, 1971, p. 434. Lukács se sorprende con esta imagen y escribe en una carta de 1915 a su amigo Paul Ernst: "Debemos siempre destacar que nuestra alma es la única esencia, y que todas las objetivaciones eternas del Alma *a priori* no son (en los términos de la bella metáfora de Ernst Bloch) más que papel moneda y su valor depende de que puedan ser cambiadas por oro." (*Paul Ernst und Georg Lukács,* p. 66.)

[99] Paul Honigsheim, *On Max Weber,* Nueva York, Free Press, 1968, p. 28.

[100] Marianne Weber, *Max Weber, ein Lebensbild,* Tübingen, J. C. B. Mohr, 1926, p. 476. Bloch no está expresamente nombrado en este pasaje, pero es evidente que es de él de quien se trata.

[101] Ernst Bloch, *Geist der Utopie,* p. 396. La referencia es al monstruo de la mitología judía, criatura fabricada por un rabino de Praga, cuya vitalidad provenía de un papel introducido en la boca (*Pitkat ha Haïim*) que contenía el "nombre explícito" (*Ha Shem Hamephorash*) del Señor. El Golem escapa al poder de su creador, quien finalmente lo destruye arrancándole la palabra sagrada de la boca... Como metáfora de la alienación, el Golem aparece frecuente-

esperanza y un fervor casi religioso el comienzo de la revolución rusa (el libro fue terminado en mayo de 1917, por lo tanto antes de la revolución de octubre), y muy especialmente "el Consejo de los Obreros y de los Soldados" que quiere destruir "la economía monetaria y la moral del comerciante, la coronación de todo lo que es criminal en el hombre". Sin embargo, su visión de los acontecimientos en Rusia está todavía profundamente impregnada por el universo espiritual religioso de Tolstoi y de Dostoievski, que constituye para los intelectuales alemanes anticapitalistas románticos de la época uno de los principales puntos de referencia ideológicos. En el marco de esta "rusofilia" mística es donde se sitúa el pasaje extraño y sorprendente de *Geist der Utopie* en el que Bloch explica que las obras de Marx han atravesado la frontera alemana y se encuentran en Rusia, en manos de "pretorianos que ahora, en la revolución rusa, por primera vez instauran a Cristo como Emperador".[102]

A pesar del misticismo, la toma de posición de Bloch por el "Consejo de los Obreros y de los Soldados" ruso, le sitúa decididamente en el campo revolucionario proletario y le separa, por lo tanto, de todas las corrientes y pensadores reaccionarios y conservadores salidos del neorromanticismo literario o sociológico. Iring Fetscher destaca agudamente, a propósito de *Geist der Utopie*: "El artista, en Bloch, no podía permanecer ciego ante la desnaturalización del arte y la decadencia de la fuerza creadora por la generalización del mercado, por la trasformación de cada objeto en mercancía. No obstante, al reconocer que el sentimiento por la pérdida de calidad y de pureza permanece impotente y reaccionario si no se une a la voluntad de trasformación futura, Bloch se incorpora —en su pensamiento— al movimiento obrero revolucionario, poniendo su esperanza en él."[103] Esto no impide que se encuentre todavía en Bloch en 1918 una nostalgia del pasado precapitalista, de ciertos valores sociales y religiosos de la Edad Media que proyectará en el corazón mismo de su visión utópico-mesiánica del porvenir. Es así, por ejemplo, en ese pasaje de *Geist der Utopie* en el que escribe: "Toda la Utopía puede presentar el cuadro de una jerarquía que no es ya económicamente rentable, que no advierte abajo más que a campesinos y artesanos, y que se diferencia hacia lo alto quizá por el honor y la gloria, por una nobleza (*Adel*) sin siervos y sin guerra, por hombres nuevos, de otro modo caballerosos (*ritterliche*)

mente en la pluma de intelectuales revolucionarios de origen judío.

[102] Ernst Bloch, *op. cit.*, pp. 298-299. Véase a este respecto la entrevista anexa con Bloch.

[103] Iring Fetscher, "Ein grossen Einzelgänger", en *Über Ernst Bloch*, Frankfurt del Meno, Suhrkamp Verlag, 1969, p. 108.

y devotos, por la autoridad de una aristocracia espiritual."[104] En la entrevista que nos concedió, Bloch explica el sentido de esta actitud (aparentemente compartida por Lukács): se trata de una jerarquía invertida, inspirada por la doctrina católica, es decir una jerarquía en la que el ascetismo y las dificultades (y no los privilegios) así como los sufrimientos, aumentan hacia lo alto de la escala. Sea lo que sea, en la segunda edición de *Geist der Utopie* (1923) esta problemática "medieval" desaparece y el pasaje anterior es remplazado por el siguiente texto: "Toda la lejana utopía presenta el cuadro de una estructura (*Bau*) que no es ya económicamente rentable: cada uno produce según sus capacidades, cada uno consume según sus necesidades."[105] Inútil destacar que la diferencia entre esas dos formulaciones es la misma que entre el neorromanticismo y el marxismo: la modificación de la obra atestigua la evolución ideológica de Bloch de 1918 a 1923.

Sin embargo, aunque se apropia cada vez más del pensamiento de Marx, la filosofía de Bloch conservará siempre una dimensión romántica (revolucionaria). Ésa es la razón de su profunda comunión con Lukács hasta 1918 y de su progresiva separación después de esa fecha. De la entrevista que nos concedió resulta claramente que Bloch consideraba las nuevas posiciones de Lukács después de la guerra como una especie de traición a sus ideas comunes de juventud. La célebre polémica sobre el expresionismo, entre los dos amigos-rivales, en los años 30, no es sino el resultado de esa divergencia fundamental entre un marxismo de coloración neorromántica y un marxismo rigurosamente "neoclásico". Todavía más significativa es la diferencia de sus análisis y actitudes políticas frente al fascismo en Alemania: Lukács denuncia con vehemencia el pensamiento romántico de principios de siglo como raíz ideológica del fascismo y busca la salvación en una alianza político-cultural con la burguesía instruida y democrática (encarnada, a sus ojos, por Thomas Mann). Bloch, por el contrario, va a analizar en *Erbschaft dieser Zeit* (1933) el mundo cultural contradictorio y desgarrado de la pequeña burguesía alemana, tratando de separar la esperanza y la rebeldía auténticas de su contexto reaccionario. El irracionalismo y el antimecanicismo de esta capa no son juzgados por él como simple "destrucción de la razón" sino como una reacción irreflexiva contra los sufrimientos infligidos a la pequeña burguesía por el desarrollo industrial y la racionalidad capitalista. La conclusión para Bloch es que la conquista política de las capas medias depauperadas y la activación de sus contradicciones con el capitalismo es una tarea tan impor-

[104] Ernst Bloch, *op. cit.*, p. 410.
[105] Ernst Bloch, *Geist der Utopie*, 1923, Frankfurt del Meno, Suhrkamp, 1973, p. 306.

tante para Alemania como la conquista del campesinado lo ha sido para la revolución en Rusia.[106]

Un aspecto especial del neorromanticismo que seguirá siendo uno de los rasgos más característicos de la actitud de Bloch es la dimensión religioso-atea, "eclesiástica", mesiánico-revolucionaria. En *Thomas Münzer, théologien de la révolution* [*Thomas Münzer, teólogo de la revolución*] (1921) —obra que Bloch mismo califica de "romántica revolucionaria"— se refiere a una tradición inmemorial subterránea de misticismo y de herejía: "He aquí que los hermanos del valle, los cátaros, los vaudenses, los albigenses, el abate Joaquín de Calabre, los hermanos de la buena voluntad, del libre espíritu, Eckhart, los husitas, Münzer y los bautistas, Sebastian Frank, los iluminados, Rousseau y la mística racionalista de Kant, Weitling, Baader, Tolstoi, he aquí que todos unen sus fuerzas, y la conciencia moral de esa inmensa tradición llama nuevamente a la puerta para terminar [...] con el estado, con todo poder inhumano."[107]

Pero más allá de las herejías, Bloch se interesa también por el catolicismo y por la Iglesia. En *Geist der Utopie* (edición de 1918) desarrolla una visión del porvenir bastante sorprendente: el socialismo, al liberar al hombre de las preocupaciones materiales, no hace sino volver más intensa la problemática socialmente insoluble (*sozial unaufhebbare*) del Alma, que debe estar relacionada con los "grandes medios de gracia sobrehumanos y supraterrestres de la Iglesia, de la Iglesia instituida necesariamente y *a priori* después del socialismo".[108] Este tema reaparece en la edición de 1923, que proclama: "Una Iglesia trasformada es el apoyo de metas a largo plazo [...], es el espacio imaginable de una tradición y de un lazo con el Fin, siempre renovados; y ningún orden, cualquiera que sea su realización, puede prescindir de esta última articulación en la serie de relaciones entre el Nosotros y el problema último del por qué (*Wozu-problem*)."[109] In-

[106] Ernst Bloch, *Erbschaft dieser Zeit,* 1933, Frankfurt, Suhrkamp Verlag, 1969, *passim*; véase también Iring Fetscher, *op. cit.*, p. 109. Desde el punto de vista de una estrategia revolucionaria la posición de Bloch es mucho más justa que la de Lukács, pero ninguno de los dos ha destacado el error principal del Partido Comunista Alemán (al cual estaban ligados en esa época): el primer aliado por buscar eran las demás corrientes del movimiento obrero, los socialdemócratas (SPD) y los socialistas de izquierda (SAP). El frente unido obrero contra el fascismo (pregonado por la oposición de izquierda de la Comintern) era la única respuesta realista y revolucionaria ante el peligro nazi; y era la precondición necesaria de una alianza con sectores pequeñoburgueses anticapitalistas.

[107] Ernst Bloch, *Thomas Münzer, théologien de la révolution,* 1921, París, Julliard, 1962, pp. 263-264.

[108] Ernst Bloch, *Geist der Utopie,* 1918, p. 410.

[109] Ernst Bloch, *Geist der Utopie,* 1923, p. 307.

cluso la obra sobre Münzer, al criticar severamente los compromisos de la Iglesia con el mundo contiene esa nostalgia de una Iglesia "auténtica": "Así, más allá de la Iglesia efectiva, ¿cómo se impediría evocar en espíritu otra Iglesia, mucho más profunda, esa en la que sueñan, en su seno mismo, tantos herejes; una Iglesia que conserve algo de su primera exigencia, y que sepa de una verdadera concentración con la existencia misma?"[110]

Bloch llega, pues, a conciliar, a fusionar más bien, en una combinación alquímica misteriosa y sibilina a Karl Marx con el Apocalipsis, al maestro Eckhart con la revolución de octubre, al socialismo científico con la iglesia cristiana.

La intrépida asociación entre esos elementos aparentemente contradictorios obliga irresistiblemente a pensar en cierto jesuita comunista, partidario ferviente de la revolución proletaria y de la iglesia católica, y en el que a veces se ve una alegoría de Lukács, a veces una imagen de Bloch, o incluso una síntesis *sui generis* de ambos: "Léon Naphta", la singular creación literaria de Thomas Mann en *La montaña mágica.*

Raramente un personaje de novela ha provocado tan violentas discusiones políticas y controversias literarias: ¿es un fascista como pretende Lukács o un bolchevique embozado en una sotana como afirma Yvon Bourdet? ¿No es una personificación de Lukács mismo como piensan muchos investigadores franceses: Maurice Colleville, Pierre-Paul Sagave, Nicolas Baudy y, más recientemente, Yvon Bourdet? En nuestra opinión, todas esas tesis diferentes e hipótesis contradictorias son a la vez verdaderas y falsas. Trataremos de mostrar por qué.

Según Lukács, "el jesuita Naphta" es pura y simplemente "el representante de la visión fascista, reaccionaria y antidemocrática del mundo", o incluso, el "apóstol de una especie de prefascismo".[111] En las proclamas revolucionarias y proletarias reiterativas e incendiarias del intelectual (judío) Naphta, Lukács no ve más que demagogia anticapitalista reaccionaria, característica del fascismo. Por otra parte, destaca la similitud entre el pensamiento mórbido del personaje de *La montaña mágica* y la apología de la enfermedad de Novalis.[112] En consecuencia, para Lukács, el eje central de la novela de Thomas Mann es, a no dudarlo, "la lucha ideológica entre la vida y la muerte, la salud y la enfermedad, el reaccionarismo y la democracia", "la lucha de las ideologías democráticas y fascistas", respectivamente simbolizadas por Settembrini y Naphta, para ganar "el alma de un burgués medio alemán", encarnado por el personaje de Hans Castorp. Llega hasta

[110] Ernst Bloch, *Thomas Münzer,* p. 213.
[111] György Lukács, *Thomas Mann,* Barcelona, Grijalbo, 1969, pp. 37 y 40.
[112] *Ibid.,* p. 37.

proclamar la visión profética de Thomas Mann quien, "casi diez años antes de la victoria del fascismo", "muestra por medios literarios que la demagogia anticapitalista es la mayor fuerza de propaganda del fascismo".[113]

Sin embargo, Lukács comprueba que la novela "termina en un resultado nulo"; ¿cómo explicarlo, en el marco de su interpretación? Él da dos razones:

1] Se trata, de parte de Thomas Mann, "de una apreciación instintivamente sabia de la relación de fuerzas en la posguerra inmediata". Argumento muy discutible, en la medida en que ese período es precisamente "la edad de oro" de la República de Weimar, de la socialdemocracia en el poder, etcétera.

2] Thomas Mann jamás escribió una "novela de tesis" parcial: "fuerzas y debilidades de ambas partes están en él perfectamente dosificadas (ve de manera particularmente aguda las debilidades de la vieja mentalidad de la democracia frente a los ataques del anticapitalismo romántico)". Lukács está, pues, obligado a reconocer que en el personaje de Naphta, Thomas Mann muestra "el carácter atractivo (aun en sentido espiritual y moral) del anticapitalismo romántico" y "los elementos justos de su crítica de la vida actual de la sociedad". Pero persiste en no ver en la "seducción" de Naphta más que "demagogia reaccionaria", anunciadora del fascismo.[114]

Es necesario agregar que Lukács no va a "descubrir" al fascista oculto bajo la máscara refinada e irónica de Léon Naphta sino en 1942, en el momento de la invasión nazi en la URSS...

La ideología de Naphta, ¿deriva efectivamente del "fascismo" o de la "prefiguración del fascismo"? Examinemos de cerca uno de los principales trozos "programáticos" (si se les puede decir así) del pequeño jesuita judío:

"Los padres de la Iglesia han llamado a 'mío' y 'tuyo' palabras funestas y se dice que la propiedad privada era usurpación y robo [...] Eran estimables a sus ojos el campesino, el artesano, pero no el comerciante ni el industrial, pues querían que la producción se adaptara a la necesidad y tenían horror por la producción en grandes cantidades. Ahora bien, todos esos principios y esa escala de valores económicos han resucitado después de los siglos en el movimiento moderno del comunismo. El acuerdo es completo hasta en la reivindicación de sobe-

[113] *Ibid.*, pp. 38, 40, 56; véase también p. 228: Thomas Mann "fue uno de los primeros escritores en reconocer el peligro de esta reacción ascendente de tipo nuevo —el fascismo— y en comprometerse valientemente en la lucha contra ella, con los mayores medios literarios. Esta lucha ideológica forma el eje de su novela *La montaña mágica*".

[114] *Ibid.*, pp. 197, 205.

ranía que formula el trabajo internacional contra el reino internacional del comercio y de la especulación, el proletariado mundial que opone ahora la humanidad y los criterios del reino de Dios a la podredumbre burguesa y capitalista. La dictadura del proletariado, esa condición de la salvación política y económica de este tiempo, no tiene el sentido de una dominación por la dominación y para siempre, sino el de una suspensión momentánea del conflicto entre el espíritu y el poder, bajo el signo de la cruz, el sentido de una victoria sobre el mundo terrestre por medio de la dominación del mundo, el sentido de la transición, de la superioridad, el sentido del reino. El proletariado ha recuperado la obra de Gregorio el Grande, su celo piadoso se ha renovado en él, y no más que el santo le podrá impedir a su mano que derrame la sangre. Su deber es instituir el terror para la salvación del mundo, para alcanzar lo que fue el propósito del Salvador: la vida en Dios, sin estados ni clases."[115]

En este discurso (que el narrador describe como "cortante") se encuentra, en efecto, una combinación extraña de catolicismo y bolchevismo; pero ¿en dónde está el fascismo? ¿Qué fascista se ha referido jamás al proletariado *mundial*? ¿Desde cuándo el fascismo tiene por objetivo político instaurar la *dictadura del proletariado* como forma de transición hacia una sociedad *sin estados* ni clases?

La reducción al fascismo, hecha por Lukács, de la doctrina extraña y "seductora" de Naphta, ni siquiera es una simplificación; aparece totalmente *inadecuada* para explicar su objeto. Esto no quiere decir que no haya una "base racional" en la interpretación lukacsiana; no es del todo falso considerar al fascismo como uno de los desarrollos potenciales del "naphtaísmo" (¡si se nos permite tal neologismo!); pero una simple lectura sin prejuicios de los discursos del personaje judeo-jesuita-bolchevique de Thomas Mann basta para mostrar la parcialidad de la tesis de Lukács. En realidad, el error de Lukács no puede comprenderse fuera de su actitud general para con la corriente neorromántica, a partir de 1934, es decir, después del traumatismo ideológico que significa para él el triunfo del fascismo en Alemania. Volveremos a esto.

La otra interpretación es la que ve en Léon Naphta una figura novelesca de Lukács mismo y, en general, una imagen típica del doctrinario comunista. Trataremos de examinar esta tesis en su última variante, la muy interesante y estimulante obra de Yvon Bourdet, *Figures de Lukács* (1972).

Según Bourdet, las declaraciones de Naphta "permiten comprender toda la vida de Lukács y hasta sus últimos días"; por otra parte,

[115] Thomas Mann, *La montagne magique* [*La montaña mágica*], 1923, París, Fayard, 1961, p. 438.

"¡los principios fundamentales de Lukács y de Naphta son idénticos!"[116] Siempre según Bourdet, Thomas Mann trazó en Naphta no solamente la imagen viva de Lukács sino "el retrato esencial y altamente significativo del militante leninista".[117] Naphta no tenía, pues, nada de nazi, *ni de romántico*; bajo una apariencia de jesuita, sería fundamentalmente *comunista*, en el sentido de la III Internacional: "Con una ironía profética y por una intuición genial, Thomas Mann había sabido ver, en el militante bolchevique, una simple reencarnación del hombre de Iglesia." La tesis de Bourdet no está desprovista de presuposiciones políticas; como lo destaca explícitamente, "nuestro concepto de Naphta como representante del marxismo bolchevique conduce a considerar al estalinismo como una continuación coherente del leninismo".[118]

¿Qué pensar de esta interpretación que se sitúa, por supuesto, simétricamente en las antípodas de la de Lukács?

En nuestra opinión, no hay duda de que Lukács ha servido parcialmente de modelo a Thomas Mann para la "fabricación" de Léon Naphta: el parecido físico entre ambos, el nombre —irónicamente deslizado por Thomas Mann— del propietario de la casa en donde se aloja Naphta (el sastre para damas *Lukacek*), la coincidencia temporal entre el primer encuentro entre Thomas Mann y Lukács en 1922 y la aparición, en el penúltimo capítulo de la novela, del nuevo personaje (cap. VI: "Todavía alguno"), en fin, ciertas declaraciones y cartas del autor de *La montaña mágica*, muestran la existencia de una liga entre el verdadero marxista y el jesuita imaginario.[119]

Empero, no se puede hacer caso omiso de la carta de Thomas Mann a Paul Sagave, en la que el escritor insiste: "Le ruego encarecidamente no establecer relación entre Lukács y *La montaña mágica*, así como con el personaje de Naphta [. . .] Personaje y realidad son tan di-

[116] Yvon Bourdet, *Figures de Lukács*, París, Anthropos, 1972, pp. 139, 151.

[117] *Ibid.*, p. 101. Bourdet menciona como "otros marxistas" que habrían podido inspirar a Thomas Mann a Ernst Bloch y Walter Benjamin. De acuerdo en cuanto a Bloch, pero como lo ha destacado Nicolas Tertulian en su respuesta a Bourdet, Benjamin antes de 1923 estaba todavía lejos de ser marxista. . . Véase Tertulian, "Des contre-vérites historiques", en *La Quinzaine littéraire*, 1-15 de septiembre de 1973, núm. 170, p. 22.

[118] Yvon Bourdet, *op. cit.*, pp. 116, 163, 128; véase también p. 129: Naphta, "a no dudarlo [. . .] es a la vez leninista y estaliniano"; y p. 130: "El personaje descubre a la vez la esencia y las consecuencias del bolchevismo."

[119] Se podría agregar ahí que, considerando el testimonio de Ernst Bloch (véase la entrevista en el Anexo) y de Paul Honigsheim sobre el "catolicismo" del joven Lukács hacia 1912-1914, Naphta puede aparecer como una yuxtaposición de dos etapas distintas de la evolución ideológica de Lukács. Sin embargo, es poco probable que Thomas Mann tuviera conocimiento de las tendencias "eclesiásticas" de Lukács antes de la guerra.

ferentes como puede ser posible y, sin hablar de los orígenes y de la biografía, la combinación del comunismo y del jesuitismo que he creado en ese libro, y que intelectualmente quizá no sea tan mala, no tiene nada que ver con el verdadero Lukács."[120] Bourdet minimiza esta carta, poniéndola a cuenta del "jesuitismo" de Thomas Mann. Trataremos de mostrar más adelante por qué las observaciones aparentemente contradictorias del escritor sobre la relación Naphta-Lukács son en realidad "complementarias": Lukács sirvió parcialmente de modelo a Naphta, pero el pensamiento del jesuita oscurantista no es del todo "idéntico" al del comisario del pueblo de la República Húngara de los Consejos...

Para probar esta "identidad" Bourdet está obligado a tirar una línea de igualdad muy arbitraria entre el antinaturismo místico de Naphta y la crítica lukacsiana de la dialéctica de la naturaleza.[121]

Refiriéndose al pasaje "programático" de Naphta que hemos citado antes, Yvon Bourdet cree que es la prueba de que "Thomas Mann no podía hacer más para advertirnos que se preocupa muy poco por los jesuitas y que todo ese disfraz señala a los militantes revolucionarios marxistas".[122] ¿No será el jesuitismo de Naphta más que un "disfraz" del "revolucionario marxista"? Ahora bien, Thomas Mann, en la carta a Paul Sagave, escribe explícitamente que se trata de una *combinación* y no de un disfraz. Lejos de "preocuparse muy poco por los jesuitas", el escritor insiste en el carácter católico y oscurantista de su personaje, del que la mayor parte de las ideas no tienen gran cosa que ver con el bolchevismo, aun "disfrazado".[123]

Por otra parte, es evidente que el anticapitalismo apasionado y místico de Naphta, sus apóstrofes contra "el reino satánico del dinero y de los negocios",[124] están muy alejados de la crítica marxista y leninista del capitalismo. ¿Se debería esta digresión, como lo sugiere Bourdet, al hecho de que Thomas Mann tenía "un conocimiento insuficiente de los análisis de *El capital*"? ¿Es necesario estudiar los tres

[120] Thomas Mann, "Carta a Pierre-Paul Sagave" (18 de febrero de 1952), en *Cahiers du Sud,* núm. 340, 1956, p. 384.

[121] Yvon Bourdet, *op. cit.*, pp. 152-153. Véase a ese respecto Tertulian, *op. cit.*, p. 19.

[122] Yvon Bourdet, *op. cit.*, p. 145.

[123] Por ejemplo, cuando Naphta hace el elogio de la caridad cristiana para con los enfermos y de la enfermedad misma como "estado sacro", saca de ahí esta conclusión muy provocadora: "Por esa razón la conservación de la pobreza y de la enfermedad era de interés para ambas partes, y este concepto permanecía válido tanto tiempo como era posible mantenerse en el punto de vista puramente religioso" (*La montagne magique,* p. 487). Aun con toda la buena voluntad del mundo, no se puede encontrar mucho "bolchevismo" en ese género de razonamiento...

[124] Thomas Mann, *La montagne magique,* p. 440.

tomos de *El capital* para saber que las tesis económicas de Marx son distintas de las de los Padres de la Iglesia, y no tienen nada que ver con la nostalgia de la Edad Media o la lucha contra las tentaciones del Diablo? El hecho señalado por Bourdet mismo, de que las críticas de Naphta contra el comercio "se acercan más a la homilía religiosa que a la crítica marxista",[125] ¿puede explicarse por la ignorancia de Thomas Mann respecto a los escritos de Marx?

Nos parece pues que el jesuitismo, el oscurantismo y el clericalismo de Naphta no son ni un "disfraz" ni una debilidad debida a la "ignorancia" de Thomas Mann: forman parte de su ideología *con igual título* que la dimensión revolucionaria proletaria.[126]

Nicolas Tertulian, de la Universidad de Bucarest, en su respuesta polémica a Bourdet, está más cerca de un análisis riguroso del texto de Thomas Mann cuando encuentra (partiendo de una sugerencia del mismo Lukács) en los discursos de Naphta "los leitmotiv de cierta sociología y de cierta filosofía germánicas, de tipo conservador-reaccionario, desde el Max Scheler de *Vom Umsturz der Werte* hasta Sombart y de *Von Ewigen im Menschen* y desde Othmar Spann hasta Hans Freyer, motivos y actitudes que la fórmula lukacsiana del 'romanticismo anticapitalista' ha definido exactamente".[127] Los ejemplos de pensadores neorrománticos que da no son los más pertinentes —los autores que influyeron en Thomas Mann en esa época eran más bien Dostoievski, Tolstoi, Novalis, Schopenhauer, Nietzsche, Bergson y Sorel—,[128] pero la idea fundamental es justa. Tertulian, en nuestra opinión, está en buen camino para resolver "el enigma Naphta" cuando habla de las "fusiones paradójicas" y "aleaciones ideológicas insólitas" de las que Sorel es un ejemplo patente. Desgraciadamente, en último análisis, regresa a la tesis "clásica" de Lukács, considerando las ideas de Naphta como "fascistizantes", al destacar que los temas del romanticismo anticapitalista desembocan necesariamente en "la literatura demagógica de las ideologías prefascistas y fascistas" y al proclamar perentoriamente: "Las ideas tienen su morfología y su sintaxis rigurosas, las cuales hacen imposible una confusión entre un pensamiento

[125] Yvon Bourdet, *op. cit.*, p. 129.

[126] No abordaremos aquí la cuestión de la relación entre leninismo y estalinismo, su continuidad o ruptura, etc. Nos parece que ese problema es demasiado complejo para ser abordado indirectamente, a propósito de una novela de Thomas Mann, fuera de un análisis, siquiera sumario, de las cuestiones políticas e históricas que implica. Véase a ese respecto el ensayo de Leon Trotski *¿Bolchevismo o estalinismo?*

[127] Nicolas Tertulian, "Le 'Naphta' de *La montagne magique* no es el joven Lukács", en *La Quinzaine Littéraire,* núm. 170, septiembre de 1973, p. 19.

[128] Véase Georges Fourrier, *Thomas Mann, le message d'un artiste bourgeois (1896-1924),* Besançon, Annales litéraires de l'Université, 1960.

'de derecha' y un pensamiento 'de izquierda'."[129] Ahora bien, las "aleaciones ideológicas insólitas" del tipo Sorel muestran precisamente que las cosas son menos simples...

No podemos en absoluto secundar a Tertulian cuando afirma que el pensamiento de Lukács se sitúa "exactamente en las antípodas de constelaciones ideológicas iguales" y que "*siempre* se funda en el elogio del aristotelismo, del Renacimiento, del siglo de las Luces, de las tradiciones democráticas europeas".[130] Lukács, por el contrario, reconocía explícitamente en el prefacio de 1967 a sus escritos de juventud que durante todo un período su pensamiento se caracterizaba por un "idealismo ético con todos sus elementos de anticapitalismo romántico".[131] Volveremos a esto.

¿Quién es pues Naphta?

Las respuestas que dan Lukács e Yvon Bourdet son totalmente opuestas pero resultan de una actitud semejante: en ambos casos se selecciona *un aspecto* del personaje y se trata de "desembarazarse" del otro. Para Lukács, Naphta es un fascista y su comunismo no es más que "demagogia"; para Bourdet es un leninista y su catolicismo no es más que "disfraz". Tratan así de volver arbitrariamente coherente a un personaje cuya esencia es precisamente la contradicción y la paradoja. También están ambos obligados a hacer de Thomas Mann un adivino, un profeta, un visionario que, por medio de dones milagrosos de clarividencia, ha previsto muy anticipadamente el fascismo o el estalinismo.

Ahora bien, como lo destacaba con razón ese eminente precursor de la dialéctica que se llama Blaise Pascal, "para entender el sentido de un autor es necesario concertar todos los pasajes contradictorios. Así pues, para entender las Escrituras, tiene que haber un sentido en el que todos los pasajes contrarios concuerden. No basta tener uno que conforme varios pasajes concordantes, sino tener uno que concuerde aun los pasajes contradictorios. Todo autor tiene un sentido, con el cual todos los pasajes contrarios concuerdan, o no tiene sentido en absoluto".[132]

En nuestra opinión —y esto deriva de todo lo que hemos escrito en este capítulo sobre la inteliguentsia alemana a la vuelta del siglo— el sentido en el que concuerdan todos los pasajes contradictorios del

[129] Nicolas Tertulian, *op. cit.*, pp. 19-20.

[130] *Ibid.*, p. 19; cursiva nuestra.

[131] György Lukács, "Vorwort", 1967, *Früschriften* [*Escritos juveniles*], II, *Werke*, 2, Neuwied, Luchterhand, 1968, p. 12.

[132] Blaise Pascal, *Pensées* [*Pensamientos*], fragmento 684, en *Oeuvres complètes*, París, Seuil, 1953, p. 533. Lucien Goldmann cita este fragmento en *Le Dieu caché* (París, Gallimard, 1955, p. 22) y hace de él un principio metodológico para su trabajo de interpretación.

discurso extraño, seductor, repelente y *ambiguo* de Naphta, es precisamente el neorromanticismo antiburgués que contiene en él, *como virtualidades, a la vez* el comunismo y la reacción, el bolchevismo y el fascismo, Ernst Bloch y Paul Ernst, György Lukács y Stephan George. El genio de Thomas Mann no ha consistido en "profetizar" el porvenir sino en describir con ironía y finura un fenómeno *contemporáneo*, llevándolo hasta las últimas consecuencias (consecuencias precisamente *contradictorias*).

Hemos visto que las *Consideraciones de un apolítico* (1918) de Thomas Mann estaban profundamente impregnadas del anticapitalismo romántico. En 1922-1923 se alejó parcialmente de las tesis de esta obra (sobre todo de su antidemocratismo), sin por ello aliarse al liberalismo burgués clásico: de ahí la vacilación de Hans Castorp entre Naphta y Settembrini... Lejos de conducir (como pretende Lukács) una "lucha ideológica" contra "la demagogia fascista", Thomas Mann se muestra en *La montaña mágica* a la vez cautivado e intranquilo por el discurso de Naphta. En realidad, la perspectiva de una síntesis entre el conservadurismo romántico y la revolución socialista —que es la idea principal de Naphta— *no está tan alejada de los conceptos político-culturales de Thomas Mann mismo*, quien escribe en un ensayo de los años 20 ("Kultur und Socialismus"): "Lo que sería necesario, lo que sería, por otra parte, típicamente alemán, sería una unión y un pacto entre el concepto conservador de la cultura y las ideas sociales revolucionarias, entre Grecia y Moscú, si puedo permitirme este escorzo: he aquí la idea que ya traté de promover un día. Declaré que la situación no sería buena en Alemania, y que Alemania no se volvería a encontrar a sí misma más que cuando Karl Marx hubiera leído a Friedrich Hölderlin, un encuentro que, por otra parte, está a punto de realizarse. Olvidaba agregar que un conocimiento unilateral seguiría siendo forzosamente estéril."[133] Lukács cita esta frase de Thomas Mann, pero trata de vaciarla de su contenido al destacar que Hölderlin "fue el más grande poeta *citoyen* alemán" y, en consecuencia, estaba "muchas millas alejado [...] de una posible 'idea alemana conservadora de la cultura' ".[134] Ahora bien, en ese contexto, lo que importa no es tanto el "verdadero" sentido de la obra de Hölderlin sino el sentido que le atribuye Thomas Mann. Al asociar a Hölderlin con el conservadurismo cultural romántico, Thomas Mann no hace sino seguir la tradición de la crítica literaria alemana; por otra parte, Lukács mismo reconoce que se queja en su *Brève histoire de la littérature allemande*

[133] Thomas Mann, "Kultur und Sozialismus", en *Die Forderung des Tages*, Berlín, 1930, p. 196.

[134] György Lukács, *Thomas Mann*, p. 49.

de "la anexión por el romanticismo reaccionario de ese revolucionario tardío y solitario que ha sido Hölderlin".[135]

¿Es qué se revela en la ideología de Naphta el anticapitalismo romántico?

Condena irremediablemente a "los ingleses [que] inventaron la doctrina económica de la sociedad", "la riqueza capitalista [. . .] alimento de la llama infernal", "los horrores del comercio y de la especulación modernos", el poder demoniaco del dinero, "el salvajismo bestial y la infamia del campo de batalla económico", burgués, etc.[136] Y lo hace en nombre de la iglesia católica, de una nostalgia de la Edad Media y de la sociedad precapitalista. Su pensamiento es, pues, "una mezcla de revolución y de oscurantismo" (Settembrini *dixit*); en un escorzo sorprendente, Hans Castorp califica a Naphta de "revolucionario de la conservación" —¡casi la misma definición que da Martin Buber del pensamiento de Gustav Landauer, el amigo de Paul Ernst (1891) y de Ernst Toller (1918-1919)!— y el narrador lo describe en los siguientes términos: "Naphta era de instinto a la vez revolucionario y aristócrata, socialista y al mismo tiempo poseído por el sueño de llegar a formas de existencia nobles y distinguidas, exclusivas y ordenadas."[137]

La fuente de todas estas contradicciones y ambigüedades nos la da Naphta mismo, en una de estas últimas homilías: "Habla, entre otras cosas, del romanticismo y del doble sentido fascinante de ese movimiento europeo de principios del siglo XIX, ante el cual los conceptos de reacción y de revolución se desvanecen, por cuanto que no se reunen en un nuevo concepto más elevado."[138] Thomas Mann cristaliza, pues, en Naphta el "doble sentido fascinante" del romanticismo, al desarrollar *hasta el fin* los dos sentidos opuestos contenidos en esa matriz. La tesis que hemos tratado de presentar en este capítulo, sobre el hermafroditismo ideológico del anticapitalismo romántico, está magníficamente ilustrada por el personaje del jesuita comunista, que contiene en sí, yuxtapuestas, combinadas, mezcladas a veces, las tendencias extremas que pueden desarrollarse a partir de la raíz común.

A la luz de esta interpretación es como se pueden comprender las declaraciones contradictorias de Thomas Mann sobre la relación Lukács-Naphta, así como la verdad *parcial* de las tesis defendidas por Lukács y por Yvon Bourdet, cuyo error consiste precisamente en

135 György Lukács, *Brève histoire de la littérature allemagne du XVIIIe. siècle à nos jours* [*Nueva historia de la literatura alemana desde el siglo* XVIII *hasta nuestros días*], París, Nagel, 1949, p. 57.

136 *La montagne magique,* pp. 411, 436, 437, 440, 745.

137 *La montagne magique,* pp. 480, 497, 564.

138 *Ibid.,* p. 749.

no ver esa *unidad contradictoria* del neorromanticismo como la clave ideológica del *princeps scholasticorum* Léon Naphta.

También, partiendo de nuestra hipótesis, es como se puede comprender el extraño y sorprendente suicidio de Naphta, en el curso de su duelo fallido con Settembrini, acto que da al tenebroso jesuita una dimensión *trágica.* El romanticismo anticapitalista de antes de 1914 es una corriente *sin salida* que tiende a la desesperación y a una *visión trágica del mundo.* En una carta de 1917 a un amigo, Thomas Mann habla de su intención de oponer al liberal-republicano Settembrini el personaje de un "reaccionario cínico-desesperado" (*verzweifelt-zynischer Reaktionär*).[139]

Esa desesperación de Naphta es para acercar al "clima ideológico" de los principales escritos de preguerra de Thomas Mann: la atmósfera de decadencia monumental de los *Buddenbrook* y la de descomposición mórbida de *La muerte en Venecia.* En realidad, una tendencia semejante se delinea en diversas formas y grados en la mayoría de los autores neorrománticos: Theodor Storm, Stephan George, Paul Ernst. Por otra parte, no es casualidad si esta visión trágica del mundo es más intensa y dramática en Paul Ernst, cuyo rechazo de la sociedad liberal-burguesa es también el más cortante, al asumir, aun al principio, una forma semianarquista (el grupo de los "Jünger" del SPD en 1891), antes de convertirse en ultraconservador en los años 20. Y tampoco es casual que —como lo veremos—, Lukács, cuyo anticapitalismo es mucho más radical que el de la mayoría de los intelectuales alemanes, se sienta atraído precisamente por la obra de Paul Ernst.

No obstante, más allá de la literatura, en el conjunto de la inteliguentsia alemana romántico-anticapitalista, es donde se presenta esta "conciencia trágica", y en especial entre los sociólogos universitarios.[140] Hemos hablado ya del aspecto trágico del pensamiento de Tönnies,

[139] Thomas Mann, *Briefe an Paul Amman,* Lübeck, 1960. Tertulian cita esta carta como prueba de que Naphta ha sido concebido completamente como un "prefascista" y no como un "leninista". Véase Nicolas Tertulian, "Des contre-variétés historiques", en *La Quinzaine littéraire,* núm. 170, p. 22. Tiene razón, pero no hay que olvidar que la dimensión "revolucionaria" ha sido agregada al personaje de Naphta a principios de los años 20, cuando Thomas Mann asistió, con asombro, a la conversión al bolchevismo de ciertos pensadores cercanos a la corriente neorromántica: Ernst Bloch, Lukács, etcétera.

[140] Kurt Lenk, "Das tragische Bewusstsein in der Deutschen Soziologie", en *Kölner Zeitschrift für Soziologie und Sozialpsychologie,* año 16, Köln, 1964, p. 258: "Como en el fuego radiante de un espejo (*Brennspiegel*) se concentran en ese fenómeno los leitmotiv de la conciencia social de una parte de la inteliguentsia alemana de tiempos de la primera guerra mundial hasta fines de la época de Weimar." En realidad, como muestra Lenk mismo, esa "conciencia trágica" se desarrolla en Alemania ya mucho antes de la guerra de 1914-1918.

del profundo pesimismo social de Max Weber y de la problemática simmeliana de la tragedia de la cultura. Se podría agregar a eso la visión de la historia como caída permanente de los valores en Scheler y el tema de la decadencia cultural en autores tan diversos como Alfred Weber, Werner Sombart y Oswald Spengler.

Max Weber ha resumido notablemente esta actitud común a una amplia fracción de la inteliguentsia alemana (parcialmente compartida por él mismo) en los siguientes términos: "[los intelectuales] miran con desconfianza la abolición de las condiciones tradicionales de la comunidad y el aniquilamiento de todos los innumerables valores éticos y estéticos ligados a esas tradiciones. Dudan de que la dominación del capital pueda dar garantías superiores y más duraderas a la libertad personal y al desarrollo de la cultura intelectual, estética y social que representan [...] Sucede, pues, hoy en día, en los países civilizados, que los representantes de los intereses superiores de la cultura vuelvan la espalda y se opongan con una profunda antipatía al inevitable desarrollo del capitalismo [...]"[141]

Los tres aspectos principales de esta visión trágica son:

1] Una versión metafísica del problema de la alienación, de la reificación y del fetichismo de la mercancía. El ejemplo más característico es (como ya lo hemos visto) la obra de Simmel, que trasfigura la problemática socioeconómica del marxismo en una visión idealista, de coloración neokantiana, del conflicto, del abismo mismo, entre el sujeto y el objeto, la "vida" y las "formas" culturales, la cultura subjetiva y la cultura objetiva; la autonomización de las instituciones sociales con relación a las necesidades concretas de los individuos, la dominación de los hombres por sus productos económicos y/o culturales deviene así en un "destino trágico" (*tragisches Verhängnisses*), inevitable e irresistible de la sociedad moderna.[142]

2] Una dualidad neokantiana entre la esfera de valores y la realidad, entre el reino del espíritu y el de la vida social y política, que es característica de la escuela de Heidelberg (Rickert, Lask, etc.) y que se manifiesta también, bajo formas más mediatizadas, entre los sociólogos (principalmente Max Weber).

3] El sentimiento de la "impotencia del espíritu" (*Ohnmacht des Geistes*) frente a una sociedad "masificada", inculta, bárbaro-civilizada, groseramente materialista.[143]

[141] Max Weber, *Essays in Sociology,* Londres, Routledge & Kegan Paul Ltd., 1967, pp. 371-372.

[142] Georg Simmel, *Philosophische Kultur,* Leipzig, 1911, p. 272. Véase también Kurt Lenk, *op. cit.*, pp. 261-264.

[143] Véase Kurt Lenk, *op. cit.*, p. 282; véase también Kurt Lenk, *Von der Ohnmacht des Geistes,* Tübingen, 1959.

En conclusión, se puede decir que la visión trágica del mundo entre los escritores, sociólogos y otros intelectuales alemanes a la vuelta del siglo es el producto de la combinación entre: *a*] una oposición más o menos profunda entre sus valores ético-culturales y sociopolíticos y el proceso de desarrollo rápido y brutal del capitalismo industrial monopolista en Alemania; y *b*] la desesperanza de toda posibilidad de contener o impedir ese proceso, considerado como una "fatalidad" irreversible. La intensidad y el radicalismo de la visión trágica del mundo dependen, en cada autor, del grado de repulsión hacia el capitalismo y de resignación y/o indignación ante su advenimiento triunfante.

La rabia suicida con la que algunos de ellos partieron al frente en 1914, para combatir a los Settembrini anglo-franceses, no deja de recordar el último gesto dramático y desesperado de Léon Naphta...

IV. LA INTELIGUENTSIA REVOLUCIONARIA EN HUNGRÍA

Hungría ha sido el único país que ha conocido, dentro de la estela inmediata de la revolución rusa, una victoria (efímera pero real) del proletariado, en oportunidad del establecimiento de la República de los Consejos Obreros de 1919. ¿Qué hay en común entre Hungría y Rusia? ¿Y cuáles son las consecuencias de esta similitud para el modo de radicalización de los intelectuales?

Las condiciones para la constitución de una corriente anticapitalista y revolucionaria en el seno de la inteliguentsia húngara a principios del siglo son muy distintas de las de Alemania; la problemática en ese país, predominantemente agrario, de carácter social y económicamente atrasado, es más cercana a Rusia, guardando las distancias. Ya Lenin destacaba que la persistencia de los vestigios de la Edad Media, de las supervivencias del absolutismo y del feudalismo, de los privilegios y de las propiedades de los terratenientes, y de la opresión de las nacionalidades, eran características tanto de la Rusia zarista como de Austro-Hungría.[144] Veremos que la analogía se extiende también a otros aspectos de la estructura social, sobre todo si se limita la comparación a la formación húngara (analogía y no identidad, por supuesto).

Al analizar la formación social rusa de antes de 1917, Trotski formuló el concepto de *desarrollo desigual y combinado* para caracterizar la amalgama entre las formas más arcaicas y las más modernas, entre

[144] V. I. Lenin, "A todos los ciudadanos de Rusia", en *Obras completas*, Madrid, Akal Editor, 1977, t. XVIII, p. 414.

una agricultura que permaneció casi al nivel del siglo XVIII y una industria capitalista (de importación europea) que se encontraba al nivel de los países más avanzados y aun en ciertos casos los aventajaba. La industria rusa, en efecto, va a singularizarse por dos aspectos esenciales: *a*] un grado excepcional de concentración industrial: la proporción de obreros empleados en las empresas gigantes (más de mil obreros) era, en 1914, en los Estados Unidos, del 17.8% y en Rusia del 41.4%; *b*] una hegemonía del capital monopolista extranjero (sobre todo europeo occidental) que alcanzaba a cerca del 40% de todos los capitales invertidos en Rusia, y un porcentaje mucho más elevado en la industria pesada (metales, carbón, petróleo), sin hablar de la banca y de los ferrocarriles.

Trotski destaca las consecuencias políticas de esa situación: "El proletariado se encontró inmediatamente concentrado en masas enormes, no obstante que no subsistía, entre esas masas y la aristocracia, más que una burguesía capitalista numéricamente muy débil, aislada del pueblo, a medias extranjera, sin tradiciones históricas, e inspirada únicamente por el incentivo del lucro." Pero el proletariado no está solamente concentrado en las grandes fábricas importadas de Europa occidental: absorbe también rápidamente el pensamiento social más avanzado del movimiento obrero europeo: el socialismo, el marxismo. Por esta razón, en el corazón de la burguesía liberal rusa, "el miedo al proletariado en armas es más fuerte que el miedo a la soldadesca de la autocracia".

En conclusión: la burguesía rusa no puede y no quiere desempeñar un papel auténticamente democrático-revolucionario; la revolución democrática, antiabsolutista y antifeudal no podrá ser realizada más que por el proletariado, cuya dictadura (apoyada por el campesinado) será inevitablemente conducida, trasformada en revolución socialista.[145]

Un análisis de la inteliguentsia revolucionaria rusa escapa al marco de este trabajo, pero es evidente que en esas condiciones, sectores importantes de la corriente intelectual "jacobina" y antizarista eran necesariamente atraídos hacia el campo del movimiento obrero y del socialismo en tanto única fuerza oposicionista y revolucionaria consecuente.

Ahora bien, la articulación de los modos de producción en la formación social húngara era, en cierta medida, análoga a la de Rusia. En el marco de una estructura socioeconómica esencialmente agraria

[145] Leon Trotski, "Bilan et perspectives" ["Balance y perspectivas"] (1906) y "Le prolétariat et la révolution russe" ["El proletariado y la revolución rusa"] (1908), en *1905*, París, Ed. de Minuit, 1969, pp. 360, 408-419; *Histoire de la révolution russe* [*Historia de la revolución rusa*] (1932), París, Ed. du Seuil, 1962, pp. 21-26.

(más agraria no solamente que Alemania sino aun que Italia o Dinamarca) y semifeudal, se inserta, a principios del siglo, un desarrollo industrial moderno, "occidental", monopolista y concentrado, especialmente en el carbón, la siderurgia y las demás ramas de la industria pesada. Además, el gran capital monopolista extranjero, industrial o financiero, sobre todo austriaco, dominaba los sectores clave de la vida económica del país.[146]

El desarrollo industrial produce, pues, como en Rusia, pero en menor escala, un proletariado moderno y muy concentrado: de 1880 a 1900 el número de obreros de las grandes fábricas (más de 100 obreros) aumenta en 2.5 veces y su proporción dentro de la clase pasa del 20 al 45% (tres cuartas partes de ello en fábricas de más de 500 obreros). En 1910, de un total de 912 007 obreros, 464 475 están en las grandes fábricas.[147]

Esta semejanza (parcial) entre las formaciones sociales húngara y rusa, con sus consecuencias políticas en cuanto al respectivo papel de la burguesía y del proletariado, permiten comprender mejor por qué los movimientos revolucionarios rusos tienen tal influencia sobre Hungría, que vive en 1905 una enorme ola de huelgas y manifestaciones políticas obreras, y en 1919 una República de los Consejos más o menos inspirada en el modelo soviético de 1917. En ambos países el desarrollo desigual y combinado del capitalismo había creado las condiciones de posibilidad de un movimiento popular combinando las tareas tradicionales de la revolución democrático-burguesa con las tareas de la revolución proletaria.

En ambos casos, la incapacidad orgánica de la burguesía para impulsar y dirigir un "1789" antiabsolutista, es un elemento clave del campo politicosocial. Se puede decir que esta incapacidad es todavía más evidente en Hungría. Tiene profundas raíces socioeconómicas: lo que Lukács intitula "la alianza desigual entre los latifundistas feu-

[146] Peter Hanak, "L'influence de la révolution russe de 1905 en Hongrie", *Acta Historica,* Budapest, 1955, t. IV, fasc. 1-3, p. 282. Véase también p. 287: "[...] en cuanto a su estructura social y a sus antagonismos múltiples y vehementes, la Hungría de comienzos del siglo XX *podía ser comparada con la Rusia zarista* [...] Citemos entre los elementos que entorpecen el desarrollo del capitalismo y que eran análogos en los dos países, el hecho de que en la época del imperialismo ambos países se encontraban —aunque en desigual medida— bajo la dependencia del capital monopolista extranjero [...]"

[147] Peter Hanak, *op. cit.,* p. 284; véase también p. 287: "En razón de ciertas particularidades del desarrollo del capitalismo, las similitudes eran numerosas en lo que concierne a la composición y a la situación del proletariado de Hungría y del de Rusia."

dales y el capitalismo en vías de desarrollo para la explotación común de los obreros y campesinos húngaros".[148]

La gran burguesía húngara (frecuentemente judía) encuentra su origen en el comercio de granos; financia a los propietarios terratenientes de la aristocracia y a veces invierte directamente en la agricultura; se siente amenazada tanto por la agitación de los trabajadores rurales a comienzos del siglo como por la nobleza terrateniente misma.[149] Como socia de la aristocracia rural y de la burguesía financiera austriaca está asociada al bloque en el poder y constituye uno de los pilares de conservación del régimen semifeudal y monárquico. No solamente no manifiesta ninguna veleidad de oposición de tipo liberal, por no decir democrático, sino que su más ardiente deseo es imitar a la aristocracia húngara y ser admitida en su seno. El socialdemócrata húngaro Diner-Denès describe, no sin ironía, ese fenómeno de asimilación de la burguesía húngara a la nobleza y al gentilismo: "Igual que en Inglaterra se podía ser *gentleman* sin ser 'gentilhombre', de ahora en adelante uno puede convertirse *ur* en Hungría sin ser noble. Esta facilidad dada provocará una pasión literalmente epidémica por la calidad de *ur* [...] esta manía [...] hizo más víctimas entre los judíos. Para designar esta enfermedad social hay un término húngaro apenas traducible: *urhatnamsag* [...] Para el ojo de un observador de fuera, este avance de una enfermedad social ofrece el espectáculo de una fusión completa de la antigua nobleza con la nueva clase burguesa [...] Todo esto coloca [...] al gentilismo y a los judíos en una singular comunidad. Es notable ver con qué rapidez cualquier gentil se vuelve judío y más rápidamente todavía los judíos se vuelven gentiles."[150] Desde 1911 Oscar Jaszi, el portavoz de la inteliguentsia democrática moderada, denuncia a la "burguesía servil" húngara y su comportamiento de "vasallo moral" del sistema conservador establecido,[151] mientras que el socialista de izquierda Jenö Varga (el futuro economista de la Comintern) destacaba en un escrito de 1912 la colusión econó-

[148] György Lukács, "Bela Bartok, on the 25th anniversary of his death" [Bela Bartok en el 25 aniversario de su muerte], en *The New Hungarian Quarterly,* núm. 41, primavera de 1971, p. 42.

[149] Tibor Süle, *Sozialdemokratie in Ungarn, zur Rolle der Intelligenz in der Arbeiterbewegung, 1899-1910,* Köln, Böhlau Verlag, Graz, 1967, p. 7. Véase también Peter Hanak, "Skizzen über die ungarische Gesellschaft am Anfang des 20. Jahrhunderts", *Acta Historica,* t. x, 1964, p. 21: "La burguesía judía estuvo ligada durante largo tiempo a la producción comercial agrícola, al sistema de la gran propiedad de tierras."

[150] Joseph Diner-Denès, *La Hongrie: olygarchie, nation, peuple,* París, Ed. Marcel Rivière, 1927, pp. 113, 134, 137.

[151] Oscar Jaszi, *Dissolution of the Habsburg Monarchy,* University of Chicago Press, 1961, p. 153.

mica y la adaptación social de la gran burguesía a los modos de pensamiento y formas de vida "señoriales" de la aristocracia.[152]

Una de las manifestaciones más características de ese entusiasmo arrivista por el *establishment* semifeudal era, por lo tanto, el "ennoblecimiento", por medio de compra de títulos, de grandes burgueses húngaros de origen plebeyo o hasta judío. Un ejemplo típico entre muchos otros: József Löwinger, director del Banco anglo-austriaco de Budapest y luego del Banco General de Crédito de Hungría, es ennoblecido en 1899 y se convierte en József "von Lukács": se trata, como se sabe, del padre de György...[153]

Sin embargo, todavía más que la atracción hacia lo alto, lo que volvía conservadora a la nueva burguesía húngara era el miedo a "los de abajo", el temor a las "clases peligrosas". Aun los sectores de la burguesía industrial y financiera que no estaban contaminados por la "enfermedad social" filo-aristocrática sabían pertinentemente que una lucha por las libertades democráticas, una lucha contra el régimen conservador y clerical del conde Tisza, implicaba una alianza con el proletariado urbano y rural, esa plebe amenazante cada vez más conquistada por las ideas socialistas. En esas condiciones, no es sorpren-

[152] Citado por Tibor Süle, *op. cit.*, p. 7; véase Peter Hanak, *Skizzen...*, p. 23: "Los judíos magiarizantes se esforzaban, con el sentimiento de inferioridad de los aceptados —y en consecuencia frecuentemente con un exceso de celo— por acomodarse al estado de cosas ya dado, a las relaciones de dominación de una estructura feudal todavía no descompuesta; se asimilaban a las capas dirigentes 'históricas', aceptaban su visión del mundo húngaro-céntrico y aristócrata, su modo de vida [...] Esta burguesía orientada hacia lo alto y asimilada, que no estaba ligada al pueblo ni por su origen, ni por una comunidad de vida, ni por tradiciones de luchas antifeudales comunes, se cerraba rígidamente para con lo bajo [...]" Véase también a ese respecto William Mc Cagg, *Jewish Nobles and Geniuses in Modern Hungary,* East European Quarterly, 1972, p. 224: "Las nuevas clases urbanas de Budapest [...] han aparecido en esta tierra de hegemonía noble sin ninguna tradición de poder político urbano o dignidad social para guiarles. Al contrario, en la medida en que eran judíos, llevaban los estigmas de los rechazados del ghetto medieval y desde el principio tendían a ser serviles como en la tradición de los banqueros de corte vienés [...]"

[153] Véase Peter Hanak, *Skizzen...*, p. 12: "La burguesía financiera [...] compraba un título de barón, un cargo de consejero de la corte [...], tierras, castillos y parentescos, se procuraba padrinos distinguidos, y agregaba a su nombre de resonancia alemana (orgullosamente conservado) un nombre aristocrático —al nombre Herzog, 'Csetei', a Deutsch, 'Hatvani', a Weiss, 'Csepeli'—, pero el conjunto era, sin embargo, grotesco; era cómico verles llevar el uniforme de gala húngaro y el sable de honor [...]" No se puede dejar de pensar en esa fotografía muy conocida, publicada por István Mészáros en su ensayo *Lukács' Concept of Dialectic* [*El concepto de dialéctica en Lukács*], en la que se ve al honorable señor director del Banco de Crédito József von Lukács con su uniforme aristocrático y su espada señorial...

dente que las grandes batallas por la democracia y el sufragio universal en 1905 (el "viernes rojo" del 15 de septiembre) y en 1912-1913 hayan sido conducidas, a través de las huelgas, manifestación de masas y movimientos de agitación, por la clase obrera húngara, prácticamente sola, ya que ningún sector significativo de la burguesía creyó conveniente tomar parte en ese combate.[154] En realidad, la política de apoyo a los conservadores, a la aristocracia y al régimen de Tisza correspondía, en último análisis, a los bien comprendidos intereses de clase de la burguesía, que prefería prudentemente el *statu quo* a toda aventura democrático-revolucionaria que arriesgaba poner en peligro su propia supervivencia como clase.[155]

La conclusión es que no existía en Hungría, todavía menos que en Rusia, una burguesía democrático-liberal y antifeudal consecuente, capaz de atraer hacia sí a los intelectuales jacobinos, rebelados contra el *statu quo* conservador y oscurantista. Por el contrario, la gran burguesía industrial y financiera no podía ser para esos intelectuales rebeldes más que una verdadera contraposición.

¿Podía el movimiento obrero de antes de 1918 aparecer como un

[154] Véase Zoltan Horvath, *Die Jahrhundertwende in Ungarn; Geschichte der Zweiten Reformgeneration 1896-1914*, Budapest, Corvina Verlag, 1966, pp. 242-243: "La burguesía hubiera debido movilizarse del lado de la ampliación de los derechos democráticos. Empero, de ese lado se encontraban también los socialistas. Y la burguesía —ya bajo el impacto de las huelgas de los últimos años— temblaba ante una colaboración con la clase obrera [...] La burguesía capitalista había comprendido muy pronto que una trasformación democrática no podía ser alcanzada sin la ayuda de los campesinos. Ahora bien, los campesinos, a sus ojos, eran los trabajadores agrarios huelguistas que podían ser movilizados bajo la bandera del socialismo [...] Si el progreso democrático no podía ser alcanzado más que por ese medio, prefería renunciar a él."

[155] El historiador William McCagg describe con una simpatía complaciente el razonamiento de esta "nobleza burguesa": "A causa de la crisis social de Hungría a principios del siglo, la élite comercial de Budapest tenía buenas y serias razones, no solamente para aceptar la insistente invitación a colaborar que István Tisza presentaba sino también para sumergirse decididamente en el océano de la colaboración. En lo abstracto se podría quizás argumentar que esta élite había alcanzado hacia 1905 una posición de poder tan considerable que podía prescindir de la colaboración. Los bancos y cárteles de Budapest que pertenecían a esa élite estaban bajo el mando casi absoluto de una nueva y próspera economía industrial [...] Teóricamente, en consecuencia, la élite hubiera debido ser capaz de imponer sus condiciones al viejo régimen, en el estilo de la burguesía europea occidental. Un marxista puede lamentarse de que esa élite hubiera debido ahora luchar por la 'democracia burguesa' en lugar de colaborar con la perpetuación del 'feudalismo' aristocrático. En la práctica, sin embargo, esa élite estaba confrontada con problemas concretos, que militaban en contra de tal opción demócrata. Si la élite se hubiera vuelto democrática en 1905 y después, hubiera debido tolerar y hasta estimular a los socialistas que amenazaban los pilares económicos de la prosperidad de Budapest [...] En las cir-

polo alternativo capaz de llenar el papel histórico de la burguesía y arrastrar en su estela a la inteliguentsia descontenta? Es ahí donde se sitúa la gran diferencia con Rusia: el partido socialdemócrata húngaro no era en nada comparable al partido bolchevique, y hasta los mencheviques hacían a su lado papel de revolucionarios. Profundamente reformista, sinceramente parlamentario y entrañablemente legalista, teniendo por modelo a la socialdemocracia alemana, el *Magyarorszagi Szocialdemokrata Part* (MSZP: Partido Social-Demócrata Húngaro) se daba por estrategia luchar "en el marco de las leyes existentes [...] por un camino legal y por medios legales".[156] En 1905, la dirección del MSZP invocará explícitamente en su favor el testimonio de Lassalle para celebrar un acuerdo en buena y debida forma con el Kaiser Franz Joseph, por medio del intérprete del representante húngaro de Su Majestad, el ministro del Interior József Kristoffy. El MSZP apoyará al partido pro Habsburgo contra la coalición parlamentaria nacionalista, a cambio de una vaga promesa de otorgamiento del sufragio universal, y el dirigente socialdemócrata Sandor Garbai proclamará en un mítin popular: "¡Qué llegue el absolutismo si en la punta de las bayonetas llega también el sufragio universal!"[157] Después del fracaso de esta maniobra, la dirección del partido hará, en 1905 y después en 1912-1913, todo lo posible para frenar, moderar y mantener en los límites del orden establecido al gran movimiento de masas de los obreros por el derecho al sufragio.[158]

Sin embargo, existía un ala izquierda en el MSZP, y en el marco de esta izquierda cierto número de intelectuales revolucionarios tratarán de luchar en el seno de la socialdemocracia húngara. La tentativa más importante será la de Ervin Szabo, con un grupo de estudiantes (Jenö Laszlo, Bela Vago, ambos entre los fundadores del PC húngaro en 1918),[159] que criticarán el oportunismo y el parlamentarismo del partido desde un punto de vista cercano al sindicalismo revolucionario

cunstancias sociales de la Hungría de principios del siglo [...] se puede estimar que la élite comercial de Budapest eligió muy bien cuando se alió a István Tisza. Con semejante defensor, la élite comercial tenía mucho mejores oportunidades de sobrevivir que abandonada a sí misma." William McCagg Jr., *Jewish Nobles...*, p. 186.

156 *Nepszava* (diario del partido), 3 de junio de 1899, en Tibor Süle, *op. cit.*, p. 40.

157 En Tibor Süle, *op. cit.*, p. 124; véase también en la p. 118 el discurso del principal dirigente del MSZP, Ernö Garami, el 10 de septiembre de 1905, citando a Lasalle como ejemplo para los trabajadores húngaros.

158 Tibor Süle, *op. cit.*, pp. 116-124 y Peter Hanak, *L'influence de la révolution de 1905...*, pp. 296-299.

159 Laszlo será ejecutado por la contrarrevolución en 1919 y Vago por las purgas estalinianas en 1939.

(volveremos a esto). Garami denunciará las ideas de Szabo y sus camaradas como un "juego de revolución lleno de temperamento", típico de "universitarios semianarquizantes", y esta corriente de izquierda será aislada y neutralizada por el aparato del partido desde 1907. Poco después surge otra oposición revolucionaria, más marxista ortodoxa, dirigida por el joven periodista Guyla Alpari (futuro dirigente del Partido Comunista de Hungría y de la Comintern) que estaba en contacto con los *linksradikalen* alemanes: Karl Liebknecht, Rosa Luxemburg, etc. Alpari y sus camaradas, entre ellos el joven empleado Bela Szanto (también uno de los fundadores del partido comunista húngaro en 1918) serán denunciados por la burocracia sindical como "vagabundos intelectuales" y finalmente excluidos por la dirección del MSZP en 1910.[160]

Se puede decir que por su reformismo, por su desconfianza para con los intelectuales así como por su indiferencia hostil para con las luchas campesinas y para con las minorías nacionales oprimidas, la dirección del MSZP hacía al partido incapaz de convertirse en la vanguardia política de un poderoso movimiento de masas democrático-revolucionario y de dinámica socialista. La socialdemocracia húngara no ha sido, pues, jamás un polo de referencia satisfactorio para la inteliguentsia "roja", y los pequeños grupos de intelectuales revolucionarios que trataron de integrarse a ella fueron progresivamente marginados y excluidos entre 1905 y 1910.

Se encuentra así en Hungría una intelectualidad "abandonada a sí misma", con un ala moderada desprovista de sus aliados naturales por la ausencia de burguesía liberal-demócrata y un ala revolucionaria rechazada por el movimiento obrero socialdemócrata.

Ambas corrientes van pues a volver a encontrarse juntas en el seno de cierto número de focos de difusión político-cultural: la revista literaria *Nyugat* [Occidente], la Sociedad Científico-social y su órgano la revista *Huszadik Szazad* [Siglo Veinte], la Logia masónica "Martinovic" (del nombre de un jacobino húngaro) y el "Círculo Galileo" en la universidad. Había entre esos diferentes grupos una red de amistades y de afinidades, y su público, en gran medida, era el mismo. La ideología hegemónica era, sin ninguna duda, la de los moderados que representaban el papel de mediadores de las ideas europeas "modernas" en Hungría; se encuentra ahí una amalgama ecléctica de positivismo, "radical-socialismo" francés, revisionismo bernsteiniano, anticlericalismo masónico, evolucionismo iluminista y culto al progreso, a la

[160] Tibor Süle, *op. cit.*, pp. 106-107, 207-209; Alpari apeló contra esta exclusión, pero sólo será defendido por dos dirigentes internacionales: Rosa Luxemburg y Lenin...

ciencia y a la industria. El sociólogo Oscar Jaszi, que es la figura más notoria y más típica de esa corriente, explica en sus memorias que al lanzar en 1900 la revista *Huszadik Szazad,* su objetivo había sido el de crear "un frente contra el feudalismo [. . .] el patrioterismo magiarizante [. . .] y el clericalismo sin fe".[161]

En este "frente antifeudal" participaban también los intelectuales "rojos" que escribían en *Nyugat* y *Huszadik Szazad,* pero que rechazaban (a nivel estético-literario, moral y/o político) al liberalismo burgués "instruido" dominante. Eran el producto legítimo de las condiciones húngaras: radicalmente opuestos al régimen económico, social y político establecido, eran *a la vez antifeudales y anticapitalistas.* Asqueados por la "burguesía servil" e insatisfechos con las vulgaridades "social-liberales" de los círculos intelectuales, van a depositar sus esperanzas en el proletariado húngaro, a despecho del partido socialdemócrata. Los dos grandes maestros pensadores de esa corriente intelectual antiburguesa que terminará por reunir masivamente el comunismo en 1918-1919 son Endre Ady y Ervin Szabo, que pueden ser considerados, cada uno a su manera, como los "padres espirituales" de la generación que realizó la revolución social de 1919.

József Révai habla con razón de las "dos almas" del poeta Ady: la del revolucionario democrático-burgués y la del artista que desprecia a la burguesía y su régimen. Por otra parte, Ady mismo se presenta orgullosamente como un hombre que tiene "dos convicciones", lo que explica en los siguientes términos: "Reclamamos la democracia más completa, proclamamos con grandes gritos, honestamente y como mártires, el principio del sufragio universal con escrutinio secreto, aunque a espaldas de todos, los resultados obtenidos por sociedades altamente civilizadas nos hayan sobrepasado en muchos siglos, nos hayan cortado ya el apetito."[162] Estos dos momentos contradictorios de su lirismo y de su pensamiento se desarrollan según una lógica propia pero desembocan en una síntesis ideológica *sui generis.*

Primeramente, Ady es un jacobino húngaro, un enemigo encarnizado del feudalismo, del poder de la iglesia y de los privilegios de los propietarios terratenientes. Encuentra así un punto de entendimiento con el anticlericalismo masónico y librepensador de los radical-burgueses húngaros, es decir con el Círculo Galileo, con *Nyugat,* con Oscar Jaszi. Sin embargo, ya a ese nivel, a pesar de una comunión en la lucha contra los "amos de Hungría", se ve aparecer una diferencia significativa: el democratismo de Ady es jacobino, plebeyo, auténtica-

[161] En Tibor Süle, *op. cit.,* p. 22. Jaszi será el fundador, en 1914, de un "Partido radical húngaro", herido de impotencia y poco influyente.

[162] Véase József Révai, Endre Ady, *Etudes historiques,* Budapest, Academia Scientorum Hungarica, 1955, vol. 10, pp. 64-65, 77.

mente revolucionario; invoca el apoyo del ejemplo heroico de György Dozsa, el jefe de la sublevación popular húngara del siglo XVI, quemado vivo en un trono ardiente por los señores feudales:

> Valía él solo ochenta curas gordos
> Más grande que ninguno de nuestros señores
> En su trono enrojecido ¡ah! ¡Qué majestad!
> No tuviera Dios más esplendor[163]

Por su fe revolucionaria, por su esperanza en una insurrección campesina (había establecido lazos con el movimiento campesino socialista dirigido por Andras Achim), en un movimiento popular que destruyera los fundamentos del viejo régimen, Ady se distinguía radicalmente del pálido reformismo de la corriente liberal-modernista.

Por otra parte, hay en Ady una "segunda alma": el desprecio del artista por la burguesía, su repulsión por el capitalismo; critica severamente la democracia burguesa en Francia y en los Estados Unidos, la que califica de "mentirosa", "mediocre" e "inmoral"; en un artículo de 1909 da libre curso a su amargura contra la III República francesa: "Ha remplazado al emperador o al rey por el dinero [...] Europa puede estar tranquila, en Francia el dinero es rey, y ese rey es más conservador que un emperador-rey Habsburgo."[164] Pero, sobre todo en nombre del arte, Ady se rebela contra el capitalismo, contra su gris monotonía, su triste trivialidad; y en nombre de un ideal de vida auténtica, bella, grandiosa y heroica es como rechaza la vida insignificante, horrible y corrompida de la sociedad burguesa. Por su "segunda alma" Ady es pues sensible a la influencia de corrientes antidemocráticas aristocratizantes, antiburguesas estéticas y anticapitalistas románticas de principios de siglo: el Parnaso, Nietzsche, Bergson, Tolstoi.[165]

Es necesario agregar que esta tendencia antiburguesa estético-moral de Ady se combinaba en él con un sentimiento de carácter más político, que desempeña un papel decisivo en la radicalización de la inteliguentsia húngara: la repugnancia ante la "cobardía" de la burguesía urbana y su adaptación pasiva al *establishment* aristocrático-feudal. Según Ady, en Hungría, contrariamente a Europa occidental, uno ve desarrollarse "una burguesía débil, dispersa, floja, con aires de

[163] "Le banquet de Dozsa", en *Endre Ady,* Pierre Seghers, 1967, p. 107.

[164] Endre Ady, "Nem Lesz forradalom" [La revolución no tendrá lugar], en *Pesti Naplo,* 28 de abril de 1909; en *Nouvelles Etudes hongroises,* 1972, vol. 7, p. 174.

[165] József Révai, *op. cit.,* pp. 64-71.

gran señora, sin tener siquiera la fuerza o el talento de abrir la boca para engullir las alondras asadas" (1908).[166]

La tensión entre esas "dos almas" de Ady produce pues ese resultado aparentemente contradictorio: un demócrata burgués que desprecia a la burguesía, un revolucionario antifeudal que rechaza a la sociedad europea occidental. El elemento jacobino de este equilibrio ideológico inestable es demasiado potente para que la balanza pueda inclinarse hacia la reacción, como en muchos intelectuales anticapitalistas románticos de Alemania o de Francia. Terminará pues por inclinarse hacia el socialismo y el movimiento obrero.[167] En ausencia de una burguesía democrático-revolucionaria, el intelectual jacobino tiende a ser irresistiblemente atraído hacia el campo ideológico del proletariado.

A partir de ese marco sociohistórico es como se puede comprender la solución que Ady encontrará al conflicto entre sus "dos almas": la esperanza intensa y ardiente en una revolución que tenga también una *doble naturaleza,* a la vez antifeudal y antiburguesa, que concilie el arranque plebeyo de la revolución democrática y la crítica proletaria de la democracia burguesa. En otras palabras: por una intuición genial (el término no es demasiado) que a veces se encuentra en los poetas —piénsese en Heine— va a ser *el único* en la Hungría de antes de la guerra en presentir *el carácter combinado, a la vez democrático y socialista,* de la revolución cuya formación social húngara era fuerte, como consecuencia de su desarrollo desigual y combinado. *Lo que Marx en 1850 y Trotski en 1906 intitularon "la revolución permanente" se encuentra en estado de visión lírica en Endre Ady.*

Esa intuición profética aparece por primera vez en un artículo de Ady de 1903, cuando el poeta escribe: "Es de frente como debemos abordar el problema, comenzando por el primer orden, para pasar luego al segundo y terminar finalmente por el tercero. Debemos terminar *de un solo golpe* con las prerrogativas, los privilegios, la brutalidad ancestral, la aristocracia, el clero *y el capital explotador.*"[168] Pero

[166] Citado por József Révai, *op. cit.*, p. 55.

[167] Véase József Révai, *op. cit.*, p. 82: "Hungría llevaba en sí el germen de la revolución democrática [...] He ahí por qué, en la Hungría de antes de la guerra, la decepción causada por el capitalismo, sentimiento que en esa época se había ya apoderado de una parte considerable de los intelectuales burgueses europeos, no se trasformó en contrarrevolución, en aristocratismo cultural y literario. El descubrimiento del estado de podredumbre en el que se encontraba la burguesía se insertó en los problemas de la revolución democrática y, por ese hecho, ahondó la atracción ideológica ejercida por el socialismo obrero en los adeptos sinceros y honestos de la trasformación democrática."

[168] Citado por József Révai, *op. cit.*, p. 60; Révai agrega el siguiente comentario: "A veces su conocimiento del carácter social y de las fuerzas motrices

es sobre todo a la luz de la revolución rusa de 1905 como Ady desarrollará esa idea, en un notable artículo titulado "Temblor de tierra": "Rusia ha experimentado una sacudida terrible [...] Los eslavos muestran al mundo una revolución nueva [...] *Rusia* [...] *realiza dos revoluciones a la vez.* La antigua, que Europa ha atravesado ya, y la nueva [...] La democracia rusa triunfa y alcanza el trono a través de la sangre, las ruinas y las cenizas. Pero triunfará aun sobre enemigos más fuertes que el trono: el castillo señorial y egoísta, *la fábrica que explota,* el clero que embrutece y el cuartel sin corazón."[169] La sorprendente lucidez de Ady le permite no solamente aprehender la unidad dialéctica de las "dos revoluciones" en Rusia sino hasta el papel dirigente del proletariado en el movimiento popular: "La historia estará orgullosa de ese terrible temblor de tierra [...] *He aquí que el proletariado acaba de restituir el pueblo al pueblo.* El pueblo se ha levantado para dar forma al mundo." El artículo termina destacando la significación, para Hungría, de los acontecimientos de 1905: "El ejemplo ruso debe instruirnos. Las sociedades podridas e impotentes no pueden ser salvadas más que por el pueblo, por el pueblo trabajador, invencible, irresistible."[170]

El pueblo que debe salvar a la Hungría podrida e impotente es para Ady el pueblo obrero y campesino, el pueblo "de las ciudades y de las aldeas", del que habla el célebre poema *La ruta de los guerreros* al anunciar la futura "revolución roja":

> He aquí que Hungría es el país del fuego
> La llama ha penetrado en su cuerpo frío
> Ha sucedido un milagro. Ha caído por tierra
> Y se ha poblado la Vía Láctea.

de la revolución húngara le acerca a tal punto al espíritu del marxismo revolucionario, que un solo paso le hubiera bastado para llegar a formular las últimas conclusiones [...] Ignoramos si Ady conocía [...] las opiniones que Marx expresó en la revolución de 1848 y después de ésta con respecto a la marcha de la revolución alemana. Como quiera que haya sido, el hecho permanece: la idea que definió en ese breve artículo se acercaba de manera genial a la teoría marxista de la revolución ininterrumpida."

[169] Citado por Peter Hanak, "L'influence de la révolution russe de 1905 en Hongrie", *Acta Historica,* 1955, p. 308 (subrayado nuestro). Hanak también comprueba la singular intuición política del poeta: "Ese descubrimiento, según el cual se siguen en Rusia dos revoluciones, era único y se puede hasta decir que genial para la Hungría de entonces: la antigua revolución, la revolución burguesa no se limitaba a derribar el trono y a destruir el 'castillo señorial y egoísta' sino que se desarrollaría necesariamente hasta triunfar sobre 'la fábrica que explota', es decir sobre el régimen capitalista. Está ahí, en suma, la expresión poética, en el lenguaje de Endre Ady, de la trasformación de la revolución burguesa-democrática en una revolución socialista."

[170] Citado por Peter Hanak, *op. cit.,* p. 309 (cursivas nuestras).

La tierra ruge y en la esplendente flor roja
De nuestra alegría es el sol lo que se revela
Y cada calle por donde pasamos
Se vuelve como un río de llama.

Veo nacer un ejército en la Ruta de los Guerreros
Y nueva es la leyenda y nuevo es el combate.
Es el porvenir y el porvenir ya está ahí
En el alba roja del cielo húngaro.

El anuncio y el canto truenan como eco
En medio de las ciudades, las maserías, las aldeas
Gritando que el pueblo está ahí reunido
Como la tempestad en la Vía Láctea.[171]

La esperanza de Ady se vuelve especialmente hacia el proletariado húngaro, cuyo inmenso potencial revolucionario canta en *Poema de un joven proletario*:

El padre mío, desde el alba hasta el anochecer
Sudor en la frente, trabaja sin reposo

El padre mío es prisionero de los ricos
Le hacen daño, lo someten, lo trituran

El padre mío, si un día quiere
Puede suprimir al rico y su oro

El padre mío, con una palabra, con una mirada
Haría estremecerse de terror a mucha gente

El padre mío lucha y trabaja
¿Es él quizá el más fuerte que existe?[172]

Sin embargo, paralelamente a esos vibrantes llamados a la rebelión, se encuentra en la obra lírica de Ady una atmósfera trágica, desesperada y pesimista:

Pues espero cosas imposibles de alcanzar
Y no espero más que lo que es imposible de alcanzar:
Oh suprema tortura de tantas torturas sangrantes

La cabeza me da vueltas, mi garganta está enronquecida
Y, en los pesados crepúsculos dementes
Sagrada impotencia maldita
Canto tu himno agotador.[173]

[171] "La voie des guerriers", en *Endre Ady*, Seghers, pp. 175-177.
[172] "Poème d'un jeune prolétaire", *Endre Ady*, Seghers, pp. 116-117.
[173] "Poème de la Sainte Impossibilité", en József Révai, *op. cit.*, p. 92.

La fuente de esa desesperanza angustiada es el *aislamiento* del poeta: entre una burguesía "marchita" y corrompida, un movimiento socialdemócrata oportunista y limitado, una inteliguentsia urbana reformista y timorata, Ady el revolucionario está trágicamente solo. La sociedad le parece coagulada en una estabilidad llamada a durar eternamente; la inmutabilidad social del capitalismo húngaro y europeo le exaspera: "Leo en los escritos de revolucionarios y de pensadores desilusionados que la sociedad de este mundo permanecerá mucho tiempo todavía en equilibrio [. . .] De acuerdo, pero entonces ¿qué harán los que, viviendo hoy, aspiran sin embargo a la moral de una sociedad que, por justa que probablemente sea, permanezca retardataria varios milenios?"[174]

No obstante, a pesar de ese aislamiento —que se manifiesta en el seno mismo de la revista literaria que contribuyó a fundar, *Nyugat*—, Ady ejerce una verdadera fascinación sobre ciertas fracciones radicalizadas de la inteliguentsia; Lukács, representante típico de esta franja, escribía estas apasionadas palabras en 1909: "Ady es la conciencia, y un canto de lucha, una trompeta, un estandarte alrededor del cual todos pueden reunirse si llegara a haber una batalla."[175] Sesenta años más tarde, en otro artículo sobre Ady, polemizando contra los que habían tratado de presentar al poeta simplemente como un nacionalista húngaro, Lukács destaca su influencia en el medio intelectual revolucionario: "Lo que demuestra el lugar real del poeta, y lo considero como un testimonio literario importante, es el hecho de que la novela corta revolucionaria de Ervin Sinko, *Optimistak* [Los optimistas], contenga cierto número de personajes jóvenes que se refieren constantemente a Ady. En el círculo revolucionario Sinko-Révai en el que se desarrolla la novela, Ady era una influencia viva en 1918-1919. Según todas las verosimilitudes, no era el único grupo de ese tipo [. . .]"[176] Se puede agregar que el "círculo Sinko-Révai" era también en gran medida "el círculo Lukács". Volveremos más adelante sobre el papel de Ady en la evolución ideológica de Lukács.

Uno de esos intelectuales "rojos" que admiraban con fervor los poemas de Ady era Ervin Szabo,[177] el guía espiritual del socialismo revolucionario en Hungría.

[174] József Révai, *op. cit.*, p. 79.

[175] György Lukács, "Endre Ady", 1909, en Ferenc Tökei, "Lukács and Hungarian Culture", en *New Hungarian Quarterly,* núm. 47, otoño de 1972, p. 119.

[176] György Lukács, "The importance and influence of Ady" [Importancia e influencia de Ady], en *New Hungarian Quarterly,* núm. 35, vol. x, otoño de 1969, p. 58.

[177] Militante socialista, bibliotecario y erudito, Szabo editó por primera vez

Lukács habla de una corriente "rusa" en el pensamiento húngaro, e incluye ahí a Petöfi, Ady, Attila Jozsef y Bela Bartok; se le podría agregar con más justificación el nombre de Ervin Szabo. El joven Szabo fue iniciado en la política socialista por un populista ruso refugiado en Viena, Samuel Klatschko, gracias a quien se familiarizaría con las obras de Bakunin, Netchaiev, Lavrov, así como con Tolstoi y Dostoievski. Sus primeros escritos políticos serán un himno de gloria a los estudiantes e intelectuales rusos —"que desde hace un siglo conducen un combate contra el zarismo con una valentía y un sacrificio sin par"—, cuya acción presenta como ejemplar a sus colegas de la Universidad de Budapest.[178] Su pensamiento estará mucho tiempo marcado por la influencia de la filosofía subjetivista de Lavrov a la que consideraba, por otra parte, como "un complemento al marxismo".[179] Según Ilona Duczynska, quien colaboraba estrechamente con él en 1917, "sus raíces se encuentran en la ética del Narodnitchestvo, altamente revolucionaria, y en lo absoluto opuesta a la violencia. Profundamente opuesta al estatismo y a la burocracia".[180]

Esta fuente anarcopopulista permite comprender mejor por qué el marxista Szabo colaboró con el grupo libertario que se constituyó primero alrededor del filósofo anarquista gnóstico (y socialista agrario) Eugen Heinrich Schmidt y, en seguida, bajo la dirección del conde tolstoiano Ervin Batthyany, publicó la revista *Tarsadalmi Forradalom* (*La revolución social*) —revista que tenía cierta penetración en el movimiento campesino socialista fundado por el ex socialdemócrata István Varkonyi.[181] Szabo, por otra parte, fue uno de los raros marxistas húngaros de antes de 1918 que se interesaron en el campesinado; no obstante, su simpatía por corrientes social-agrarias está profundamente impregnada de romanticismo anticapitalista. Su amigo personal y adversario político Oscar Jaszi describe con riqueza de detalles este aspecto de su ideología: "Al contrario de la mayoría de los marxistas Szabo estaba ligado a los campesinos y a la aldea por lazos íntimos. Instintivamente sentía la naturaleza mórbida y corrompida de la gran

las obras de Marx en húngaro; además es autor de una notable historia de las luchas sociales en Hungría en 1848.

[178] Véase William McCagg, *op. cit.*, p. 73, y Tibor Süle, *op. cit.*, p. 53. Parece que Szabo permaneció toda su vida en contacto con los SR rusos.

[179] Véase la comunicación de Szabo para un debate de la Sociedad Científico-social en febrero de 1903, en Tibor Süle, *op. cit.*, p. 97.

[180] Carta al autor, 3 de abril de 1974.

[181] Tibor Süle, *op. cit.*, pp. 126, 146. Szabo y el "conde rojo" Batthyany estaban ligados por una profunda amistad, así como por una admiración común por Bakunin, Kropotkin y Tolstoi. Véase Oscar Jaszi, "Erwin Szabo und sein Werk", *Archiv für die Geschichte des Sozialismus und der Arbeiterbewegung*, Leipzig, Hirschfeld, año 10, 1922, p. 29.

ciudad y en su pensamiento, o por lo menos en sus sentimientos subconscientes, se veía que le atribuía al campo un papel mucho mayor que la mayoría de los socialistas de origen urbano. Su disposición moral y estética para con el campesinado era completamente distinta de la del comunismo rutinario. Aun bajo el aspecto del "conservatismo" o del "espíritu atrasado" del campesinado sabía apreciar esa atmósfera más cálida y más rica de la vida instintiva y universalhumana que caracteriza a los hijos de la tierra en oposición a la cultura racionalista y mecánica de las ciudades". Jaszi cuenta una extraña conversación con Szabo, en la que ese anticapitalismo romántico se manifiesta de manera completamente palpable: "Recuerdo vivamente la satisfacción con la que Szabo me mostró un almanaque en el que se veía que un movimiento de tendencia católica, bien organizado y con múltiples ramificaciones, estaba en vías de constituirse; e indicando los retratos de los colaboradores Szabo agregó: ¡Mira pues esos rostros! ¡Nada más que sangre campesina! Sé bien que ese movimiento, por el momento está impulsado por los jesuitas y que es reaccionario. Pero eso no tiene importancia. Eso no es sino una señal de la fermentación que comienza en el campo y de la destrucción del monopolio de la prensa 'judío-capitalista' ".[182] Esa tendencia anticapitalista se encontraba, en el pensamiento y la doctrina de Szabo, en contraposición no superada con otra orientación, de tipo "marxista ortodoxa", en el sentido de la II Internacional (kautskyana-plejanovista), es decir materialista-evolucionista, que le hacía escribir a veces que Hungría no estaría madura para una revolución socialista sin pasar primero por un estadio democrático-burgués industrial.[183]

A partir de su anticapitalismo romántico-revolucionario y de sus simpatías anarquizantes es como Szabo encontrará un punto de entendimiento con el sindicalismo revolucionario francés, cuyo arsenal ideológico utilizará en su lucha contra el parlamentarismo rutinario y mediocre, contra la política de compromiso y la ausencia de grandeza moral de la burocracia socialdemócrata. Szabo entablará en 1904 conocimiento personal con los intelectuales de la revista *Mouvement Socialiste,* en el trascurso de una estancia en París; estudiará con pasión los escritos de Sorel, Lagardelle, Arturo Labriola y Robert Michels y

[182] Oscar Jaszi, *op. cit.*, pp. 31-32. Agreguemos, para evitar cualquier malentendido, que Szabo —su verdadero nombre era Schlesinger— era de origen judío...

[183] Esta segunda orientación quizá se debía también a la influencia sobre Szabo del liberal-democratismo antifeudal de la Sociedad Científico-social, de la que era miembro activo. Véase József Révai, "Ervin Szabo et sa place dans le mouvement ouvrier hongrois", en *Etudes historiques,* Budapest, 1955, pp. 138-141.

se convertirá en el corresponsal húngaro de la revista. Sin embargo, fracasarán sus tentativas de crear, con un ala del partido socialdemócrata y sobre todo con la base sindical, un movimiento de tipo sindicalista-revolucionario en Hungría, al no encontrar eco sino en círculos intelectuales restringidos (¡como Michels en Marburgo!).[184]

Más allá de ciertas divergencias doctrinarias y políticas reales, lo que atrae a Szabo hacia Sorel es también y sobre todo la problemática de la moral revolucionaria, ascética, noble y heroica, radicalmente opuesta al hedonismo capitalista, al materialismo grosero de la burguesía. Esta tendencia al rigorismo moral se intensificará en Szabo durante la guerra y lo acercará al idealismo ético del grupo de las "ciencias del espíritu" reunido alrededor de Lukács (que él animará para formar su "Escuela libre"). Ésta se expresa políticamente en fórmulas extremas e intransigentes: "la lucha por fines puros no puede llevarse más que por medios puros", o incluso: "vale más tolerar el mal que cambiarlo a través de medios malos" —fórmulas cuya influencia sobre el joven Lukács en 1918 veremos más adelante.[185]

La influencia de Szabo fue ejercida principalmente en dos círculos de estudiantes e intelectuales quienes (en su mayoría) se volvieron comunistas en 1918-1919:

1] El grupo socialista-revolucionario originario en parte del "Círculo Galileo", que bajo el impacto de la Conferencia de Zimmerwald había comenzado desde 1917 una agitación antimilitarista; dirigido primero por Ilona Duczynska (quien había aportado el material zimmerwaldiano), continúa sus actividades —después del arresto de ésta en enero de 1918— bajo el impulso de Otto Korvin (futuro dirigente del PC húngaro, jefe de la Seguridad Roja en la República de los Consejos, asesinado por la contrarrevolución en 1919), Sallai (futuro vicejefe de la Seguridad Roja), el escritor Joseph Lengyel (adepto al partido desde 1918) y Joseph Révai (el futuro filósofo y dirigente comunista); tanto el primero como éste, así nombrado "segundo grupo" (*masodik garnitura*), estaban en contacto estrecho con Ervin Szabo, quien era el inspirador directo o indirecto de la mayoría de los opúsculos antimilitaristas difundidos por los socialistas-revolucionarios.

184 Tibor Süle, *op. cit.*, pp. 92-93, 176-190; Oscar Jaszi, *op. cit.*, p. 33; y J. Jemnitz, "La correspondance d'Ervin Szabo avec les socialistes et les syndicalistes de France (1904-1912)", en *Le Mouvement social*, núm. 52, julio-septiembre de 1965, pp. 111-119.

185 Véase Oscar Jaszi, *op. cit.*, pp. 32, 35 y Ervin Szabo, "Müveltseg es Kultura" [Erudición y cultura], en *Szabadgondolat*, junio de 1918. Esta fuente nos fue indicada por M. G. Litvan, del Instituto de Historia de Budapest. Parecería, según Jaszi, que después de haber proclamado con entusiasmo la revolución de octubre, Szabo, en su círculo íntimo, formulaba reservas morales sobre la práctica de los bolcheviques.

La ideología de esta corriente estaba pues compuesta de una mezcla, bastante habitual en esa época, entre el sindicalismo revolucionario, el internacionalismo antimilitarista zimmerwaldiano y una adhesión apasionada a la revolución de octubre.[186] József Révai, que en esa época había sido también atraído por el brillo de las ideas de Szabo, explica, cuarenta años más tarde, las causas de su impacto en los intelectuales rebeldes: "Una doctrina [...] que no había sido mancillada por las traiciones de la guerra, sino a la cual, por el contrario, el trabajo antimilitarista había conferido un prestigio especial y que la crítica despiadada de la socialdemocracia volvía singularmente atrayente, esa doctrina, por lo tanto, adquiere bruscamente una influencia desmesurada, y esto sobre todo entre los intelectuales socialistas que, al avanzar a ciegas en la confusión de los años 1917-1918, y oyendo ya el rugido de la derrota y de la revolución social, buscaban una brújula, una fuerza directriz, una doctrina. No es sino a la luz de estos hechos como se comprende cómo Ervin Szabo, que no tenía en lo absoluto bases entre las masas, adquiere un ascendente ideológico desmesurado sobre toda una capa social [...]"[187]

2] El círculo de las "ciencias del espíritu", en el que la influencia de Szabo (en combinación con la del universo estético-político de Ady) estaba presente, sobre todo por medio de Lukács mismo.

La ideología y la visión del mundo de ese grupo un poco esotérico encuentra sus raíces intelectuales no solamente en Hungría (Ady y Szabo) sino también y especialmente en la sociología y la filosofía alemanas. Los *szellemkek* (de la palabra húngara *szellem*, "espíritu"; traducción aproximada: "los pequeños espíritus") como se les llamaba en la época en Budapest con una mezcla de ironía y afecto, se situaban en las antípodas del liberalismo racionalista teñido de positivismo de la sociedad científico-social, y más bien tendían a un nivel no político sino ético-cultural, hacia un anticapitalismo romántico apasionado.[188]

[186] Joseph Lengyel, *Visegrader Strasse,* 1929, Berlín, Dietz Verlag, 1959, pp. 36-40 y cartas de Ilona Duczynska al autor, del 31 de enero de 1974 y del 1 de agosto de 1974; Ilona Duczynska habría recibido la conformidad de Ervin Szabo para una tentativa de ejecución del conde Tisza. También Révai destaca las estrechas relaciones entre el grupo y Szabo: "Ervin Szabo permaneció [...] muy activo entre bastidores: animó, guió, desarrolló y aleccionó al movimiento antimilitarista que se había levantado contra la guerra y que, bajo su patrocinio espiritual y su dirección, había nacido de la cooperación y de la fusión de un grupo de obreros sindicalistas húngaros (Mosolygo) y de un grupo de estudiantes socialistas de izquierda (Duczynska, Sugar, etc.). Este movimiento desempeñó un papel considerable en la preparación de las grandes huelgas de masas de 1918 [...]"

[187] József Révai, *op. cit.*, pp. 135-136.

[188] Véase David Kettler, "Culture and Revolution: Lukács in the Hun-

En su lucha contra el cientismo evolucionista de Jazsi y sus colegas, irán a nutrirse en la "ideología alemana" refinada y sutil traída por Lukács del círculo Max Weber de Heidelberg y por Mannheim del Círculo Simmel de Berlín, y no en el anticapitalismo húngaro conservador, de amplias capas de la pequeña burguesía tradicional, del gentilismo y del campesinado católico (representados por el partido oposicionista llamado "de 1848"), el cual, por su naturaleza oscurantista, grosera, patriotera y antisemita, no podía constituir un polo de referencia para los *szellemkek*. Por otra parte, el anticapitalismo romántico alemán asumía en ese areópago intelectual un carácter especial: la dimensión de nostalgia del pasado "comunitario" estaba más o menos descartada en beneficio de la crítica propiamente *cultural* del capitalismo. Los *szellemkek* húngaros, contrariamente a los círculos sociológicos y literarios alemanes de los que hemos hablado más arriba, no formaban parte de un *establishment* universitario privilegiado, y no estaban socialmente ligados a una pequeña burguesía rural o urbana en decadencia. Para ellos el mundo precapitalista y semifeudal era menos un pasado nostálgicamente evocado que la realidad presente, opresora y sofocante de la Hungría de Tisza. Con referencia a la naturaleza de la formación social húngara y su estado atrasado es como se puede comprender que para ciertos sectores de la inteliguentsia húngara la dimensión jacobina antifeudal y una tendencia anticapitalista romántica *sui generis* pueden ser *complementarias y no contradictorias*. Esta combinación especial (de la que ya hemos hecho mención a propósito de Ady), esta mezcla específica era potencialmente explosiva y no es un azar que muchos de los miembros de esa corriente se hayan vuelto comunistas en 1919 (contrariamente a los intelectuales democrático-liberales, por una parte, y conservadores antiburgueses por la otra). Por otro lado, si no se toma en consideración esta *ambivalencia* de los intelectuales "espiritualistas" neorrománticos, no se puede comprender su relativa coexistencia con la corriente liberal-progresista, que se manifiesta por su participación en la Sociedad Científico-social (de la que, por ejemplo, Szabo y Mannheim son miembros), en Huszadik Szadad, en Nyugat, etc., es decir en ese "frente

garian Revolution of 1918-1919", en *Telos*, núm. 10, invierno de 1971, pp. 56-57: "El factor más importante de esa corriente contra los cientistas sociales aparece como un desarrollo intelectual más que político o puramente literario. De una manera general, ese nuevo arranque puede describirse como una recepción (en Hungría) de las tendencias neorrománticas, "vitalizadas", o incluso "irracionalistas" que se habían manifestado en Francia y en Alemania durante la primera década del nuevo siglo. Era una reacción contra lo que se percibía como el filisteísmo de los apóstoles del "progreso", una expresión del temor de que los intereses de la alta cultura estuvieran en vías de ser sacrificados por la prosecución inexorable de la prosperidad material [. . .]"

contra el feudalismo, el patrioterismo y el clericalismo" del que hablaba Jaszi.[189]

La expresión pública de los *szellemkek* era la Escuela Libre de las Ciencias del Espíritu, compuesta de una serie de seminarios y conferencias destinados a una élite intelectual extremadamente restringida. De manera general, ese grupo estaba bastante aislado en la sociedad húngara y tenía mucho menos lazos o afinidades con la pequeña burguesía o las capas medias que los intelectuales alemanes a principios de siglo. Probablemente teniendo como modelo (conscientemente o no) a los *szellemkek,* fue como Mannheim formuló más tarde su célebre doctrina de la *freischwebende Intelligenz.*[190]

En una carta a David Kettler en 1962, Lukács hace una precisión importante respecto de ese seminario "espiritualista": "En la medida en que recuerdo la Escuela de Estudios del Espíritu Humano, su tono fundamental no era, en general, en absoluto conservador. Lo que unía a los profesores era una oposición al capitalismo en nombre de una filosofía idealista. El factor unificador era esa oposición al positivismo." Esta observación es una respuesta polémica a la opinión de su amigo Horvath que consideraba la Escuela Libre "más bien a la derecha y no a la izquierda" de la Sociedad Científico-social. Destaquemos de pasada la identidad que estableció Lukács entre el capitalismo y el positivismo, en la perspectiva propia de los años 1915-1918. Sin embargo, en la misma carta, Lukács advierte a David Kettler no exagerar el papel prerrevolucionario de la Escuela: "Sería mejor que moderara un poco su idea de la influencia de la Escuela Libre del Estudio del Espíritu Humano en la preparación del camino hacia la ideología comunista. El hecho de que varios de sus miembros se hayan convertido en ideólogos comunistas eminentes, simplemente corresponde al espíritu del tiempo [...]" David Kettler destaca con razón, que al hacer las reservas necesarias y al evitar las simplificaciones no se puede ignorar el hecho de que muchos más miembros de la Escuela Libre que de la Sociedad Científico-social se hicieron comunistas siguiendo "el espíritu de los tiempos".[191]

El escritor comunista Joseph Lengyel, que tenía poca simpatía por el grupo, lo describe en los siguientes términos: "Los 'cientistas del espíritu' habían abierto una escuela especial durante la guerra, con

[189] Sin olvidar que un miembro eminente de los *szellemkek,* la poetisa Anna Lesznai, era, por otra parte, la mujer de Oscar Jaszi... Véase acerca de esa "fluidez" de dos tendencias, a pesar de su oposición, David Kettler, *op. cit.,* p. 55.

[190] Véase Joseph Gabel, "Mannheim et le marxisme hongrois", en *L'Homme et la Société,* núm. 11, enero-febrero-marzo de 1969, p. 139.

[191] David Kettler, *op. cit.,* pp. 60, 69, 70.

seminarios de estudios, una rama de Budapest de la filosofía idealista alemana, en donde se estudiaban los antiguos místicos y Husserl, Bolzano y Fichte; eran antimilitaristas y se ocupaban de las ciencias sociales en el espíritu de la escuela de Max Weber, que estaba entonces de moda."[192]

Con Lukács, el *spiritus rector* de la Escuela era sin duda Karl Mannheim. Después de haber estudiado un año con Simmel en Berlín, Mannheim regresa a Budapest en 1913 como partidario ferviente de la sociología alemana y de la escuela neokantiana de las ciencias del espíritu (Dilthey, Rickert, etc.). En 1917 va a pronunciar una conferencia programática en la Escuela Libre, que resume bien ciertas preocupaciones comunes a los *szellemkek*. Con título "El alma y la cultura", Mannheim desarrolla la problemática simmeliana de la tragedia de la cultura, de la contradicción entre el alma subjetiva y la cultura objetiva: el alma crea la cultura pero ésta se convierte en "un Golem [...] que lleva una existencia independiente y una vida propia", una vida alienada y ajena al alma.

Al principio de la conferencia Mannheim establece una lista muy esclarecedora de lo que él llama "los precursores de nuestro camino": "La visión del mundo y del sentimiento de la vida de Dostoievski, la ética de Kierkegaard, la revista alemana *Logos* y la revista húngara *Szellem*, Lask, Zalai. Podría también mencionar como nuestros guías los conceptos estéticos de Paul Ernst y de Riegl, la nueva poesía francesa [...] y entre los nuestros Bartok, Ady [...] y finalmente el movimiento teatral *Thalia*."[193] Los demás autores citados en la conferencia componen un conjunto no menos significativo: *Meister* Eckhart, Rousseau, Kant, Schlegel, Schiller, Marx, Simmel y ... Lukács. Agrega sin embargo que esos nombres no dan cuenta de la esencia de la Escuela, que define como un "normativismo [...] ético y estético" en el marco de una visión del mundo "idealista metafísico".[194]

Se verá más adelante la similitud de tal *Weltanschauung* con la

[192] Joseph Lengyel, *Visegrader Strasse*, p. 140. Un texto que presenta las conferencias del segundo semestre de 1917 —por cuenta de Mannheim, Lukács, Fogarasi, Bela Balazs, Arnold Hauser, Ervin Szabo, Bela Bartok, etc.— explica la orientación de la Escuela Libre: "La cultura de Europa está en vías de regresar, después del positivismo del siglo XIX, una vez más al idealismo metafísico." Las conferencias tienen por objeto "expresar el punto de vista que destaca la importancia del problema de la trascendencia, contra el materialismo que está ya en vías de ser sobrepasado, de la validez incondicional de los principios contra el impresionismo relativista [...]" (En David Kettler, *op. cit.*, p. 61.)

[193] El original es húngaro; traducción alemana integral en Karl Mannheim, "Seele und Kultur" (1917), en *Wissenssoziologie*, pp. 67, 74.

[194] Karl Mannheim, "Seele und Kultur", en *Wissenssoziologie*, p. 68.

problemática de Lukács; por otra parte, en 1920, Mannheim publica un entusiasta informe de *La teoría de la novela,* en el cual destaca el parentesco de los métodos de interpretación de Lukács con el pensamiento medieval: "La Edad Media tendía siempre a tomar el camino de lo más alto hacia lo más bajo; Descartes fue el primero en introducir el principio fatal de la deducción del todo a partir de las partes, de lo alto a partir de lo bajo." Lukács, por supuesto, toma el camino justo, al interpretar las obras literarias a partir de un "espíritu solamente descriptible metafísicamente".[195]

Tocamos aquí el problema de las relaciones ideológicas entre el pensamiento de Mannheim (como representante típico de los *szellemkek*) y el romanticismo alemán, del que en cierta medida parece compartir la nostalgia *intelectual* (pero no la nostalgia social) por la Edad Media. Esta afinidad será ampliamente desarrollada en su ensayo sobre el pensamiento conservador, considerado por muchos como el mejor escrito de Mannheim. Un análisis detallado de este trabajo publicado en 1927 —pero que ciertamente encuentra sus raíces en los años 1913-1918— escapa al marco temporal de nuestro estudio sobre la inteliguentsia húngara de principios de siglo. Basta con destacar que se trata de una "rehabilitación" sutil y matizada del pensamiento romántico, en su oposición al racionalismo calculador y abstracto del capitalismo.[196] "Rehabilitación" que se refiere sobre todo a los autores alemanes (Adam Müller, Justus Möser, Novalis, etc.), pero que se extiende también a los románticos ingleses, como Burke, "cuyo mérito es haber destacado el valor positivo de la Edad Media en una época en que ésta era sinónimo inmediato de oscurantismo".[197] Uno de los aspectos más originales y provocadores del ensayo de Mannheim es el paralelismo que establece repetidas veces entre la oposición romántica y la oposición socialista de carácter abstracto, individualista y contemplativo del pensamiento liberal-burgués; el ejemplo de pensamiento marxista que menciona con mayor frecuencia en ese contexto es precisamente *Historia y conciencia de clase*...[198]

La Escuela Libre de las Ciencias del Espíritu era la manifestación externa de un grupo más o menos esotérico de amigos que se reunían

195 Karl Mannheim, "Besprechung von Georg Lukács, Die Theorie des Romans", en *Wissenssoziologie,* pp. 88-89.

196 En una nota de pie de página muy reveladora, Mannheim menciona como autores que analizan la estructura y la especificidad del racionalismo moderno a Marx Weber, Sombart, Simmel (*Philosophie des Geldes*) y Lukács (el capítulo sobre la reificación en *Historia y conciencia de clase*). Véase Mannheim, "Das Konservative Denken; soziologische Beiträge zum Werden des politisch-historischen Denken in Deutschland", en *Wissenssoziologie,* p. 483.

197 *Ibid.,* p. 471.

198 *Ibid.,* pp. 425, 429, 504.

todas las semanas alrededor de Lukács. La atmósfera de ese célebre "Círculo del Domingo" de Budapest está notablemente reconstituida en los recuerdos de Anna Lesznai y Tibor Gergely: "Esas discusiones del domingo eran en general organizadas y dominadas por Lukács; una pregunta era lanzada por él en la discusión y proseguida en detalle por el grupo. Típicamente, el tema era un problema moral y/o literario, con mucha atención para Dostoievski y para místicos alemanes como Eckhart. En sentido vago, se podría decir que el grupo era 'de izquierda' en sus simpatías políticas; pero sería más preciso destacar cuántos éramos completamente apolíticos. En realidad, el grupo tenía más en común con una reunión religiosa que con un club político; había un tono ceremonial, casi religioso en esos encuentros [...]"[199]

El sorprendente porcentaje de comunistas y de participantes activos en la "revolución cultural" de la República de los Consejos Obreros de 1919 que saldrá de ese cenáculo de "aristócratas del espíritu", no puede comprenderse sin tomar en consideración el carácter potencialmente explosivo de la ideología de los *szellemkek* de la que hemos hablado. La dimensión jacobina antifeudal y la dimensión romántica anticapitalista de esta ideología estaban yuxtapuestas sin entrar en relación, como dos materias inflamables que estallan cuando una sacudida exterior las pone en contacto; esta sacudida fue para los "cientistas del espíritu" el movimiento revolucionario en Hungría en 1918-1919.

[199] "Conversaciones con David Kettler", en *op. cit.*, p. 59; otro testimonio muy interesante recogido por Kettler es el de Arnold Hauser, el célebre historiador de arte: "Lukács estaba ligado a Lask, Weber y Jaspers, y estaba interesado en la filosofía y la religión, habiendo regresado de Heidelberg como una especie de místico [...] El Círculo del Domingo se reunía todas las semanas en la casa de Bela Balazs desde 1915 hasta 1918 [...] Jamás hablábamos de política sino de literatura, filosofía y religión [...] Los santos guardianes del grupo en esos primeros tiempos eran Kierkegaard y Dostoievski."

Una lista de los principales participantes del Círculo del Domingo desde 1915 hasta 1919 proporciona los siguientes nombres:

- Frigyes Antal, historiador marxista del arte, durante la Comuna de 1919, vicepresidente del Directorio de las Artes;
- Bela Balazs, poeta, escritor y militante comunista a partir de 1919; durante la Comuna jefe de la sección de literatura y arte en el Comisariado del Pueblo en la Educación;
- Bela Fogarasi, filósofo, traductor de Bergson al húngaro antes de 1914. Pronuncia en 1917 una rimbombante conferencia en la Escuela Libre de las Ciencias del Espíritu sobre *Idealismo conservador e idealismo progresista.* Discípulo de Lukács, comunista y director de enseñanza superior durante la Comuna de 1919;
- Lajos Fülep, filósofo e historiador de arte, amigo cercano de Lukács, fundador con él de la revista *Szellem* (*Espíritu*) en 1911;
- Tibor Gergely, pintor, segundo marido de Anna Lesznai;

Se pueden resumir estas breves observaciones sobre la inteliguentsia radicalizada en Hungría en los siguientes términos: la formación social húngara, como articulación específica del capitalismo y de estructuras semifeudales que resultan de un desarrollo desigual y combinado, presenta múltiples similitudes con la formación rusa. En ambos casos la sociedad está preñada de una revolución de carácter combinado, democrático y proletario a la vez. En ambos casos la ausencia de una burguesía democrático-revolucionaria y el peso específico del proletariado tienden a rechazar la inteliguentsia sublevada en el campo del movimiento obrero, el que sin embargo, en Hungría, por su carácter profundamente reformista, no puede desempeñar el papel de polo de atracción. El ala "roja" de la intelectualidad, representada por Ady, Szabo y la corriente influida por ellos, que es a la vez jacobino-democrática y anticapitalista (cercana a las tendencias europeas neorrománticas), aspira confusamente a un cambio total de la sociedad húngara; la ausencia de fuerza social revolucionaria, burguesa o proletaria, forma una capa aislada y "flotante" (*freischwebend*). Hasta 1917, cuanto más estaban radicalmente opuestos esos pensadores, escritores, filósofos, etc., al *statu quo* feudal-burgués, más su aislamiento e impotencia frente a la estabilidad del sistema conducía a un sentimiento de desesperación, a una visión trágica del mundo.[200] Esa visión trágica

- Arnold Hauser, sociólogo e historiador del arte cercano al marxismo;
- Anna Lesznai, poetisa y novelista; una de las más cercanas amigas de Lukács; en esa época esposa de Oscar Jaszi;
- Karl Mannheim, sociólogo;
- Emma Ritook, en esa época amiga de Ernst Bloch y de Lukács; más tarde partidaria de la contrarrevolución horthysta, que denuncia a sus antiguos amigos en un libro intitulado *Los aventureros del espíritu* (húngaro) en 1922;
- Ervin Sinko, novelista, entonces socialista tolstoiano, durante la Comuna de 1919 comandante de la Casa del Soviet (residencia de los comisarios del pueblo);
- Wilhelm Szilasi, filósofo, discípulo de Husserl y Heidegger;
- Charles de Tolnay, historiador del arte;
- Jenö Varga, economista, antiguo socialista de izquierda; miembro fundador del Partido Comunista de Hungría en 1918; en la República de los Consejos comisario del pueblo en las finanzas;
- John Wilde, historiador de arte, en 1919 colaborador en la sección artística del Comisariado del Pueblo en la Educación.

FUENTES: Itsván Mészáros, *Lukács, Concept of Dialectic,* Merlin Press, 1972, pp. 124-125; György Lukács, "La politique culturelle de la Commune de Budapest" [La política cultural de la Comuna de Budapest], en *Action poétique,* núm. 49, 1972, pp. 23-31.

200 Como lo destaca Lukács en un artículo sobre Bela Bartok (1970): "Pensadores políticos honestos y sinceros [...] perciben la gran deformación de los seres humanos por la alianza entre los restos del feudalismo y el inicio de la producción capitalista. El sentimiento y el pensamiento protestan contra eso,

se distingue de la alemana de principios de siglo por su carácter más radical, por la ausencia de resignación, por una potencialidad revolucionaria real. Potencialidad intensificada por un principio de proletarización de los intelectuales, del que habla por ejemplo esa llamada angustiada de un grupo de conservadores húngaros al Emperador en 1918: "La tensión revolucionaria es agravada además por el hecho de que la mayoría de los trabajadores intelectuales de la clase media ha caído en un nivel de vida proletario; hasta ha abandonado su posición especial y se ha pasado al campo de la socialdemocracia".[201]

La doble aspiración antifeudal y antiburguesa de la intelectualidad húngara revolucionaria no encontrará una respuesta histórica y una síntesis concreta más que con la revolución húngara de 1918-1919, cuando el proletariado dirigido por su vanguardia comunista aparezca en la escena sociopolítica como el motivo de la doble revolución democrática y socialista. El partido comunista fusiona precisamente en su programa de "revolución ininterrumpida" o "permanente" los dos aspectos, el jacobino y el anticapitalista, detenidos en estado de intuición (Ady) o de contradicción no resuelta (Szabo) en la inteliguentsia "roja". La adhesión masiva de los intelectuales, influidos por Ady y Szabo, al Partido Comunista de Hungría y a la República de los Consejos será la salida lógica y coherente de su crisis ideológica. Con la aparición del partido comunista y del proletariado revolucionario como fuerza social masiva, su desesperación amarga y angustiada se trasforma en una explosión fulgurante, en esperanza inmensa, apasionada y mesiánica.

pero cren *a priori* que hasta teóricamente toda posibilidad de oposición radical que conduzca o anime la acción sería sin esperanza." György Lukács, "Bela Bartok", en *New Hungarian Quarterly,* núm. 41, primavera de 1971, p. 44.

201 En David Kettler, *op. cit.*, pp. 46-47.

2. CÓMO UN INTELECTUAL DEVIENE REVOLUCIONARIO

LUKÁCS (1909-1919)

> Pues el socialismo no es solamente la cuestión obrera o la del cuarto estado, sino [...] la cuestión de la torre de Babel que se edifica precisamente sin Dios, no para alcanzar el cielo desde la tierra sino para hacer descender el cielo a la tierra.
>
> Fedor Dostoievski, *Los hermanos Karamazov.*

I. EL ANTICAPITALISMO DE LUKÁCS Y SU VISIÓN TRÁGICA DEL MUNDO

La evolución de Lukács se inserta en el marco general de la crisis ideológica de la inteliguentsia centroeuropea, en la que participaba directamente, a través de los círculos culturales alemanes y húngaros que frecuentaba. Al principio de esta evolución se producen dos encuentros que tuvieron un profundo impacto sobre él: con Ady y Bloch; es decir, el representante más revolucionario de la democracia jacobina húngara y el representante más radical del anticapitalismo cultural alemán.

El punto de partida de la reflexión política de Lukács es, como él lo destaca en un texto autobiográfico de 1969, un "rechazo apasionado del orden que existía en Hungría".[1] Sin embargo, no se identificaba por lo mismo con la oposición "democrático-liberal" de los medios intelectuales moderados: participaba en la Sociedad Científico-social, en *Nuygat* y en *Huszadik Szazad* "como un invitado que se tolera".[2] No es un azar que su libro sobre la evolución del drama moderno haya sido calificado por un crítico húngaro (Geza Feleky) como "molesto" tanto para los progresistas como para los conservadores. Y tampoco es un azar que el único (o casi) pensador húngaro con el que establecerá una comunión en ese rechazo global y radical de la sociedad establecida sea Endre Ady.

[1] György Lukács, "Elöszo" [Prefacio], 1969, *Magyar Irodalom, Magyar Kultura* [Literatura húngara, cultura húngara], Budapest, Gondolat, 1970, p. 6; Lukács habla también de "sentimientos oposicionistas violentos respecto del conjunto de la Hungría oficial".

[2] *Ibid.*, p. 11.

Al describir su encuentro con la poesía de Ady —"un verdadero choque"— Lukács la sitúa dentro de un vasto contexto filosófico-histórico: "La filosofía alemana [...] seguía siendo [...] conservadora en lo que concierne a la evolución de la sociedad y de la historia: la reconciliación con la realidad (*Versöhnung mit der Wirklichkeit*) es uno de los fundamentos de la filosofía de Hegel. Ahora bien, la influencia determinante de Ady residía justamente en el hecho de que jamás, ni un solo instante, él se ha reconciliado con la realidad húngara y, a través de ella, con el conjunto de lo real de la época [...] Cuando tuve conocimiento de Ady, esa irreconciliabilidad me siguió en cada uno de mis pensamientos como una sombra inevitable [...] En su poema intitulado *Le Hun, une nouvelle légende,* describe así esa actitud ante la vida, la historia, lo que fue ayer, lo que es hoy y lo que será mañana: "Yo soy.../ la fe que protesta y el veto por misión/ Sólo el perro tiene un amo/ *Ugocsa non coronat*".[3]

Ugocsa es un pequeño condado oriental de Hungría que, en 1526, en ocasión de la elección del primer rey Habsburgo, rechazó apoyar al monarca. *Ugocsa non coronat* es pues el símbolo histórico del espíritu rebelde húngaro y en general de una protesta valiente e indomable, aunque condenada de antemano.[4]

Se trata aquí de un punto crucial para la evolución política de Lukács: su itinerario revolucionario comienza con un rechazo radical de la *Versöhnung* hegeliana con la realidad;[5] veremos que deja de ser un revolucionario consecuente precisamente en el momento en que hace suyo, en 1926, el realismo hegeliano de la "reconciliación"...

Lo que atrae al joven Lukács hacia el lirismo de Ady es que éste, contrariamente a los "modernistas" de *Nuygat* y *Huszadik Szazad,* rechaza no solamente la vieja Hungría feudal sino también el "progreso" burgués-occidental: "En el fondo, toda esta fase de mi evolución se inspiraba [...] en un descontento y una rebeldía contra el capitalismo húngaro que había tomado vuelo del 'gentilismo'; esos mismos senti-

[3] *Ibid.*, p. 8. Véase también la entrevista a Lukács de András Kovács en octubre de 1969: "Es Ady quien ha suscitado en nosotros un sentimiento de rechazo de la Hungría capitalista aristocrática de esa época [...] en nombre de *Ugocsa non coronat.* Había llegado de alguna manera a desprenderme de la sociedad capitalista." György Lukács, *L'uomo e la rivoluzione,* Roma, Editori Riuniti, 1973, pp. 67-68.

[4] Véase Ferenc Féher, *Das Bündnis von Georg Lukács und Bela Balazs bis zur ungarischen Revolution 1918,* dact., p. 17, publicado en húngaro en *Trodalomtörteneti Tammanyok,* 2-3, Budapest, 1969.

[5] En notas redactadas hacia 1915-1916, Lukács regresa a este asunto y critica a Hegel por su tendencia a "deificar lo existente". Citado por Ferenc Féher, *Am Scheideweg des romantischen Antikapitalismus* (inédito), 1975, p. 123.

mientos estaban en el origen de mi admiración incondicional por Ady, sin que me hubieran dado por un solo instante la idea —por otra parte generalmente admitida por los ideólogos de la izquierda intelectual húngara— de que, para preparar una salida, se necesitaba primero introducir la civilización occidental en Hungría [...] Aun si mis ideas estaban confusas desde el punto de vista teórico, veía en la destrucción de la sociedad por la vía revolucionaria la sola y única salida a las contradicciones culturales de la época."[6]

De la combinación entre esta sublevación ética contra el orden feudal-burgués de Hungría y de la ausencia de fuerza revolucionaria real en la escena político-social emana lógicamente, tanto en Lukács como en Ady, una visión trágica del mundo; en uno de sus primeros artículos sobre Ady, en 1909, Lukács esboza claramente esta problemática: Ady es el poeta "de los revolucionarios húngaros sin una revolución. El público de Ady es patéticamente grotesco. Consiste en hombres que sienten que no hay otra salida que la revolución. Que ven que todo lo que existe es [...] malo, no puede corregirse, y debe ser destruido para dejar lugar a nuevas posibilidades. Existe la necesidad de una revolución, pero es imposible tener la esperanza siquiera en la lejana posibilidad de intentarla".[7] Es evidente que Lukács mismo formaba parte de ese "público" condenado a una negatividad absoluta y desesperada.

En ese momento (1910) es cuando se produce el encuentro con Bloch, quien, como lo reconoce Lukács, "da un impulso determinante a mi evolución filosófica".[8] Durante todo el período, hasta 1914, habrá una verdadera "simbiosis ideológica" entre ambos pensadores, unidos en un mismo utopismo ético-mesiánico.[9] Emil Lask había inventado un epigrama muy divertido que circulaba en Heidelberg y que resumía a maravilla la *Weltanschauung* común de los dos jóvenes filósofos: "¿Cómo se llaman los cuatro evangelistas? Mateo, Marcos, Lukács y Bloch."[10] Es en razón de ese idealismo místico que el anticapitalista Lukács rehusa identificarse con el socialismo obrero: "La

[6] György Lukács, "Mon chemin vers Marx" [Mi camino hacia Marx], 1969, *Nouvelles Etudes hongroises,* Budapest, Gorvina, 1973, vol. 8, pp. 78-79.

[7] György Lukács, "Ady Endre", 1909, en *Magyar Irodalom...,* vol. I, p. 45. Comenzamos el estudio del pensamiento político de Lukács por este artículo de 1909, que probablemente es su primera toma de posición revolucionaria.

[8] György Lukács, "Elöszo", 1969, *Magyar Irodalom...,* p. 12.

[9] Bloch, en la entrevista con nosotros (24 de marzo de 1974), destaca: "Éramos como vasos comunicantes." Véase *infra,* p. 254.

[10] Karl Jaspers, Heidelberg Erinnerungen, *Heidelberg er Jahrbucher,* 5, 1961, p. 5. Véase a ese respecto la tesis inédita de Leandre Konder, *Revolution und Gemeinschaft, Einige Grundzüge, Leistungen und Entwicklungsprobleme des Politischen Denkens von Georg Lukacs,* dact. II, p. 9.

única esperanza podría estar en el proletariado, en el socialismo [...], (pero) parece que el socialismo no tiene el poder religioso que es capaz de llenar el alma entera; un poder que caracteriza al cristianismo primitivo."[11] No solamente el cristianismo sino también la mística hindú y judía van a atraer a Lukács, esta última por medio del teólogo socialista utópico Martin Buber. El descubrimiento reciente, en Heidelberg y en Jesuralén, de la correspondencia entre Lukács y Martin Buber (1911-1921), revela el sorprendente grado de amistad y de comprensión entre ambos pensadores. En cartas a Buber en 1911, Lukács declara que la lectura de su libro sobre Baal-Schem ha sido "inolvidable" ¡y le sugiere la publicación tan completa como sea posible de los textos de la mística hasídica![12] Tres años después, un amigo de Lukács, el poeta húngaro Bela Balazs, escribe en su diario: "La nueva gran filosofía de Gyuri. El Mesianismo. El mundo homogéneo como el objetivo de la redención... Gyuri ha descubierto en él al Judío. La secta hasídica. Baal-Shem."[13]

La influencia de Bloch sobre Lukács era muy profunda en esa época; Paul Honigsheim, quien les conoció en Heidelberg en 1912, los presenta en los siguientes términos: "Ernst Bloch, el apocalíptico judío catolizante, con su adepto de entonces, Lukács."[14]

[11] György Lukács, "Esztetikai Kultura" [Estética y Cultura], en *Renaissance*, Budapest, 1910; en *Müveszet es tarsadalom* [Arte y sociedad], Budapest, Gondolat, 1969, p. 77.

[12] Lukács Archivum, Budapest. En los cuadernos de notas de Lukács del año de 1911 se encuentran, por otra parte, numerosos extractos de las obras de Buber *Die Legende des Baalschems* y *Geschichten des Rabi Nachmann*. Uno de los extractos está acompañado de un comentario de Lukács en el que éste destaca el "tajante rechazo del mundo" en los místicos judíos (*Notizbuch C*, p. 29, Lukács Archivum).

En ese mismo año, Lukács publica en la revista húngara *Szellem* [Espíritu] un estudio sobre el misticismo judío, en forma de informe de las obras de Buber sobre el hasidismo; para él, se trata del más auténtico y más grande movimiento desde el misticismo alemán de la época de la Reforma, y destaca la profunda afinidad entre el Baalshemismo, las Vedas, Eckhart y Böhme (György Lukács, "Zsido miszticizmus", en *Szellem*, núm. 2, 1911, pp. 256-257).

[13] Bela Balazs, "Notas from a Diary (1911-1921)", en *New Hungarian Quarterly*, núm. 47, 1972, p. 173.

[14] Paul Honigsheim, "Der Max Weber Kreis in Heidelberg", en *Kölner Vierteljahrschrift für Soziologie*, año 5, fasc. 3, 1926, p. 284. Interrogado por nosotros a ese respecto, Bloch responde modestamente: "Era recíproco. Yo era tan adepto de Lukács como él mío. No había diferencias entre nosotros." Otro testigo contemporáneo, Karl Jaspers, describe la siguiente escena en Heidelberg, antes de 1914: "Después de una conferencia de Lukács, Bloch declaró solemnemente: el espíritu del mundo acaba de pasar por este cuarto [...]" (Karl Jaspers, *Heidelberger Erinnerungen...*, p. 5.) Es necesario agregar que *La teoría de la novela* fue escrita casi en la misma época que *Geist der Utopie*,

Por otra parte, es Bloch quien convence a Lukács de acompañarle a Heidelberg, en donde encontrará en el círculo Max Weber lo que él llama "una comprensión excepcional de mis ideas singulares".[15] El reciente descubrimiento de la correspondencia de Lukács anterior a 1917 muestra la amplitud de sus contactos con el círculo de Heidelberg y con el conjunto de la corriente anticapitalista romántica alemana. Entre los que tenían correspondencia con Lukács durante ese período se encuentran: Margarete Bendemann, Richard Beer-Hoffmann, Ernst Bloch, Martin Buber, Max Dessoir, Hans von Eckhart, Paul Ernst, Friedrich Gundolf, Karl Jaspers, Emil Lask, Emil Lederer, Karl Mannheim, Rudolf Meyer, Gustav Radbruch, Heinrich Rickert, Georg Simmel, Hans Staudinger, Ernst Troeltsch, Alfred Weber, Max Weber, Leopold Ziegler.[16] ¿Cuáles eran las "ideas singulares" de Lukács en Heidelberg? Según el testimonio de un miembro del Círculo Max Weber (Paul Honigsheim), Lukács era entonces "totalmente opuesto a la burguesía, al liberalismo, al estado constitucional, al parlamentarismo, al socialismo revisionista, a las Luces, al relativismo y al individualismo".[17] Siempre según Honigsheim, el desprecio de Lukács por la socialdemocracia alemana era sin límites; describe la siguiente escena, después de un mitin del revisionista del SPD Ludwig Frank al que habían asistido: "Cuando salimos de la sala de reunión, Lukács sacudía la cabeza de manera exaltada y decía con rabia: ¡Un socialista que quiere defender la Constitución!" La mujer de Max Weber, en sus *Mémoires,* describe a su vez al joven Lukács como "agitado por esperanzas escatológicas en la llegada de un nuevo Mesías" y conside-

y no es un azar que Bloch vaya a apoyarse en la obra de juventud de su amigo en sus polémicas con el Lukács "ortodoxo" de los años 30. Lukács mismo reconoce (en 1962) la afinidad entre *La teoría de la novela* y las primeras obras de Bloch (*Geist der Utopie* y *Thomas Münzer*), a las cuales caracteriza la estructura común como una combinación entre una "ética de izquierda" y una "epistemología de derecha". Véase György Lukács, "Prólogo", 1962, en *La teoría de la novela,* Barcelona, Grijalbo, 1975, p. 292.

[15] György Lukács, "Elöszo", *Magyar Irodalom,* p. 13.

[16] Lukács Archivum, Budapest.

[17] Paul Honigsheim, *On Max Weber,* Free Press, 1968, p. 24. Desde 1910, Lukács se interesa en el sindicalismo revolucionario francés, especialmente por su crítica a la democracia parlamentaria burguesa. En un cuaderno de notas del año de 1910, encontramos con el título "Democracia" una bibliografía de títulos muy significativos: Bouglé, "Syndicalisme et bergsonisme", en *Revue du Mons,* 10 de abril de 1909; George Sorel, "Le socialisme est-il religieux"?, en *Mouvement socialiste,* noviembre de 1906; George Sorel, "Bürgerlichkeit u. Demokratie", en *Mouvement socialiste,* diciembre de 1906; Paul Louis, "La crise du Parlamentarisme", en *Mercure de France,* 1 de febrero de 1910. La lista contiene otros muchos textos de Sorel, Berth, Lagardelle y del sindicalista revolucionario Emile Pouget (*Notizbuch* 1, 1910, Lukács Archivum).

rando "un orden social fundado en la fraternidad como la precondición de la Salvación".[18] El mesianismo de Lukács no le acerca sin embargo al otro cenáculo intelectual de Heidelberg: el grupo esotérico-místico de los amigos de Stephan George. En una carta respecto de la literatura alemana enviada por Lukács a Felix Bertaux en marzo de 1913 (recientemente encontrada en la "valija de Heidelberg"), rechaza las pretensiones proféticas del gran poeta lírico y de su adoradores: "Cuando no se trata verdaderamente de un profeta, un verdadero enviado y anunciador, la personalidad no puede concentrar en sí todas las contradicciones, tomar sobre sí todo sufrimiento y llevarlo en la claridad hacia la redención."[19] Más que el escepticismo para con George, lo que sorprende en este documento redactado en Heidelberg es la problemática profundamente religiosa de Lukács, su creencia implícita en el advenimiento de un "verdadero" profeta; esta problemática se manifiesta también en el juicio que expresa sobre el socialismo: "La última fuerza culturalmente actuante en Alemania, el socialismo naturalista-materialista, ha debido su eficacia a sus elementos religiosos... ocultos."[20]

Esta observación es comparable con un análisis sorprendente del socialismo marxista que desarrolla unos años antes de la *A Modern drama törtenéte* [Historia del drama moderno] (1911): "El sistema del socialismo y su visión del mundo, el marxismo, constituyen una síntesis. La síntesis más inexorable y la más rigurosa —quizá desde el catolicismo de la Edad Media. Sólo la podrá expresar cuando llegue el tiempo de darle una expresión artística, una forma igualmente severa y rigurosa que el arte auténtico de esa última (pienso en Giotto, en Dante), y no el arte puramente individual que impele al individualismo hasta las expresiones más extremas, producido en los tiempos actuales."[21] Este pasaje es característico de una problemática (romántico-anticapitalista) que se vuelve a encontrar en muchos escritos de

[18] Marianne Weber, *Max Weber, Einen Lebensbild,* Tübingen, J. C. B. Mohr, 1926, p. 474.

[19] Carta de Lukács a Felix Berteaux, marzo de 1913, p. 4, Lukács Archivum, Budapest.

[20] *Ibid.,* p. 5; en la carta se trata también de la esperanza en un renacimiento filosófico en Alemania, en un sistema filosófico que sea "la manifestación en voz alta de la religiosidad muda de nuestra época"; en nuestra opinión, se trata de una referencia a Ernst Bloch.

[21] *A Modern drama törtenéte,* Budapest, Franklin, 1911, vol. II, pp. 156-157, citado por Ferenc Féher, *Die Geschichtsphilosophie des Dramas, die Metaphysik der Tragödie und die Utopie des untragischen Dramas (Scheidewege der Dramen-theorie des jungen Lukács,* ms. inéditos, 1975, pp. 416-442). Es poco probable que Thomas Mann tuviera conocimiento de este texto húngaro de Lukács cuando creó el personaje del jesuita comunista Naphta...

Lukács de esa época. Es interesante destacar que Max Weber manifestaba cierta comprensión si no es que simpatía por esas tesis de Lukács; según Honigsheim, Weber le había declarado a ese respecto: "Algo se volvió evidente para Lukács cuando vio las pinturas de Cimabue [...] a saber, que la cultura no puede existir más que en conjunción con valores colectivistas."[22]

Lukács encuentra, por lo tanto, un eco favorable para su *Weltanschauung* en el círculo Max Weber, pero no obstante permanece, por su orientación ético-revolucionaria, relativamente marginal en el grupo.[23] En realidad, el rechazo del capitalismo es mucho más extremo en Lukács que en la mayoría de los intelectuales alemanes de Heidelberg; por otra parte, él criticará en ellos la ausencia de una visión trágica coherente y, en especial en Dilthey y Simmel, su tendencia a una "reconciliación" (*Versöhnung*) moral y humana con la sociedad.[24]

Hemos visto cómo aparecen en Simmel, Tönnies y en toda la corriente de la *Lebensphilosophie,* elementos de una visión trágica del mundo. Ahora bien, Tönnies es un reformista ligado al ala derecha de la socialdemocracia; es evidente que para Lukács, que era mucho más radical en su rechazo idealista del mundo —y para quien la socialdemocracia alemana o húngara, rutinaria y parlamentaria, no era una alternativa auténtica al *statu quo* burgués— el carácter trágico de la visión es mucho más profundo.

En conclusión: el pensamiento "político-moral" de Lukács de 1906 a 1916 es el de un anticapitalista romántico *sui generis*[25] que combi-

[22] Paul Honigsheim, *On Max Weber,* p. 27.

[23] "[...] Cierta visión del mundo, que entonces consideraba como revolucionaria, me oponía a la revista *Nyugat,* me aislaba en el seno de *Huszadik Szazad,* y me asignó un lugar aparte —el de un "outsider"— dentro del medio de mis futuros amigos alemanes." György Lukács, "Elöszo" [Prefacio], *Magyar Irodalòm...,* p. 9.)

[24] Véase a ese respecto el interesante trabajo del discípulo (y amigo) húngaro de Lukács, György Markus, *Lukács "erste" Ästhetik, Zur Entwicklungsgeschichte der Philosophie des jungen Lukács,* dact., pp. 11-12. En una carta a nosotros, Markus destaca otra diferencia significativa entre Lukács y Simmel: "Jamás se reconcilió, ni siquiera en ese período (antes de 1918), con la visión trágica del mundo a la que él había llegado; la autosatisfacción y la alegría más o menos cínicas de un Simmel, jamás lo caracterizaron; trató siempre —en vano— vías nuevas para *abandonar* ese dualismo trágico [...] Hay una imposibilidad personal (creciente con los años) de aceptar como definitivo el veredicto de *non possumus.*" (Carta al autor, 3 de agosto de 1974.) Nos parece que este aspecto de la ideología del joven Lukács permite comprender mejor su superación de la visión trágica a través del compromiso político en 1918.

[25] En su prefacio de 1967 a la reedición de sus escritos de juventud, Lukács mismo caracteriza su ideología de esa época como "un idealismo ético con todos los elementos anticapitalistas románticos". ("Vorwort", *Werke,* 2, Neuwied, Luchterhand, 1968, p. 12.) Reconoce, por otra parte, que esa ideología contri-

na la problemática de la inteliguentsia alemana (el desarrollo irreversible del capitalismo) con la de los intelectuales húngaros (la estabilidad de una sociedad ultraconservadora, feudal-burguesa), en una "fusión ideológica" extremadamente radical y tendiente a una coherencia trágica.

Esta profunda oposición ético-cultural al capitalismo y esta tendencia trágica se reflejan, en forma directa o indirecta, en la mayor parte de los escritos estéticos de Lukács durante ese período.

En 1909 escribe *L'histoire de l'évolution du drame moderne* [Historia del desarrollo del drama moderno] (publicado en Budapest en 1911), obra que contiene ya elementos marxistas, pero de un Marx "visto a través de los anteojos metodológicos de Simmel y Weber".[26] Aquí, la problemática de Lukács es, sin duda alguna, la del anticapitalismo romántico de los intelectuales alemanes: en esta obra se trata de la "reificación (*Versachlichung*) de la vida", de la "tendencia a la despersonalización y a la reducción de lo cualitativo a lo cuantitativo" en la sociedad burguesa. Lukács critica también la racionalización, "ese deseo de reducir todo a cifras y fórmulas", que elimina de la vida cultural "el elemento sensible, lo visible y lo audible, lo palpable y lo no definible"; denuncia con vigor el intelectualismo, que "tiende a descomponer toda comunidad y a aislar a los hombres unos de otros". Comprueba que la cultura moderna se ha convertido en una cultura burguesa y que "las formas económicas de una clase dominan el conjunto de la vida": hasta la producción agraria, base tradicional del feudalismo, adquiere cada vez más un carácter capitalista.[27]

El análisis del capitalismo que desarrolla Lukács es a la vez tomado de *El capital* y de *Philosophie des Geldes* (Simmel) y da importancia al fenómeno de alienación: "La principal tendencia económica del capitalismo [. . .] es la objetivación (*Objektivierung*) de la producción, su separación de la personalidad del productor. Por medio de la economía capitalista, una abstracción objetiva, el capital, se convierte en

buyó con "algo de positivo" a su evolución hacia el marxismo. Agreguemos que hacia 1907-1908 Lukács había redactado el plan para una obra que tenía por título *Die Romantik des XIX Jahrhunderts* y que había estudiado de cerca a los principales pensadores románticos alemanes (cuadernos de notas sobre Schelling, Schlegel, Novalis, Schleiermacher, etc.); György Markus, *op. cit.*, pp. 5-6.

[26] György Lukács, "Vorwort", 1967, en *Werke*, 2, p. 11. Este libro todavía no ha sido traducido del húngaro, con excepción de un capítulo, "Zur Soziologie des modernen Dramas", *Archiv für Sozialwissenschaft*, vol. 38, 1914.

[27] György Lukács, "Zur Soziologie des modernen Dramas" [Sociología del drama moderno], en *Schriften zur Literatursoziologie* [Escritos sobre sociología de la literatura], Neuwied, Luchterhand, 1961, pp. 271, 285, 287, 288. El concepto de *reificación*, que se volverá central en *Historia y conciencia de clase* (1923), aparece aquí por primera vez en Lukács.

el productor efectivo, el cual no tiene ningún lazo orgánico con sus poseedores ocasionales; es incluso superfluo que el propietario sea una personalidad (sociedad por acciones) [...] El trabajo adquiere una vida especial, objetiva, ante la individualidad del hombre particular." Esta tendencia capitalista a la despersonalización se manifiesta en todos los terrenos, ya sea en la organización del estado (la burocracia, el ejército moderno) o en las manifestaciones de la vida económica (dominación universal del dinero, la Bolsa, etc.).[28]

Hay, pues, en la sociedad, un conflicto trágico entre el deseo de autorrealización de la persona y la realidad objetiva reificada. Este conflicto es el fundamento sociocultural del drama literario moderno: "Aun el ser puro en tanto que tal comienza a volverse trágico. Con la creciente fuerza de las condiciones exteriores, es suficiente con el más pequeño movimiento, con la menor capacidad no adaptada, para provocar una disonancia insoluble."[29]

La primera obra de Lukács en donde esta visión trágica del mundo se desarrolla de manera coherente y sistemática es *El alma y las formas* (1910). Este libro fue sacado del olvido inmerecido en que había caído gracias a Lucien Goldmann, quien no solamente analizó con un rigor incomparable su estructura significativa, sino que también mostró

[28] György Lukács, *op. cit.*, pp. 287, 288. En 1909, Lukács había enviado a Simmel un capítulo (traducido al alemán) de la primera versión de su obra. Fue invitado a Berlín para exponer sus tesis en el seminario de Simmel, quien pidió en esta ocasión a su alumno Ernst Bloch que emitiera su juicio acerca del autor húngaro desconocido... (véase entrevista con Bloch en el apéndice). El reciente descubrimiento de la correspondencia de Lukács de los años 1900-1917 (en una valija dejada por éste en Heidelberg, en el momento de su regreso a Hungría), nos permite saber la opinión de Simmel sobre su discípulo. En una carta a Lukács, del 22 de julio de 1909, el sociólogo berlinés escribía: "Por otra parte, no deseo ocultarle que las primeras páginas que he leído me son muy afines *en cuanto al método*. La tentativa de deducir a partir de las condiciones más externas y más vulgares lo que es lo más interno y lo más sublime, me parece fecunda e interesante" (Lukács Archivum, Budapest). Andrew Arato, a partir de una lectura de los dos volúmenes húngaros de la obra, destaca que el enfoque de Lukács es más historicista que el de Simmel y contiene elementos de un análisis marxista de las clases sociales (Andrew Arato, "Lukacs'Path to Marxism (1910-1923)", en *Telos,* núm. 7, primavera de 1971, p. 134).

[29] *Ibid.*, p. 289. En *Gelebtes Denken,* la autobiografía redactada en vísperas de su muerte, Lukács resume en los siguientes términos el sentido de su obra sobre el drama moderno: "Síntesis de la problemática de mi infancia y juventud: una vida significativa (*sinnvolles*) en el capitalismo imposible; el combate para alcanzarla: tragedia y tragicomedia [...]" *Gelebtes Denken* [Pensamiento vivido], 1971 (inédito), p. 15. Redactada en forma de escorzos inconclusos, este boceto de autobiografía, verdadero balance-testamento de una vida, es una fuente preciosa de informaciones sobre la evolución intelectual y política de Lukács.

su relación con Kant, Pascal y Racine por una parte, y, por la otra, con el pensamiento existencialista del siglo xx (principalmente *El ser y el tiempo* de Heidegger). En *Le Dieu caché* (1955), Goldmann utiliza *El alma y las formas* para descifrar *Pensamientos* y, a la inversa, las paradojas de Pascal para comprender las antinomias del joven Lukács, en un esclarecimiento recíproco de donde se desprende en toda su riqueza y coherencia la visión trágica del mundo.[30]

El alma y las formas es una obra en la que no se aprehende inmediatamente su profunda significación filosófica y moral; la mayoría de los ensayos que contiene parecen puramente estéticos y se relacionan en parte con autores contemporáneos menores, casi desconocidos hoy en día. No se puede comprender el sentido de la obra más que si se parte de una indicación de Lukács en el primer capítulo, que define la ironía del ensayista: "Me refiero aquí a la ironía que consiste en que el crítico está hablando siempre de las cuestiones últimas de la vida, pero siempre también en un tono como si se tratara sólo de imágenes y de libros, sólo de los inesenciales y bonitos ornamentos de la vida grande; y ni siquiera en esto de lo más íntimo de la interioridad, sino sólo de una hermosa e inútil superficie."[31] En otras palabras: hay que leer los ensayos de *El alma y las formas* como escritos que se relacionan con las *cuestiones últimas de la vida*; la estética está aquí —como en muchas otras obras de crítica literaria de Lukács— íntimamente articulada con una problemática *ética*, una toma de posición moral con relación a la vida y a la sociedad capitalista de su tiempo. En este contexto, no es un azar que la mayoría de los autores a los cuales están dedicados los ensayos se liguen, directa o indirectamente, a la corriente romántica anticapitalista: Novalis, Kierkegaard, Theodor Storm, Stephan George, Paul Ernst, etc. Y no es tampoco un azar si Thomas Mann va a abrevar en *El alma y las formas* para escribir su novela *La muerte en Venecia*[32] y —como lo hemos visto— proclamar con entusiasmo la obra de Lukács en *Consideraciones de un apolítico,* su escrito más "anticapitalista-conservador".

¿Cuál es la *estructura significativa* de *El alma y las formas*? En el ensayo sobre la tragedia, Lukács describe las piezas del dramaturgo

[30] Lucien Goldmann, "George Lukács l'essayiste", en *Revue d'Esthétique,* núm. 1, enero-marzo de 1950; *Le Dieu caché,* Gallimard, 1955; "L'esthétique du jeune Lukács", en *Médiations,* núm. 1, 1961: "Introduction aux premiers écrits de Georges Lukács", en *Temps modernes,* núm. 195, agosto de 1962; *Kierkegaard vivant* [*Kierkegaard vivo*], Gallimard, 1966, pp. 125-164; Lukács (György), *Enciclopaedia Universalis,* vol. x, 1971; *Lukács et Heidegger,* París, Denoël-Gonthier, 1973.

[31] György Lukács, *El alma y las formas* (*AF*) cit., p. 27.

[32] Véase Judith Tarr, "Georg Lukács, Thomas Mann und 'Der Tod in Venedig' ", en *Die Weltwoche,* 2 de julio de 1971.

Paul Ernst como construidas con "la vertical arquitectura de una dicotomía rígida y sin transiciones".[33] Esto podría aplicarse igualmente a la obra de Lukács mismo, cuyo eje central es precisamente una "dicotomía rígida" entre dos tipos de vida: *la* vida y la *vida;* es decir, la vida absoluta y la vida relativa, la vida en la que "los opuestos excluyentes estén separados por líneas claras y para siempre" y la vida del "fundido caos de los matices"; la vida en que los problemas son soliviantados en la forma (kierkegardiana) del "o bien-o bien" (*Entweder-oder*) y la vida regida por el "no solamente-sino también" (*sowohl-als auch*). Por una parte, la "verdadera vida", "siempre irreal, siempre imposible para la vida empírica", por la otra, esa vida empírica que es "una anarquía del claro-oscuro", en la que nada se cumple totalmente y hasta el final: "Todo fluye y se mezcla, sin inhibiciones, en mezcla impura; [...] jamás florece nada hasta la vida real (*zum wirklichen Leben*)."[34]

La tragedia deriva de esta contradicción entre la exigencia de valores absolutos y el mundo empírico, corrompido y corruptor, esto es, de la nostalgia de una vida auténtica imposible de realizar en la vida social concreta. La visión trágica, como rechazo radical y coherente del mundo, se desarrolla en el último ensayo, *Metafísica de la tragedia,* dedicada a los escritos de Paul Ernst. La mayor parte de los ensayos anteriores es en realidad el análisis de diversas formas de rechazo que le parecen en última instancia inauténticas e insuficientemente radicales.[35]

Esto es especialmente válido para las tentativas de conciliación entre la vida auténtica y la vida empírica, cuya expresión son "el arte de vivir" (*Lebenskunst*) de Kierkegaard y el de los románticos. Lukács emplea para criticar esas tentativas dos bellas imágenes casi idénticas: Kierkegaard ha querido "construir con aire un castillo de cristal", mientras que los románticos han tratado de "levantar una torre de Babel espiritual en la que el aire sería su único cimiento".[36] Esta metáfora destaca precisamente la contradicción entre la claridad y el rigor ("cristal") del universo de las formas, que tiende hacia lo absoluto ("torre de Babel") y la inconsistencia amorfa ("aire") de la materia prima que se quiere utilizar: la vida empírica.

[33] *AF*, p. 262.

[34] *AF*, pp. 20, 62, 244.

[35] Lucien Goldmann, "L'esthétique du jeune Lukács" ["La estética del joven Lukács"], en *Marxisme et sciences humaines* [*Marxismo y ciencias humanas*], Gallimard, 1970, p. 231. La única excepción, según Goldmann, es el primer capítulo, "Sobre la esencia y forma del ensayo", que introduce una disonancia en el rigor kantiano de la obra.

[36] *AF*, pp. 57, 80.

En el ensayo sobre Kierkegaard, la crítica de Lukács apunta la posibilidad del *gesto* noble y auténtico en la vida (la ruptura del poeta danés con su prometida Régine Olsen, sacrificada al amor exclusivo de Dios); se sitúa en una perspectiva más kierkegardiana que Kierkegaard y se sorprende de la inconsecuencia de éste con su propio rigor: "¿Cómo pudo hacerlo? Él precisamente, que ha visto con mayor agudeza que cualquier otro la multiplicidad y la múltiple mutabilidad de todo motivo; él, que tan claramente vio cómo cada cosa pasa a otra como a su contrario [...]" En esta perspectiva, la voluntad de conciliar lo absoluto con la vida por medio de un gesto no es más que una "ilusión de una belleza heroica". Kierkegaard quería realizar un acto absolutamente probo (*Ehrlich*); pero, "¿es posible ser sincero con la vida y estilizar en poético sus acaeceres (*ins Dichterische*)?" Para Lukács la respuesta es clara: "En la vida no hay univocidad [...] y no siempre termina su tonada lo que empezó a sonar." En conclusión, hay que separar "con claridad trágicamente definitiva la poesía y la vida". *Entweder-oder...*[37]

Es precisamente la ausencia de esta separación "clara y definitiva" lo que constituye, según Lukács, la principal debilidad de la *Lebenskunst* romántica. Novalis y los románticos quieren poetizar la vida: "Los imperativos de la vida proceden aquí de las leyes más íntimas y profundas del arte poético." Sin comprender el abismo infranqueable entre el universo unívoco y claro de las formas poéticas y el universo equívoco y ambiguo de la realidad empírica, "crearon un mundo homogéneo, unitario en sí mismo y orgánico, y lo identificaron con el real".[38]

Contra toda ilusión de conciliación, compromiso o fusión entre esos dos universos, Lukács —en el ensayo sobre Paul Ernst (*Metafísica de la tragedia*)— se identifica con la *Weltanschauung* trágica, en tanto que rechazo total del mundo empírico y aspiración a "otra vida, opuesta de manera exclusiva a la vida habitual", vida que sería regida por la búsqueda de lo absoluto y la espera del milagro.[39] El milagro para Lukács es "algo que brilla, tiembla como el relámpago por encima de sus triviales senderos; algo perturbador y atractivo, peligroso y sorprendente [...]"; es "claro e inequívoco" y no admite "relatividad, ni transición ni matiz". El alma iluminada por el milagro juzga

[37] *AF*, pp. 58, 63, 73. Véase también p. 74: "El heroísmo de Kierkegaard consistió en eso: quiso crear formas con la vida [...] Su tragedia: quiso vivir lo que no se puede vivir."

[38] *AF*, pp. 88 y 90.

[39] *AF*, p. 253. Véase Lucien Goldmann, "Lukács l'essayiste" ["Lukács ensayista"], en *Recherches dialectiques*, París, Gallimard, 1959, pp. 147-152, y *Kierkegaard vivant*, p. 131.

y se juzga: "El juicio es cruelmente duro. No conoce gracia ni prescripción. Sin piedad rompe el bastón sobre el menor error con sólo que oculte una sombra de infidelidad a la esencia."[40]

En conclusión: como lo destaca Goldmann, para la visión trágica del mundo de Lukács en *El alma y las formas*, "la única actitud auténtica es la que, regida por la categoría del 'todo o nada', rehusa el más y el menos, los grados, las transiciones. Para el hombre consciente de su condición no hay más que extremos, lo auténtico y lo inauténtico, lo verdadero y lo falso, lo justo y lo injusto, el valor y el no-valor, sin ningún término medio. Ahora bien, este hombre se encuentra ante un mundo en el que no encuentra jamás valor absoluto; todo ahí es relativo y como tal inexistente y totalmente desprovisto de valor".[41]

¿Se trata *del* mundo en general o de *un* mundo histórico determinado, el de la sociedad capitalista moderna? En un pasaje de *Metafísica de la tragedia*, Lukács deja penetrar la dimensión actual de su problemática: "Y como la naturaleza y el destino no carecieron nunca tan espantosamente de alma como hoy día [. . .] podemos volver a esperar una tragedia."[42] Dicho esto, toda la actitud del ensayo es más bien ahistórica y fundada en categorías abstractas: "la vida", "la esencia", etc. Más allá de toda realidad social concreta, la esfera donde se sitúa Lukács es la de la tensión ética entre lo absoluto y lo relativo, el "milagro" y lo empírico.

¿Qué significa para Lukács ese "milagro" que instaura la vida auténtica?

Se encuentra una respuesta parcial en otro texto característico de su visión del mundo: el ensayo *Von der Armut am Geiste* [De la pobreza del espíritu] de 1912. De una gran riqueza y belleza, a veces enigmática, es quizá la obra más "literaria" que Lukács haya publicado jamás. Aparece en la revista *Neue Blätter*, reunida con poemas y ensayos de Theodor Däubler, Rudolf Kassner, Martin Buber, Francis Jammes y Rainer Maria Rilke: lista que es ya todo un programa. . .

En forma de una carta y de un diálogo, Lukács sitúa un episodio trágico: un hombre ha sido incapaz de prever o de impedir el suicidio de la mujer que ama; una desesperación metafísica y mística le conducen finalmente también a él al suicidio. Esta historia tiene una evidente relación con la biografía de Lukács: Irma Seidler, que había tenido una relación con él en 1908, acababa (después de un matrimonio desafortunado) de suicidarse en 1911.[43] No es el episodio bio-

[40] *AF*, pp. 244, 245, 251.

[41] Lucien Goldmann, *Kierkegaard vivant*, pp. 130-131.

[42] *AF*, p. 246.

[43] Sobre la significación profunda, personal y ética de este episodio para Lukács, a partir de su diario íntimo recientemente descubierto, véase la parábola

gráfico lo que nos permite comprender la obra, que emana más bien del conjunto de la evolución ideológica de su autor. La estructura significativa del ensayo es parecida a la de *Metafísica de la tragedia*: un dualismo riguroso y rígido, claro y cortante entre dos formas de vida: la "vida viviente" (*Lebendige Leben*) o "verdadera" (*Wahre Leben*) y la vida "no viviente", "impura" u "ordinaria". Estos dos universos deben estar "rigurosamente separados" (*streng voneinander zu scheiden*) y el personaje central del diálogo proclama su profunda repulsión por el polo inferior: "No puedo ya soportar la falta de claridad y de honestidad [. . .] de la vida ordinaria."[44]

¿Cuál es el contenido de la vida verdadera-implícitamente extraordinaria y pura, honesta y clara? Lukács habla del "descenso del reino del cielo a la tierra", expresión que en ese momento (1912) está

filosófica de Agnès Heller (amiga y discípula de Lukács): *Das Zerschellen des Lebens an der Form: Georg Lukács und Irma Seidler* (inédita).

[44] György Lukács, "Von der Armut am Geiste, ein Gespräch und ein Brief" [" 'De la pobreza del espíritu', una conversación y una carta"], en *Neue Blätter*, segunda serie, fasc. 5-6, Berlín, Verlag Neue Blätter, 1912, pp. 72, 73, 75, 83. También es cuestión del "sucio desagüe" de la vida cotidiana (*ibid.*, p. 73). Al dar importancia a lo que nos parece lo esencial —la oposición de las "dos vidas"— hemos dejado de lado un aspecto significativo de *Von der Armut am Geiste* y de otros ensayos del joven Lukács: el papel mediador de la *obra* y su relación compleja con la vida. György Markus nos llama la atención sobre esta ausencia: "Estoy completamente de acuerdo con usted sobre la importancia del dualismo de la vida 'ordinaria' y la vida 'viviente' (u otra terminología) para la filosofía del joven Lukács, pero pienso que había también un tercer elemento (y problemática) que él introdujo en ese marco conceptual: *die Werke* [las obras]. Tanto la vida ordinaria como la auténtica son *vida*, existencia, *Sein* [ser]; pero por encima de ellas (o 'entre' ambas, en cierto sentido) hay las objetivaciones culturales, los valores objetivados y corporificados que, como valores, no existen sino que *gelten* [valen]. Les llama *Formen* [formas] en *El alma y las formas, die Werke* [las obras] en los manuscritos de Heidelberg, *Gestaltungen des absoluten Geistes* [Conformaciones del espíritu absoluto] en el informe sobre Croce, pero el concepto general es el mismo. Surgen empíricamente de la vida cotidiana, y solamente en relación con ellas puede ser formulada la idea misma de vida auténtica; esto quiere decir que el problema de la *Vermittlung* [mediación] es planteado desde el principio para el joven Lukács. Pero esto no hace más que destacar el carácter trágico de su visión, porque los valores permanecen trascendentes, irrealizables en la vida real-individual (al menos es así en la mayoría, si no es que en todos esos escritos de juventud). El problema de esas objetivaciones, a la vez *geschichtlich* [histórico] y *zeitlos* [intemporal], en tanto que *Vermittlungen* [mediaciones] posibles entre autenticidad e inautenticidad, da un carácter específicamente dialéctico a su dualismo —y también lo hace abierto a otras soluciones." (Carta al autor, 3 de agosto de 1974.) Sin subestimar el interés de esta observación de Markus, nos parece sin embargo que ese momento dialéctico permanece subordinado a un marco y a una visión de conjunto fundamentalmente dualistas y "metafísicas" (predialécticas).

todavía cargada de misticismo individualista, pero que muy pronto adquirirá para él un sentido ético-social y político. Este descenso del paraíso se manifiesta por medio del *milagro* de la "Bondad" (*Güte*) que no es una cualidad adquirida sino un *don de la gracia.* "La Bondad es milagro, gracia, redención": la inspiración protestante y kierkegardiana de Lukács es evidente, pero no se puede dejar de comparar su dualismo entre "Bondad" (gracia) y "vida ordinaria" con la desarrollada por Max Weber entre el "carisma" (palabra griega que significa precisamente "don de la gracia") y la "rutina".[45]

Como en *Metafísica de la tragedia,* el rechazo trágico del mundo (la "vida ordinaria") conduce a una vida orientada hacia la espera del milagro; en tal perspectiva, la tarea principal para el hombre es prepararse para recibir la gracia. Ahora bien, según Lukács, la precondición para esta *posesión* (*Besessenheit*) por medio de la "Bondad" es la *pobreza del espíritu* (*armut am Geiste*). Este concepto profundamente místico, que ocupa un lugar central en la obra de *Meister* Eckhart (véase su sermón *Beati pauperes spiritu*), significa para Lukács "estar preparado para nuestra virtud", o incluso "la premisa, lo negativo, el camino para salir del mal infinito de la vida", todavía más, "liberarse de la propia determinación psicológica para abandonarse a la más profundamente propia necesidad metafísica y metapsíquica".[46] Más allá de la mística cristiana, esta problemática remite también a doctrinas religiosas orientales, sobre todo hinduistas, por las que Lukács se interesaba en esa época, probablemente bajo la influencia de Max Weber, especialmente la doctrina de la gracia (*bhakti*) en el misticismo brahamánico: la *bhakti* no podía obtenerse más que por el abandono de sí mismo, por una receptividad pasiva, una conciencia vacía de todo contenido, un *sacrificium intellectus.*[47]

[45] György Lukács, *op. cit.*, p. 74. Véase A. Mitzman, *The Iron Cage: an historical interpretation of Max Weber,* Nueva York, A. Knopf, 1971, p. 273: "En 1912 Lukács escribió un cuento, *Von der Armut am Geiste,* que revela probablemente el género de discusiones que tenían lugar en el *Weber-kreis* en esa época."

[46] György Lukács, *AG* [*Von der Armut am Geiste*], pp. 85-86, 88-89. Confróntese con Jeanne Ancelet-Hustache, *Maître Eckhart et la mystique rhénane,* Editions du Seuil, 1956, p. 60: "Es pues la pobreza de espíritu, esa misma que recomienda el Evangelio, la que él predica [...] Se está siempre en marcha en el camino de la *gelassenheit,* del perfecto abandono [...] Al alma que así renuncia, Dios le otorga su gracia." Los cuadernos de notas de Lukács descubiertos recientemente —en la célebre "valija de Heidelberg"— contienen extractos y comentarios del año 1911 sobre S. Frank, Eckhart, Dionisio el Areopagita Anselmo y místicos judíos, que serán utilizados parcialmente para la redacción del diálogo. Véase György Markus, *Lukács "erste" Ästhetik: zur Entwicklungsgeschichte der Philosophie des Jungen Lukács* (inédito).

[47] Sobre los escritos de Weber a ese respecto, véase Reinhard Bendix, *Max*

El dualismo kantiano de Lukács se manifiesta también en la oposición total y metafísica entre el universo subjetivo de las intenciones y el universo objetivo de las consecuencias exteriores del acto; la "Bondad" es definida exclusivamente en la esfera subjetiva (no en un sentido psicológico, sino espiritual ético): "¿Qué importan a la Bondad las consecuencias? Hacer la obra es nuestro deber, mas no aspirar a sus frutos, dicen los hindúes. La Bondad es sin utilidad como es sin fundamento (*grundlos*). Puesto que las consecuencias se sitúan en el universo exterior de las fuerzas mecánicas que no se preocupan de nosotros [...]" Como ejemplo de esta Bondad mística, soberbiamente indiferente a los resultados de sus actos, Lukács cita a los "santos" dostoievskianos: "¿Recuerda usted a Sonia, al príncipe Mischkin, a Alexei Karamazov en Dostoievski? Usted me ha preguntado si hay hombres buenos: helos ahí. Y, vea usted, su Bondad es tan estéril (*fruchtlos*), desconcertante y sin resultados [...] ¿A quién ha ayudado el príncipe Mischkin? ¿No ha sembrado tragedias por todas partes? [...] La Bondad no es una garantía de poder ayudar: es, sin embargo, la certeza de la voluntad de ayuda absoluta [...]"[48] Implícitamente, Lukács se sitúa en el interior de la problemática weberiana de la antinomia entre la ética de convicción (*Gesinnungsethik*) y la ética de responsabilidad (*Verantwortungsethik*). No es pues casualidad que Max Weber, que había leído con el más vivo interés el ensayo de Lukács, lo presentara a uno de su amigos situándolo al mismo nivel que *Los hermanos Karamazov*, como una notable ilustración de la tesis según la cual el comportamiento moral no debe ser juzgado por sus resultados sino por su valor inherente.[49]

A la dualidad de las "dos vidas" corresponde en *Armut am Geiste* una dualidad entre los hombres: los que son o pueden ser "poseídos" por la gracia y volverse "Buenos" y los otros, condenados al sombrío purgatorio de la vida ordinaria. Se ven reaparecer aquí las tendencias aristocratizantes que se manifiestan ya en *El alma y las formas*,[50] ahora

Weber, an intellectual portrait, Nueva York, Anchor, 1962, pp. 167, 175, 176.

[48] *AG*, pp. 73, 74, 75. En un comentario sobre Dostoievski redactado en 1943, Lukács destaca de nuevo ese aspecto del personaje de *El Idiota*, pero más bien en un sentido negativo: "Mencionamos solamente al pasar que la compasión sin límites de Mischkin provocó por lo menos tantas tragedias como la sombría pasión individualista de Raskolnikov." György Lukács, *Russische Revolution, Russische Literatur* [Revolución rusa, literatura rusa], Rowohlt, 1969, p. 148.

[49] Véase Marianne Weber, *Max Weber, Ein Lebensbild*, p. 536.

[50] En *Metafísica de la tragedia*, Lukács proclama: "En vano ha pretendido nuestra democrática edad imponer una equiparación respecto de lo trágico [...] Y los demócratas que han pensado claramente hasta el final su reivindicación de derecho igual para todos los hombres han negado siempre el derecho de la

en forma de una extraña doctrina de "castas". Martha, la interlocutora del personaje trágico, le pregunta: "Pero usted desea, si le comprendo bien, reconstituir (*neu errichten*) las castas sobre un fundamento (*Grundlage*) metafísico. A sus ojos pues, no hay sino un solo pecado: la mezcla de las castas." La respuesta es afirmativa: "Me ha comprendido usted maravillosamente [...] Cada uno tiene sus propios deberes, y según ellos nosotros los hombres estamos divididos en las diversas castas [...] La Bondad es el deber y la virtud de una casta superior a la mía."[51]

En un pasaje de *Geist der Utopie,* Ernst Bloch habla de Lukács como "el genio absoluto de la moral", que deseaba "reconstituir las castas sobre una base metafísica".[52] En el curso de la entrevista que nos concedió, ese problema fue planteado, y en su respuesta Bloch dio importancia a la dimensión aristocrático-católica de las "castas metafísicas" de Lukács: como en la Edad Media, se trata de virtudes específicas en cada estado social, en una jerarquía "invertida" donde las dificultades, el *ascetismo* y el sacrificio de sí aumentan hacia lo alto de la escala, como por ejemplo en la institución monacal (véase la entrevista anexa). Ahora bien, en efecto, en *Armut am Geiste,* Martha acusa a su interlocutor: "Usted desea volverse monje [...] ¿Pero no es su ascetismo una solución fácil?"[53] Sin embargo, la palabra *casta* no ha sido elegida por Lukács al azar: remite una vez más a la mística hinduista, que atribuye a cada casta deberes y reglas particulares, y que distingue radicalmente entre los capaces de recibir la gracia, por el camino del ascetismo, y todos los "demás". Mística para la cual, además, el principal pecado es la mezcla de las castas, la trasgresión de las reglas: la ejecución deficiente por cada uno de sus deberes de casta es considerada preferible a la más ferviente realización de los deberes de otra casta.[54] De ahí la desesperación del personaje trágico de *Armut am Geiste*: "Si quisiera vivir, eso sería una trasgresión (*übertreten*) de mi casta. El hecho de amarla y de querer ayudarla era ya una trasgresión. La Bondad es el deber y la virtud de una casta superior a la mía."[55]

Esta tendencia elitista-mística de Lukács influirá, por otra parte,

tragedia a su existencia." (*AF,* p. 272.) Para él la tragedia es, pues, el *privilegio negativo* o sacrificial de una minoría autoelegida.

[51] *AG,* pp. 90-91.

[52] Ernst Bloch, *Geist der Utopie,* 1918, p. 347; esta referencia desaparece en la edición de 1923.

[53] *AG,* pp. 83-84.

[54] Véase a ese respecto los estudios de Max Weber, en Bendix, *Max Weber,* pp. 172, 183.

[55] *AG,* p. 91. El texto eslabona inmediatamente: "Dos días después se mató de un balazo."

en su mejor amigo de entonces: Bela Balazs, quien la desarrolla hasta lo absurdo: en su diario íntimo, Balazs anota en 1911, a propósito de un encuentro con Lukács, poco después de la muerte de Irma Seidler: "He hablado mucho sobre Dios con Gyuri [...] Hay muy pocos hombres en el sentido religioso del término [...] Hay más diferencia entre el hombre metafísico y el hombre animal que entre el hombre y el perro [...] Aquí quizá mis ideas (la mayoría generalmente fertilizadas por Gyuri) se ligan a sus 'castas metafísicas' [...] La religión no puede ser sino aristocrática."[56]

Nada resume mejor la atmósfera ideológica del ensayo, en el marco de la visión trágica del mundo, que la última escena: en la mesa del suicida, su amiga Martha encuentra una Biblia entreabierta, y la siguiente frase subrayada del Apocalipsis: "Yo sé lo que vales: no eres ni frío ni caliente; ojalá fueras lo uno o lo otro. Desgraciadamente eres tibio, ni frío ni caliente, y por eso voy a vomitarte de mi boca."[57] Lo "tibio" para Lukács es la vida cotidiana impura y mezclada, la vida ordinaria, con su "sucio desagüe", en una palabra, el mundo social real de su época. De su rechazo trágico del mundo no pueden derivar sino dos formas de acción: la espera mística de la gracia, del milagro, o entonces, para aquellos que no se consideran ya entre los elegidos, el suicidio. O bien-o bien, *entweder-oder*: el "fuego" de la redención o el "frío" de la muerte: lo "tibio" de la vida inauténtica es rehusado apasionadamente...

El descubrimiento reciente del diario íntimo de Lukács, muestra claramente que ese dilema era vivido *personalmente* por él hacia 1911. El 17 de noviembre de 1911, Lukács redacta notas sobre la "Redención" (*Erlösung*): destaca que no se otorga según los "méritos" sino que depende únicamente de Dios. Se pregunta si le sucederá un milagro, si vivirá un *Damaskus* (camino de Damasco) en el que su alma sea metamorfoseada. Y sobre todo considera el suicidio como un rechazo coherente de la vulgaridad y del compromiso. El 30 de noviembre aparece esta frase capital: "No puedo soportar una vida inesencial." Finalmente, Lukács superará su vértigo suicida, pero juzga su

[56] Bela Balazs, "Notes from a Diary (1911-1921)", en *The New Hungarian Quarterly*, núm. 47, p. 124. Agnès Heller, en su penetrante ensayo sobre *Von der Armut am Geiste,* define con precisión la ideología de Lukács como "una mezcla muy especial de aristocratismo orgulloso y humildad sumisa"; según Heller, el sistema de Lukács implica tres castas (no sociales sino "vitales"): la de la vida cotidiana, la de la forma y de la obra, y la que rompe las formas, al haber recibido la gracia de la Bondad. Véase Agnès Heller, " 'Von der Armut am Geiste', A dialogue by the young Lukács", en *The Philosophical Forum,* vol. III, núms. 3-4, primavera-verano de 1972, p. 360.

[57] *AG,* p. 92. Dicho sea de paso, esta frase figura como epígrafe en un rudo artículo de Rosa Luxemburg contra el tibio Karl Kautsky en 1915...

supervivencia como un fracaso moral: "15 de diciembre. La crisis parece haber terminado [...] Pero considero mi 'vida', mi 'capacidad para continuar viviendo' como una Decadencia; por el suicidio estaría vivo, en la cima de mi esencia, consecuente. Ahora todo no es más que un triste compromiso y una degradación."[58] Es, pues, evidente, que *Armut am Geiste,* lejos de ser una simple excursión literaria, expresa, con una rara intensidad, precisamente la problemática ético-existencial del joven Lukács en cierta etapa de su vida.

En 1969, Lukács escribió un texto con carácter autobiográfico, a título de prefacio a una compilación de varios de sus trabajos sobre el marxismo. Ese documento, extremadamente interesante, contiene un pasaje sobre *Armut am Geiste* que esclarece notablemente el lazo entre el diálogo y la problemática anticapitalista romántica que constituía en ese momento (1910-1912) el fundamento ideológico último de la *Weltanschauung* de Lukács: "Aun durante mi período hegeliano, mi actitud intelectual respecto de toda actividad social estuvo dominada [...] por el 'veto por vocación' de Ady, y esto, evidentemente, en primer lugar en el dominio de la ética [...] Es por tal razón por lo que buscaba constantemente tendencias éticas, ya sea en el presente, ya en el pasado, que pudieran satisfacer exigencias del anticapitalista todavía romántico que yo era entonces. He aquí por qué llegué a remplazar a Ibsen —el ideal de mi período de joven crítico— por Tolstoi, y más todavía por Dostoievski [...] Es eso lo que no dejaba de buscar aun en Kierkegaard, y que fue el origen de mi inclinación por pensadores cristianos de la Edad Media, herejes en la materia, como el *Meister* Eckhart, así como por ciertos aspectos de la filosofía y de la moral orientales. El diálogo intitulado *Von der Armut am Geiste* no es más que una tentativa para proporcionar una base a la vez teórica y práctica a los esfuerzos de ese género."[59]

En otras palabras: *la huida hacia lo místico, la desesperación suicida, el aristocratismo espiritual ascético, la visión trágica del mundo de Lukács no pueden ser comprendidos más que en relación con su rechazo profundo, radical, absoluto e intransigente del mundo burgués impuro e inauténtico.* En su notable tesis sobre Lukács y Korsch, Paul Breines escribe respecto de ese ensayo: "Articulado en términos místicos-mesiánicos, el concepto de 'Bondad' de *Von der Armut am Geiste* es sin embargo una imagen de una utopía social de aquí abajo [...] Evidentemente [...] el punto de vista de Lukács conlleva esas intenciones implícitamente socialrevolucionarias hacia un reino cósmico mucho más allá de todos los problemas y posibilidades concretas histó-

[58] *Tagebuch,* p. 53, Lukács Archivum, Budapest.

[59] György Lukács, "Mon chemin vers Marx", 1969, en *Nouvelles Etudes hongroises,* Budapest, Ed. Corvina, vol. 8, 1973, pp. 80-81.

ricas y sociales. Pero debe estar claro que, sin ser inevitable, un 'salto' de ese reino cósmico particular hacia el campo de la revolución comunista bien puede ser corto y racional."[60] Nos parece que es más bien por su lado *negativo,* crítico, por lo que ese ensayo de Lukács es una etapa significativa en su "larga marcha" hacia la revolución social y el comunismo; dicho esto, también es verdad que el ideal moral encarnado por ciertos personajes de Dostoievski (en este ensayo la "Bondad") se encontrará en el corazón de su radicalización política después de 1914. Volveremos a esto.

¿Por qué esta *Weltanschauung* trágica aparece en Lukács en 1910-1912, es decir, en plena *belle époque,* en un período de relativa estabilidad social y política?

Según Goldmann, Lukács fue uno de los primeros en descubrir la crisis de la sociedad occidental, en percibir las fisuras invisibles que agrietaban un edificio cuya fachada parecía todavía intacta. En una palabra, Lukács había previsto la catástrofe que se preparaba.[61]

En nuestra opinión, lo que sucede es *justamente lo contrario*: lo que desespera a Lukács es precisamente esa estabilidad, esa inmutabilidad de la sociedad capitalista que él odiaba;[62] sociedad en la que los valores estético-filosóficos idealistas y absolutos a los cuales estaba ligado eran irrealizables. El conflicto entre los valores auténticos y el mundo (capitalista) inauténtico es trágico porque es insoluble, en la medida en que Lukács no percibe ninguna fuerza social capaz de trasformar el mundo y de realizar los valores.[63] En consecuencia, el conflicto adquiere un carácter eterno, ahistórico, inmutable, en una palabra *metafísico*

[60] Paul Breines, *Lukács and Korsch 1910-1932, a study of the genesis and impact of "Geschichte und Klassenbewusstsein" and "Marxismus und Philosophie"* (tesis inédita), University of Wisconsin, 1972, p. 53.

[61] Lucien Goldmann, "Introduction aux premières oeuvres de Lukács", en *Théorie du roman* ["Introducción a las primeras obras de Lukács", en *Teoría de la novela*], París, Ed. Gonthier, 1962, pp. 165, 170.

[62] Ese estado de ánimo se encuentra aun en medios revolucionarios en ese período histórico. Victor Serge describe en sus *Memorias* su actitud y la de sus amigos anarquistas hacia 1913 como "desesperada" y "rabiosa" porque "el mundo de esas épocas tenía una estructura acabada, tan durable en apariencia que no se le veía la posibilidad de un cambio real." (Victor Serge, *Mémoires d'un révolutionnaire,* Seuil, 1951, p. 51.)

[63] El *idealismo* exacerbado de Lukács encuentra aquí su fundamento social; en una carta a Paul Ernst en 1911 escribe: "¡Regrese al interior de usted mismo! Lo exterior no puede cambiarse; ¡cree un mundo nuevo a partir de lo posible! [...] no se puede actuar sino *únicamente* sobre el Espíritu [...]" (György Lukács, Carta a Paul Ernst, septiembre de 1911, en *Paul Ernst un Georg Lukács, Dokumente einer Freundschaft,* Emsdetten, Verlag Lechte, 1974, pp. 23-24.)

(de ahí precisamente el título del ensayo de Lukács: *Metafísica de la tragedia*).

En 1916 aparece *La teoría de la novela* que continúa parcialmente la visión trágica de 1910-1912, pero aporta un elemento de esperanza sorprendente y nuevo.

En el prefacio a la edición de 1962 de la obra, Lukács habla de la atmósfera en la que ese libro fue escrito como la de una "permanente desesperación ante la situación mundial". La ideología del libro es definida como un "pesimismo [...] con su coloración ética" que se traduce en la definición del presente como "el tiempo de la pecaminosidad consumada" y en una "oposición al carácter bárbaro del capitalismo".[64]

La obra está compuesta de tres partes:

1] Un estudio del arte griego, de la época clásica (Homero) concebida como la expresión de una totalidad cerrada y armoniosa, como la forma que corresponde a una adecuación absoluta y completa entre el individuo y la comunidad, el hombre y el universo. Es la época de la "educación de las acciones a las exigencias íntimas del alma, a su grandeza, a su despliegue, a su totalidad [...] Ser y destino, aventura y consumación, vida y esencia son entonces conceptos idénticos".[65] Es evidente que tal descripción no tiene gran cosa que ver con la realidad de la Grecia arcaica. En el fondo se trata de un modelo ideal, de una "edad de oro" imaginaria en la que Lukács (como muchos pensadores alemanes antes de él) proyecta sus propias aspiraciones, sus sueños de absoluto, de totalidad y de armonía ética-estética.

2] Un análisis de la novela (tema central de la obra) como universo caracterizado por el desgarramiento (*Zerissenheit*) entre el individuo y la comunidad, la ruptura insuperable entre el héroe y el mundo. Para Lukács, la novela es la expresión de los "antecedentes histórico-filosóficos" de la sociedad moderna. Lucien Goldmann, en sus investigaciones de sociología de la novela, descubre precisamente una homología estructural entre la forma novelesca y el funcionamiento de la sociedad capitalista regida por el mercado.[66]

[64] György Lukács, "Prólogo", 1962, *Teoría de la novela,* Barcelona, Grijalbo, pp. 288-289. El rechazo de la época presente como *Zeitalter der vollendeten Sündhaftigkeit* [tiempo de la pecaminosidad consumada] (la expresión es de Fichte) es en realidad una nueva forma del "veto por misión" de Ady, y se opone a la *Versöhnung* [conciliación] hegeliana con el presente: *La teoría de la novela,* a pesar de la influencia de la estética de Hegel, permanece *políticamente* fichteana.

[65] György Lukács, *Teoría de la novela,* p. 298.

[66] Lucien Goldmann, *Pour une sociologie du roman* [*Para una sociología de la novela*], Gallimard, 1964.

3] Un capítulo final sobre Tolstoi y Dostoievski, que contiene un extraño y complejo destello de esperanza, casi profético (¡dos años antes de la revolución rusa!). Para Lukács, la obra de Tolstoi es en cierta medida un regreso a lo épico, porque su arte "aspira a una vida fundada en la comunidad de hombres de igual sensibilidad, sencillos, íntimamente unidos con la naturaleza [...] que excluya de sí todo lo mezquino que separa, descompone y cristaliza en las formas no naturales".[67] ¿Cómo explicar la aparición de semejante arte en la sociedad capitalista? Esto es un problema porque "esa trasformación no se puede realizar nunca por obra del mero arte: la épica grande es una forma ligada a la empiria del momento histórico [...]" Ahora bien, la sociedad capitalista actual es todo lo contrario del mundo armónico griego, y su expresión literaria es precisamente novelesca: "La novela es la forma de la época de la pecaminosidad consumada, según la palabra de Fichte, y tiene que seguir siendo forma dominante mientras el mundo siga bajo el dominio de esa constelación."[68] En esas condiciones, Tolstoi y Dostoievski no pueden ser explicados más que como *precursores del porvenir*:

"En Tolstoi se daban ya barruntos de la irrupción en una nueva época del mundo; pero no han pasado de polémicos, nostálgicos y abstractos."

"En las obras de Dostoievski se dibuja finalmente este nuevo mundo [...] como realidad simplemente contemplada [...] Sólo el análisis formal de sus obras permitirá saber si Dostoievski es ya el Homero y el Dante de ese mundo nuevo [...] Y sería pura mántica histórico-filosófica el resolver si estamos realmente a punto de abandonar el estado de la pecaminosidad consumada o si son meras esperanzas las que anuncian la llegada de lo nuevo [...]"[69]

Uno encuentra aquí *en el límite preciso entre lo literario y lo político*, la estética y la revolución, al estar asegurada la transición entre ambos por lo que Lukács llama en su prefacio de 1962 una "ética de izquierda". Es sin duda la gran crisis de 1914, la guerra con su cortejo de crímenes y de miserias lo que ha provocado esta "politización" en Lukács. Sus cartas a Paul Ernst de 1915 (recientemente publicadas en Hungría) testimonian el creciente interés que comienza a prestar a las cuestiones políticas: el problema de la guerra ("locura y absurdo"), de la conscripción militar obligatoria ("la más vil esclavitud que jamás haya existido"), de la lucha contra el estado (que quiere conducir por "medios éticos"), del terrorismo ruso (cuya "moralidad

67 György Lukács, *op. cit.*, p. 413.
68 *Ibid.*, p. 419.
69 György Lukács, *op. cit.*, pp. 419 y 420.

mística" admira, con reservas), etc.[70] Por otra parte, a causa de la guerra comienza a alejarse políticamente del círculo de Heidelberg, cuyas principales cabezas (Max Weber, etc.) apoyan al imperialismo alemán. Georg Simmel, en una carta a Marianne Weber fechada el 14 de agosto de 1914, se queja del antimilitarismo de Lukács, que él atribuye a su "falta de experiencia [...]"[71]

Este antimilitarismo no era más que la consecuencia lógica del anticapitalismo de Lukács, para quien la gran guerra era una manifestación típica de la reificación y mecanizaciones capitalistas de la vida social. Paul Ernst atribuye (en una conversación imaginaria redactada hacia 1917) las siguientes palabras a Lukács: "De la misma manera que la economía actual ha remplazado al trabajador independiente por la máquina y el grupo organizado de obreros que la sirve, provocando así la desaparición del valor personal del trabajo, la guerra presente no opone ya a los hombres entre sí, sino a máquinas y servidores de máquinas."[72] En un ensayo sobre los intelectuales alemanes y la guerra, escrito hacia 1915, Lukács opone el héroe terrorista de la revolución rusa, cuya acción es iluminada por un objetivo ideal, al combatiente de 1914-1915, enrolado en un proceso "cosificado", técnico e impersonal.[73]

[70] *Paul Ernst und Georg Lukács, Dokumente einer Frendschaft,* Emsdetten, Verlag Lechte, 1975, pp. 66, 74, 117. En *Gelebtes Denken* (1971) Lukács describe su estado de ánimo en 1914-1915 en los siguientes términos: "Todas las fuerzas sociales que odiaba desde mi juventud, fuerzas al mismo tiempo universalmente sin ideas, enemigas de las ideas, y que aspiraba espiritualmente a aniquilar, se han unido para instaurar la primera guerra universal. Estuve desde el primer momento entre los negadores (*Verneiner*) [...]" Lukács agrega que su oposición a la guerra, poco a poco "desplazó el centro de mi interés por la estética hacia la ética" (*Gelebtes Denken,* pp. 24-27).

[71] En *Buche des Dankes an Georg Simmel,* p. 77, Bloch habla de un pequeño círculo en Heidelberg, compuesto de oponentes a la guerra: Lukács, Jaspers, Bloch, Lederer, Radbruch (véase entrevista anexa). Este último, jurista socialdemócrata renombrado, había publicado en 1917 un artículo sobre *La philosophie de cette guerre,* que criticaba lúcidamente las diferentes apologías belicistas alemanas (Scheler, Gomperz, etc.); Radbruch compara la guerra con "una figura de arcilla que, gracias a un pergamino cabalístico introducido en su garganta, ha logrado, de manera enigmática, tener un alma independiente, y que despliega por consiguiente una vida ciega, pesada y atroz, pero omnipotente" (Gustav Radbruch, "Zur Philosophie dieses Krieges", en *Archiv für Sozialwissenschaft,* t. 44, Tübingen, 1917-1918, p. 148). La referencia al Golem es evidente. Lukács mantenía correspondencia con Radbruch, y en una carta de 1917 menciona ese artículo, agregando: "[...] Estoy completamente de acuerdo con sus exposiciones [...] incluso me es difícil encontrar puntos de divergencia" ("Lukács an G. Radbruch", 11 de marzo de 1917, Lukács Archivum).

[72] *Paul Ernst und Georg Lukács,* p. 86.

[73] György Lukács, "Die deutschen Intellecktuellen und der Krieg" [Los

La actitud de Lukács ante las diferentes potencias en guerra era a la vez la de un demócrata antiabsolutista (húngaro) y la de un anticapitalista romántico (alemán). La describe retrospectivamente en el prólogo de 1962 a *La teoría de la novela*: "Al intentar en aquel tiempo darme a mí mismo conciencia de aquélla mi toma de posición emocional llegué más o menos al resultado siguiente: es previsible que las potencias centrales derrotarán a Rusia; esto puede acarrear la caída del zarismo: estoy de acuerdo. Hay cierta probabilidad de que el Occidente derrote a Alemania; si eso tiene como consecuencia la caída de los Hohenzollern y de los Habsburgo, también estoy de acuerdo. Pero entonces se plantea la cuestión siguiente: '¿quién nos salva de la civilización occidental?' "[74] Es interesante destacar un *lapsus* significativo en la edición francesa de ese texto: el traductor (o el corrector) ha remplazado, por descuido, "quién *nos* salva *de* la civilización occidental" por "¡quién salvará la civilización occidental!"[75] La "pequeña" diferencia es simplemente la que existe entre dos visiones del mundo: la de Naphta y la de Settembrini, o la de György Lukács y la de George Clemenceau... Para el anticapitalismo ético-social de Lukács, el aniquilamiento de los viejos imperios anacrónicos no era más que una pobre consolación, ante el triunfo irresistible y aplastante de la *Zivilisation* industrial-burguesa.

Esa política lukacsiana de 1914-1916 resulta evidentemente muy abstracta y sobre todo profundamente utópica.[76] El idealismo de la actitud tenía como fuente la ausencia de perspectiva social concreta, la incapacidad de encontrar una fuerza real que pudiera abrir el camino hacia un nuevo mundo: "No hay duda de que aquella recusación de la guerra y, con ella, de la sociedad burguesa de la época era puramente utópica; ni siquiera en el plano del pensamiento más abstracto

intelectuales alemanes y la guerra], 1915, en *Text und Kritik,* núms. 39-40, 1973, pp. 67-68.

[74] György Lukács, *op. cit.,* p. 281.

[75] Confróntese con el original alemán: György Lukács, *Die Theorie des Romans,* Luchterhand, 1963, p. 5: "Wer rettet uns von der westlichen Zivilisation?" En el prefacio de 1969 a sus escritos sobre Hungría, Lukács vuelve sobre este pensamiento de 1914, formulándolo en términos todavía más violentos: "La cuestión es saber quién nos liberará del yugo de la civilización occidental." György Lukács, "Elöszo", *Magyar Irodalom,* pp. 13-14.

[76] En el prólogo de 1962, Lukács caracteriza su pensamiento de ese momento como "un utopismo sumamente ingenuo y del todo infundado, sobre la base de que la esperanza de que la caída del capitalismo, la caída de las categorías económico-sociales muertas, antivitales, identificadas con las del capitalismo, dé de por sí sin más una vida natural, digna del hombre". (*La teoría de la novela,* p. 290.)

concebía yo entonces mediaciones entre la toma de posición subjetiva y la realidad objetiva."[77]

¿Por qué esa "ética de izquierda" utópico-idealista ha sido constituida a partir de Tolstoi y sobre todo de Dostoievski? En el prefacio de 1969 a una recopilación de sus obras sobre Hungría, Lukács destaca: "Es así (bajo la influencia de Ady, M. L.) que integré en mi universo a los grandes autores rusos, en primer lugar Dostoievski y Tolstoi, como factores revolucionarios determinantes. Y este universo se desplazaba, lenta, pero cada vez más resueltamente, hacia la creencia [. . .] de que la ética es superior desde el punto de vista metodológico a la filosofía de la historia."[78] Esto puede parecer extraño, en la medida en que la obra de esos dos escritores está lejos de ser claramente revolucionaria.[79] Un artículo de 1916 proporciona una primera explicación: la oposición de Tolstoi y Dostoievski a la civilización burguesa de Europa occidental. Según Lukács, "los escritores de importancia histórico-mundial de Rusia quieren sobrepasar el individualismo 'europeo' (con la anarquía, la desesperación, y la ausencia de Dios que sobrevienen),

[77] György Lukács, *op. cit.*, p. 282. La simpatía de Lukács por la clase obrera y al mismo tiempo su escepticismo acerca de la posibilidad de que ésta se convirtiera en una alternativa sociocultural frente al capitalismo, se manifiestan en un artículo poco conocido de esa misma época (1915): se trata del informe de la obra de un autor socialista, M. Staudinger. Según Lukács, "la esperanza de Staudinger (que como esperanza también comparto) de que la síntesis y la organicidad económica del mundo del trabajo llevará a una síntesis cultural, a un nuevo predominio de lo universal sobre lo personal, de la unión (*Bindung*) sobre la libertad, no es más que una esperanza y no un conocimiento, en tanto que un contenido positivo de esa universalidad no pueda ser encontrado y presentado". György Lukács, "Zum Wesen und zur Methode der Kultursoziologie" [Sobre la esencia y el método de la sociología de la cultura], *Archiv für Sozialwissenschaft,* vol. 39, 1915, p. 220.

[78] György Lukács, "Elöszo", *Magyar irodalom, magyar kultura,* pp. 8-9.

[79] Sin embargo, como lo destaca con razón Rosa Luxemburg, "clichés como 'reaccionario' o 'progresista' no quieren decir gran cosa en arte. Dostoievski es, por lo menos en sus últimas obras, claramente reaccionario, místico, beato y antisocialista. Las doctrinas místicas de Tolstoi dejan por lo menos traslucir tendencias reaccionarias. Y no obstante, ambos, a través de sus obras, nos sacuden, nos elevan, nos liberan. Es que su punto de partida no es reaccionario; no es [. . .] el egoísmo de casta, la adhesión al orden existente lo que domina su pensamiento y sus sentimientos, sino al contrario, un generoso amor a los hombres y un profundo sentimiento de responsabilidad ante la injusticia social". (En Paul Frölich, *Rosa Luxemburg,* París, Maspero, p. 236.) Véase también, desde un punto de vista completamente distinto, las penetrantes observaciones de Nicolas Berdaiev: "Un Tolstoi como un Dostoievski no son concebibles más que en una sociedad que va hacia la revolución y donde se acumulan los materiales explosivos [. . .] Tolstoi y Dostoievski fueron, ambos, animados por el soplo de la revolución." (*Les sources et les sens du communisme russe,* París, Gallimard, 1951, pp. 167, 169.)

superarlo desde lo más profundo de sí mismos, y poner en el lugar conquistado a un hombre nuevo, y con él, un mundo nuevo".[80]

El papel de Tolstoi en la formación de la ética revolucionaria de Lukács es fácilmente comprensible, en la medida en que este escritor inspiró (por otra parte, menos por sus novelas que por escritos filosófico-sociales) varias corrientes anarquistas, populistas y socialistas. La influencia (más importante) de Dostoievski es más sutil y más compleja. Para ilustrar su "afinidad electiva" con la ideología mística y mesiánica del joven Lukács, tomamos el siguiente pasaje de *Los hermanos Karamazov* (obra que era un poco el evangelio ético-literario de Lukács): "Apenas, al pensar seriamente en ello, la certidumbre de la existencia de Dios y la inmortalidad le sorprendieron, inmediatamente (Aliocha) se dijo naturalmente: 'Quiero vivir para la inmortalidad, no acepto compromiso.' Igualmente, si hubiera concluido que la inmortalidad y Dios no existían, se hubiera hecho inmediatamente ateo y socialista (pues el socialismo no es solamente la cuestión obrera o la del cuarto estado, sino, por excelencia, la cuestión del ateísmo, la cuestión de la torre de Babel que se edifica precisamente sin Dios, no para alcanzar el cielo desde la tierra, sino para hacer descender el cielo a la tierra)."[81] Encontramos en Aliocha (el personaje "positivo" por excelencia de Dostoievski) el radicalismo ético de Lukács (vivir para lo absoluto, no aceptar compromiso) y enseguida un concepto moral casi metafísico del socialismo como realización terrestre de los princi-

80 György Lukács, "Solovieff", *Archiv für Sozialwissenschaft,* t. 42, 1916-1917, p. 978. Paul Honigsheim, miembro del círculo Max Weber en Heidelberg, cuenta que Ernst Bloch y Lukács estaban fascinados por la literatura y la religión rusas y que para ellos el reino colectivista de la justicia estaba identificado con "una vida en el espíritu de Dostoievski". (Paul Honigsheim, *On Max Weber,* Free Press, 1968, p. 91.)

81 Fedor Dostoievski, *Les Frères Karamazov,* "Livre de Poche", p. 32. Ese itinerario, por otra parte, había sido previsto por Dostoievski mismo. En un recuerdo de una conversación con Dostoievski, Suvorin cuenta: "Su héroe (Aliocha) debería cometer en el momento adecuado un crimen político y ser ejecutado; un personaje sediento de verdad, que por su actitud se había convertido naturalmente en un revolucionario." Esto se confirma por los *Carnets* de Dostoievski, donde el escritor describe el largo y penoso camino espiritual de Aliocha hacia la acción revolucionaria. Por otra parte, parece que el que inspiró el personaje de Aliocha y le da —junto con una carta— su nombre, no es otro que el famoso terrorista Karakazov, autor de un atentado fallido contra el zar Alejandro II. Véase G. Philippenko, "Comentaires", en Fedor Dostoievski, *Les Frères Karamazov,* "Livre de Poche", 1972, pp. 488-489. Es necesario destacar que el sentido revolucionario de Aliocha era ya percibido por los intelectuales de la corriente anticapitalista; por ejemplo, Paul Ernst, quien escribía en 1918: "Los bolcheviques quieren cumplir hoy lo que Dostoiesvki quería escribir a través de Aliocha." (Paul Ernst, *Gedanken zur Weltliteratur,* p. 340.)

pios supremos. La fórmula "hacer descender el cielo a la tierra" ¿no recuerda, por otra parte, irresistiblemente a la empleada por el Lukács bolchevique de 1919: "La teoría marxista de la lucha de clases [...] trasforma el objetivo trascendente en inmanente"?[82] Y el itinerario potencial del joven Aliocha, del rigorismo místico-moral al socialismo ateo pero ético, ¿no es casi una prefiguración del camino espiritual del joven Lukács de 1909 a 1919? Agreguemos que en un artículo escrito en 1916 Lukács se refiere a Aliocha Karamazov como prototipo del "hombre nuevo" que rebasa el viejo mundo individualista corrompido.[83]

Un artículo de Lukács sobre Dostoievski, escrito un cuarto de siglo más tarde, arroja una luz reveladora sobre la significación política (revolucionaria) que podía tener el gran escritor ruso por su evolución hasta 1919. Según este ensayo del "viejo Lukács", la grandeza de Dostoievski se manifiesta en "su poderosa protesta contra todo lo que es falso y deformante en la moderna sociedad burguesa. No es casual si aparece varias veces en sus novelas un recuerdo del cuadro de Claude Lorrain, *Acis y Galatea,* que es señalado por todas partes por sus héroes como 'la edad de oro' y está descrito como el más potente símbolo de su nostalgia".[84]

Los cuadros de Claude Lorrain presentan una visión idealizada de la Grecia antigua, como reino de la armonía absoluta entre el hombre y la naturaleza y de los hombres entre sí; *Acis y Galatea,* que es característico de esa figuración elegiaca, luminosa y nostálgica del mundo griego, se encuentra en el museo de Dresde, ciudad donde Dostoievski vivió durante largo tiempo. Ese cuadro aparece tres veces en su obra, en narraciones de sueño, como representación plástica del paraíso perdido. El ejemplo más impresionante se encuentra en *Los endemoniados*: es el sueño de Stravogin, ese personaje tenebroso y fascinante, socialista y enemigo de Dios, ángel caído, "el ateo perfecto [que] ocupa el penúltimo escalón que precede a la fe perfecta".[85] He aquí los pasajes esenciales de esa narración épica, resumen esplendente de toda

[82] György Lukács, *Taktik und Ethik,* en *Werke,* t. 2, Luchterhand, 1968, p. 47.

[83] György Lukács, "Solovieff", *Archiv...*, p. 978. La continuidad entre el Lukács revolucionario bolchevique y la problemática dostoievskiana es notablemente descrita por un artículo de Bloch en 1919: "Lukács va a realizar el camino indicado por Tolstoi y Dostoievski; ligado desde siempre a Rusia, va a conducir la filosofía de Iván y Aliocha Karamazov a su objetivo final" (Ernst Bloch, "Zur Rettung von Georg Lukács", en *Die weissen Blätter,* 1919, pp. 529-530).

[84] György Lukács, *Dostojewskij,* 1943, en *Russische Revolution, Russische Literatur,* Rowohlt, 1969, p. 148.

[85] Fedor Dostoievski, *Les Possédés,* París, Gallimard, 1952, p. 670.

una visión del mundo: "Tuve un sueño completamente inesperado por mí, pues jamás había soñado nada semejante [...] En el museo de Dresde hay un cuadro de Claude Lorrain que figura en el catálogo bajo el título de *Acis y Galatea* [...] Ese es el cuadro que ví en sueños, no como un cuadro sin embargo, sino como una realidad. Era, igual que en el cuadro, un lugar del archipiélago griego, y parece que yo había llegado de más de tres mil años atrás. Olas azules y acariciantes, islas y peñascos, riberas florecientes; a lo lejos un panorama encantador, el reclamo del sol poniente [...] Las palabras no pueden describir esto. Era el origen de la humanidad, y tal pensamiento llenaba mi alma de un amor fraternal. Era el paraíso terrestre; los dioses descendían del cielo y se unían a los hombres; aquí se habían desarrollado las primeras escenas de la mitología. Aquí vivía una bella humanidad. Los hombres despertaban y se dormían felices e inocentes; los bosques resonaban con sus alegres canciones [...] El sol derramaba sus rayos sobre las islas y sobre el mar y se solazaba en sus hermosos hijos. ¡Visión admirable! ¡Ilusión sublime! Sueño el más imposible de todos, pero al que la humanidad ha dado todas nuestras fuerzas, por el que ha sacrificado todo, en nombre del cual se murió en la cruz, se mató a los profetas, sin el que los pueblos no quisieran vivir, sin el que no podrán siquiera morir."[86]

El comentario de Lukács en 1943 destaca las implicaciones revolucionarias de esta problemática y nos permite aprehender con precisión la homología estructural entre el universo ideológico dostoievskiano y el mesianismo utópico de Lukács en 1915-1918: "La edad de oro; relaciones auténticas y armoniosas entre seres humanos auténticos y armoniosos. Los personajes de Dostoievski saben que en su presente esto es un sueño, pero no quieren abandonarlo [...] Ese sueño es el genuino auténtico núcleo, el verdadero contenido en oro de la utopía de Dostoievski, un mundo en el que los hombres pueden conocerse y amarse, en el que la cultura y la civilización no serán un obstáculo al desarrollo del alma de los hombres. La rebelión espontánea, salvaje y ciega de los personajes de Dostoievski se produce en nombre de esa edad de oro, y tiene siempre, cualquiera que sea el contenido de la experiencia espiritual, una intención inconsciente hacia esa edad de oro. Esa rebelión es la grandeza poética e históricamente progresista de Dostoievski; aquí surge verdaderamente una luz en la oscuridad de la miseria de San Petersburgo; una luz que ilumina los caminos para el porvenir de la humanidad."[87]

Lo que importa en este texto no es la verdad o el error de la inter-

[86] Fedor Dostoievski, *Les Possédés*, p. 686.
[87] György Lukács, *Russische Revolution...*, pp. 148-149.

pretación lukacsiana de Dostoievski; lo que cuenta es la *lectura* del escritor ruso que hizo Lukács antes de 1919, lectura cuyo eco lejano se manifiesta probablemente en ese artículo de 1943. Para el joven Lukács, que soñaba también en una "edad de oro", en una humanidad armoniosa y auténtica, Dostoievski aparece como una luz profética en "la oscuridad de la miseria" de la primera guerra mundial.

Se sabe que *La teoría de la novela* debía ser para Lukács simplemente la introducción a una gran obra sobre Dostoievski[88] que desbordaría del terreno puramente estético y literario hacia una problemática *ético-política.*

El descubrimiento, después de la muerte de Lukács, del plan original de ese libro (por sus discípulos György Markus y Ferenc Féher), permite reconstruir la orientación de conjunto de la obra y nos da una idea aproximada del tipo de cuestiones que tenía la intención de discutir en relación con Dostoievski. El plan se divide en tres grandes capítulos:

I—"La interioridad y la aventura", que debía estudiar la epopeya y la novela y en particular la "epopeya terrestre" de Dante y Dostoievski. Parece pues que *La teoría de la novela* no es más que una parte de ese primer capítulo.

II—"El mundo sin Dios" con las anotaciones siguientes, sibilinas y cargadas de una extraña "religiosidad política":

> El ateísmo ruso y europeo-la nueva moral.
> (Suicidio.) (Cambio del mundo.)
> Jehová.
> El cristianismo.
> El estado.
> El socialismo.
> La soledad.
> Todo está permitido: problema del terrorismo (Judith: la trasgresión).
> El hombre natural: imposibilidad del amor al prójimo.
> El idealismo abstracto: línea: Schiller-Dostoievski.[89]

[88] Véase György Lukács, "Methodischer Zweifel", en *Der Monat,* abril de 1966, p. 95: "Durante el primer año de la guerra mundial escribí *La teoría de la novela.* Lo que fue presentado entonces estaba concebido como una introducción a una presentación histórico-filosófica de la obra poética de Dostoievski. Como fui movilizado al servicio militar en 1915, hube de interrumpir ese trabajo. Jamás fue reanudado." Véase también las cartas a Paul Ernst, a quien Lukács escribió en 1915: "Finalmente comencé un nuevo libro sobre Dostoievski (dejé la estética de lado por el momento). El libro contendrá mucho más que simplemente Dostoievski: la mayor parte de mi ética metafísica y mi filosofía de la historia, etc." (*Paul Ernst und Georg Lukács, Dokumente einer Freundschaft,* p. 64.)

[89] Lukács Archivum, Budapest.

Sin poder entrar en un análisis preciso de esas observaciones lacónicas y un poco misteriosas, destaquemos primeramente la alternativa entre el suicidio y el cambio del mundo como formas de rechazo radical de la realidad. Tentado un momento por el suicidio en 1911, Lukács se encaminará cada vez más, hasta 1918, hacia la otra vía: *Veränderung der Welt* [Modificación del mundo].[90]

La *Judith* de que se trata es la de la tragedia de Hebbel, cuyo problema central es la justificación ético-religiosa del crimen (de Holofernes-el-tirano); de ahí el lazo con la cuestión del terrorismo. La expresión "todo está permitido" remite por el contrario a *Crimen y castigo,* donde Dostoievski pone en duda la posibilidad de dar un fundamento moral al acto de matar a un hombre (contra Raskolnikov, que pretende que por una causa justa "todo está permitido"). Lukács vacilará largo tiempo entre estas dos respuestas contradictorias dentro de una misma problemática. Veremos cómo, de noviembre a diciembre de 1918, pasará del concepto dostoievskiano al de Hebbel, paso que constituye la preparación ética de su decisión de adherirse al partido comunista húngaro...

En cuanto a "Jehová", se trata para Lukács del símbolo de la falsa religión autoritaria y de todo poder institucional: la iglesia, el estado, el sistema jurídico, etc. Contrariamente a Jesucristo o Francisco de Asís, el cristianismo eclesiástico se reconcilia con lo "jehovaico"(*das Jehovaische*), con el estado, la propiedad, etc. Esta problemática se vuelve a encontrar en notas redactadas por Lukács con miras al libro sobre Dostoievski (que desarrollan los principales temas del plan) y su similitud con la parábola del Gran Inquisidor es evidente. Agreguemos que para Lukács el terrorista ruso es aquel cuya esencia manifiesta la rebelión contra todo lo que es "jehovaico".[91]

[90] Esta cuestión es abordada en 1922 por Lukács en un artículo (poco conocido) sobre la confesión de Stravogin. Destaca, por una parte, la "sensibilidad utópica" de Dostoievski, que sueña en "un mundo en el que todo lo mecánico inhumano y todo lo reificado sin alma (*seelenloses Verdinglichte*) de la sociedad capitalista simplemente no existe". Analiza, por la otra, el personaje "demoniaco" de Stravogin como ejemplo típico de esos intelectuales rusos que, "en la medida en que buscaban sinceramente un objetivo en su vida, no tenían otra salida que el suicidio, la decadencia o la revolución (Stravogin eligió el primer camino)". Así, "la maldición política de la revolución" por Dostoievski "se metamorfosea insensiblemente en una glorificación poética de su necesidad espiritual absoluta". György Lukács, "Stawrogins Beichte" [La confesión de Stravogin], en *Die rote Fahne,* 16 de julio de 1922.

[91] En Ferenc Féher, *Am Scheideweg des romantischen Antikapitalismus,* ms. inédito, 1975, pp. 111-114, 136, 161. Estas notas se encuentran en la célebre "valija de Heidelberg".

III—"La luz por venir (La aurora que comienza). Pobreza del espíritu. Bondad (Güte) [. . .]"

He aquí algunas de las observaciones de ese capítulo:

El malentendido de Dostoievski: posición para con el cristianismo y la revolución.
"Todos los hombres": Metafísica del socialismo.
Democracia ética: Metafísica del estado. (En relación con II).
La mística rusa. Comunidad (*Gemeinde*).
Rusia y Europa. (Tema: Inglaterra, Francia, Alemania.)

El título es profundamente significativo de la grandiosa perspectiva utópico-moral de Lukács; atestigua que la problemática de *Von der Armut am Geiste* continúa preocupándole en 1915, y que el mundo nuevo ("la luz por venir") estaba concebida como el reino de la "Bondad" encarnada por los "santos" dostoievskianos: príncipe Mischkin, Aliocha Karamazov.

Sin embargo, no se trata ya, como en 1911, de la "Bondad" de una casta, sino de la de la *comunidad,* de una *Gemeinde* auténticamente humana que Lukács sitúa explícitamente en el marco social, cultural y religioso *ruso*; de ahí la frase que aparece aquí arriba sobre la relación entre la comunidad y la mística en Rusia, que hay que completar con una observación que se encuentra en las notas sobre Dostoievski de 1915, en donde se trata de la unidad de la comunidad y de la "Bondad" en el mundo ruso.[92]

Esta mística no tiene nada que ver, por supuesto, con la religión establecida; puede incluso tomar la forma del *ateísmo*. Lukács distingue (en las notas sobre Dostoievski) rigurosamente el ateísmo ruso, auténtico y profundamente "religioso", del ateísmo europeo occidental, "pervertido (egoísta) y mecánico (Niels Lyhne)". Lo más interesante es que para Lukács (en esas notas) la expresión suprema de ese ateísmo místico es el *terrorista ruso*: "Habría que describir [. . .] el nuevo Dios, silencioso y necesitado de nuestra ayuda, y sus creyentes (Kaliayev) que se consideran como ateos. ¿No existen tres capas del ateísmo: 1] Niel Lyhne; 2] Ivan Karamazov; 3] Kaliayev?"[93] Ivan Kaliayev es el poeta y combatiente terrorista que mató en febrero de 1905 al gran duque Serge, gobernador general de Moscú. Savinkov, el dirigente e ideólogo del terrorismo ruso (cuyos libros había descubierto Lukács hacia 1915), lo describe en los siguientes términos: "Para los que le

[92] Seguimos aquí la interpretación de Ferenc Féher quien recientemente descifró y analizó con notable penetración las notas de Lukács sobre Dostoievski en su ensayo *Am Scheideweg des romantischen Antikapitalismus* [En la encrucijada del anticapitalismo romántico] (véase *infra,* pp. 141-142).
[93] Citado por Ferenc Féher, *op. cit.*, pp. 143, 148.

conocen íntimamente, su amor por la revolución, como su amor por el arte se iluminan con una sola y misma flama, con un sentimiento religioso, sentimiento inconsciente, tímido, pero robusto y profundo. Había llegado a la acción terrorista por un camino que le era propio, camino original y personal. Y lo que veía en esta acción, era no solamente la mejor forma de la lucha política, sino también, un sacrificio moral, quizá hasta un sacrificio religioso."[94] El terrorista ruso aparece así, al lado de los héroes dostoievskianos, como una de las figuras paradigmáticas de ese universo ruso de donde llegará, según Lukács, "la aurora". Esto es muy importante para comprender la evolución futura de Lukács, porque, como veremos, la problemática ético-social del terrorismo ruso se encontrará en el centro de la crisis moral que le conducirá, en 1918, hacia el partido comunista.

Examinemos las demás indicaciones del capítulo III en el plan de Lukács:

> El malentendido de Dostoievski: posición para con el cristianismo y la revolución.

Lukács no comparte el antirrevolucionarismo místico de Dostoievski, por el cual hay una contradicción absoluta entre el cristianismo auténtico y la revolución socialista atea. Si Lukács habla de un "malentendido" es porque para él una cierta forma de religiosidad es precisamente inherente al socialismo verdadero.

> "Todos los hombres: Metafísica del socialismo."

Una vez más, resulta imposible comprender esta fórmula lapidaria fuera del contexto dostoievskiano. En el capítulo del Gran Inquisidor de *Los hermanos Karamazov,* el escritor ruso opone el Cristo que predica para una minoría de elegidos, para los virtuosos capaces de preferir la libertad y el pan del cielo, al Inquisidor, que se propone dar a todos el pan de la tierra y que declara a Jesús: "Estás orgulloso de Tus elegidos, pero eso no es más que una élite, mientras que nosotros daremos el descanso a todos [. . .] Volveremos felices a *todos los hombres,* cesarán las revueltas y las matanzas inseparables de tu libertad."[95] Dostoievski critica en el Gran Inquisidor no solamente a la Iglesia de Roma sino también al socialismo ateo (en su opinión, ambos están estrechamente ligados). Lukács, cuyas tendencias elitistas

[94] Boris Savinkov, *Souvenirs d'un terroriste* [*Memorias de un terrorista*], París, Payot, 1931, p. 60. Savinkov agrega que Kaliayev era un enemigo irreconciliable de la religión establecida y que había rehusado los servicios de un pope en el momento de su ejecución.

[95] Fedor Dostoievski, *Les Frères Karamazov,* Gallimard, La Pléiade, 1965, p. 280, cursiva nuestra.

hemos visto en *Von der Armut am Geiste*, ¿resiente la necesidad de una redención socialista para "todos los hombres"? El texto lacónico no permite responder, pero sitúa la problemática.

"Democracia ética: Metafísica del estado."

Una carta de Lukács a Paul Ernst del 14 de abril de 1915, permite comprender el sentido de esta observación que se inserta en el marco de su idealismo moral antiestatal y (políticamente) antihegeliano:

"Es un pecado mortal del espíritu rodear todos los poderes con una aureola metafísica. Éste ha sido el concepto dominante en el pensamiento alemán desde Hegel. El estado es un verdadero poder, ¿pero debe por lo mismo ser reconocido como existente en el sentido utópico de la filosofía, en el sentido de una verdadera ética actuante al nivel de la esencia? No lo pienso así. Y espero que en la parte no estética de mi libro sobre Dostoievski podré protestar vigorosamente contra ello."[96]

Esos aspectos directamente políticos están ausentes en *La teoría de la novela*, pero una lectura "filosófica" de la obra, descifrándola a partir del proyecto original de Lukács, descubre que el sueño dostoievskiano de la edad de oro se manifiesta ahí en forma de nostalgia de la Grecia arcaica,[97] ese tiempo bienaventurado en el que "el cielo estrellado es el único mapa de los caminos transitables" porque "el fuego que arde en las almas es de la misma naturaleza que el de las estrellas"; ese universo "cerrado y perfecto", armonioso y homogéneo, "en donde el saber es la virtud y la virtud es la felicidad", y en donde "la hermosura hace visible el sentido del mundo".[98] Por supuesto, para Lukács, la "edad de oro" dostoievskiana, que aparece como la negación absoluta del mundo capitalista maldito,[99] venal, corrompido y odioso (*Zus-*

[96] *Paul Ernst und Georg Lukács*, pp. 66-67.

[97] Para Lukács, como para Dostoievski, la Grecia ideal, el paraíso terrestre, no es la Atenas próspera y refinada celebrada por la burguesía del Renacimiento a la revolución francesa. A ese ideal clásico burgués oponen el arquetipo de una Grecia mítica y mitológica, reino imaginario de una comunidad absoluta entre los hombres y el mundo. No es pues un azar que Dostoievski sitúe "tres mil años atrás" (es decir, en la Grecia arcaica) la escena del sueño de Stravogin, y que el mundo griego al que se refiere Lukács sea el de la epopeya homérica.

[98] György Lukács, *La teoría de la novela*, pp. 297 y 302.

[99] Sobre el anticapitalismo romántico de Dostoievski, véase György Lukács, *Significación actual del realismo crítico*, México, ERA, 1977, pp. 79-80: "El héroe del relato de Dostoievski sufre antes que nada por la inhumanidad del capitalismo naciente, del capitalismo que acuña todas estas relaciones de los hombres entre sí [...] La protesta contra la inhumanidad del capitalismo vira ya, aquí, hacia una crítica sofístico-igualitaria, anticapitalista-romántica del socialismo y de la democracia."

tand der vollendeten Sündhaftigkeit) es no solamente el sueño de un pasado mitológico sino también y sobre todo la *premonición de un porvenir mesiánico*: Dostoievski como anunciador del "inicio de una era nueva", que debe nacer en Rusia.[100] La visión trágica del mundo es así parcialmente sobrepasada en *La teoría de la novela.*[101]

Queda una última pregunta, la más difícil: ¿cómo Lukács, a propósito de Tolstoi y Dostoievski, en 1915, en plena guerra mundial, cuando la oposición antimilitarista comenzaba apenas a organizarse, cuando los revolucionarios más rigurosos no escapaban de ningún modo a la angustia, si no es que a la desesperación, cómo ha podido formular, no la previsión, por supuesto, sino *el presentimiento de la revolución que se aproximaba*? No tenemos todavía respuesta y hay que profundizar en la investigación a ese respecto.[102] No conocemos más que otro ejemplo comparable, precisamente en un discípulo de Lukács: Lucien Goldmann descubrió en 1966 (dos años antes de mayo de 1968) en el teatro de Genet "el síntoma de un recodo histórico", "la primera golondrina que anuncia la primavera"...[103]

[100] Véase en el anexo las observaciones de Bloch sobre la relación "apasionada" de Lukács con Dostoievski, en el marco de la "rusofilia" de los intelectuales occidentales antiburgueses.

[101] En un ensayo publicado en 1916, Lukács presentaba explícitamente a los héroes rusos de Dostoievski como premisas de una posible superación de la visión trágica: "¿Y si la oscuridad de nuestra ausencia de objetivo no era más que la oscuridad de la noche entre el crepúsculo en un dios y la aurora de otro? [...] ¿Y es seguro que hemos encontrado aquí —en el mundo trágico abandonado de todos los dioses— el sentido último? ¿No hay más bien en nuestro abandono un grito de dolor y de nostalgia hacia el dios por venir? Y en ese caso, la luz todavía débil que se nos aparece a lo lejos ¿no es más esencial que el esplendor engañoso del héroe? [...] De esta dualidad salieron los héroes de Dostoievski: al lado de Nicolai Stravogin el príncipe Mischkin, al lado de Ivan Karamazov su hermano Aliocha." (György Lukács, Ariadne auf Naxos", 1916, en *Paul Ernst und Georg Lukács,* p. 56.) Este texto aclara admirablemente el sentido de *La teoría de la novela,* redactada en el mismo momento, en la evolución espiritual de Lukács de una metafísica de la tragedia hacia la utopía histórico-social.

[102] Parece sin embargo que una intuición parecida a la de Lukács se abría paso en ciertas corrientes de extrema izquierda (por ejemplo anarquistas) a principios de la guerra. Victor Serge escribe en sus *Memorias* que para él la guerra "anunciaba otra tempestad purificadora, en adelante cierta: la revolución rusa. Que el imperio autocrático [...] no podía en ningún caso sobrevivir a la guerra, los revolucionarios lo sabían bien. Un vislumbre aparecía pues: sería el comienzo de todo, una prodigiosa primera jornada de la creación. ¡No más callejones sin salida! Esa puerta inmensa se abría hacia el porvenir". (Victor Serge, *Mémoires d'un révolutionnaire* [*Memorias de un revolucionario*], p. 56.)

[103] Lucien Goldmann, *Structures mentales et création culturelle,* Anthropos, 1970, p. 339.

Algunas palabras sobre la actitud de Lukács para con el marxismo durante el período 1909-1916. En el prefacio de 1967 Lukács cuenta que hacia 1908 había leído *El capital* para encontrar un fundamento sociológico a su trabajo sobre el drama moderno.[104] Destaca que se trataba de un Marx "sociólogo", asimilado a Simmel y Weber. En el primer capítulo de esta monografía (publicada en 1914 en alemán, bajo el título *Zur soziologie des modernen Dramas* [Sociología del drama moderno]) se ve también una breve referencia al Marx filósofo que es muy reveladora. Según Lukács, "toda la filosofía, tanto de Marx como de Stirner, proviene en último análisis de una misma fuente, la fichteana".[105] Inútil insistir en el carácter dudoso (desde el punto de vista histórico-filosófico) de esta afirmación, que debe más bien ser considerada como un síntoma del fichteanismo de Lukács mismo en esa época (entre otras cosas bajo la influencia del libro de Marianne Weber, *Fichte's Sozialismus und sein Verhältnis zur Marxschen Doktrine*). En un artículo escrito un año después, Lukács reconoce la importancia histórica (*epoch machende*) del materialismo histórico como "método sociológico", a condición, "por supuesto" (*freilich*), de despojarle de su "conceptualización metafísica";[106] ese "despojo" se hacía en gran medida por medio de una epistemología neokantiana, para la que el materialismo, en todas sus formas, no podía sino ser considerado como "metafísico".[107]

Sin embargo, en el trascurso de la guerra, Lukács va a interesarse más en el marxismo y va a examinarlo desde una nueva perspectiva: "Con el carácter imperialista de la guerra, que se me hizo cada día más claro, con el ahondamiento en mis estudios de Hegel, y también de Feuerbach [...] empezó mi segundo contacto con Marx [...] Esta vez se trataba ya no de un Marx visto a contraluz de Simmel sino a

[104] En los cuadernos de notas de Lukács de los años 1908-1910 encontramos una serie de extractos de *El capital* que demuestran una lectura rigurosa del conjunto de la obra. También se descubren ahí extractos del *Anti-Dühring*, de un libro de Kautsky (*Vorläufer des Sozialismus*), en confusión con pasajes sobre el capitalismo de Werner Sombart (*Notizbuch* Z, pp. 88-103, Lukács Archivum).

[105] György Lukács, "Zur soziologie de modernen dramas", en *Archiv fur Sozialwissenschaft,* vol. 38, 1914, p. 669.

[106] György Lukács, "Croce, Zur Theorie und Geschichte der Historiographie", en *Archiv fur Sozialwissenschaft,* 1915, t. 39, p. 884.

[107] Hacia 1910, en su respuesta a un cuestionario sobre esas lecturas (enviado a varios escritores por un editor húngaro), Lukács destaca el "valor imperecedero" de Marx para su desarrollo intelectual; no obstante, la influencia de Marx no es más que una fuente entre otras, mencionada al lado de Hebbel, Novalis, Schlegel, Kierkegaard, Simmel, Schopenhauer, Nietzsche, Kant, Goethe, Hegel, Dilthey, *Maister* Eckhart, Dostoievski, Tolstoi, etc. (en Bela Köhalmi, *Könyvek könyve,* Budapest, 1918, pp. 166-168).

través de anteojeras hegelianas. Ya no era un Marx como 'especialista de primer orden', como 'economista y sociólogo'. Empecé a vislumbrar, a barruntar al gran pensador omnicomprensivo, al gran dialéctico."[108]

¿Cómo recibió Lukács la revolución rusa? El único testimonio directo que tenemos a ese respecto proviene de Paul Ernst, quien se encontró con Lukács en Heidelberg durante el otoño de 1917; en un diálogo novelado redactado a fines de 1917, Ernst atribuye las siguientes palabras a su amigo húngaro: "Herr von Lukács ha llamado la atención sobre la revolución rusa y sobre las grandes ideas que gracias a ella se convierten en realidad. La revolución rusa es un acontecimiento cuya significación para nuestra Europa no puede todavía ser siquiera presentida; da los primeros pasos para conducir a la humanidad más allá del orden social burgués de la mecanización y burocratización, del militarismo y del imperialismo, hacia un mundo libre, en el que el Espíritu reine de nuevo y el Alma pueda al menos vivir."[109] Es imposible verificar la exactitud de este recuerdo, pero parece muy verosímil y muestra la percepción de octubre de 1917 por Lukács a través de una reja idealista y romántico-anticapitalista.

A partir de 1917, el sueño místico de una *Gemeinde* [comunidad] rusa se trasformará progresivamente en una fascinación política por la revolución bolchevique.

En el curso de los años 1917-1918, bajo el impacto de la revolución rusa y bajo la influencia del sindicalismo revolucionario de Ervin Szabo, la "politización" de Lukács va a acentuarse. Leerá (o volverá a leer) a Sorel y a los anarcosindicalistas, la extrema izquierda holandesa (Pannekoek, Henriette Roland-Holst), Rosa Luxemburg. Sin embargo, mantiene reservas para con el socialismo; en un artículo húngaro publicado en 1917, escribe que "la ideología del proletariado, su comprensión de la solidaridad es hoy en día todavía tan abstracta que no es capaz —puesta aparte el arma militar de la lucha de clases— de proporcionar una verdadera ética, que abarque todos los aspectos de

[108] György Lukács, "Mein Weg zu Marx", 1933, en *G. Lukács zum 70 Geburtstag*, Berlín, 1955, p. 326 ["Mi camino hacia Marx", en Giovanni Piana, Marco Maccio, Giairo Daghini y György Lukács, *El joven Lukács*, Cuadernos de Pasado y Presente, núm. 16, Córdoba (Arg.), 1970, p. 131].

[109] Paul Ernst, "Weiteres Gespräch mit Georg (von) Lukács", 1917, en *Paul Ernst und Georg Lukács*, p. 128. La respuesta de Paul Ernst es en el mismo sentido y muestra la convergencia (¡aparente!) de diferentes corrientes de la inteliguentsia alemana en una especie de adhesión abstracta a la revolución rusa: "Lo que los rusos quieren —lo que usted quiere— es la continuación en línea recta de nuestros ideales clásicos, es una política de la Humanidad" (*ibid.*, p. 132).

la vida".[110] Una vez vuelto comunista, Lukács se esforzará precisamente en explicar cómo el marxismo contiene una ética total de este tipo. En el prefacio a la recopilación de sus escritos sobre Hungría (1969), Lukács escribe acerca de esa época: "Fue en ese momento de mi evolución cuando el anarcosindicalismo francés influyó en mí considerablemente. Jamás pude acomodarme a la ideología socialdemócrata de la época y sobre todo a Kautsky. Haber conocido a Georges Sorel por medio de Ervin Szabo me ayudó a reunir en mí las influencias combinadas de Hegel, Ady y Dostoievski, en un todo orgánico y en forma de una cierta visión del mundo, que entonces consideraba revolucionaria [...]"[111] Es difícil evaluar con precisión el papel de Sorel en la formación de esa "cierta visión del mundo [...] revolucionaria"; lo que Lukács va a sacar de él es menos el culto a la violencia que el moralismo rigorista, el desprecio por el parlamentarismo y la socialdemocracia reformista, el odio por el individualismo hedonista de la burguesía "liberal" (anticapitalismo romántico), y la visión apocalíptica del porvenir.[112]

Un ejemplo muy significativo a la vez del interés creciente de Lukács por la política y el método radicalmente idealista "clásico" (alemán) con el que aborda ese terreno, es su intervención en el debate que tuvo lugar a principios de 1918 en la Sociedad Científico-social sobre el tema "Idealismo conservador e idealismo progresista". El discurso de Lukács, a continuación de una conferencia de su amigo Bela Fogarasi, es quizá su *primera tentativa sistemática* por abordar el problema clave de las relaciones entre política y ética, problema que se sitúa, como lo veremos, en el centro de toda su actividad teórica y práctica en el curso de los años 1918-1921. De ahí el interés excepcional de ese texto, prácticamente desconocido en Occidente y jamás traducido del húngaro hasta ahora.

Notemos de pasada que el texto contiene una crítica severa y

[110] En György Lukács, *Magyar irodalom, magyar kultura,* Budapest, Gondolat, 1970, p. 116. En este artículo, *Halalos fiatalsag* [Juventud mortal, título de una obra de Bela Balazs], Lukács opone a la ideología del proletariado la obra de Dostoievski, que "no se dirige a un grupo socialmente definido de hombres, sino —independientemente de todos los lazos sociales— a todas las almas que han encontrado la realidad concreta del alma" (*ibid.*, p. 116).

[111] *Magyar irodalom...*, pp. 8-9; véase apéndice.

[112] En el marco de esta visión del mundo no es nada sorprendente que Lukács no tuviera sino desprecio para el MSZP (la socialdemocracia húngara). Hay muy poca información respecto de su actitud para con ese partido. Entrevistado en 1919 por un periodista revolucionario norteamericano, Lukács destaca que antes de la revolución húngara "él era socialista, pero inactivo, porque estaba disgustado por la política de compromisos parlamentarios del partido" ("In communist Hungary", en *The Liberator,* agosto de 1919).

explícita de la filosofía hindú de las castas (en la que Lukács se había inspirado para *Von der Armut am Geiste*) por ser conservadora y enemiga del progreso: "El estancamiento de la cultura hindú está estrechamente ligado a la ética y a las normas de conducta de la India, a esa enseñanza [...] que hace de la escrupulosa observación de las reglas de casta la más alta virtud, y del abandono de la casta el mayor crimen." Lukács atribuye a esa ética el hecho de que la cultura hindú "excluye todo progreso social".[113]

Por supuesto, esto no tiene nada que ver con un análisis marxista del modo de producción asiático, pero muestra el camino ideológico recorrido por Lukács de 1912 a 1918 y su ruptura definitiva con esa "metafísica de las castas" que Bloch le atribuía todavía en *Geist der Utopie* (1918).

El principio de la intervención de Lukács es extremadamente abstracto; en un marco teórico neokantiano y fichteano exageradamente idealista, establece una separación rigurosa entre el campo de la "autenticidad" y el de la "metafísica". La autenticidad, ya sea estética o ética, está caracterizada por una *independencia total* con relación a todo lo que existe. Resulta que la acción moralmente auténtica es completamente independiente de sus consecuencias en el mundo real. Lukács combina aquí el idealismo alemán con la *Gesinnungsethik* [actitud ética] de Tolstoi y Dostoievski, ese "racionalismo cosmoético" que Max Weber criticaba en su célebre discurso de 1919 ("La política como vocación"). La acción auténtica tiene pues una "estructura de Deber-ser" (*Sollen*) y ese *Sollen*, "como *Sollen* es de índole trascendente (totalmente independiente de la existencia a la que lo vincula su contenido)".[114]

Ese dualismo kantiano entre Ser y Deber-Ser no conduce, según Lukács, a una actitud de indiferencia para con la realidad empírica, sino a un imperativo categórico: "Hacer descender en el instante mismo el reino de Dios a la tierra", como por ejemplo en los movimientos anabaptistas del siglo XVI, ejemplo de idealismo progresista.[115] Se está todavía lejos de la política, aparentemente; pero, por ese sesgo mesiánico-moral, es efectivamente en dirección a la acción política hacia donde se orienta el pensamiento de Lukács. Va a distinguir dos tipos

[113] György Lukács, "A konservativ es progresszív idealizmus vitaja (Hozzaszolas)" ["Idealismo conservador e idealismo progresista"], en *Huszadik Szazad,* 1918, año 1, en *Utam Marxhoz, Valogatott Filozofiai Tamelmanyok* [Mi camino hacia Marx. Ensayos filosóficos escogidos], vol. I, Budapest, Magveto Konyvkiado, 1971, pp. 179-180. Véase *infra,* p. 267.

[114] *Ibid.,* p. 267.

[115] *Ibid.,* p. 268. Véase Fedor Dostoievski, *Les Frères Karamazov,* p. 32: "El socialismo [...] [es] la cuestión de la torre de Babel que se edifica [...] para hacer descender el cielo a la tierra."

de acción que derivan del idealismo ético: 1] *l'action directe* (en francés en el original) ética, que no toma en cuenta "el rodeo de la política" y apunta inmediatamente a la "trasformación del alma de los hombres"; 2] la acción política como instrumento de la ética, cuyo único objetivo es "crear instituciones que correspondan de la mejor manera posible a los ideales éticos, y hacer desaparecer aquellos que sean obstáculo para la realización de esos ideales".[116]

La subordinación total de la política a la ética es pues el eje ideológico central del discurso de Lukács: "Desde el punto de vista del idealismo ético ninguna institución (propiedad de la nación y del estado) puede tener valor propio, sino solamente en la medida en que sirva a esa trasformación" moral de los hombres. Opone pues explícitamente, en ese contexto, la ética de Fichte a lo que intitula la "metafísica del estado" de Hegel.

Sigue en su intervención un notable pasaje que, a pesar de su exaltación ético-idealista, contiene una tasa sorprendente de *lucidez política*:

"En tanto que a los ojos del idealismo ético las instituciones no tienen valor más que en cuanto medios [...] por el contrario todo precepto que tienda a hacer de la política una esfera autónoma está obligado a atribuir a las instituciones un valor propio. Pero la necesidad estructural de la situación da nacimiento entonces a una política conservadora: el objetivo de la actividad política es en consecuencia la defensa de la institución que encarna su valor propio, su desarrollo progresivo inmanente (ya no se intenta saber si la institución corresponde todavía o no a su objetivo inicial) y a la extensión de su esfera de influencia. Toda institución convertida en fin en sí tiene un carácter conservador: y esto no explica solamente la política reaccionaria de la iglesia [...] sino también el estancamiento de movimientos originariamente muy progresistas, desde que las instituciones creadas por ellos como medios adquieren esa autonomía. (La historia del socialismo alemán, ya antes de la guerra, pero sobre todo durante la guerra, es un ejemplo de ello tristemente ilustrativo al respecto.)"[117] Es difícil, al leer estas palabras, no pensar en otros ejemplos, diez o veinte años después, de "estancamiento de movimientos originalmente muy progresistas"... Desgraciadamente, en ese momento, Lukács habrá cambiado su idealismo ético por un "realismo político" de tipo hegeliano.[118]

[116] *Ibid.*, p. 268 de este volumen.

[117] *Ibid.*, p. 270.

[118] En el prefacio redactado en 1969 para la recopilación *Utam Marxhoz,* Lukács escribe a propósito de ese ensayo: "[...] Las tendencias idealistas que todavía sobrevivían en mí, e incluso me dominaban, alcanzaron entonces su

¿Qué solución propone Lukács en 1918 para impedir esa autonomización conservadora y coagulada de las instituciones? ¿Cómo disolver el estancamiento político? Una vez más la respuesta de Lukács es bastante sorprendente:

"El idealismo ético es una revolución permanente contra lo existente en cuanto existente, en cuanto cosa que no alcanza su ideal ético; y porque es revolución permanente, porque es revolución absoluta, es capaz de definir y de corregir la orientación y la marcha del verdadero progreso, el que no alcanza jamás un punto de equilibrio."[119] Es poco probable que Lukács en 1918 haya encontrado el concepto de "revolución permanente" (la palabra húngara que emplea es *permanens forradalom*) en Trotski o en Marx; por así decirlo, él mismo lo "inventó", atribuyéndole, por otra parte, un sentido especial, a la vez cercano y diferente del concepto marxista.

Esos pasajes muestran el fulgurante y patético *radicalismo revolucionario* del joven Lukács, que estalla en toda su intensidad desde su primer texto propiamente político. Por supuesto, la política no es para él más que la servidora de la ética: el discurso termina pues con un regreso a Kant y Fichte, a su exigencia de *Würdigkeit* (dignidad) humana. Para Lukács, el principio general que "engloba en un sistema homogéneo todas las exigencias progresistas" es el del idealismo clásico alemán: jamás y por ninguna razón el hombre debe convertirse en un simple instrumento.[120]

¿Puede la violencia revolucionaria conciliarse con esa ética kantiana? En un primer momento, la respuesta de Lukács tiende a ser negativa.

El escritor de vanguardia Lajos Kassak describe la ideología de

punto culminante [...] La exteriorización más palpable de esa situación interior fue quizá la intervención que tuve, a propósito de la relación de Bela Fogarasi, en el debate sobre las tendencias idealistas conservadora y progresista organizado por la Sociedad Científico-social." Lukács insiste en que ese escrito no merece retener la atención más que como síntoma de su crisis intelectual en ese momento, "y eso solamente para los lectores que se interesen, desde un punto de vista científico, en las diferentes etapas de mi evolución interior". (György Lukács, "Mi camino hacia Marx", en *Nuevos estudios húngaros*, Budapest, 1973, p. 83.) ¿Por qué todas esas precauciones? ¿Por qué esas reservas? ¿Es por pura modestia, o porque Lukács sabe que su discurso de 1918 es todavía explosivo cincuenta años después? En otras palabras: Lukács no ignora que un lector no prevenido podría ceder a la tentación de aplicar a la Hungría de 1969 los criterios de su escrito, tratando de saber, por ejemplo, si algunas instituciones corresponden o no a su objetivo inicial...

[119] *Ibid.*, p. 270 de este volumen.

[120] *Ibid.*, p. 271.

Lukács en 1918 como "un socialismo ético tolstoiano".[121] El término "socialismo tolstoiano" era empleado en la época sobre todo para designar una ideología *pacifista,* antimilitarista y "no violenta". Es pues muy probable que para la ética tolstoiana de Lukács en 1918 la violencia era el mal supremo, o al menos el problema moral número uno. No es casualidad que ese problema vaya a desempeñar un papel central en su paso del "tolstoísmo dostoievskiano" al bolchevismo.[122]

II. EL PASO AL COMUNISMO

> En cuanto a una parte completamente esencial, son motivos de orden ético los que contribuyeron a hacer que me adhiriera activamente al movimiento comunista.[123]

En octubre de 1918 el viejo régimen cae en Hungría y una coalición reformista de socialdemócratas y de radicales burgueses toma el poder. En noviembre de 1918 Lukács está todavía lejos del comunismo. Firma un manifiesto liberal-democrático (*Un llamado de los intelectuales húngaros para el establecimiento de una libre confederación de las naciones*) y escribe un artículo más bien reservado sobre el bolchevismo (volveremos a esto). A fin del mes o a principios de diciembre, Lukács encuentra por primera vez a Bela Kun, que acababa de llegar de la URSS y que había fundado el 20 de noviembre el Partido Comunista de Hungría. Finalmente, hacia mediados de diciem-

[121] Citado por Rudolf Tökes, *Bela Kun and the Hungarian Soviet Republic,* Nueva York, Praeger, 1967, p. 96. En una autobiografía política redactada en 1941, Lukács habla de su "pacifismo burgués" durante la guerra y describe en los siguientes términos su evolución de 1914 a 1918: "La guerra imperialista provocó una profunda crisis en mi visión del mundo, que se manifestó al principio como rechazo burgués-pacifista de la guerra y como crítica pesimista de la cultura burguesa; no es sino en la segunda mitad de la guerra, bajo el impacto de la revolución rusa y bajo la influencia de los escritos de Rosa Luxemburg cuando adquirió un carácter político. Mi oposición al sistema dominante se volvió cada vez más fuerte, y comencé a entrar en contacto con círculos de extrema izquierda (*linksradikale*)." (György Lukács, *Autobiographie,* sin fecha, dactilografiada, p. 1. Este texto inédito se encuentra en el Lukács Archivum, Budapest.)

[122] En un artículo escrito durante la guerra, Lukács defiende el pacifismo consecuente de Tolstoi contra la "polémica rencorosa" del escritor ruso Soloviev. Según este último, matar en la guerra no es asesinato, porque la intención está ausente: el enemigo al que se le tira no está visible... Lukács rechaza con desprecio esta posición como "un compromiso evasivo". György Lukács, "Solovieff", en *Archiv...,* p. 980.)

[123] György Lukács, "Vorwort", 1967, en *Werke,* t. 2, p. 13.

bre, Lukács se adhiere al partido comunista, y en febrero, después del arresto de Bela Kun, se convierte en miembro de su comité central. Según su amiga Anna Lesznai, "su conversión tuvo lugar entre dos domingos: Saúl se volvió Pablo".[124] Ese cambio fulminante fue una completa sorpresa para todos los amigos de Lukács. Por su carácter repentino e irreversible, recuerda efectivamente una conversión religiosa, lo que corresponde bastante bien al carácter ético-místico del personaje en esa época.

No obstante, a pesar de esa discontinuidad aparente, el giro de Lukács estaba preparado por todo su desarrollo anterior. Puesto que su visión trágica estaba fundada, como hemos visto, en la ausencia de una fuerza social capaz de conducir la lucha revolucionaria contra el capitalismo, la revolución de octubre (y en cierta medida los acontecimientos de 1918 en Hungría) le mostraba precisamente la existencia concreta de tal fuerza: el proletariado y su vanguardia bolchevique.[125] Por otra parte, es evidente que Lukács invirtió en la revolución soviética sus esperanzas mesiánicas en una aurora *rusa* del mundo nuevo.

Entre octubre de 1917 y la adhesión al comunismo en diciembre de 1918 hay un año de transición en el que Lukács permanece al nivel del "socialismo ético tolstoiano". Antes de dar el gran salto del moralismo trágico al bolchevismo marxista necesitaba pasar por una *mediación decisiva: la dialéctica faustiana de los fines y de los medios.*

¿De qué se trata? Hemos visto que Lukács, en noviembre de 1918, al borde del abismo, trata todavía por última vez de escapar de las tentaciones del "demonio bolchevique". Eso es el artículo "A bolsevizmus mint erkölcsi probléma" ["El bolchevismo como problema moral"], publicado en la revista del Círculo Galileo, *Szabad-gondolat,* el 15 de diciembre de 1918. En el prefacio de 1967 Lukács es extremadamente severo con ese escrito, que define como "una corta transición: la última vacilación antes de la decisión definitiva, la decisión definitivamente justa, vacilación que ha dejado que se forme temporalmente

124 La fuente de esas informaciones se localiza en cartas enviadas por Lukács y Anna Lesznai a David Kettler y citadas en su notable artículo, "Culture and Revolution: Lukacs in the Hungarian Revolution of 1918/19", en *Telos,* núm. 10, 1971, pp. 68-69.

125 En una entrevista reciente, Lukács destaca: "No puedo decir que el impacto puramente negativo de la primera guerra mundial fue suficiente para hacer de mí un socialista. Fue sin duda la revolución rusa y los movimientos revolucionarios que la siguieron en Hungría lo que me trasformó en socialista [. . .]" (György Lukács, "The twin crisis", en *New Left Review,* núm. 60. abril de 1970, p. 36.) Véase también "Lukács on his life and works", en *New Left Review,* núm. 68, julio de 1971, p. 53: "Octubre dio la respuesta. La revolución rusa fue la solución histórico-mundial a mi dilema."

una cosmética espiritual fallida, adornada de argumentos abstractos e insípidos".[126]

En realidad, ese artículo un poco misterioso, del que se habla a veces[127] pero que jamás ha sido traducido en Occidente, posibilita un análisis detallado, en la medida en que constituye un momento clave en la evolución político-filosófica de Lukács.

¿Cuáles son pues los argumentos "abstractos e insípidos" que emplea Lukács en esa "última vacilación"? No son, por supuesto, razonamientos de tipo menchevique sobre "la inmadurez de las condiciones objetivas". Lukács rehusa explícitamente "el argumento que se emplea con mayor frecuencia en la discusión en torno al bolchevismo, a saber: si la situación económica y política está suficientemente madura para su realización inmediata [...]"[128] Lukács justifica su rechazo de ese género de objeciones en los siguientes términos: "[...] Nunca puede existir una situación tal que podamos reconocerla *con absoluta certidumbre y por adelantado: la voluntad,* que se da como objetivo la realización inmediata y a cualquier precio, es parte integrante de la situación 'madura' por lo menos tanto como lo son las condiciones objetivas." Evidentemente, el voluntarismo neofichteano de Lukács no tiene nada en común con el materialismo del siglo XVIII de un Plejánov o de un Kautsky. En cuanto al argumento esgrimido por numerosos intelectuales conservadores, según los cuales el bolchevismo es la destrucción de la civilización y de la cultura, Lukács lo rechaza sin vacilación: "[...] Semejante perturbación de los valores, de envergadura mundial, no puede producirse sin la aniquilación de los antiguos valores" y la creación de valores nuevos por los revolucionarios.

El problema, pues, no es económico o cultural sino *ético*. Es a ese nivel en donde se sitúan las reservas y las objeciones de Lukács al bolchevismo. Su punto de partida ideológico, *que da su estructura al conjunto del artículo* es, una vez más, un dualismo de tipo neokantiano entre "la realidad empírica árida" y "la voluntad ética, utópica, humana". De ahí la exigencia, por su parte, de *separar,* en Marx, la sociología, que comprueba ciertos hechos decisivos (la lucha de clases), y "el postulado utópico de la filosofía de la historia de Marx: *un programa ético* para un mundo nuevo por venir". La necesidad puramente sociológica de la lucha de clases del proletariado no conduce más que a la trasformación del antiguo oprimido en opresor: "Para que llegue finalmente la era de la verdadera libertad sin opresores ni oprimidos,

126 György Lukács, "Vorwort", 1967, en *Werke,* 2, p. 13.

127 Peter Ludz, Andrew Arato, Paul Breines y David Kettler lo mencionan.

128 György Lukács, "A bolsevizmus mint erkölcsi probléma", en *Szabadgondolat,* diciembre de 1918, pp. 228-232. Citamos según la versión que incluimos en el apéndice.

la victoria del proletariado es, por cierto, una condición previa indispensable [...] pero no puede ser más que una condición previa, un hecho negativo. Para que se realice esa era de libertad es necesario, más allá de las comprobaciones de hechos sociológicos y leyes (de donde no puede derivar), *querer* ese mundo nuevo: el mundo democrático." En ese universo de pensamiento dualista los hechos sociales y la voluntad están concebidos como niveles totalmente distintos e independientes; la voluntad de un mundo nuevo se sitúa en un *más allá* con relación al curso real de la lucha de clase.

Ahora bien, la dialéctica de Marx niega/supera (*Aufhebung*) tal separación rígida y metafísica. Por lo tanto, es precisamente la unidad dialéctica entre los hechos y los valores, las "comprobaciones sociológicas" y el "programa ético", lo que Lukács criticará como "el hegelianismo de Marx", "que tiene demasiada tendencia a situar los elementos diferentes de lo real en el mismo plano" y que, en consecuencia, "ha contribuido a atenuar esa diferencia". Se queja de que Marx ha "construido el proceso histórico-filosófico a la manera hegeliana (*List der Idee*)", al proclamar que "es luchando por sus intereses como el proletariado llegará a liberar al mundo de todo despotismo". Al oponerse a ese "hegelianismo" de Marx —es decir, a su método dialéctico— el neokantiano Lukács plantea el objetivo final del socialismo, que define (según Ervin Szabo) por la expresión "un nuevo mundo democrático", *trascendental* con relación a la lucha de clase del proletariado por sus intereses materiales concretos: la voluntad de ese nuevo mundo "no emana de ninguna comprobación de hecho sociológica".

Por medio de esa voluntad ética abstracta es como Lukács descubre en el proletariado "al portador de la redención social de la humanidad" e incluso "la clase mesías de la historia del mundo". Gracias a ese *pathos* mesiánico es como ve (como Engels) en el proletariado al heredero de la filosofía clásica alemana, al heredero del "idealismo ético de Kant y Fichte que suprimía cualquier atadura terrestre y que debía arrancar de sus goznes —metafísicamente— el antiguo mundo". Según Lukács, el pensamiento idealista alemán, que en la estética de Schelling y en la filosofía del estado de Hegel "se aparta de la vía del progreso [...] para volverse reaccionario a fin de cuentas", se realizaría directamente en el papel redentor del proletariado.

Esta perspectiva grandiosa, filosófico-moral, mesiánica y apocalíptica, nos muestra el primer paso de la adhesión de Lukács al movimiento obrero. Pero todavía es una adhesión abstracta, idealista, metafísica; su actitud para con el proletariado sigue estando marcada por su profundo dualismo: no comprende el lazo entre ese inmenso papel histórico-filosófico y la "mezquina" lucha del proletariado por sus intereses materiales. Desconfía todavía del socialismo proletario: ¿es éste verdaderamente el "portador, a la vez sumiso y voluntarioso, de la redención del mundo" o bien es "simplemente una envoltura ideológica de intereses de clases reales, que no se diferencian de otros intereses más que por su contenido, y no por la calidad ni por la fuerza moral"? Una vez más, el neokantianismo de Lukács le impide comprender el lazo dialéctico entre el *contenido real* de los intereses del proletariado y su *calidad ética.*

Ese dualismo —expresión del rigorismo ético de la visión trágica del mundo— se manifiesta también con relación al problema central del artículo, el que explica el rechazo de Lukács a aceptar el bolchevismo: la oposición rígida y absoluta entre el "bien" y el "mal", la libertad y la opresión, el Mesías y Satán. El bolchevismo desea, según Lukács, abolir el terror capitalista por el terror proletario, la opresión burguesa por la opresión obrera: en una palabra, quiere "expulsar a Satán por Belcebú".[129] Pero esta posición plantea el siguiente dilema: "¿Puede uno alcanzar lo que es bueno por medio de malos procedimientos, puede uno alcanzar la libertad por la vía de la opresión; puede nacer un mundo nuevo, cuando los medios para realizarlo no difieren más que técnicamente de los medios detestados y despreciados, a justo título, del antiguo orden?" La respuesta de Lukács es explícitamente negativa: "Repito: el bolchevismo se apoya en la hipótesis metafísica siguiente: el bien puede surgir del mal, y es posible, como lo dice Razumijin en *Raskolnikov,* llegar a la verdad mintiendo. El autor de esas líneas es incapaz de compartir esa fe, y es por ello que ve un dilema moral insoluble en la raíz misma de la actitud bolchevique."[130]

La mención de los personajes de *Crimen y castigo* en el momento culminante de su razonamiento es característico del universo intelectual de Lukács en ese período crucial: el rigorismo ético de Dostoievski (que se combina armoniosamente con el dualismo kantiano de Lukács) será su punto de referencia central en el curso de los años 1918-1920, y todavía discutiendo mentalmente con el Gran Inquisidor será como

[129] Si aceptáramos la ética bolchevique, "nos situaríamos obligatoriamente en la posición de la dictadura, del terror, de la opresión: necesitamos remplazar la dominación de las clases precedentes por la dominación de clase del proletariado, al creer que —Satán expulsado por Belcebú— esta última dominación de clase, por naturaleza la más cruel y la más abierta, se destruirá a sí misma y destruirá consigo toda dominación de clases".

[130] Véase Fedor Dostoievski, *Crime et châtiment* (título alemán: *Raskolnikov*), Garnier-Flammarion, 1965, vol. I, p. 237: "¿Pero qué piensa usted? gritó Razumijin, elevando todavía más la voz... ¡Me gusta que se mienta! La mentira es el único privilegio que distingue al hombre de todos los demás organismos. ¡A fuerza de mentir, se llega a la verdad! Es porque miento por lo que soy un hombre. Jamás se ha llegado a ninguna verdad antes de haber mentido por lo menos catorce veces, y tal vez hasta ciento catorce veces [...]"

Lukács asumirá sus tareas de comisario del pueblo de la República de los Consejos en 1919... En el artículo de 1918, la problemática implícita es precisamente la de *Crimen y castigo.* Evidentemente, Lukács ve en los bolcheviques a los herederos del temible Raskolnikov, que creen como él que "todos los legisladores e institutores de la humanidad, desde los más antiguos, pasando por los Licurgo, los Solón, los Mahoma, los Napoleón y otros, todos, hasta el último, han sido criminales, por el solo hecho de que al promulgar una ley nueva, al mismo tiempo violan la antigua... y que, naturalmente no se dejan detener por la sangre, cuando la sangre (una sangre a veces completamente inocente y valientemente vertida por la antigua ley) podía servirles. Es asimismo notable que la mayor parte de esos bienhechores e institutores de la humanidad fueran espantosos derramadores de sangre".[131]

Es cierto que Lukács plantea un problema político real respecto de la práctica de los bolcheviques en el poder, práctica que admite una serie de restricciones peligrosas para la democracia: "La democracia, ¿solamente forma parte de la táctica del socialismo (como instrumento de combate para el período en el que es minoritaria, mientras que lucha contra el terror legalizado e ilegal de las clases opresoras) o bien es una parte integrante de él?" Sin embargo, la cuestión es provocada por Lukács en un marco abstracto y moralista, que la trasforma en un dilema ético insoluble: socialismo o democracia. Es interesante comparar el artículo de Lukács con las notas de Rosa Luxemburg sobre la revolución rusa, escritas en prisión en el trascurso del año de 1918: en la marxista polaca el problema es abordado de una manera mucho más concreta y flexible, que, sin dejar de criticar ciertos aspectos de la política de los bolcheviques, se sitúa sin tropiezo es una perspectiva *realista*: "Sería exigir de Lenin y consocios algo sobrehumano pedirles todavía, en semejantes circunstancias, producir por arte de magia la

[131] Fedor Dostoievski, *op. cit.*, pp. 299-300. Véase también las célebres palabras de un estudiante que incitaron a Raskolnikov a matar a la anciana avara: "Cien, mil existencias tal vez, puestas en el buen camino, decenas de familias salvadas de la miseria, de la descomposición, de la ruina, del vicio, hospitales para enfermedades venéreas, ¡y todo eso con su dinero! Mátala y toma su dinero, con la intención de consagrarte enseguida, con la ayuda de ese dinero, al servicio de la humanidad y de la causa común [...] A cambio de una vida, miles de vidas salvadas de la podredumbre y de la descomposición. Una sola muerte, y cien vidas a cambio, ¡pero si eso es aritmética! Por otra parte, ¿qué vale, en la balanza común, la vida de esa vieja tuberculosa, bruta y ruin? No más que la de un piojo, de una cucaracha, y ni siquiera eso, pues esa vieja es dañina. Devora la vida de los demás." (*Op. cit.*, p. 91.) Es muy posible que para Lukács, en noviembre de 1918, ese discurso, remplazando a "la vieja" por la burguesía "bruta", "ruin", "dañina", que "devora la vida de los demás", apareciera como la quintaesencia de la moral bolchevique...

más bella de las democracias [...] Por su actitud resueltamente revolucionaria [...] verdaderamente han hecho lo que podía hacerse en condiciones difíciles. El peligro comienza en el punto en que, haciendo de necesidad virtud, cristalicen enteramente en teoría la táctica a la que les han obligado esas condiciones fatales [...]"[132]

¿Cuáles son las conclusiones políticas que Lukács saca de su crítica filosófico-moral del bolchevismo? Parece que se inclina por la solución socialdemócrata clásica: la vía de la "lucha lenta, aparentemente menos heroica y sin embargo cargada de responsabilidad, la lucha que trabaja el alma, larga y pedagógica, del que asume hasta el fin la democracia". Pero reconoce que esta vía, lo mismo que el bolchevismo, "oculta en sí la posibilidad de crímenes terribles y de errores inconmensurables". En especial implica "la necesidad [...] de colaborar con clases y partidos que no están de acuerdo con la socialdemocracia más que en ciertos objetivos inmediatos, pero que permanecen hostiles al objetivo final de ésta". Ahora bien, es casi imposible, destaca Lukács, que ese género de compromisos no atente contra la pureza del programa y el elemento de la voluntad. Es evidente que tal solución está en contradicción flagrante con el rigorismo ético de Lukács, que está precisamente fundado en el rechazo del compromiso. La vía socialdemócrata es insostenible en el marco de su sistema de pensamiento. No se sostendrá... En realidad Lukács llegará rápidamente a la conclusión —el ejemplo del socialpatriotismo de la primera guerra mundial lo demuestra— de que los compromisos de la socialdemocracia no solamente "atentan contra la pureza del programa" sino que pueden implicar matanzas mucho peores que el "terror rojo" de los bolcheviques.

Los revolucionarios rusos le atraen precisamente porque rehusan todo compromiso con fuerzas hostiles al socialismo: "La fuerza fascinante del bolchevismo se explica por la liberación ocasionada por la supresión de ese compromiso" (habla también del "embrujamiento" por esa posibilidad liberadora). No hay duda de que Lukács está "fascinado" y "embrujado" por la pureza revolucionaria, el rigor socialista de los bolcheviques.[133] Se encuentra aquí afiligranado el camino que muy pronto le conducirá a unirse al Partido Comunista de Hungría. Pero antes de eso debe resolver el problema capital de la relación entre fines éticos y medios inmorales, al sobrepasar el dualismo neokantiano, abstracto y coagulado, entre "el Bien" y "el Mal".

[132] Rosa Luxemburg, *La révolution russe* [*La crítica de la revolución rusa*], 1918, París, Spartacus, 1946, p. 47.

[133] En *Gelebtes Denken* (1971) Lukács describe su actitud para con la revolución rusa como "una fascinación contradictoria, con recaídas" (*Gelebtes Denken*, p. 28).

Es evidente que ese género de escrúpulos éticos no era exclusivo de Lukács sino típico de toda una capa de la inteliguentsia radicalizada que titubeaba antes de subir en marcha a la locomotora bolchevique de la historia, que trituraba inexorablemente todos los obstáculos que se alzaban en su camino.

¿Cuál es el razonamiento que permitió a Lukács pasar ese umbral y arrojarse, en cuerpo y alma, en el torrente revolucionario?

Una anécdota nos muestra el sentido de la actitud (que, por otra parte, era compartida por todo un grupo alrededor de Lukács en el seno del partido comunista húngaro): en sus *Mémoires,* el escritor comunista Joseph Lengyel —en las antípodas de Lukács por su sólido "materialismo"— cuenta que al conocer el género de cuestiones que se debatían en 1919 en la Casa del Soviet (en donde se alojaban Lukács y otros dirigentes del partido) en pleno período revolucionario, se había quedado "literalmente boquiabierto": "Uno de los problemas [...], los comunistas debemos tomar sobre nosotros los pecados del mundo, para poder así ser capaces de salvar al mundo. ¿Y por qué debemos tomar sobre nosotros los pecados del mundo? Para esto había ahí una respuesta: la muy 'clara' respuesta extraída de la *Judith* de Hebbel [...] Así como Dios pudo ordenar a Judith matar a Holofernes —es decir, cometer un pecado— puede también ordenar a los comunistas destruir, figurativa y físicamente, a la burguesía [...] Uno se apoyaba también en el 'Gran Inquisidor' de Dostoievski."[134]

Hay algo de patético, a la vez extravagante y grandioso, en el hecho de que dirigentes comunistas, en medio de la tempestad revolucionaria de 1919, se ocuparan de cuestiones tan ético-metafísicas. Esas cuestiones, sin embargo, tenían implicaciones políticas: otro testigo de esas extrañas discusiones cuenta que después de largas controversias entre Lukács, Sinko, Otto Korvin (responsable de la "seguridad roja") y otros, sobre el bolchevismo, Dostoievski, Hebbel y el Evangelio, la conclusión era que "durante la dictadura del proletariado había que utilizar todos los medios incluso los medios contrarios al espíritu y a la moral del hombre comunista. Es un sacrificio, un sacrificio cotidiano pero indispensable, afirmaban los amigos de Lukács".[135] Una formulación precisa y sucinta de esa problemática se encuentra en el primer escrito bolchevique del joven Lukács, *Taktik und Ethik,* artículo todavía profundamente impregnado de un moralismo ardiente. Según

[134] Joseph Lengyel, *Visegrader Strasse,* Berlín, 1959, pp. 244-245. Véase, a este respecto, los pasajes de Dostoievski en donde el Gran Inquisidor declara a Cristo: "Y nosotros que, por su felicidad, habremos tomado sobre nosotros sus pecados, nos alzaremos ante Tí y diremos: '¡Júzganos si puedes y si osas!' " (Fedor Dostoievski, *Les Frères Karamazov,* p. 330.)

[135] Arpad Szelpal, *Les 133 jours de Bela Kun,* Fayard, 1959, p. 200.

Lukács, hay situaciones trágicas, en las que no se puede actuar sin cometer una falta, tomar sobre sí un pecado. Por lo tanto hay que elegir entre las maneras de ser culpables la que es más justa: es aquella en que el individuo sacrifica la ética de su yo particular en el altar de una idea superior, de una misión histórica universal. El artículo termina con el siguiente pasaje: "Ropschin (Boris Savinkov), el jefe de los grupos terroristas durante la revolución de 1904-1906, formulaba en una de sus novelas el problema del terrorismo individual en los términos siguientes: matar no está permitido, es una falta incondicional e imperdonable; no se 'debe' matar, pero sin embargo, 'es necesario' hacerlo. En otro pasaje del mismo libro, él ve no la justificación del acto del terrorista —esto es imposible— sino su profunda raíz moral en el hecho de que éste sacrifica por sus hermanos no solamente su vida sino también su pureza, su moral, su alma. En otros términos: la acción asesina de un hombre no puede tener una naturaleza —trágicamente— moral más que si ese hombre sabe sin ninguna duda y con una certidumbre absoluta que el crimen no puede ser aprobado en ninguna circunstancia. Para expresar este pensamiento de la más grande tragedia humana con las palabras incomparablemente bellas de la *Judith* de Hebbel: 'Y si Dios ha puesto un pecado entre mí y la acción que me es impuesta, ¿quién soy yo para sustraerme a ello?' "[136]

Este texto traduce maravillosamente la angustia dolorosa con la que el socialista tolstoiano ético-pacifista se trasmuta en bolchevique. Con razón Lukács declara en el prefacio de 1967 que ese artículo muestra "los motivos interiores, humanos" de su decisión crucial de adherirse al partido comunista.[137]

Muchos testimonios confirman que durante los años 1919-1920 esta problemática será casi una obsesión constante para Lukács y sus amigos en el seno del PC húngaro (el así llamado grupo "ético"). Según Ilona Duczynska, quien conocía bien a Lukács, "un teórico representativo, que era tal vez el único cerebro detrás del comunismo húngaro" (la referencia a Lukács es trasparente), le había declarado: "La ética comunista exige como deber supremo aceptar la necesidad de actuar inmoralmente. Éste es el mayor sacrificio que la revolución demanda de nosotros."[138]

Aun después de la derrota de la Comuna húngara, el mismo problema continúa acosando a Lukács y a sus camaradas exiliados en Viena. En una nota del diario inédito de Bela Balazs (recientemente

136 György Lukács, *Taktik und Ethik,* en *Werke,* t. 2, pp. 52-53.

137 György Lukács, "Vorwort", en *Werke,* t. 2, p. 13.

138 Ilona Duczynska, "Zum Zerfall der KPU", en *Unser Weg* (editado por Paul Levi), 1 de mayo de 1922, p. 99.

publicado en Hungría) se encuentra la siguiente observación sobre los debates que tenían lugar en el círculo que se reunía en Viena alrededor de Lukács: "En esos domingos el único tema que discutimos es el comunismo, su lugar y su significación para nuestro individualismo ético y nuestro 'platonismo' filosófico y artístico [...] La ética individual (Kierkegaard), nuestra línea de desarrollo hasta ahora nos ha llevado a un punto en el que nos identificamos con un movimiento que excluye la ética individual [...] Si renunciamos a nuestra ética, nuestro acto será el más ético."[139]

Es significativo que en su "testamento autobiográfico", *Gelebtes Denken,* Lukács vuelve una vez más sobre las implicaciones éticas de su adhesión al PC húngaro en 1918. Destaca que esa "opción decisiva para una concepción del mundo" (*Weltanschauliche entscheidung*) ha significado para él un "cambio de todo el modo de vida [...] La ética (la conducta) no era ya la interdicción de todo lo que nuestra propia ética condenaba como pecado, la abstención de actuar, sino un equilibrio dinámico de la praxis, en el que el pecado (en su particularidad) puede a veces ser una parte integrante inevitable de la acción correcta, mientras que los límites éticos (reconocidos como universalmente válidos) pueden a veces ser un obstáculo para esa acción correcta. Oposición: complejo: los principios (éticos) universales *versus* las exigencias prácticas de la acción correcta".[140]

¿Por qué el problema de los medios, de la táctica, del "pecado" en el camino al objetivo socialista toma un lugar de tal manera importante en el pensamiento de Lukács durante el período de transición al comunismo? Porque su concepción trágica del mundo no conocía más que el *Entweder-oder,* la oposición absoluta, total, sin matices y sin transición, entre la virtud y el crimen, el "bien" y el "mal". Visión por la cual "los opuestos excluyentes estén separados por líneas claras y para siempre [...]".[141] Ahora bien, su paso a la política revo-

[139] Bela Balazs, "Notes from a diary, 1911-1912", en *New Hungarian Quarterly,* núm. 47, otoño de 1972, p. 128. Uno de los pocos autores que observó la importancia de esta temática en la evolución del joven Lukács, es Nicolas Tertulian, que destaca: "Las antinomias éticas ante las cuales se puede encontrar al revolucionario de profesión, y que están presentes en el pensamiento de Lukács bajo la influencia de la problemática de Dostoievski o de los escritos de algunos defensores del terrorismo ruso, como Savinkov, encontraban entonces su solución en una apología reveladora del *sacrificio* [...]" (Nicolas Tertulian, "L'évolution de la pensée de Georg Lukács", en *L'Homme et la Société,* núm. 20, p. 26.)

[140] *Gelebtes Denken,* 1971, p. 29.

[141] György Lukács, *El alma y las formas,* p. 61. Todavía en 1917-1918, en ensayos dedicados a Bela Balazs, hace elogios del poeta al destacar que en su obra se manifiesta "el triunfo de las decisiones dramáticas sobre el acomodo

lucionaria, a una práctica política concreta, exigía una comprensión totalmente diferente, *dialéctica,* de la relación entre el "bien" y el "mal". Para poder volverse bolchevique Lukács debía pasar de su posición trágica y kantiana (deber-ser rígidamente opuesto al ser) a la posición dialéctica que es la del marxismo: el "bien" y el "mal" son contradictorios pero unidos; el "bien" pasa a veces por medio de su contrario; el objetivo éticamente "puro" puede exigir, para ser alcanzado, el empleo de medios "impuros" y condenables en sí. Nos parece que "la falta" por excelencia para el tolstoiano Lukács de 1918 era causar la muerte. Un testigo de la época de 1919 cuenta que la pregunta: "¿Está permitido matar a su semejante?" *atormentaba* literalmente a Lukács.[142] No podía volverse bolchevique sin comprender la necesidad trágica para el revolucionario de matar en el campo de batalla para cumplir el objetivo final, esto es, la emancipación del proletariado. Se necesitaba esa mediación decisiva para que pudiera pasar de la posición de espectador trágico a la de actor comprometido, del moralismo abstracto y metafísico a una ética política más realista.[143]

Pero ese paso tiene implicaciones filosóficas profundas: Lucien Goldmann destaca con razón que la dialéctica faustiana del bien y del mal, "el pacto con el diablo como único camino que conduce a Dios (el subterfugio de la razón en la filosofía de Hegel)" es *uno de los puntos decisivos que separan el pensamiento trágico* (de Pascal, por ejemplo) *del pensamiento dialéctico.* Goethe, Hegel, Marx, como pensadores situados en el universo teórico de la visión dialéctica del mundo, "admiten que el 'subterfugio de la razón', la marcha de la historia, harán del mal individual el vehículo mismo de un progreso que realizará el bien en conjunto. Mefistófeles se caracteriza como el 'que quiere siempre el mal y hace siempre el bien', y es él quien, contra su propia voluntad, por supuesto, permitirá a Fausto encontrar a Dios y llegar al cielo".[144]

oportunista, el triunfo de la vida en el espíritu del 'o bien o bien' sobre la filosofía del 'tanto uno como otro' " (citado por István Mészáros, *Lukács, concept of dialectic,* Londres, Merlin Press, 1972, pp. 125-126).

142 Arpad Szelpal, *Les 133 jours de Bela Kun,* p. 199.

143 Según Ilona Duczynska, el "teorizante comunista húngaro" (Lukács) le había declarado en la conversación mencionada arriba: "La convicción del verdadero comunista es que el Mal (*Böse*) será trasformado en su contrario, el Bien, por la dialéctica del desarrollo histórico [. . .] Esta teoría dialéctica del Mal [. . .] se ha difundido como una doctrina secreta [. . .] hasta que finalmente sea considerada como la quintaesencia del verdadero comunismo [. . .]" (Ilona Duczynska, *op. cit.,* p. 99).

144 Lucien Goldmann, *Le Dieu caché,* Gallimard, 1955, p. 196. Lukács mismo hace mención de la "dialéctica del bien y del mal" en *Fausto* en sus "Estudios sobre el 'Fausto' ", en *Realistas alemanes del siglo XIX* cit., p. 387.

Por lo tanto, el paso realizado en diciembre de 1918 no es solamente del tolstoísmo dostoievskiano al bolchevismo sino también del kantismo al marxismo, del pensamiento trágico al pensamiento dialéctico: en una palabra, *el paso de una visión del mundo a otra.* Paso que no podía realizarse sin que estuviera resuelta la antinomia ética entre objetivos y medios; de ahí la importancia primordial casi obsesiva que tiene para Lukács esta solución en el trascurso de su primer período comunista (1919-1920).

En realidad, el gran "salto cualitativo" político-moral-filosófico de 1918 estuvo preparado por una lenta maduración en el curso de la guerra. Desde 1915, en cartas a Paul Ernst, Lukács comienza a examinar, a partir de los escritos de Savinkov, el problema ético del terrorismo, en términos semejantes a los de 1919.[145] Es muy probable que ese cambio se haya debido a la guerra misma, cuyas matanzas inmensas daban un carácter moralmente relativo a los "crímenes" de los terroristas que luchaban contra el zar y contra los regímenes imperiales responsables de la carnicería marcial. Sin embargo, en 1915, no hacía más que plantear el problema, tratar de comprenderlo. En 1918-1919 se ve obligado a tomar posición, a comprometerse del lado del "realismo político cruel" de los revolucionarios.

Queda por resolver un último problema: ¿qué sucedió en esa semana crucial, "de un domingo al otro", en diciembre de 1918, antes de que Lukács fuera iluminado por la gracia dialéctica y se adhiriera al partido?

Uno de los raros documentos en los que Lukács trata de explicar el contexto concreto e inmediato de su "conversión" es la autobiografía (inédita) de 1941 (que se encuentra en el Archivo Lukács de Budapest). He aquí el pasaje en cuestión: "El triunfo aparentemente sin esfuerzo (de la revolución húngara de octubre de 1918, M. L.), el aniquilamiento aparentemente sin derramamiento de sangre de la monarquía de los Habsburgo en Hungría, crearon en mí la ilusión de que en lo futuro también una vía no violenta podría conducir al triunfo completo de la democracia y aun a la victoria del socialismo (artículo de la revista *Libre Pensée*). Los acontecimientos de las primeras semanas de la democracia burguesa, en especial su incapacidad para defen-

145 "Descubro en él (Savinkov) una forma nueva del viejo conflicto entre la primera ética (el deber para con las instituciones) y la segunda (el imperativo del alma). El orden de las prioridades es siempre específicamente dialéctico en el caso de los políticos y revolucionarios, cuya alma no está vuelta hacia sí mismos sino hacia la humanidad. En ese caso, el alma debe ser sacrificada para salvar al alma: sobre la base de una moralidad mística uno debe volverse un realista político cruel y debe violar la condenación absoluta [...] '¡No matarás!' " (*Paul Ernst und Georg Lukács. Dokumente einer Freundschaft,* Emsdetten, Verlag Lechte, 1974, p. 74.)

derse contra la reacción que se organizaba cada vez más enérgicamente, rápidamente me enseñaron a corregir mis opiniones. Frecuenté mítines del partido comunista húngaro (que acababa de fundarse), leí sus diarios y revistas, y leí en especial el libro de Lenin, accesible en ese momento en alemán, *El estado y la revolución.* Bajo la influencia de esos acontecimientos y de esa lectura comprendí que los comunistas eran los únicos en tener una salida para la situación y estaban decididos a ir por ese camino hasta el final. A continuación de esas consideraciones, en diciembre de 1918 entré al partido comunista húngaro."[146] La revista *Libre Pensée* de la que se trata es *Szabad-gondolat* y el artículo citado el que discurre sobre el bolchevismo como problema moral. En cuanto a las intrigas contrarrevolucionarias mencionadas por Lukács, cabe mencionar que el conde Karolyi, jefe del gobierno democrático instaurado en octubre de 1918, reconoce en sus *Mémoires* que en ese momento antiguos oficiales reaccionarios del ejército imperial organizaban destacamentos militares ilegales, bajo la dirección de Julius Gombos, futuro primer ministro del régimen Horthy (y futuro colaborador de los nazis). Según Karolyi, Gombos le había ofrecido su apoyo contra los socialistas, pero la proposición fue rehusada. Karolyi se queja además de que el refuerzo de la contrarrevolución en diciembre de 1918-enero de 1919 facilitaba "la propaganda comunista".[147]

Este texto es importante y confirma que la cuestión de la violencia estaba en el centro de las preocupaciones de Lukács y constituía el rubicón ideológico-moral que debía pasar para poder volverse comunista. De ahí su interés por el libro de Lenin, cuyo tema central es precisamente la necesidad ineluctable de la violencia proletaria para destruir el estado burgués y abrir el camino hacia el objetivo final: un mundo sin violencia entre los hombres.

Otro acontecimiento que pudo influir en su decisión fue su primer encuentro con Bela Kun, que tuvo lugar, según Lukács, a fines de noviembre o principios de diciembre de 1918.[148] Este encuentro se llevó a cabo por medio de Erno Seidler, el hermano de Irma Seidler (la amiga íntima de Lukács que se había suicidado en 1911), quien había llegado con Kun de la URSS y había sido electo en noviembre de 1918 para el Comité Central del PCH. El hecho de que Lukács, después de 1921, se haya vuelto un enemigo encarnizado de Bela Kun, no disminuye la importancia del encuentro para su crisis ideológica

146 György Lukács, *Autobiographie* (alemán), sin fecha, dactilografiada, p. 1, Lukács Archivum, Budapest.

147 Véase Michael Karolyi, *Faith without illusion,* Londres, Jonathan Cape, 1956, pp. 150-151.

148 Véase carta de Lukács a David Kettler, en *Telos,* núm. 10, p. 68.

en diciembre de 1918. Tanto más cuanto que con Bela Kun, "durante los primeros tiempos mantenía vínculos personales verdaderamente buenos", según sus recuerdos en una entrevista de 1969.[149]

¿Cuál habrá sido el contenido de esa conversación histórica? Como los dos protagonistas han desaparecido, estamos reducidos al peligroso juego de las conjeturas. En nuestra opinión, es posible que el centro de la discusión haya sido el problema del terror rojo y de la violencia revolucionaria (Bela Kun había participado activamente en la guerra civil y justamente acababa de llegar de la URSS). Como antiguo soldado del ejército imperial austriaco, Bela Kun habrá quizá destacado en el debate el hecho decisivo de que la revolución de octubre, al firmar la paz, había salvado cientos de miles de vidas de la carnicería de la guerra imperialista.[150] Eventualmente también habrá desarrollado los siguientes argumentos: "Si se quiere que nuestra revolución no sea sangrienta, que no cueste sino el mínimo de sacrificios y que —aunque no conocemos la pretendida 'humanidad' situada por encima de las clases— esta revolución sea la más humana posible, entonces hay que hacer de manera que el ejercicio de la dictadura sea lo más firme y enérgico posible [...] Si no aniquilamos la contrarrevolución, si no exterminamos a los que se alzan contra nosotros con las armas en la mano, entonces serán ellos quienes nos asesinarán, quienes inmolarán al proletariado y no le dejarán ya ningún porvenir."[151]

Es posible que esa primera confrontación con un revolucionario de carne y hueso, con su lógica realista e implacable, haya desempeñado un papel en la decisión de Lukács de ir más allá de la ética tolstoiana y de unirse a las filas de la revolución proletaria. Esto no significa

[149] Véase la entrevista con el director de teatro András Kovács, en György Lukács, *L'uomo e la rivoluzione,* Roma, Editore Riuniti, 1973, p. 49 [György Lukács, *Revolución burguesa y antiparlamentarismo,* Cuadernos de Pasado y Presente, núm. 41, Córdoba (Arg.), 1973, p. 137]. En esta entrevista Lukács menciona "conversaciones privadas" con Bela Kun y sitúa la fecha de su entrada al partido en aproximadamente cuatro semanas después de su fundación.

[150] Esta cuestión es abordada por Lukács en su primer escrito bolchevique, *Taktik und Ethik,* que data de alrededor de enero de 1919. Destaca ahí que cada comunista debe considerarse como individualmente responsable de toda vida humana sacrificada en la lucha. Pero, por otra parte, "todos aquellos que se suman al otro lado —la defensa del capitalismo— deben igualmente ser tenidos por individualmente responsables de las matanzas de la ciertamente próxima nueva guerra de revancha imperialista [...]" (György Lukács, *Taktik und Ethik*", en *Werke,* t. 2, p. 50). Previsión rigurosamente cumplida veinte años después... Es evidente que implícitamente Lukács se refiere a la responsabilidad de los burgueses y socialdemócratas por las matanzas de la primera guerra mundial.

[151] Bela Kun, *La république hongroise des conseils. Discours et articles choisis,* Budapest, Ed. Corvina, 1962, pp. 175-211.

que él y sus amigos hubieran abandonado enteramente sus escrúpulos morales. En su artículo político más ingenuo, *Partei und Klasse* [Partido y clase], de abril de 1919, Lukács celebrará la superioridad de la revolución húngara sobre la revolución rusa, porque ha asegurado la toma del poder por el proletariado "sin derramamiento de sangre [. . .]"[152] Se sabe también que en mayo de 1919 Lukács protestará contra la toma de rehenes burgueses. Su amigo, el escritor de origen cristiano tolstoiano Ervin Sinko, irá incluso más lejos: después de la rebelión de los cadetes de la escuela militar de Budapest el 24 de junio, logrará que los jóvenes detenidos no sean ejecutados por traición, ¡sino obligados a seguir un seminario marxista bajo su dirección personal![153] Incluso Otto Korvin, jefe de la policía política de la Comuna húngara no era insensible (bajo la influencia de los comunistas "éticos") a las dudas sobre el conflicto entre la causa y los métodos, el fin y los medios.[154]

Esos escrúpulos eran el orgullo de los comunistas húngaros de 1919. Son significativos de la diferencia entre la ética revolucionaria de los comunistas de ese período y el maquiavelismo sórdido de la época estaliniana, de los organizadores de los procesos de Moscú y del "culto a la personalidad". El hecho de que Lukács haya podido prevenir tal propensión a degenerarse, del movimiento comunista, muestra que quizá llevó demasiado lejos su pacto faustiano con el diablo. . . Como decía un gran dirigente bolchevique: "Cuando decimos que el fin justifica los medios, resulta de ello para nosotros que el gran fin revolucionario se apoya, de entre esos medios, en los procedimientos y los métodos indignos que levantan a una parte de la clase obrera contra las demás; o que intentan hacer la felicidad de las masas sin su propia participación; o que disminuyen la confianza de las masas en sí mismas y su organización sustituyendo eso por la adoración a los jefes."[155]

La significación global del proceso de transición de Lukács en 1918-1919 puede muy bien resumirse en una frase de *Taktik und Ethik* (1919): *trasformación del fin trascendente en inmanente* (lo que evidentemente implica cierto cambio del contenido mismo del fin): "La teoría marxista de la lucha de clases, que desde ese punto de vista sigue totalmente la conceptualización hegeliana, trasforma el fin tras-

[152] György Lukács, *Partei und Klasse,* en *Werke,* t. 2, p. 70.

[153] Rudolf Tökes, *Bela Kun and the Hungarian Soviet Republic,* Nueva York, Stanford University Praeger, 1967, p. 153. Como detalle característico mencionamos que ese seminario tenía como eje la lectura y discusión del "Gran Inquisidor" de Dostoievski. . . Véase Joseph Lengyel, *Prenn Drifting,* Londres, Peter Owen, 1966, p. 205.

[154] Véase el testimonio irritado de Joseph Lengyel, *Visegrader Strasse,* p. 246.

[155] Leon Trotski, *Su moral y la nuestra,* 1938.

cendente en un fin inmanente; la lucha de clases del proletariado es el fin mismo y al mismo tiempo su realización."[156] Este pasaje muestra la superación de la concepción dualista neokantiana del ensayo *El bolchevismo como problema moral,* que criticaba "el hegelianismo de Marx" y oponía el fin socialista trascendental a la lucha de clase del proletariado por sus intereses. Se ve aquí *in nuce* el "salto cualitativo" de Lukács hacia la visión dialéctica del mundo, de noviembre de 1918 a enero de 1919, y, simultáneamente, hacia el partido comunista húngaro.

La relación entre el Lukács comunista de 1919 y el Lukács premarxista no puede ser comprendida sino a través de la categoría dialéctica de la *Aufhebung*: a la vez preservación, negación y superación. Es una relación, al mismo tiempo, de continuidad y de ruptura, en donde hay, entre ambas etapas, una coherencia interna mas no una necesidad lógica.[157]

El pensamiento de Lukács hasta 1918 se caracteriza por una antinomia trágica entre valores y realidad, cultura y capitalismo, personalidad humana y reificación económica. Esta antinomia se acompaña de una profunda nostalgia de la totalidad, de la armonía, de la universalidad, de la autenticidad; es decir, de la unidad entre subjetivo y objetivo, esencia y existencia, individuo y comunidad, reputadas de haber existido en Grecia y en la Edad Media, y destruidas por el desarrollo del capitalismo, que introdujo el desgarramiento, la separación, la disonancia.

En 1918-1919, Lukács encuentra en el proletariado la fuerza capaz de resolver la antinomia por la destrucción de la realidad capitalista, la abolición de la reificación, la realización de los valores auténticos y la fundación de una cultura nueva. El mesianismo ardiente del joven Lukács encuentra aquí su fundamento teórico: el proletariado es el portador de la nueva armonía, de la totalidad recuperada, de la universalidad realizada, de la unidad reconstituida entre el sujeto y el objeto, lo ético y la praxis, el individuo y la colectividad. La nostalgia trágica de la edad de oro mítica del pasado se trasmuta en esperanza apasionada en el porvenir: el proletariado, clase mesías de la historia, consumará, a través de la revolución, la redención del mundo.[158]

[156] György Lukács, *Taktik und Ethik,* en *Werke,* t. 2, p. 47.

[157] Véase István Mészáros, *op. cit.,* p. 18 y Paul Breines, "Notes on G. Lukács, The Old and the New Culture", en *Telos,* núm. 5, 1970, p. 12.

[158] A. Feenberg compara el papel de la comunidad épica griega en *La teoría de la novela,* y del proletariado en *Historia y conciencia de clase.* Siendo la diferencia principal que la totalidad es un antecedente inmediato en la Grecia clásica mientras que para el proletariado es un fin por alcanzar a través de su acción revolucionaria. (A. Feenberg, "The Antinomies of Socialist

En cierto sentido se puede decir también que la adhesión de Lukács al PC húngaro se hace a modo de la *apuesta pascaliana* en el sentido en que la entiende Lucien Goldmann: riesgo, posibilidad de fracaso, esperanza de éxito, en un "juego" en el que uno compromete su vida por un valor transindividual.[159] Lejos de resultar de un análisis "científico", el paso al comunismo deriva en él de un *acto de fe* ético-político. Un testimonio interesante a ese respecto se encuentra en la novela autobiográfica de Ervin Sinko sobre el año de 1919, *Optimistak* [Los optimistas], en la que Lukács aparece bajo el nombre de "Vertes"; según Sinko, Vertes (Lukács) explica en los siguientes términos su decisión de unirse al partido: "Hamlet no puede actuar porque solamente sabe, y no cree [...] Para pensar bien, una teoría correcta es suficiente, pero para que un hombre que conoce el bien y el mal sea capaz de vivir y de luchar, es necesaria la fe."[160]

Es fácil, hoy en día, burlarse de la "escatología" y del "quiliasmo" del joven Lukács, como lo hacen tantos comentaristas. Sus sueños se vuelven empero más comprensibles si se toma en consideración que la expectativa de la revolución mundial era generalizada en esa época (1918-1919). Expectativa que no era arbitraria sino que correspondía a una *posibilidad objetiva* del momento histórico. Por otra parte, es innegable que la extensión europea y mundial de la revolución de 1919 hubiera tenido como resultado un régimen proletario mucho más cercano al ideal histórico del socialismo que la pobre caricatura burocrática que se ha instalado progresivamente a partir del reflujo de la ola revolucionaria (1924).

La continuidad de las preocupaciones de Lukács y el carácter de *Aufhebung* de su paso al comunismo son notablemente ilustrados por un trabajo que publicó en junio de 1919: "Vieja y nueva *Kultur*". El interés de ese artículo y su lazo íntimo con los escritos premarxistas de Lukács han sido destacados por diversos autores.[161] Se encuentra ahí el tema del conflicto entre cultura y civilización, entre valores inmanentes (éticos y estéticos) y valores de mercado; la nostalgia de las culturas antiguas (Grecia, Renacimiento) en armonía "orgánica" con el ser social; y finalmente, la esperanza de una nueva cultura auténtica, instaurada por la revolución proletaria, y cuyo principio fundamental

Thought", en *Telos,* núm. 10, invierno de 1971, pp. 98-99.) Véase también Raddatz, *Lukács Rohwolt,* 1972, p. 41: "Lukács trasporta su idea de armonía clásica —es decir sus conceptos estéticos— al interior de sus ideas políticas [...]"

159 Véase Lucien Goldmann, *Le Dieu caché,* pp. 333-337.

160 Ervin Sinko, *Optimistak,* Budapest, 1953-1955, vol. 2, pp. 290-291.

161 Véase David Kettler, *op. cit.,* pp. 85-92 y Paul Breines, *op. cit., Telos,* 5, *passim.*

sería el heredado de la filosofía clásica del siglo XIX: el hombre como fin en sí mismo.[162]

Se puede pues resumir el paso de Lukács al comunismo como un "transdesarrollo" de la estética a la política, de la crítica cultural del capitalismo a la praxis revolucionaria del proletariado. Sin embargo, es necesario destacar que por debajo de la estética del joven Lukács había una *ética* implícita (o a veces explícita) *que es precisamente el puente, la transición,* que permite el paso al bolchevismo. Es esta ética lo que constituye la *clave teórica* del proceso de mutación de Lukács, como él mismo lo destaca, por otra parte; en el prefacio de 1967 a los escritos de juventud, Lukács declara que durante el período de transición su pensamiento estaba caracterizado por la confusión, pero no por el caos: había ahí una tendencia general: "La ética impulsaba en la dirección de la praxis, de la acción y, por lo tanto, de la política."[163]

No obstante, para que la ética trágica y mística de antes de 1918 pudiera trasformarse en política revolucionaria, se necesitaba pasar por un proceso de *dialectización*: de ahí el papel crucial de la problemática faustiana de los fines y los medios, que le permite dar el "salto cualitativo" del dualismo coagulado a una *mediación* (*Vermittlung*) social-activa entre el *Sein* [Ser] y el *Sollen* [Deber].

[162] György Lukács, "Alte Kultur und neue Kultur", en *Kommunismus,* 1/43, noviembre de 1920, pp. 1539-1540, 1548-1549 ["Vieja y nueva *Kultur*", en *Revolución socialista y antiparlamentarismo,* Cuadernos de Pasado y Presente núm. 41, Córdoba (Arg.), 1973, pp. 80 y 86].

[163] György Lukács, "Vorwort", p. 13. Véase también *ibid.,* p. 33: "Fueron esencialmente motivos éticos los que contribuyeron a hacer que me adhiriera al movimiento comunista."

3. LUKÁCS IZQUIERDISTA (1919-1921)

> Aliocha era [...] honesto por naturaleza, exigente de la verdad, buscándola y creyendo en ella y quien, habiendo creído, exigía participar inmediatamente de ella con todas las fuerzas de su alma, quien exigía una pronta prueba con la firme voluntad de sacrificarle todo en caso de necesidad, hasta su vida [...] al instante se dijo naturalmente: "Quiero vivir para la inmortalidad, no acepto compromisos."
>
> (Fedor Dostoievski, *Les Frères Karamazov,* "Les Livres de Poche", París, 1972, t. 1, pp. 31-32.)

La adhesión al Partido Comunista de Hungría en diciembre de 1918 no es sino el primer paso del tránsito de Lukács de la visión trágica del mundo al pensamiento dialéctico revolucionario, que va a efectuarse progresivamente en el trascurso de los años 1919-1921.

El primer comunismo de Lukács se caracteriza a la vez por su "izquierdismo" y por su carácter eminentemente contradictorio, inestable, cambiante. En el prefacio de 1967, Lukács se describe como que en ese período está habitado por dos almas: por una parte "una tendencia de apropiación del marxismo y de activación política" y, simultáneamente, "la intensificación constante de una problemática puramente idealista ética".[1]

Esta contradicción se encuentra ya al nivel de las influencias que se ejercen en su pensamiento en 1918-1919: Fichte, Hegel, Marx, Dostoievski, Sorel, Rosa Luxemburg, Pannekoek, Henriette Roland-Holst, Lenin, etc. Evidentemente, la relación de Lukács con esas "fuentes" es dialéctica: se encuentran *aufgehoben* en una síntesis original que le es propia. La influencia política decisiva en esa época probablemente fue la de Erwin Szabo: "Sus escritos sindicalistas procuraron a mis 'ensayos de filosofía de la historia' [...] una matización fuertemente ética y abstracta y subjetivista, y por ello eticista."[2] En un artículo publicado en 1920, Lukács destaca que la fuerza de atracción del sindicalismo revolucionario era el *rechazo ético* de los viejos partidos socialdemócratas.[3] Lo que Lukács abrevó en Szabo fue pues, antes que nada,

[1] György Lukács, "Vorwort", p. 12.

[2] György Lukács, "Mein Weg zu Marx", 1933, en *G. Lukács zum 70 Geburtstag,* Berlín, 1955, p. 324 ["Mi camino hacia Marx", *op. cit.,* p. 132].

[3] György Lukács, "Die Moralische Sendung der Kommunistischen Partei",

la oposición ética revolucionaria e intransigente a los compromisos parlamentarios de los partidos obreros reformistas, y a su ideología materialista vulgar.

A partir de todas esas influencias, pero sobrepasándolas, Lukács construye en 1919 su problemática comunista "puramente idealista ética": una combinación ardiente y sofisticada de mesianismo utópico, de fe escatológica, de moralismo revolucionario, de ética absoluta y de idealismo neohegeliano.

Esta problemática era compartida por todo un grupo de intelectuales alrededor de Lukács en el seno del partido comunista húngaro. Un testigo más bien hostil los describe en los siguientes términos:

"El tercer tipo de experimentalistas bolcheviques estaba en contraste completo con los otros dos (leninistas ortodoxos y socialdemócratas de izquierda, M. L.). Sus representantes eran ante todo religiosos, incluso místicos; muchos estaban nutridos de idealismo alemán y se habían atribuido criterios éticos rigurosos; pero no veían otro medio para liberarse de los pecados y enormidades del capitalismo y de la guerra más que la fuerza implacable. Su actitud era mesiánica."[4]

Ese rigorismo ético es precisamente el elemento que asegura la transición entre la visión trágica del mundo de Lukács en los años 1908-1916 y su izquierdismo político de los años 1919-1921, de la misma manera que su "ética de izquierda" había permitido la transición de la estética al comunismo.

La visión trágica del mundo del joven Lukács estaba constituida por la combinación de dos estructuras significativas: a] el principio del "o bien-o bien", la oposición absoluta y tajante entre lo auténtico y lo cotidiano, el bien y el mal, el ideal ético y la "perfecta culpabilidad" (*vollendeten Sündhaftigkeit*) del mundo existente; b] la desesperanza, la ausencia de perspectivas, la imposibilidad de realizar los valores en el mundo, la inexistencia de una fuerza social capaz de "cambiar la vida".

Con el descubrimiento del proletariado revolucionario como "clase

en *Werke*, 2, p. 108 ["La misión moral del partido comunista", en *Revolución socialista y antiparlamentarismo* cit., p. 36].

[4] Oscar Jaszi, *en* David Kettler, *op. cit.*, p. 73. Un testimonio parecido es el del intelectual vanguardista Lajos Kassak: "Eran filósofos, poetas y estetas que entraron a la saludable tempestad de la revolución [...] Los peligros abundaban fuera, pero se reunían [...] en la Casa del Soviet y comenzaban debates virulentos e interminables. Estaban ahí György Lukács, el antiguo filósofo de Heidelberg, József Révai, ex empleado de banca y esteta [...] Ervin Sinko, el joven escritor cristiano tolstoiano [...] Volaban por el aire citas de Hegel, Marx, Kierkegaard, Fichte, Weber, Jean Paul, Hölderlin y Novalis." (Rudolf Tökes, *op. cit.*, p. 197.)

mesías, redentor del mundo" en 1917-1918, la segunda componente desaparece de su universo ideológico. Pero la primera permanece durante un período de transición (1919-1921), y va a colorear de rigorismo ético todo el pensamiento político de Lukács durante esa época.[5]

La fuente del izquierdismo del joven Lukács es pues la oposición absoluta, tajante, total entre el proletariado revolucionario, portador de los valores éticos auténticos, y la sociedad burguesa corrupta y corruptora. Entre ambos ningún compromiso es posible. Ahora bien, el rechazo *a priori* de los compromisos y de las concesiones tácticas es la esencia misma de la política izquierdista, sobre todo en sus manifestaciones más extremas y las más coherentes.

Para el Lukács izquierdista los "opuestos excluyéndose mutuamente", que son ahora el socialismo y el capitalismo, deben estar "separados por una línea clara y para siempre", como en el ensayo *Metafísica de la tragedia* la "vida verdadera" y la "vida impura". El oportunismo, los compromisos políticos, son una nueva cara de la "anarquía del claroscuro" denunciada en *El alma y las formas,* de la vida ordinaria regida por el *Sowohl-als auch,* o de la triste mediocridad ("ni caliente, ni fría") vomitada por el Evangelio. El partido comunista, como estructura clara y unívoca ("palacio de cristal") que se atribuye por objetivo el asalto al cielo ("torre de Babel") no puede fundar su práctica más que en el rechazo radical y riguroso del mundo capitalista y de todas sus instituciones. Resulta por ejemplo que participar en las elecciones o en el parlamento es ya "reconocer las formas de la sociedad capitalista".[6] Sin subestimar de ningún modo la superación de la visión trágica del mundo por Lukács en 1918-1919 y el trastorno profundo que significa su adhesión al movimiento obrero revolucionario, nos parece innegable que sus primeras posiciones políticas tengan todavía la marca del dualismo de su *Weltanschauung* premarxista.

Sociológicamente, el izquierdismo de Lukács corresponde al carácter a la vez ético, abstracto y radical del anticapitalismo de los intelectuales; históricamente, está ligado a un período en que la revolución socialista era, a escala europea, una realidad *inmediata* y/o *inminente.*

Se pueden distinguir tres etapas en el izquierdismo de Lukács de 1919 a 1921, que constituyen un movimiento hacia el leninismo: el izquierdismo ético, el izquierdismo político y el bolchevismo de izquierda.

[5] Véase Peter Ludz, "Der Begriff der 'demokratischen Diktatur' in der politischen Philosophie von Georg Lukacs", en Lukács, *Schriften sur Ideologie und Politik,* Luchterhand, 1967, p. XXVIII-XI.

[6] György Lukács, *Partei und Klasse,* abril de 1919, en *Werke,* t. 2, p. 73.

I. EL IZQUIERDISMO ÉTICO: 1919

La forma más radical, la más moralista del izquierdismo se expresa en los primeros escritos del Lukács comunista, en el período que precede al establecimiento de la República Húngara de los Consejos (enero-marzo de 1919). El principal texto de esa etapa de su itinerario político-filosófico es el folleto *Taktik und Ethik* (publicado en mayo de 1919 pero del que la mayoría de los ensayos fueron escritos antes de marzo). Afirma en ese escrito que la lucha de clase del proletariado "no es una simple lucha de clase"; "si lo fuera, entonces podría estar efectivamente regida por ventajas realpolíticas"; pero no es más que un "medio para la emancipación de la humanidad, un medio para el verdadero comienzo de la historia *humana*". En consecuencia, "todo compromiso es [...] fatal para el verdadero objetivo final, cualesquiera que sean sus ventajas eventuales, momentáneas [...]"[7] En nombre de valores humanistas supremos, de los que la lucha del proletariado no es más que la mediación, Lukács rehusa pues *por principio, a priori,* cualquier compromiso.

En seguida trata, en vano, de reconciliar esta ideología ético-izquierdista con la práctica real del movimiento bolchevique, al que acababa de unirse. Un ejemplo particularmente patente es la manera extraña como "interpreta" el comportamiento de los bolcheviques ante el imperialismo alemán en Brest-Litovsk: "Lenin y Trotski, como marxistas dialécticos, verdaderamente ortodoxos, se preocupan muy poco de los pretendidos 'hechos'. Poco importa el hecho de que los alemanes hayan vencido, que tengan la posibilidad militar de marchar cuando sea sobre Petrogrado, de ocupar Ucrania, etc. Ellos (Lenin y Trotski) han reconocido la verdadera realidad, la revolución mundial que necesariamente llega, y han orientado según ella y no según los 'hechos' sus acciones."[8] Este ensayo, que es la primera versión del célebre texto de Lukács "¿Qué es el marxismo ortodoxo?", termina con la proclama soberbia y ardiente según la cual el marxismo ortodoxo debe declarar "con las palabras de Fichte, uno de los más grandes filósofos clásicos alemanes: 'Peor para los hechos' ".[9]

Inútil agregar que los bolcheviques no compartían en lo absoluto ese desprecio idealista neofichteano por los "hechos", sino que los tomaban completamente en serio. La política de Lenin y Trotski era,

[7] György Lukács, *Taktik und Ethik,* en *Werke,* t. 2, p. 48.
[8] *Op. cit.,* p. 68.
[9] *Ibid.,* p. 69.

no un rechazo moralista del compromiso, sino una posición dialéctica que tomaba en consideración a la vez los "hechos brutos" (la superioridad militar del ejército alemán) y las tendencias profundas de la ralidad histórica (inminencia de la revolución en Europa). La paz de Brest-Litovsk es precisamente el producto de esa visión dialéctica y el ejemplo clásico de un compromiso que no sacrifica en nada los intereses de la revolución. La torpe tentativa de Lukács para identificarse con la práctica de Lenin y Trotski no hace sino destacar todavía más el contraste entre su idealismo ético y el realismo revolucionario de los bolcheviques.

Desgraciadamente, no tenemos más que muy poca información sobre las actividades de Lukács durante ese período que sigue inmediatamente a su adhesión al PCH. De diciembre de 1918 a febrero de 1919 participará (con su discípulo Bela Fogarasi) en una serie de conferencias públicas del partido comunista en la universidad de Budapest, en donde hablará de los diferentes aspectos éticos de la revolución y de la lucha de clases internacional (una de esas conferencias tenía como título "El terror como fuente de ley"...).

El 20 de febrero de 1919, el gobierno de coalición socialdemócrata/radical-burgués arresta a Bela Kun y a los principales dirigentes del partido comunista. Un segundo comité central se constituye en la clandestinidad, bajo la dirección de Szamuely, Révai, Bettelheim, Bolgar y Lukács. Durante un mes ese grupo de intelectuales dirigió el partido, con una orientación claramente izquierdista, o para ser más precisos, golpista. Comenzaron preparativos intensivos para desencadenar una insurrección en el mes de mayo. Bela Kun no estaba informado de esos planes que preveían una huelga general, la toma del poder por una guardia roja compuesta de obreros, soldados y marinos, y el establecimiento de una república proletaria.[10]

El principal escrito de Lukács de ese período es un artículo intitulado *Ordre légal et violence* [Orden legal y violencia] que se caracteriza sobre todo por una "confianza total" y una "fe inquebrantable" (casi religiosa, se podría decir) en "el proceso de redención del mundo" (*Erlösungsprozess der Welt*), una convicción teñida de moralismo en "el triunfo de la verdad sobre toda ilusión, calumnia o violencia".

En marzo de 1919 la coalición en el poder entra en crisis y los socialdemócratas son obligados a apelar a los comunistas. Tienen lugar negociaciones entre los dos partidos, y Bela Kun y sus camaradas pasan

[10] Véase Rudolf Tökes, *op. cit.*, pp. 108, 149. Es cierto que esa táctica correspondía a una situación favorable: refuerzo de la influencia del partido comunista, radicalización creciente de los obreros de Budapest, etc. Véase también R. Baudy, *1919. La Commune de Budapest,* París, Ed. de la Tête des Feuilles, 1973, pp. 70, 82.

directamente de la prisión al poder. La República Húngara de los Consejos es proclamada. Ambos partidos deciden fusionarse sobre la base programática de la III Internacional.

Lukács celebra esos acontecimientos históricos en un escrito lleno de entusiasmo y de ingenuidad (*Partei und Klasse*) que proclama alegremente: "Los partidos han dejado de existir, ahora existe un proletariado unificado [. . .]"[11]

Durante los ciento treinta y tres días de la Comuna húngara, Lukács ejercerá el puesto de vicecomisario del pueblo en la Educación y la Cultura. El comisario era el socialdemócrata Szigmond Kunfi, pero parece que Lukács era la fuerza hegemónica que marcaba con su sello las actividades del comisariato.[12] Ese ejercicio del poder por Lukács golpea la imaginación; recuerda irresistiblemente la dictadura de los filósofos pregonada por Platón. Pero se trataba de otra cosa: la filosofía estaba al servicio de la dictadura del proletariado. . .

No se trata aquí de plasmar lo histórico de las actividades de Lukács como comisario del pueblo.[13] Éste concebía su tarea como una empresa grandiosa: "La revolucionarización de las almas" (artículo en el diario *Faklya,* 20 de abril de 1919). Hasta un adversario de la Comuna húngara como Oscar Jaszi reconocía que el objetivo de la actividad cultural de Lukács y de los bolcheviques era "la creación de un nuevo espíritu de fraternidad, de una fe de masa, y de una nueva moralidad".[14]

Las medidas culturales de Lukács en el Comisariato del Pueblo constituyen una notable combinación de clasicismo y de osadía revolucionaria. Por una parte se abre el teatro a los obreros y se estimula la representación, para las masas, de obras de Lessing, Gogol, Calderón, Molière, Ibsen, Hauptmann, Shaw, etc.[15] Por la otra, se comienza un

[11] *Werke,* p. 76. Este artículo será objeto de una autocrítica de Lukács en 1920: "Onkritika", en *Proletar,* núm. 7, agosto de 1920, p. 13.

[12] Sobre las razones de este predominio, véase David Kettler, *op. cit.,* p. 77.

[13] Remitimos al excelente resumen de David Kettler, *op. cit.,* p. 77-92.

[14] Citado por Victor Zitta, *George Lukács' Marxism,* La Haya, Martinus Nijhoff, 1964, p. 100. En otro texto, Jaszi escribe: "Sin ninguna duda, había cierta grandeza [. . .] en la seriedad y el entusiasmo con que la dictadura del proletariado tomó en sus manos las cosas del espíritu." Oscar Jaszi, *Revolution and Counterrevolution in Hungary,* Londres, P. King & Son, 1924, p. 144.

[15] David Kettler, *op. cit.,* p. 81. Un ejemplo típico de ese "clasicismo revolucionario" es la célebre *Mise au point* de Lukács en nombre del Comisariado del Pueblo, en abril de 1919, texto que muestra la ausencia de sujeciones burocráticas sobre la vida cultural en la República Húngara de los Consejos:

"El Comisariato del Pueblo en la Instrucción pública no concederá su apoyo oficial a la literatura de cualquier corriente o de cualquier partido que sea. El programa cultural de los *comunistas* no hace distinción más que entre la buena y la mala literatura y se rehúsa a rechazar ya sea Shakesperes, ya

programa explosivo de educación sexual, que provocará apasionadas discusiones y deberá interrumpirse. La rabia y la indignación de la burguesía frente a la política cultural profundamente *subversiva* de Lukács encuentra eco reciente en la obra de un tal Victor Zitta, que describe a Lukács como un "fanático", "determinado a destruir el orden social establecido". Según Zitta, la educación bajo la égida de Lukács se había vuelto "algo perverso": "Fueron organizadas conferencias especiales en las escuelas y fue impresa y distribuida literatura para 'instruir' a los niños sobre el amor libre, la naturaleza de las relaciones sexuales, la naturaleza arcaica de los marcos familiares burgueses, sobre el desuso de la monogamia, y la irrelevancia de la religión que priva al hombre de todo placer. Los niños, así estimulados a rechazar y ridiculizar la autoridad paterna y la autoridad de la iglesia, y a ignorar los preceptos de la moralidad, se convertían fácil y espontáneamente en delincuentes a los que solamente la policía podía hacer frente [...] El grito de rebelión dirigido a los niños era completado por un grito de rebelión dirigido a las mujeres húngaras. Entre los numerosos folletos publicados bajo los auspicios de Lukács en el Comisariato de la Educación y de la Cultura, uno es especialmente interesante, a la vez que típico de las empresas culturales de Lukács.

sea a Goethe con el pretexto de que no fueron escritores socialistas [...] El programa cultural de los *comunistas* consiste en ofrecer al proletariado el arte más puro y el más elevado y no permitiremos que se corrompa su gusto con una poesía de contraseñas degradada a instrumento político. La política no es más que un medio, el fin es la cultura.

"Lo que tenga un verdadero valor literario encontrará, de donde quiera que venga, el apoyo del comisario del pueblo y es evidente que éste apoyará en primer lugar el arte que avance en el suelo proletario, en la medida en que sea verdaderamente arte.

"El programa del Comisariato del Pueblo en la Instrucción consiste en *volver a poner los destinos de la literatura en las manos de los escritores.*

"El Comisariato no desea un arte oficial ni tampoco la dictadura del arte del partido [...]" (*Vörös Ujsag* [Diario Rojo], 18 de abril de 1919, en *Nouvelles Etudes hongroises,* vol. 4-5, 1969-1970, p. 121).

Es importante destacar ese aspecto de la actividad del "Comisario Lukács" en la medida en que historiadores conservadores y anticomunistas (p. ej. Eugen Szatmari, *Das Rote Ungarn, Der Bolchevismus in Budapest,* Leipzig, 1920; Victor Zitta, *George Lukács' Marxism,* The Hague, Martinus Nijhoff, 1964, etc.) denuncian un pretendido "terrorismo cultural" de Lukács. El carácter poco serio de esas obras puede ejemplificarse con el siguiente pasaje de Zitta sobre el año de 1919: "Los comunistas no tenían poeta, pero Lukács logró de una manera u otra arrastrar a Endre Ady a una ceremonia ante el Parlamento el 1 de marzo, y proclamar al poeta —que estaba consternado y protestaba en vano— el 'Santo' de la Comuna (Ady estaba en su lecho de muerte a causa de una enfermedad venérea)." (Victor Zitta, *op. cit.,* pp. 101-102.) Agreguemos que Ady murió el 19 de enero de 1919...

Escrito por Zsofia Denes, trata de *La mujer y el sistema social comunista* [...] Zsofia pretende que en la sociedad burguesa el tratamiento a las mujeres era chocante [...] En su libelo deliciosamente extravagante y risible, Zsofia llama a las mujeres del mundo entero a unirse y romper las cadenas impuestas por machos explotadores con espíritu burgués."[16]

Durante los últimos combates de la República de los Consejos, Lukács fue comisario político cerca de la 5a. división del Ejército Rojo Húngaro. Según algunos testimonios, en esa ocasión hizo alarde de una valentía cercana a la temeridad, al pasearse en los terraplenes frente a las trincheras, en una deslumbrante demostración de "izquierdismo militar".

He aquí cómo lo describe Joseph Lengyel (poco sospechoso de benevolencia), en su novela autobiográfica *Prenn Ferenc,* bajo el divertido y trasparente seudónimo de "Nandor Benzy" (Bencina = Naphta...):

Un día, en el alba fría, Nandor Benzy apareció en la trinchera, acompañado por varios estudiantes.

El sol de la mañana proyectaba largas sombras. Lo primero que hizo el recién llegado fue dar un paseo sobre el pretil de la trinchera [...] Las espaldas ligeramente inclinadas, los anteojos brillando al sol, caminaba con una lentitud deliberada, desafiante, desarmado [...]

Comenzaron a llegar fogonazos de las trincheras checas. Las balas silbaban sobre el parapeto. Muy pronto se escucharon metralletas, a las cuales otra, de nuestro lado, respondió con salvas cortas [...]

Los estudiantes, y todos los demás, mudos, miraban a Benzy, que avanzaba todavía tropezando sobre el borde del alto parapeto. El fuego aumentaba.

Con un salto repentino, uno de nuestros hombres, atrapándolo por la pierna, lo arrastró derribándolo hacia el interior de la trinchera [...]

Prenn, el estudiante de medicina, algunos mineros y unos estudiantes rodearon a Benzy, quien comenzó a limpiar sus anteojos con un pañuelo blanco impecablemente limpio [...] No mostraba señales de miedo.

Lengyel describe después una reunión convocada en la noche por Benzy y sus discípulos en la que éste emprendió la explicación de su gesto irracional:

Debemos tomar sobre nosotros la plena responsabilidad de la sangre derramada. Debemos también aceptar que nuestra sangre sea derramada. Este era el sentido práctico de mi comportamiento de esta mañana, por así

[16] Victor Zitta, *op. cit.,* pp. 106-107. Otros autores contrarrevolucionarios húngaros se quejan del comisario del pueblo Lukács: era un "diletante fanático" (F. Herczeg), un "partidario del bolchevismo más salvaje" (A. Berzeviczy), "la figura más extravagante de la dictadura del proletariado" (G. Gratz), cuyo pensamiento era "la quintaesencia sin orden y sin disciplina de un conjunto de ideas inmaduras, inacabadas, confusas y oscuras" (E. Csaszar). (Véase

decirlos: *argumentation ad hominem.* Porque no debe haber escisión entre la teoría y la práctica.[17]

En otro capítulo de la obra, Lengyel describe una conversación entre Otto Korvin y Bela Kun en la que el jefe de la seguridad roja destaca, mitad en broma, mitad en serio: "Benzy, como todos lo saben, es un héroe. Ha estado en el frente durante tres días y se cuentan leyendas sobre su valentía; para decir la verdad, debo agregar que no sin fundamento." En el debate que siguió Korvin critica las teorías místicas de "Benzy" y "Sutka" (Sinko), pero es interrumpido por Bela Kun que toma la defensa de Lukács: "Permítame decirle que Benzy desarrolla un excelente trabajo en la educación pública." Szamuely (comisario del pueblo en los ejércitos) interviene para manifestar sus dudas a ese respecto, pero termina por admitir que "en varios aspectos Benzy está en vías de hacer cosas justas". Korvin, después de haberse burlado de las discusiones metafísicas entre "Benzy", "Sutka" y sus amigos en la Casa de los Soviets, reconoce, "con una sonrisa tímida y ruborosa": "A veces, yo mismo fui ahí, porque estaba interesado en escuchar lo que dicen. Hay momentos en que pienso que alguna cosa tienen consigo."[18]

El testimonio de Lengyel nos muestra pues que Lukács en 1919 estaba todavía más próximo a la "ética de convicción" que a la "ética de responsabilidad", es decir más preocupado por la coherencia de su práctica con ciertos principios político-morales ("la teoría") que con las consecuencias de su acción en la realidad objetiva... Revela también a la vez las reservas de los dirigentes de la Comuna de 1919 para con él y una cierta "fascinación" que él ejercía sobre ellos.

No obstante, la experiencia vivida en el ejercicio del poder ha tenido un profundo impacto en Lukács: su pensamiento político

Tibor Hanak, *Lukács war anders,* Meisenheim-am-Glan, Verlag Anton Haim, 1973, p. 38.)

[17] Otro aspecto del "izquierdismo militar" de Lukács es descrito por el corresponsal de un periódico revolucionario americano que lo encontró en las trincheras del Ejército Rojo húngaro: "Encontré a Lukács y a los demás sumamente confiados en el éxito militar. Sonrieron ante la sugestión de que los pequeños gobiernos que les rodeaban en ese momento pudieran vender al Ejército Rojo. Reconocían el poder de la Alianza para aplastarlos, pero tenían una fe segura y sonriente en que los obreros de los países de la Alianza lo impedirían. Todos esos jóvenes dirigentes viven en la esperanza, confiados en nuevas revoluciones." ("In communist Hungary", en *The Liberator,* agosto de 1919.)

[18] Joseph Lengyel, *Prenn Drifting,* Londres, Peter Owen, 1966, pp. 152-153, 160, 205-206. Los personajes muertos aparecen en la novela con su verdadero nombre. Según Ilona Duczynska, tanto el episodio de las trincheras como las conversaciones entre los dirigentes de la República de los Consejos en el libro de Lengyel son "auténticamente ciertos" (carta al autor, 3 de abril de 1974).

se hace más rico, más práctico, más concreto. El izquierdismo ético comienza a ser sobrepasado y es admitida, con pesar, la necesidad inevitable de los compromisos. Esa necesidad y ese pesar son expresados simultáneamente en un discurso que Lukács pronunció ante el Congreso de los Jóvenes Trabajadores en junio de 1919: "Estamos constantemente forzados a compromisos, en interés del gran objetivo. No podemos elegir nuestros medios [...] Pero ustedes, los jóvenes, no están directamente implicados en esta lucha. Su papel es conducir una lucha política sin compromisos, y establecer un patrón moral en esa lucha. Porque es necesario que en alguna parte la llama arda en toda su pureza, que la lucha por los intereses del proletariado sea sin compromisos, enteramente pura, sin mancha. Este lugar es el alma de la juventud."[19] Este bello pasaje muestra la transición difícil y dolorosa de Lukács, de su rigorismo ético a una visión más realista de la lucha política.

Después de la derrota de la Comuna húngara (julio de 1919), Lukács permanecerá todavía dos meses clandestinamente en Budapest, tratando de reorganizar el partido: "Después de la caída de la República de los Consejos, Otto Korvin y yo fuimos encargados de la dirección del movimiento ilegal en Hungría. Korvin fue arrestado muy pronto, en consecuencia yo perdí contacto con la organización y me ví obligado a emigrar a Austria."[20] La designación de Lukács para esa peligrosa y delicada tarea confirma su temeridad, por una parte, y por la otra, la confianza que depositaba en él la dirección comunista en esa época. Muestra que Lukács estaba lejos de ser considerado por los bolcheviques húngaros como un literato, un filósofo soñador o un moralista utópico. Varios de sus amigos del "Círculo del domingo" (Charles de Tolnay, Karl Mannheim) le ayudaron a esconderse en Budapest; por otro lado, parece que en cierto momento se refugió en un monasterio y vistió hábito de monje...[21]

II. EL IZQUIERDISMO POLÍTICO: 1920

Refugiado en Viena (como la mayoría de los cuadros comunistas húngaros), Lukács se convierte en 1920 no solamente en el principal teorizador del partido comunista húngaro sino también en su más influyente dirigente *político*. Por primera y última vez en su vida,

[19] György Lukács, *Werke*, t. 2, p. 82.
[20] György Lukács, *Autobiographie*, p. 2, Lukács Archivum, Budapest.
[21] Yvon Bourdet, *op. cit.*, p. 44. Según Bourdet, "al final de aproximadamente dos meses de esa vida clandestina, Lukács juzgó prudente exiliarse [...]

Lukács se encontró proyectado a la suprema dirección de su partido: era, según Ilona Duczynska, el "Número Uno".[22] ¿Qué orientación dio al partido durante ese corto período? Ilona Duczynska, que era partidaria de la corriente llamada "levista" (del dirigente excluido del KPD Paul Lévi), formula, en un artículo publicado en 1922, un juicio muy severo de ese intermedio "lukacsiano" del comunismo húngaro: "La arrogancia teórica, así como la práctica que resultaba de ella, una política ajena a las masas y ajena al mundo, asumieron proporciones incontrolables bajo la influencia de György Lukács en el PCH."[23]

Su influencia se ejerce, por otra parte, a escala internacional: en 1920-1921, Lukács participa en el comité de redacción de la revista *Kommunismus,* órgano de la Internacional Comunista para los países del sudeste de Europa.

El izquierdismo de Lukács cambia de carácter: se vuelve menos moralista, más político, en ciertos aspectos cercano a posiciones de la "ultraizquierda" (Pannekoek-Bordiga) comunista.

La corriente llamada "ultraizquierda" se desarrolla en Europa occidental en el período 1919-1921, alrededor de cierto número de círculos u organizaciones: *a*] el grupo "De Tribune" holandés, ala izquierda de la socialdemocracia (excluido en 1909) y vuelto comunista en 1920: Anton Pannekoek, M. Gorter, Henriette Roland-Holst, etc.;[24] *b*] la Workers Socialist Federation inglesa, de tendencia feminista, dirigida por Sylvia Pankhurst; *c*] la corriente del periódico *Il Soviet,* fundado por militantes de la izquierda del partido socialista italiano (Amadeo Bordiga); *d*] el KAPD (Partido Comunista Obrero de Alemania), escisión izquierdista del KPD (Partido Comunista de Alemania) en 1919, animado por Wolfheim, Lauffenberg, Otto Rühle, Pfemfert, Schröeder, etc. De todos esos grupos el KAPD era, con mucho, el más importante, con una base de decenas de miles de obreros.

Muy bien hecho, pues su compañero en la lucha clandestina [...] Otto Korvin, fue muy pronto arrestado y colgado". Esta versión de los hechos, más bien deshonrosa para Lukács, no es exacta. Korvin fue detenido en agosto de 1919 y Lukács no dejó Budapest sino en septiembre, por lo tanto *después* del arresto de su camarada.

[22] "La posición de Lukács en Viena antes de la formación de las fracciones en el seno del partido comunista húngaro, por ejemplo en otoño de 1920, era la más importante, no solamente con relación a la teoría, sino *también con relación a la organización.* Tengo la prueba positiva de ello por el hecho de que, llegando de Moscú a Viena en septiembre de 1920 en una misión oficial del partido, mis órdenes eran presentarme ante Lukács, en su casa de la Laudongasse 20 en Viena VIII. En esa época, él era el 'Número Uno'." (Carta al autor, 6 de enero de 1974.)

[23] Ilona Duczynska, "Zum Zerfall der KPU", en *Unser Weg,* 1922, p. 102.

[24] Desde 1918, bajo la influencia de Ervin Szabo, Lukács había estudiado los escritos de Pannekoek y Roland-Holst sobre la huelga general.

Las posiciones comunes a la mayoría de esos grupos eran el rechazo de todo compromiso con la legalidad burguesa nacional o internacional (Tratado de Versalles), así como de todo acuerdo o frente con partidos reformistas o centristas; el antisindicalismo y el antiparlamentarismo *de principio*; la crítica de los "jefes" políticos, sindicales o parlamentarios del movimiento comunista. Para algunos, la lucha contra el Tratado de Versalles provocó un deslizamiento "patriótico": es el "nacional-bolchevismo" de Wolfheim y Lauffenberg. Para otros, la crítica de los "jefes" y del centralismo condujo a un rechazo del partido revolucionario mismo y a un acercamiento al anarcosindicalismo (Otto Rühle).[25]

La ultraizquierda es a la vez un fenómeno intelectual —Pannekoek era astrónomo y filósofo, Otto Rühle y Schröeder doctores en filosofía, Pfemfert escritor y Gorter poeta; varios artistas expresionistas colaboraban en la revista *Die Aktion,* dirigida por Pfemfert— y, durante un período coyuntural, una corriente significativa en el seno de la clase obrera (sobre todo en Alemania). Pero la coexistencia de los dos componentes sociales no es duradera: después de la exclusión de Rühle y Pfemfert (1920-1921) tiene lugar en 1922 la escisión del KAPD; la base obrera se vuelve prioritariamente hacia las luchas salariales, mientras que los intelectuales del partido (Gorter, etc.) forman la efímera KAI (Internacional Comunista Obrera) mucho más moralista y sectaria.[26]

Entre esa tendencia "izquierdista" y la orientación mayoritaria de la Comintern se sitúa un "espacio intermedio" en el que se puede ubicar por una parte Willy Münzenberg y la dirección de la Internacional Juvenil Comunista (Münzenberg se había ya opuesto a la dirección del KPD en 1919 respecto de la participación en las elecciones), y por la otra la "izquierda nueva" que en el seno del KPD critica la orientación juzgada "oportunista" de Paul Lévi: Ruth Fischer, Arkadi Maslow, Paul Frölich, etc. (a principios de 1921 esa corriente logrará obtener la dirección del KPD). La revista *Kommunismus*[27] se inserta también en ese espacio político-ideológico particular. Dirigida por el comunista austriaco Gerhart Eisler, hermano de Ruth Fischer, acoge no solamente a los "semizquierdistas" alemanes (Fischer, Maslow, etc.) sino también a los auténticos representantes de la ultraizquierda: Pannekoek, Henriette Roland-Holst (quien toma en la

[25] Esas dos "desviaciones", sin embargo, serán excluidas del KAPD en 1920.

[26] Véase Denis Authier, "Pour l'histoire du mouvement communiste en Allemagne de 1918 à 1921", en *La gauche allemande,* París, La Vieille Taupe, 1973, p. 124.

[27] Órgano de la Internacional Comunista para los países de Europa del sudeste.

revista la defensa del KAPD). Pero el tono lo dan sobre todo los comunistas húngaros (exiliados en Viena): Bela Kun, L. Rudas, Jenö Varga, E. Bettelheim, así como Lukács y sus "discípulos" József Révai y Bela Fogarasi.[28]

El hecho de que tal revista haya podido publicarse, en nombre de la Internacional Comunista, incluyendo puntos de vista completamente contradictorios con la "línea oficial" muestra qué tan lejos estaba la Comintern, en sus comienzos, de ser una institución monolítica y "unanimista".

En el prefacio de 1967, Lukács señala a *Kommunismus* como el portavoz de un "sectarismo mesiánico-utópico" que se cuida de distinguir del sectarismo burocrático de tipo estaliniano. En esa época su tendencia era "la ruptura total, en todos los terrenos, con las instituciones, formas de vida, etc., salidas del mundo burgués".[29] Se trata todavía, en forma atenuada, de la oposición tajante entre lo auténtico y lo corrupto, característica del rigorismo ético del joven Lukács. No es ya la negación *a priori* de todo compromiso (como en el izquierdismo ético), sino la repugnancia, la hostilidad, la resistencia a la participación de los revolucionarios en instituciones burguesas.

Un artículo poco conocido, pero muy característico de esa problemática, es "Cuestiones organizativas de la III Internacional". Según este escrito, la ilegalidad de los comunistas es "la consecuencia necesaria del hecho de que *en toda su táctica* ellos se ubican fuera del cuadro de la sociedad burguesa". La legalidad de un partido comunista (como el italiano en 1920) no podía ser más que una fase transitoria, pero jamás una situación "normal".[30] De esta premisa, llega a la extravagante conclusión de que para la Comintern "la ilegalidad excluye ya en el plano meramente técnico-organizativo, las formas de la II In-

[28] József Révai publica en 1920 en *Kommunismus* uno de sus más brillantes ensayos: "Das Problem der Taktik." Para él, la táctica se funda en la oposición entre lo subjetivamente deseado y la realidad, "una estructura trágica se trata de aprehenderla desde el punto de vista conceptual". No obstante, "en la historia no hay lo trágico como en la esfera del alma humana, en donde lo necesario coincide precisamente con lo 'irrealizable'. En la historia lo necesario es idéntico a lo 'realizable' |*Verwirklichbaren*)", József Révai, "Das Problem der Taktik", en *Kommunismus*, 1920, t. 2, p. 1676. El paso de la visión trágica a una concepción historicista-política se manifiesta aquí claramente.

[29] "Vorwort", pp. 15, 16.

[30] György Lukács, "Organisationsfragen der dritten Internationale", *Kommunismus*, núms. 8-9, marzo de 1920, p. 239 ["Cuestiones organizativas de la III Internacional" en *Revolución socialista y antiparlamentarismo* cit., p. 27]. Véase también p. 245 [p. 30]: "[. . .] A su ilegalidad de principio debe corresponder la ilegalidad de su mismo trabajo."

ternacional: Congresos y Oficinas Centrales".[31] Por otra parte, la Internacional Comunista es concebida por él como una *entidad moral* más que como una estructura concreta: "la III Internacional tiene como *fin imprescindible* el dictar una idea regulativa para la acción del proletariado"; tiene un "carácter de deber-ser" (*Sollenscharakter*), una "naturaleza teológica" (*Zielartige*), un "ser ideal" (*Ideenhafte*).[32] Inútil insistir sobre el carácter ético-idealista y extremo del izquierdismo de este artículo, que explica, por otra parte, por qué Lukács prefirió no publicarlo en su recopilación de escritos de juventud de 1968, en Luchterhand.

Durante el mismo mes de marzo de 1920, publica otro trabajo en *Kommunismus,* menos moralista, menos confuso, pero siempre fundado en la premisa izquierdista de la ruptura entre lo auténtico (proletario) y el universo burgués. Se trata del célebre ensayo sobre el parlamentarismo.

La estructura de este artículo es bastante curiosa y revela el conflicto en su pensamiento: acepta en principio la participación en el parlamento, pero la rodea de tales reservas y posiciones de defensa, que casi deviene en un rechazo:

a] El parlamentarismo no puede ser más que una arma defensiva del proletariado; estando definida la defensiva de manera muy imprecisa: "en tanto que el proceso de disolución del capitalismo no haya comenzado";

b] Toda campaña electoral tiende a oscurecer la conciencia de clase y lleva a hacer concesiones oportunistas, para ganar votos;

c] Ahí donde los soviets son posibles, el parlamentarismo se ha vuelto superfluo.[33]

La posición de Lukács se sitúa, por lo tanto, en ese momento (marzo de 1920), a medio camino entre la de los bolcheviques y la de los "abstencionistas" (Bordiga, KAPD, etc.).

Este artículo probablemente tuvo cierto impacto —es hasta el presente uno de los "clásicos" del antiparlamentarismo izquierdista, como lo prueban sus múltiples ediciones piratas en Alemania en los últimos años—, lo que explica por qué Lenin decidió dedicarle un párrafo crítico en su artículo al respecto en la revista *Kommunismus* (que contiene sobre todo un ataque a la teoría de Bela Kun sobre el "boicot activo" al parlamento).[34]

[31] *Ibid.,* p. 246 [p. 30].

[32] *Ibid.,* p. 238 [p. 24].

[33] *Werke,* t. 2, pp. 97, 101, 104.

[34] "El artículo del camarada G. L. es muy izquierdista y muy malo. Su marxismo es puramente verbal; la distinción que se hace entre la táctica "ofensiva" y la táctica "defensiva" es completamente imaginaria; no se encuentra

Simultáneamente con este artículo de Lenin aparecía su folleto *La enfermedad infantil del "izquierdismo" en el comunismo,* que criticaba el conjunto de las posiciones de la corriente ultraizquierda del movimiento comunista europeo. Según Lukács (en el prefacio de 1967), la crítica de Lenin, "que inmediatamente reconocí como correcta, me obligó a unir mi perspectiva histórica de una manera más diferenciada y más mediatizada con la táctica cotidiana, y en esa medida significó un giro en mis conceptos".[35]

Ese giro comienza en julio de 1920, cuando Lukács escribe para *Kommunismus* el ensayo "Legalidad e ilegalidad", que será incluido en *Historia y conciencia de clase* y se volverá también un "clásico" sobre el problema (todavía en nuestros días es estudiado por grupos revolucionarios ilegales, por ejemplo en América Latina, lo que demuestra la notable capacidad de Lukács para formular cada posición que asumía con rigor y profundidad). Este artículo es muy importante porque constituye el primer paso hacia el universo político de *Historia y conciencia de clase,* al sobrepasar explícitamente el izquierdismo de 1919 y principios de 1920. Lukács rechaza ahora a la vez el cretinismo de la legalidad y el romanticismo de la ilegalidad, y se orienta hacia su *Aufhebung* dialéctica en la indiferencia, el desprendimiento, "la independencia de espíritu comunista respecto al derecho". La ley establecida debe considerarse simplemente como una realidad empírica, y la cuestión de la legalidad o ilegalidad debe convertirse en una cuestión de pura táctica momentánea, una cuestión "completamente sin principios".[36] Lukács cita como ejemplo de la inconsistencia ideológica del romanticismo de la ilegalidad el caso de Boris Savinkov, el ideólogo literario (y dirigente activo) del terrorismo ruso, pasado en 1920 al campo de la Polonia blanca contra la Rusia soviética. La elección precisa de este ejemplo es significativa de su ruptura con la problemática de 1919: en *Taktik und Ethik,* Savinkov era todavía para él el héroe revolucionario por excelencia.

Todavía más significativa es la manera como presenta las negociaciones de Brest-Litovsk: "Aunque Lenin apreció la *efectiva relación*

ahí el análisis concreto de una coyuntura histórica bien definida; lo esencial (la necesidad de conquistar y de aprender a conquistar los dominios del trabajo, y todas las instituciones gracias a las cuales la burguesía ejerce su influencia sobre las masas, etc.) no está ahí tomado en consideración." V. I. Lenin, *Kommunismus,* 12 de junio de 1920, en *Revolución socialista...* cit., pp. 151-153.

35 "Vorwort", p. 16.

36 György Lukács, "Legalidad e ilegalidad", en *Historia y conciencia de clase,* México, Grijalbo, 1969, pp. 275 y en Daniel Bensaid, Alain Nair, Rosa Luxemburg, Vladimir I. Lenin y György Lukács, *Teoría marxista del partido político II,* Cuadernos de Pasado y Presente núm. 12, México, Siglo XXI, 1978, p. 142.

de fuerzas con la más alta inteligencia y *la lucidez más realista,* dejó constantemente a sus negociadores hablar al proletariado mundial y, en primer lugar, al proletariado de las potencias centrales."[37] Este análisis, por supuesto, está en las antípodas del idealismo ingenuo de *Taktik und Ethik* que veía en Brest-Litvosk la prueba del desprecio de los bolcheviques por los "hechos".[38]

III. EL BOLCHEVISMO DE IZQUIERDA: 1921

¿Significa esto que Lukács esté completamente desembarazado de su izquierdismo? En el prefacio de 1967 destaca que su cambio de después de junio de 1920 "sucede todavía dentro de una visión del mundo esencialmente sectaria. Esto aparecerá un año después, cuando al criticar algunos errores tácticos de la Acción de Marzo en su conjunto la haya apoyado de manera acrítica y sectaria".[39]

La historia de los acontecimientos de marzo de 1921 es conocida: en respuesta a un movimiento de huelga que se desarrolla en la región de Mansfeld, el gobierno de Sajonia envía a la policía y al ejército a reprimir a los huelguistas. La autodefensa se organiza en el lugar, y la dirección del partido comunista alemán (Ruth Fischer, Maslow, Brandler, Thalheimer, etc.) de tendencia "izquierda", decide que el momento es propicio para una "ofensiva generalizada". El 24 de marzo, el partido comunista lanza la contraseña para la huelga general y para armar a los obreros. La huelga no es seguida más que por una minoría de obreros: entre 200 y 500 000 según las fuentes. El 31 de marzo, ante el fracaso de la "ofensiva", el PC declara el fin de las acciones. El resultado es catastrófico: miles de militantes comunistas son arrestados, miles de huelguistas son despedidos. La fuerza del partido cae de 350 a 150 000 miembros.

Resulta de eso un agitado debate en el seno del partido comunista alemán entre la dirección responsable de la Acción de Marzo y una

[37] György Lukács, *Historia y conciencia de clase* cit., p. 281 y *Teoría marxista del partido político II* cit., p. 148; cursiva nuestra, M. L.

[38] Otro artículo interesante de este período es "Oportunismo y putschismo" (*Kommunismus,* 17 de agosto de 1920) que opone a esas dos desviaciones contradictorias el *realismo revolucionario* (es la primera vez que Lukács utiliza este término) de la táctica comunista que debe tener un doble carácter: "Por una parte, no perder nunca de vista la unidad y la totalidad del proceso revolucionario; por otra, sin embargo, debe siempre considerar a esta totalidad según el momento dado, la 'exigencia del día' [...]" *Werke,* t. 2, p. 116 ["Oportunismo y putschismo", en *Revolución socialista y antiparlamentarismo* cit., p. 51].

[39] "Vorwort", p. 16.

oposición dirigida por Paul Levi, Clara Zetkin, Däumig, etc., que critica lo que consideraba "el aventurerismo golpista" de la orientación del partido. Paul Lévi publica un violento libelo contra la dirección del partido comunista alemán y se hará excluir a causa de este acto calificado por sus adversarios de "traición". La discusión alcanza enseguida al partido comunista ruso mismo, en donde Zinóviev, Bujarin y Rádek son favorables a la dirección alemana, mientras que Lenin, Trotski y Kámenev son más bien sensibles a los actos de la oposición "levista". El debate finalmente será zanjado en el III Congreso de la Comintern que se reune en Moscú en julio de 1921. La partida estaba lejos de ser jugada de antemano por Lenin y Trotski: no solamente la mayoría de los delegados alemanes, sino también los húngaros, dirigidos por Bela Kun (quien había sido, él mismo, uno de los responsables de la acción, durante su viaje a Alemania en febrero), los italianos y otras delegaciones eran partidarios de la "teoría de la ofensiva". Trotski cuenta que Lenin había discutido con él sobre lo que habría que hacer ¡en el caso de que el Congreso de la Internacional votara contra ellos! En su discurso a los delegados, Trotski había declarado: "Si ustedes, el Congreso, toman una decisión contra nosotros, espero que nos dejarán un marco suficiente para defender nuestro punto de vista en el futuro."[40] Este es otro ejemplo palpable del funcionamiento de la Comintern en la época en que era todavía un cuerpo vivo, en donde podían tener lugar debates reales y democráticos, a pesar de la existencia de deformaciones burocráticas innegables. Finalmente, será adoptada una solución de compromiso: el Congreso aprobará un texto que, al reconocer que la Acción de Marzo fue "un paso adelante", formula reservas explícitas sobre la orientación del partido alemán.[41]

¿Cuál fue la posición de Lukács ante estos acontecimientos? En sus artículos en *Kommunismus* y *Die Internationale* (revista teórica del partido comunista alemán) en abril-mayo de 1921, sostendrá in-

[40] Leon Trotski, *The Stalin School of Falsification* [*Stalin. Escuela de falsificadores*], Nueva York, Pathfinder Press, 1971, p. 34. Véase sobre este período el libro de Pierre Broue, *Révolution en Allemagne* [*La revolución en Alemania*] *(1917-1923)*, París, Editions de Minuit, 1973, cap. XXV, XXVI, XXVII.

[41] [. . .] "Cometió una serie de errores el principal de los cuales consistió en que, en lugar de destacar claramente el carácter defensivo de esta lucha, con su grito de ofensiva proporcionó a los enemigos inescrupulosos del proletariado, a la burguesía, al partido socialdemócrata y al partido independiente un pretexto para denunciar ante el proletariado al partido como un factor golpista. Este error fue además exacerbado por un cierto número de camaradas del partido, que presentaron a la ofensiva como el método de lucha esencial del Partido Comunista Unificado de Alemania en la actual situación." "Tesis sobre la táctica. Tercer Congreso de la IC, junio de 1921", en *Los cuatro primeros congresos de la Internacional Comunista, Segunda parte,* Cuadernos de Pasado y Presente núm. 47, México, Siglo XXI, 1977, p. 51.

condicionalmente la táctica "ofensiva" del partido comunista alemán, pero su "izquierdismo" se sitúa ahora (como el de la dirección comunista alemana) en el marco del bolchevismo; no tiene ya nada en común con la ultraizquierda del KAPD. El elemento ético continúa estando subyacente, pero de una manera más mediatizada: la ofensiva aparece como la única vía para abolir la separación entre el deber-ser y el ser.

En el artículo "Spontaneität der Massen, Aktivität der Partei" [Espontaneidad de masas, actividad del partido] Lukács trata de defender la Acción de Marzo contra las críticas del ala "derecha" del partido comunista alemán (Paul Lévi, Clara Zetkin); destaca que la acción no era un golpe, puesto que el objetivo no era la toma del poder: se trataba más bien de romper la "letargia menchevique" del proletariado por una iniciativa autónoma del partido, de "cortar el nudo de la crisis ideológica del proletariado con la espada de la acción". Contra toda evidencia, proclama que ese objetivo fue alcanzado y que gracias a la Acción de Marzo "se está finalmente en el camino que conduce al proletariado alemán hacia la verdadera acción revolucionaria".[42]

Los artículos de Lukács en *Die Internationale* tienen una considerable resonancia. Rádek, que era uno de los principales partidarios del "bolchevismo de izquierda" en el seno de la dirección del partido comunista ruso, los había apreciado especialmente: Lukács cita (*cum grano salis*) una entrevista con él al principio del III Congreso de la Internacional Comunista: "Hablé largamente con Rádek. Me dijo que consideraba mis artículos sobre la Acción de Marzo en Alemania como lo mejor que se había escrito al respecto y que los aprobaba completamente."[43]

Otro artículo, *Questions organisationnelles de l'initiative révolutionnaire* [Cuestiones organizativas de la iniciativa revolucionaria] es todavía más discutible. Explica el fracaso de la Acción de Marzo... por la falta de centralización y de disciplina revolucionaria del partido comunista. Sin embargo, tiene cuidado en destacar que el problema de la disciplina no es una cuestión tecno-burocrática, sino un problema ideológico, una "cuestión espiritual", política y moral.[44]

Partiendo de esos textos "centralistas" de Lukács en 1921, es como el historiador italiano socialdemócrata (neokautskiano) Luciano Amodio adelanta la extravagante tesis según la cual "el estalinismo es hijo del extremismo occidental, es extremismo degradado, introverso (in-

[42] "Spontaneität der Massen, Aktivität der Partei" [Espontaneidad de las masas, actividad del partido], en *Die Internationale,* III/6, en *Werke,* t. 2, pp. 142-143.

[43] "Lukács on his life and work", en *New Left Review,* Londres, núm. 68, julio de 1971, p. 55.

[44] Véase *Werke,* t. 2, pp. 144, 148, 153.

cluso históricamente) sobre el que se ha instaurado la tiranía".[45] Nos parece comprensible que desde un punto de vista socialdemócrata el estalinismo pueda aparecer como un "extremismo de izquierda"... En cuanto a pretender que el estalinismo es el heredero o el continuador del izquierdismo occidental, por ejemplo de Pannekoek, Henriette Roland-Holst o Lukács y la revista *Kommunismus,* se trata no solamente de una contraverdad histórica flagrante, sino también de una tesis absurda desde el punto de vista ideológico.

En consecuencia, si es verdad que Lukács se engaña torpemente al atribuir a la "falta de disciplina" el revés de los comunistas en marzo de 1921, no hay que confundir ese error con el fetichismo burocrático del centralismo estaliniano. En un texto redactado más o menos en la misma época (mayo de 1921), Lukács insiste en la subordinación del centralismo a criterios políticos, al impedir que se vuelva un fin en sí; por ejemplo, no se necesita, en nombre del centralismo, abolir la autonomía de los movimientos de juventudes comunistas, porque esta autonomía puede ser útil en la lucha contra el "menchevismo interno" de los partidos comunistas; y agrega una conclusión organizacional de carácter más general, que es completamente característica de su problemática: "En cuestiones de este tipo, la exigencia de la revolución consiste en una gran elasticidad de los problemas organizativos. Hace falta estructurar las relaciones de manera tal que el desarrollo avance en el sentido correcto de la centralización y, al mismo tiempo, dar a estas relaciones una elasticidad tan grande que *no se pueda usar jamás al centralismo contra los intereses de la revolución.* Toda forma organizada es solamente un instrumento de lucha, *sólo un elemento de la totalidad que determina y decide todo: la totalidad del proceso revolucionario.*"[46] Inútil agregar que este enfoque de las cuestiones organizacionales se sitúa precisamente *en las antípodas* del conservatismo burocrático, en sus diversas variantes (incluyendo el estalinismo).[47]

[45] Luciano Amodio, "Tra Lenin e Luxemburgo, comentario al periodo 'estremistico' di G. Lukács 1919-1921", en *Il Corpo,* año II, núm. 5, mayo de 1967, p. 422. Esta tesis será continuada por G. E. Rusconi (que cita Amodio), según el cual "el 'voluntarismo de izquierda' de Lukács ha permitido su apertura hacia el estalinismo". Véase G. E. Rusconi, *La Teoria Critica de la Società [Teoría crítica de la sociedad],* Il Mulino, 1968, p. 81.

[46] György Lukács, "Vor dem dritten Kongress', en *Kommunismus,* 17/18, 15 de mayo de 1921, p. 594 ["Ante el Tercer Congreso", en *Revolución socialista y antiparlamentarismo* cit., p. 105], subrayado nuestro. Agreguemos que *Kommunismus* había publicado en 1920 un artículo del "comunista de izquierda" ruso Vladimir Sorin, llamando la atención sobre el peligro de burocratización en la URSS.

[47] A propósito del pretendido "prestalinismo" de Lukács en 1921, es inte-

Unas semanas antes del III Congreso, Lukács escribe por última vez respecto de la Acción de Marzo; no da la razón al "izquierdismo" del KAPD ni al "oportunismo" del ala derecha del partido comunista alemán (Zetkin) al destacar que ambos olvidan el principal aspecto de la acción: su repercusión sobre la conciencia de clase del proletariado. Para él, la tarea principal de III Congreso deberá ser la superación del "menchevismo interno", que se manifiesta en el momento del paso del partido de la propaganda a la acción. Por lo tanto, en la víspera del Congreso no se encuentra todavía en Lukács ninguna crítica a la línea del partido comunista alemán durante la ofensiva de marzo.[48]

Lukács participa con la delegación del PCH en el III Congreso de la Internacional Comunista. En el prefacio de 1967 Lukács destaca: "La crítica de Lenin había quebrantado mis conceptos sobre la Acción de Marzo."[49]

La intervención de Lukács en el III Congreso (registrada en los protocolos) es interesante en muchos aspectos. Es ilustrativa de la atmósfera de libre discusión que reinaba en la Comintern a principios de los años 20. Lukács hablaba oficialmente como representante de la "fracción minoritaria del PC húngaro";[50] al aceptar el marco general de las tesis propuestas por Lenin y el partido bolchevique sobre la Acción de Marzo, no teme en lo absoluto criticarlas, como "que contienen pasajes que pueden dar lugar a torcidas interpretaciones centristas". La posición que va a defender con relación a la Acción de Marzo está matizada: por una parte, defiende la acción como "un gran movimiento de masa revolucionario, que ha sido un esencial paso adelante"; por la otra, va a criticar la "teoría de la ofensiva" que se ha desarrollado alrededor de la acción, "los conceptos unilaterales y golpistas que sin embargo no tenían nada que ver con la Acción de

resante observar —considerando su posterior incorporación a la doctrina del "socialismo en un solo país" de Stalin— que en un artículo de 1921 en *Kommunismus* proclamaba explícitamente: "[...] la nueva organización económica de la República Soviética se limita sólo provisionalmente, en la actual situación de la revolución mundial, al territorio de la Rusia [...]; el socialismo significa economía mundial organizada [...]" "Ukrainischer Nationalbolchevismus", *Kommunismus,* 5/6, 1921, p. 187 ["Nacionalbolchevismo ucraniano", en *Revolución socialista y antiparlamentarismo* cit., p. 93].

[48] "Vor dem dritten Kongress", en *Kommunismus,* 17/18, 15 de mayo de 1921, pp. 585-586 ["Ante el Tercer Congreso", *op. cit.*, p. 96].

[49] "Vorwort", p. 18. En una entrevista del año de 1970, Lukács recuerda que "el comportamiento de Lenin en el III Congreso causó una impresión enorme en mí". (György Lukács, "The twin crisis", en *New Left Review,* marzo-abril de 1970, p. 42.)

[50] Opuesta a Bela Kun, a quien ésta acusaba de "aventurerismo burocrático", la fracción estaba dirigida por Landler, y apoyada por Lukács, Rudas, Lengyel, etcétera.

Marzo misma". Como ejemplo cita a Pogany, un miembro de la fracción dirigente del partido comunista húngaro, quien había escrito: "La contraseña del partido no puede, por lo tanto, ser más que ofensiva, ofensiva a toda costa, por todos los medios, en esa situación que ofrece serias posibilidades de victoria." Es evidente que Lukács aprovecha la tribuna del III Congreso para arreglar las divergencias internas del comunismo húngaro. En ese momento de su discurso, es interrumpido por Rádek (quien era partidario de la tendencia "izquierda") que exclama irónicamente: "Esto es precisamente lo que Lukács mismo había escrito en su artículo en *Die Internationale*." Lukács continúa imperturbablemente su discurso sin responder a la malévola interpelación... Ahora bien, Rádek tenía razón en cierta medida: pues si bien Lukács no aceptaba todavía completamente las tesis propuestas por Lenin, sus posiciones habían evolucionado considerablemente con relación a los artículos de abril-mayo.[51]

En realidad, con el III Congreso el período "izquierdista" de Lukács queda cerrado y él se encamina hacia una nueva etapa representada por *Historia y conciencia de clase.* La tesis defendida por algunos autores, como Rudolf Schlesinger, según la cual los acontecimientos de marzo de 1921 constituyen el marco histórico principal de *Historia y conciencia de clase,* y que en esa obra se expresa la misma "teoría de la ofensiva" que en los artículos de Lukács de 1921 en *Die Internationale,*[52] ignora pura y simplemente el cambio que representa para Lukács el III Congreso, que abre precisamente la vía hacia la superación de su último "izquierdismo".

IV. LA PROBLEMÁTICA DEL REINO DE LA LIBERTAD

El carácter "izquierdista" de los escritos de Lukács en 1919-1921 no significa en lo absoluto que no presenten interés. En una forma unilateral, moralizante, idealista, provocan cuestiones altamente significativas. Lo que produce su debilidad origina también, paradójicamente, su fuerza: la abstracción, el desprendimiento de la realidad inmediata

[51] Véase *Protokoll des III Kongresses der Kommunistischen Internationale, Moskau 1921,* Hamburgo, Verlag der KI, 1921, pp. 591-592.

[52] Rudolf Schlesinger, "Historical setting of Lukács's History and Class Consciousness", en István Mészáros (edit.), *Aspects of History and Class Consciousness,* Londres, Routledge & Kegan Paul, 1971, p. 196. Una interpretación parecida es sugerida, menos explícitamente, por Giaro Daghini, "Towards a reconsideration of Lukács Theory of the offensive", en *Telos,* núm. 10, invierno de 1971, pp. 147-149 ["Para una reconsideración de la 'teoría de la ofensiva' en 'Historia y conciencia de clase' ", en Giovanni Piana, Marco

permiten, a cambio, una cierta grandeza de visión, una amplitud de perspectiva desacostumbrada. Esto vale especialmente para la problemática del "reino de la libertad", de los objetivos últimos del socialismo, de la moral comunista.

Partiendo de ciertas tesis de Marx, Lenin y Rosa Luxemburg, Lukács destaca que las "leyes naturales" de la economía determinan las crisis, pero no su salida. La victoria del socialismo o la caída común de las clases en lucha (el retorno a la barbarie) dependen del proletariado mismo. La revolución liberadora no es un regalo del destino, sino el producto de una decisión libre de la clase obrera. En ese sentido constituye, como lo destacaba Engels, el principio del salto en el "reino de la libertad".[53] Después de la toma del poder por el proletariado, la evolución de la sociedad no está ya determinada por fuerzas económicas ciegas, sino por la decisión consciente del proletariado, por su capacidad moral y espiritual, por su fuerza de juicio y su disposición de sacrificio: "Depende del proletariado que ahora se debiliten la 'prehistoria de la humanidad', el poder de la economía sobre los hombres, las instituciones y la coerción sobre la moral. Depende del proletariado que la verdadera historia de la humanidad comience, a saber, el poder de la moral sobre las instituciones y la economía."[54] Esas frases ardientes fueron escritas en 1919, en el apogeo de la República Húngara de los Consejos, a propósito del problema de la disciplina del trabajo, en un artículo significativamente intitulado *El papel de la moral en la producción comunista.* Este tema será tomado de nuevo y explicado en varios artículos y escritos de Lukács en ese período de "fiebre revolucionaria". En su discurso a la juventud de junio de 1919, destaca que el objetivo final del socialismo es "la abolición de la autonomía malsana e inmoral de la vida económica, la sumisión de la producción al servicio de la humanidad, de las ideas humanistas, de la cultura".[55] En otros términos: el reino de la libertad significa ante todo, la liberación de los hombres de la dominación por la economía, por las leyes ciegas del mercado, por los valores de cambio. La organización socialista de la producción instituirá la dominación de la vida social por motivaciones humanas y no por exigencias mercantiles.[56]

Macció, Giairo Daghini y György Lukács, *El joven Lukács,* Cuadernos de Pasado y Presente núm. 16, Córdoba (Arg.), 1970].

[53] György Lukács, *Werke,* t. 2, pp. 138-139, 92. El partido comunista debe ser, por el espíritu de disciplina, de fraternidad, de solidaridad, de sacrificio, la prefiguración, la primera encarnación del futuro reino de la libertad. (*Ibid.,* pp. 107-110.)

[54] *Werke,* p. 94.

[55] *Werke,* p. 81.

[56] Véase György Lukács, "Alte Kultur und Neue Kultur", en *Kommunismus,*

El paso de la sociedad antigua a la sociedad nueva, de la dependencia y de la reificación a la libertad y la humanidad exige primero que nada trasformaciones económicas y políticas objetivas. Pero este paso no es simplemente económico e institucional, implica también un *cambio moral.* Después de la toma del poder *institucional,* la cuestión capital es saber si un verdadero *espíritu* comunista habita las instituciones soviéticas, o si estarán esclerosadas por la herencia inevitable de la sociedad capitalista (burocracia, corrupción, etc.).[57] Para Lukács, el ejemplo de este espíritu son los "sábados comunistas" (trabajo voluntario de los militantes del partido) "que no son de ninguna manera una cuestión institucional del gobierno soviético, sino objetivo moral del partido comunista".[58]

El hombre comunista que se manifiesta en esos actos es para Lukács en último análisis la materialización de su viejo sueño de un "hombre nuevo", descubierto por primera vez en los escritos de Tolstoi y Dostoievski. Un hombre nuevo que superará el egoísmo y el aislamiento individualista en una solidaridad y una comunidad auténticas, y que por su libre actividad creadora producirá una nueva cultura armoniosa, comparable a la de la Grecia antigua y a la del Renacimiento.[58]

Esta problemática lukacsiana del reino de la libertad nos parece del mayor interés, porque atañe a cuestiones decisivas casi enteramente ausentes de la literatura marxista rutinaria. Evidentemente se trata de un terreno delicado, peligrosamente minado por la tentación utopista. Es evidente que en 1919-1920 Lukács no escapa a ese peligro: su pensamiento acerca de esos problemas está teñido de mesianismo, en la medida en que el reino de la libertad no es comprendido como un largo proceso histórico de *transición al socialismo,* de lucha paso a paso entre la planificación consciente y las leyes económicas ciegas. Más que un proceso prolongado de *liberación,* de *devenir* libre, Lukács tiene la visión idealista de una trasformación inmediata, fulminante, milagrosa. Esta inmediatez utópica comienza a ser corregida desde 1921: en un artículo de *Kommunismus,* Lukács destaca que "ese paso de la 'necesidad' a la 'libertad' de ninguna manera es un acto

I/43, 1920, pp. 1544-1549 ["Vieja y nueva *Kultur*", *op. cit.,* pp. 74-86].

[57] "Die moralische sendung der Kommunistischen Partei", 1920, *Werke,* t. 2, pp. 109-110 ["La misión moral del partido comunista", en *Revolución socialista y antiparlamentarismo* cit., pp. 36-37]. En una nota, Lukács menciona, en ese contexto, el artículo del comunista ruso Vladimir Sorin, "Die Kommunistische Partei und Sowjetinstitutionen", *Kommunismus,* I/8-9, marzo de 1920. En ese artículo, Sorin llama la atención sobre el peligro que representa "el conservatismo [. . .] resultante de la situación material del ejército creciente de burócratas soviéticos" (p. 283).

[58] *Ibid.,* p. 106 [p. 35].

[59] *Ibid.,* pp. 1543-1549 [pp. 74-86].

único, repentino e inmediato, que no puede ser sino un *proceso,* del cual Engels ha señalado el carácter revolucionario, de crisis, con la palabra 'salto'..."[60]

La evolución del pensamiento de Lukács después de su adhesión al partido comunista húngaro de 1918 a 1921 es la de un intelectual idealista que repentinamente es arrojado al torrente revolucionario y cuya fiebre moralista es poco a poco enfriada por la corriente glacial de la lucha política real. Su izquierdismo no es más que la continuación política de la ética rigorista: es el hijo legítimo de su visión trágica del mundo. El itinerario desde 1918 hasta el III Congreso de la Internacional Comunista es, por lo tanto, el de un descenso progresivo hacia la tierra después del místico arrebato hacia lo Absoluto moral, sin que, no obstante, sea abandonado lo esencial: la perspectiva revolucionaria histórico-mundial y la finalidad humanista.

[60] György Lukács, "Spontaneität der Massen, Activität der Partei", en *Werke,* t. 2, p. 138.

4. *HISTORIA Y CONCIENCIA DE CLASE* (1923)

> La dialéctica materialista es una dialéctica revolucionaria [...] La teoría [...] no se limita a enlazarse de modo más o menos casual, a través de múltiples, complicadas y mal interpretadas relaciones, con la revolución; sino que, por su esencia, es simplemente la expresión intelectual del proceso revolucionario mismo.
>
> (György Lukács, *Historia y conciencia de clase,* pp. 2-3.)

Inútil destacar la importancia verdaderamente *histórica* de esta obra, considerada por muchos como el mayor trabajo de filosofía marxista del siglo xx.[1] Nuestro objetivo no será aquí el estudio sistemático del *opus magnum* de Lukács —tal tarea sobrepasa los límites y el objeto de nuestro trabajo— sino solamente el de separar de ahí lo que nos parece que es su principal tema político-filosófico, así como determinar el lugar que ocupa en la evolución del pensamiento lukacsiano.

El impacto de *HCC* (*Historia y conciencia de clase*) se mide ante todo por su influencia, que se encuentra en los escritos de autores tan diversos como Révai, Bloch, Mannheim, Horkheimer, Adorno, Benjamin, Sartre, Merleau-Ponty, Lefèbvre, Goldmann, Marcuse, Jakubowsky, Adam Schaff, Karel Kosik, etc. Se mide también por la controversia que ha provocado, atrayéndose las cóleras de la crítica de innumerables adversarios: 1] de Kautsky, en nombre de la ortodoxia de la vieja socialdemocracia "marxista"; 2] de los dirigentes de la Comintern como Bujarin y sobre todo Zinóviev, que en la tribuna del V Congreso de la Internacional Comunista acusó a Lukács y a Korsch de constituir "una tendencia de extrema izquierda que devino en un revisionismo teórico";[2] 3] de los dirigentes del partido comunista húngaro

[1] Nos parece que el juicio de József Révai en 1925 es todavía válido, cincuenta años más tarde: "El libro de Lukács sobrepasa, con mucho, en profundidad, riqueza de contenido y capacidad para verificar proposiciones generales y en apariencia 'puramente' filosóficas en problemas individuales concretos, a todas las obras que hasta ahora han tratado de los principios filosóficos del marxismo como un problema especial." (József Révai, "Lukács, Geschichte und Klasenbewustsein", en *Archiv für die Geschichte des Sozialismus und der Arbeiterbewegung,* vol. xi, 1925, p. 227.)

[2] *V Congreso de la Internacional Comunista, Primera parte,* Cuadernos de Pasado y Presente núm. 55, Córdoba (Arg.), 1975, p. 57.

Rudas y Bela Kun; 4] del mismo *Pravda,* en un célebre artículo del 25 de julio de 1924; 5] de los ideólogos del PC alemán como Hermann Duncker, que denuncian la obra de Lukács como idealista;[3] 6] de filósofos soviéticos "oficiales" como A. Deborin, etcétera.

Sin entrar en detalle en esas críticas, es suficiente destacar que las dos más conocidas, las de Rudas y Deborin, se sitúan completamente en el terreno del materialismo predialéctico. Deborin cita abundantemente a Plejánov para demostrar que el marxismo emana del "materialismo naturalista" criticado por Lukács, mientras que Rudas compara las leyes marxistas de la sociedad con la ley de la evolución de Darwin, para llegar a la sorprendente conclusión de que el marxismo es "una pura ciencia de la naturaleza".[4]

La discusión prosigue hasta nuestros días, alimentada por las traducciones y reediciones de los años 60, y resalta con la obra de Althusser que lanza sobre el Lukács de 1923 el anatema de "izquierdismo teórico". A pesar de su innegable variedad, la mayoría de esas polémicas se nutren de un fondo común de materialismo vulgar, cientismo positivista y ortodoxia dogmática; constituyen una prueba *a contrario* del carácter dialéctico de la obra de Lukács. De todas maneras, esa continuidad en el interés y el debate confirma la riqueza extraordinaria de *HCC.*

¿Cuál ha sido, ante esa andanada de golpes filosófica, la reacción de Lukács? Durante diez años guardará silencio, sin tratar de discutir con sus numerosos impugnadores. Silencio enigmático que requiere ser explicado, y del que ignoramos los motivos. Finalmente, a partir de 1933, comienza una larga serie de autocríticas que constituyen en su conjunto una negación casi total del libro. Contrariamente a otras autocríticas (con relación a las *Blum-Thesen* por ejemplo), las que se refieren a *HCC* son en gran medida sinceras y auténticas. La más injusta, brutal y sorprendente, data de 1934: dirigiéndose a la sección filosófica de la Academia de Ciencias soviética, Lukács no titubea en proclamar que "el frente del idealismo es el frente de la contrarrevolución fascista y de sus cómplices, los socialfascistas. Toda concesión al idealismo, incluso insignificante, es un peligro para la revolución proletaria. Por lo tanto he comprendido no solamente la falsedad teórica

[3] *Die Rote Fahne,* 27 de mayo de 1923. Para un informe de esas polémicas, véase M. Watnick, "Relativism and Class Consciousness: Georg Lukács", *en* L. Labedz (edit.), *Revisionism,* Londres, Allen & Unwin Ltd., 1962, pp. 145-146, y Paul Breines, "Praxis and its Theorists: the impact of Lukács and Korsch in the 1920's", en *Telos,* núm. 11, primavera de 1972.

[4] Véase A. Deborin, "Lukács und seine kritik des Marxismus", en *Arbeiterliteratur,* núm. 9, 1924; en *Geschichte und Klassenbewustsein heute,* Amsterdam, Verlag De Munter, 1971, pp. 101-103 y L. Rudas, "Die klassenbewusstseinstheorie von Lukács", en *Arbeiterliteratur,* núms. 10-11, 1924; *ibid.,* p. 117.

sino también el peligro práctico del libro que escribí hace doce años, y he luchado sin cesar en el movimiento de masas alemán contra esa o cualquiera otra tendencia idealista".[5] Este texto debe comprenderse (¡pero no disculparse!) a la luz del choque ideológico que significó para Lukács la victoria del nazismo en Alemania; choque que le hizo rechazar toda la tradición idealista/romántica alemana (de la que él mismo había salido) en el infierno filosófico del prefascismo, tesis muy discutible que será desarrollada ampliamente en *El asalto a la razón* (1954).[6]

El último balance antes de su muerte, el prefacio de 1967, es por el contrario mucho más justo. Destaca que *HCC* ha sido "la tentativa más radical de volver de nuevo actual al revolucionario en Marx por medio de un renacimiento y desarrollo de la dialéctica hegeliana"; reconoce que en la lucha contra el revisionismo y el cientismo de Bernstein y Kautsky ha desempeñado un papel progresista, y que ha conquistado a muchos jóvenes intelectuales para el movimiento comunista. Pero piensa todavía que la obra es criticable, por su "subjetivismo preponderante" y su "mesianismo utópico".[7]

Desgraciadamente, por razones que habría que determinar algún día con precisión, una buena parte de la discusión alrededor de *HCC* se ha extraviado en el apartadero de una polémica bizantina y metafísica sobre la dialéctica de la naturaleza. Polémica en la que, por otra parte, se ha olvidado que Lukács no ha querido sino destacar la diferencia evidente entre *dos tipos de dialéctica*: "La dialéctica puramente objetiva del movimiento en la naturaleza, y la dialéctica social, en la

[5] György Lukács, "Die Bedeutung von 'Materialismus und Empiriokritizismus' für die Bolshevisierung der komunistischen Parteien-Selbstkritik zu 'Geschichte und Klassennewusstsein' " [La importancia de 'Materialismo y empiriocriticismo' para la bolchevización de los partidos comunistas. Autocrítica a 'Historia y conciencia de clase' "], en *Pod Znamenem Marksizma* [Bajo la bandera del marxismo], 4, 1934; en *Geschichte und Klassenbewustsein heute* [" 'Historia y conciencia de clase' hoy"] 1971, p. 261. En este texto Lukács condena en desorden como idealistas (y en consecuencia como próximas al "frente ideológico fascista") a las corrientes "izquierdistas" (Pannekoek, Gorter y Korsch), al "trotskismo contrarrevolucionario", la socialdemocracia de izquierda y el "socialfascismo" (socialdemocracia)...

[6] Véase *ibid.*, p. 256: en un recorrido asombroso, Lukács pasa, en un mismo párrafo, del idealismo de Rickert y Dilthey a la filosofía oficial del fascismo (Rosenberg, Beimler). Esta interpretación del pasado ideológico reciente de Alemania será objeto de un amplio estudio, en el que lo mejor se roza con lo peor, redactado por Lukács en 1933-1934: *Zur Entstehungsgeschichte der faschistischen Philosophie in Deutschland* [Contribución a la historia de la formación de la filosofía fascista en Alemania], que permanece inédito y que constituye, en cierta medida, una primera versión de *El asalto a la razón*. (El manuscrito se encuentra en el Archivo Lukács de Budapest.)

[7] "Vorwort", pp. 20, 23, 24, 27.

que el sujeto es también integrado a la interacción dialéctica, en la cual teoría y práctica se dialectizan, una en relación con la otra, etc."[8] Pero lo que sobre todo se han olvidado, es que *HCC* es también, e incluso sobre todo, una obra *política* cuyo problema central es la *revolución proletaria contra la reificación capitalista.* Ahora bien, en nuestra opinión, es precisamente ese aspecto el que determina el interés y la *actualidad* del libro (cualesquiera que sean, por otra parte, sus paradojas discutibles, tesis unilaterales o procedimientos, por demás hegelianos).

A ese nivel, como obra político-filosófica y revolucionaria, *HCC* sigue siendo hasta hoy una obra maestra incomparable, porque realiza una notable síntesis dialéctica (*Aufhebung*) entre ser y deber-ser, valores y realidad, ética y política, tendencias profundas y hechos empíricos, objetivo final y antecedentes inmediatos, voluntad y condiciones materiales, futuro y presente, sujeto y objeto. Esta unidad coherente y armoniosa, que no es un "justo medio" sino una *superación* de los contrarios, es la estructura significativa de *HCC*, y lo que le da superioridad con relación a los escritos anteriores y posteriores de Lukács. En *La teoría de la novela*, Lukács, en el marco de su visión trágica del mundo, hablaba del "abismo insalvable entre la realidad existente y el ideal o deber-ser".[8] En nuestra opinión, en *HCC*, la evolución del pensamiento lukacsiano alcanza su cima, y la oposición rígida, inspirada por el rigorismo ético, es abolida, *Aufgehoben*, por una nueva concepción: *el realismo revolucionario*. *HCC* es, en ese sentido, la etapa final del itinerario ideológico que conduce a Lukács de la visión trágica del mundo al leninismo. József Révai, uno de los raros comentaristas que ha podido aprehender el nudo central de la obra, comprueba en su informe de 1925: "[Lukács] inserta el porvenir en el terreno de la dialéctica revolucionaria, no como la posición teológica de una finalidad, o como un 'deber-ser' jusnaturalista, sino como una realidad activa que habita y determina el presente. Esto sobrepasa la simple contemplación de la historia y crea la posibilidad objetiva de una trasformación del objeto a través de la aparición de una conciencia de clase en el proletariado [. . .]" [9]

Este *realismo revolucionario* de Lukács —eje alrededor del cual se anuda toda la trama de *Historia y conciencia de clase*— no debe comprenderse como "equidistante" o "a medio camino" del utopismo "izquierdista" y del oportunismo "derechista". Al tratar de superar esas dos tendencias, está mucho más cercano, humana, moral y *política-*

[8] György Lukács, *La teoría de la novela,* p. 345.

[9] József Révai, *op. cit.,* p. 233; el hecho de que Révai se haya convertido en 1949 en el mediocre censor estaliniano de Lukács no disminuye en nada el valor de sus escritos de juventud.

mente de un Pannekoek que de un Kautsky, de un Ernst Bloch que de un Friedrich Ebert (por citar algunos personajes "ejemplares"). Esto está implícito en *HCC* y se manifiesta, de una manera indirecta pero muy reveladora, en un pequeño artículo, publicado por Lukács en 1922 en la *Rote Fahne* (cotidiano del partido comunista alemán). El tema es literario y aparentemente a mil leguas de distancia de la política revolucionaria: Lessing y Goethe... Lukács critica el *Tasso* de Goethe como "una capitulación total, triste y deprimente, de la inteliguentsia burguesa ante los poderes de la época feudal-absolutista". Mientras que Lessing, en su *Nathan,* rechaza la miserable realidad alemana, y "opone a esa realidad puramente empírica, puramente existente (*daseiende*), otra realidad, más auténtica (*echtere*), aunque puramente utópica, la del hombre verdadero [...] el Reino de la Humanidad (*Menschlichkeit*) [...] El *Tasso,* por el contrario, significa la reconciliación (*Versöhnung*) con la realidad. Goethe [...] disfraza la mezquina miseria (*Erbärmlichkeit*) de su época en la maravilla apasionado-moderada de sus versos [...]" Lukács concluye este ensayo apasionado y desprovisto de moderación con una proclama explícita de la superioridad de la rebeldía, incluso utópica, sobre la "reconciliación": "Es necesario caracterizar como una tragedia siempre renovada de Alemania el hecho de que hasta ahora, en todas las decisiones ideológicas o político-sociales, el espíritu de compromiso y de filisteísmo ha triunfado: Lutero sobre Münzer, Goethe sobre Lessing, Bismarck sobre 48." (Habría podido agregar: Ebert sobre Rosa Luxemburg...) [10] Inútil destacar las implicaciones políticas de esa toma de posición, que sitúa rigurosamente la relación de la *Aufhebung* lukacsiana con las dos tendencias que niega/conserva/supera. No carece de interés comparar esto con las tomas de posición del "viejo Lukács" sobre Goethe; en un ensayo de 1940 destaca: "Se trataba aquí de mostrar que el progresismo de Goethe y de Hegel está justamente ligado de manera estrecha a esa 'reconciliación', que sin ella esta fuente del marxismo, en las circunstancias históricas dadas, no habría podido existir." [11] Volveremos en el próximo capítulo sobre las implicaciones filosófico-políticas de este cambio —o más bien vuelco— de orientación en Lukács.

Varios autores (y a veces el viejo Lukács mismo) presentan a *HCC* como el "resumen" o la "continuación" de sus escritos del período 1919-1921. El hecho de que los capítulos de *HCC* estén fechados

[10] Györky Lukács, "Nathan und Tasso" [Nathan y Tasso], en *Rote Fahne,* 13 de agosto de 1922. Se trata de un artículo "olvidado" de Lukács, que no figura, hasta donde nosotros sabemos, en ninguna bibliografía.

[11] György Lukács, *Ecrits de Moscou* [Escritos de Moscú], París, Editions Sociales, 1974, p. 188.

entre 1919 y 1922 tiende a reforzar tal ilusión. Ahora bien, en nuestra opinión, *HCC* instaura un universo teórico *nuevo,* que abroga/sobrepasa la tendencia utopista de los años 1919-1920. En realidad, no solamente tres de los principales capítulos ("La cosificación y la conciencia del proletariado", "Observaciones críticas acerca de la *Crítica de la revolución rusa* de Rosa Luxemburg", "Observaciones de método acerca del problema de la organización") fueron escritos en 1922, sino que la mayoría de los fechados entre 1919 y 1920 fueron *profundamente* modificados en 1922. Según Lukács, en el prefacio de 1967, no hay más que dos artículos anteriores a 1922 que no han sido cambiados: "Legalidad e ilegalidad" (1920) y "Rosa Luxemburg como marxista" (1921). El primero, como ya lo hemos destacado, representa el inicio de la ruptura de Lukács con el izquierdismo y en cierta medida prefigura las posiciones de *HCC.* El segundo introduce precisamente una heterogeneidad en *HCC* en la medida en que acepta de manera acrítica la teoría del partido de Rosa Luxemburg: "Rosa Luxemburg ha visto tempranamente que la organización es más consecuencia que presupuesto del proceso revolucionario";[12] esa posición unilateral será explícitamente criticada en los dos últimos capítulos del libro. La presencia de esos dos artículos en *HCC* muestra que existe cierta continuidad entre el Lukács de 1922-1923 y el de 1920-1921. Por el contrario, la ruptura es profunda con el período de 1919-1920; "el divide las aguas" se sitúa a mediados de 1920, y no es otro que *La enfermedad infantil del "izquierdismo" en el comunismo* de Lenin, publicado en junio de 1920.

Lukács escribe en el prefacio de 1922 a *HCC* que algunos de los artículos han sido "parcialmente modificados", y que no ha querido "modificarlos radicalmente". Ahora bien, por lo menos dos de los ensayos más importante han sido completa y *radicalmente* trasformados. La comparación entre su versión original y la de 1922 es altamente instructiva (es sorprendente que ninguno de los innumerables estudios sobre Lukács —hasta donde nosotros sabemos— haya advertido esa diferencia). Tal comparación permite justamente aprehender la *especificidad,* la *novedad* de *HCC* con relación a los escritos anteriores de Lukács.

El ensayo más modificado es "¿Qué es marxismo ortodoxo?", que ha sido virtualmente *vuelto a escribir* de principio a fin. La fecha "marzo de 1919" al pie del capítulo que lleva ese título en *HCC* es, en consecuencia, más bien engañosa. La versión de 1919 expresa, como lo hemos visto, todas las señales del izquierdismo ético más extremo y más ingenuo. Opone de manera rígida y decidida "la verdadera reali-

[12] *HCC,* p. 45.

dad profunda" y "los hechos"; critica el marxismo vulgar que "juzga su conducta según los hechos, y cambia su táctica después de cada victoria o cada derrota".[13] Parece pues que para Lukács (en 1919) una política revolucionaria auténtica sigue siempre *la misma táctica,* con un soberano desprecio por "hechos" tan poco importantes ¡como la victoria o la derrota! El izquierdismo fichteano de Lukács alcanza aquí su forma más radical y más poco realista. Ahora bien, en la versión de 1922, esos pasajes son eliminados y remplazados por el siguiente argumento: "Pero tampoco hay que olvidar que todo intento de preservar ese 'objetivo final' o 'esencia' del proletariado, etc., puro de toda mancha producida en y por la relación con la existencia (capitalista) lleva en última instancia a la misma lejanía respecto de la captación de la realidad, respecto de la 'actividad práctico-crítica', y a la misma recaída en la dualidad utópica de sujeto y objeto, de teoría y práctica, a la que ha conducido el revisionismo."[14] Lukács agrega en una nota, para que no haya ninguna clase de duda sobre el sentido político de esto: "Véase a este respecto [...] el libro de Lenin *La enfermedad infantil del 'izquierdismo' en el comunismo.*" En realidad Lukács critica aquí, o más bien se autocritica, de lo que constituía el nudo profundo de su izquierdismo de 1919: el rigorismo ético, el dualismo en el cual "el sujeto de la acción y el medio de los 'hechos', en el que tiene que desarrollarse la acción de aquel se presentan como principios contrapuestos en separación tajante y sin transiciones".[15]

Su nueva perspectiva, que se manifiesta en esas páginas agregadas en 1922, sobrepasa a la vez el empirismo vulgar y el voluntarismo idealista: "Y tan imposible es imponer a la conexión objetiva de las cosas la voluntad subjetiva, el deseo o la resolución, cuanto posible el descubrir en los hechos mismos un momento orientador de las acciones." La acción revolucionaria justa es la que está fundada en un conocimiento dialéctico de la realidad, que descubre, no en los hechos aislados, sino en la totalidad dinámica, las tendencias dirigidas hacia el objetivo final. Pero "ese objetivo final no se contrapone al proceso como ideal abstracto, sino como momento de la verdad y de la realidad, [...] pues que está dentro del momento concreto como concreto sentido del estadio alcanzado en cada caso".[16]

El ensayo sobre la conciencia de clase (1920) no ha experimentado supresiones sino muchas adiciones en su versión de 1922. Es evidente que el "desplazamiento ideológico" es aquí menor que en relación al artículo de 1919. El conjunto de los pasajes agregados señala una

[13] *Werke,* t. 2, pp. 68-69.
[14] *HCC,* p. 26.
[15] *HCC,* p. 26.
[16] *HCC,* pp. 26-27.

teoría de la conciencia de clase que quiere superar la oposición tradicional entre oportunismo y utopismo.

El oportunismo no conoce más que la "situación dada", los intereses inmediatos del proletariado, los objetivos parciales de la lucha. Para él, la conciencia de clase es la conciencia psicológica, empíricamente comprobable de los obreros, conciencia que se vuelve necesariamente un espectador pasivo del movimiento de las cosas sometidas a leyes autónomas. Resulta de ello una práctica empirista grosera, una *Realpolitik* mezquina y limitada.

El utopismo, por el contrario, no se interesa más que en la situación "deseable", en el objetivo final abstractamente concebido, y arroja una mirada arrogante sobre el interés momentáneo, las pequeñas luchas de la clase. La conciencia le parece como un deber-ser moral, o como una fuerza que podría dominar a su gusto el movimiento de las cosas; sale de un más allá y se acerca a la sociedad para hacerla dejar el mal camino seguido hasta entonces.

La dialéctica revolucionaria es pues la *Aufhebung* de esos polos opuestos que se caracterizan por el mismo dualismo entre el movimiento social y la conciencia de ese movimiento. La concepción dialéctica parte de la situación dada, del interés inmediato, para sobrepasarlos, para trasformarlos en pasos hacia el objetivo final. En esta perspectiva, la conciencia de clase aparece como una *posibilidad objetiva,* la expresión racional de los intereses históricos del proletariado, que no es un "más allá" sino que surge de la evolución histórica y de la praxis real de la clase.[17] Es precisamente definiendo la conciencia de clase como una posibilidad objetiva como Lukács escapa a la vez al empirismo y al subjetivismo idealista.

El concepto de conciencia de clase "posible" o "atribuida" (*Zugerechnet*)[18] es uno de los blancos favoritos de todas las críticas de *Historia y conciencia de clase.* Uno de los reproches más habituales (desde Laszlo Rudas hasta los marxistas-estructuralistas) es el de *idealismo.* Por ejemplo, según el discípulo inglés de Althusser, Gareth

[17] *HCC,* pp. 74-88. Muchos autores atribuyen la utilización por Lukács del concepto de "posibilidad objetiva" a la influencia de Max Weber. Sin negar esta fuente, no hay que olvidar que se trata de una categoría dialéctica que aparece en Hegel —quien opone la *posibilidad real* a la posibilidad formal kantiana— así como en ciertos escritos de juventud de Marx.

[18] Lukács define el *Zugerechnetes Bewusstsein* como *"el sentido, hecho consciente, de la situación histórica de la clase"*, o "los pensamientos [...] que *tendrían* los hombres en una determinada situación vital *si fueran capaces de captar completamente* esa situación y los intereses resultantes de ella" (*HCC,* pp. 54 y 80); destaca que esta conciencia de clase no es ni la suma ni el promedio de lo que piensan los individuos que forman la clase, tomados uno por uno.

Stedman Jones, ese concepto es "idealista" porque para Lukács "el arranque de una verdadera conciencia de clase es equivalente al vuelco de la burguesía".[19] Como "prueba" de tal interpretación, Gareth Stedman Jones cita la siguiente frase de Lukács: "Volverse consciente es sinónimo de la posibilidad de tomar la dirección de la sociedad." Ahora bien, esta frase significa precisamente que la conciencia no es "equivalente" a la toma del poder, sino que es la condición de su *posibilidad*... Siempre según el mismo autor, Lukács, víctima de su idealismo, habría ignorado la existencia de una conciencia "desigual e impura": "Si no existe la conciencia atribuida, el proletariado está condenado (por Lukács) a no tener conciencia en absoluto."[20] Invitamos cordialmente al censor althusseriano de Lukács a abrir *Historia y conciencia* de clase en las páginas 85-86 de la edición española: es cuestión de gradaciones de la conciencia de clase, que son "gradaciones no sólo nacionales o 'sociales', sino también propias de la conciencia de clase de las mismas capas obreras [...] Significan gradaciones de la distancia entre la conciencia de clase psicológica y el conocimiento adecuado de la situación total".

De una manera general, las críticas del concepto de *Zugerechnetes Bewusstsein* se dividen en dos categorías, simétricamente opuestas, en las que los reproches a Lukács son estrictamente contradictorios:

1] Las críticas "empiristas" (generalmente de coloración socialdemócrata), cuyo modelo clásico es el de Sigfried Marck en *Die Gesellschaft* (órgano teórico de la socialdemocracia alemana) en 1924; ellas sostienen que al distinguir la conciencia de clase verdadera del proletariado de la conciencia empírico-psicológica de la clase, Lukács ha querido proporcionar el fundamento teórico de la dictadura de la "vanguardia" comunista...[21] Es más matizada la versión de Adam Schaff que critica a Lukács por haber *subestimado* el papel de la conciencia efectiva, empírico-psicológica de la clase obrera, "de las opiniones y actitudes reales de las clases laboriosas"; en consecuencia habría caído en el "sectarismo vanguardista" y el "voluntarismo subjetivista", que no da importancia más que a la ideología marxista, la teoría revolucionaria, la conciencia que *debería ser*.[22]

[19] Gareth Stedman Jones, "The marxism of the early Lukács", en *New Left Review,* núm. 70, noviembre-diciembre de 1971, p. 52. (A pesar de todo, este artículo es muy interesante.)

[20] *Ibid.*, p. 50.

[21] Sigfried Marck, "Neukritizistische und Neuhegelsche Auffassung der marxistischen Dialektik", *Die Gesellschaft,* t. 1, 1924, en *Geschichte und Klassenbewusstsein heute,* Amsterdam, Verlag de Munter, 1971, p. 56. Marck concluye su informe de *HCC* con una apología de la actitud "crítica y antidogmática en teoría y en práctica" de la II Internacional...

[22] Adam Schaff, "Conscience d'une classe et conscience de classe, en marge

El mismo sonido de campana, pero formulado con triunfalismo empirista, se encuentra en el sociólogo inglés Tom Bottomore: "Desde hace mucho tiempo hemos superado la era en que la conciencia real de los grupos sociales, expresada en sus creencias y acciones, podía ser discutida como una simple conciencia 'psicológica', 'falsa', y ser confrontada con la 'conciencia racional' encarnada por la ideología de un partido comunista."[23]

2] Las críticas "teoricistas" (más bien de afinidad "PC ortodoxo"), cuyo ejemplo más palpable es Althusser, según el cual el joven Lukács y Korsch cometieron el error de poner la doctrina de Marx "en relación de *expresión* directa con la clase obrera"; según Althusser, se trata de una "interpretación idealista y voluntarista del marxismo como expresión y producto exclusivo de la práctica proletaria". Se queja de que en ese concepto "la tesis kautskiana y leninista de la producción de la teoría marxista por una práctica teórica específica, *fuera* del proletariado, y de la '*importación*' de la teoría marxista dentro del movimiento obrero, era rechazada sin contemplación —y todos los temas del espontaneísmo se precipitaban en el marxismo por la brecha del universalismo humanista del proletariado".[24]

En conclusión: ¡Lukács es acusado, tanto de vanguardismo como de espontaneísmo! Para unos subestima la conciencia espontánea, empírica, de la clase, para otros ignora la teoría marxista en su especificidad con relación a la práctica proletaria. En último análisis esas críticas antinómicas se anulan recíprocamente...

En *HCC* la conciencia de clase "atribuida" no es en absoluto la expresión "directa" o "exclusiva" de la práctica empírica del proletariado, ni tampoco una ideología importada "de fuera" en el movimiento obrero (tesis kautskiana defendida por Lenin en *¿Qué hacer?* pero abandonada por él después de 1905). Estos dos conceptos unilaterales y mecánicos son incapaces de aprehender la relación compleja entre la conciencia "psicológica" y la conciencia "posible", relación que no está concebida por Lukács como una dualidad rígida y metafísica sino como un *proceso* histórico en el que la clase se eleva, por su propia experiencia de lucha (y con la ayuda de su vanguardia), hacia el *Zugerechnetes Bewusstsein*.

de l'oeuvre de Georg Lukács, *Historie et conscience de classe*", en *L'Homme et la Société*, núm. 26, octubre-diciembre de 1972, pp. 8-17.

[23] Tom Bottomore, "Class structure and social consciousness", en *Aspects of history and class consciousness*, ed. de István Mészáros, Londres, Routledge & Kegan Paul, 1971, p. 62. Véase la crítica incisiva de esa posición, calificada a justo título de "empirismo liberal", en Dick Howard, *Telos*, 11, p. 155.

[24] Louis Althusser y Étienne Balibar, *Para leer "El capital"*, México, Siglo XXI, 1977, p. 153.

Uno de los raros autores que no solamente han comprendido sino utilizado y desarrollado de manera creadora el concepto de "conciencia posible" ha sido Lucien Goldmann, quien ha destacado la importancia, para la ciencia social, de distinguir en la conciencia de una clase los elementos ligados a una coyuntura concreta y los elementos que corresponden a la *naturaleza misma* de la clase social, a su existencia como tal (el "máximo de conciencia posible"). El concepto lukacsiano se vuelve así un instrumento de crítica y superación de la sociología empírica burguesa con sus "investigaciones" descriptivas y superficiales.[25]

Una palabra sobre el tercer artículo modificado: "El cambio funcional del materialismo histórico". En su versión original —un discurso de junio de 1919, pronunciado por Lukács en ocasión de la inauguración del Instituto de Investigaciones para el Desarrollo del Materialismo Histórico— el texto contenía fórmulas de un idealismo utópico y neohegeliano esplendente: "La transición al socialismo significa [...] que los elementos ideológicos, las ideas humanas, dominan en el trabajo de construcción y que la vida económica se convertirá en una simple función de la idea [...] La dictadura del proletariado plantea un período de transición, en el cual el espíritu objetivo —la sociedad, el estado, el sistema jurídico [...] la organización armada del proletariado, etc.— domina todavía solo [...] Sin embargo, el espíritu objetivo no es ya ahora una función de la economía sino una función del espíritu absoluto, de las ideas humanas."[26] Pero a pesar de la modificación, de la opinión misma de Lukács en el prefacio de 1922, tal ensayo introduce un elemento "superado" en la estructura del libro, en la medida en que contiene el eco de "las esperanzas exageradamente optimistas que muchos nos hicimos entonces respecto de la duración y el ritmo de la revolución, etc."[27] Es probable que Lukács haga referencia a los pasajes en los que aparece un tema que era característico

[25] Véase Lucien Goldmann, *La création culturelle dans la société moderne*, París, Gonthier, 1971, p. 23: "Para ser científico, el sociólogo debe preguntarse no lo que tal o cual miembro del grupo social piensa hoy en día acerca del refrigerador y las comodidades, acerca del matrimonio y la vida sexual, sino cuál es el campo de conciencia dentro del cual tal o cual grupo de hombres puede, sin modificar su estructura, variar sus maneras de pensar, acerca de todos los problemas y, en suma, cuáles son los límites que su conciencia de la realidad no puede sobrepasar sin una profunda trasformación social previa."

[26] György Lukács, "A történelmi materializmus funkciovaltozasa", en *Internationale*, Budapest, núms. 8-9, 1919, p. 17, *en* Jörg Kammler, *Politische theorie von Georg Lukács*, Neuwied, Luchterhand, 1974, p. 89. Por supuesto, esos pasajes y otros parecidos, del discurso de 1919, desaparecen en la versión de *HCC*, que contiene por el contrario citas de *La enfermedad infantil...* (1920) de Lenin, etcétera.

[27] *HCC*, p. XLIII.

de todos sus escritos de 1919: la economía "debe ser la servidora de la sociedad conscientemente dirigida; esa economía ha de perder su inmanencia, su autonomía (*Eigengesetzlichkeit*) [...] tiene que ser superada (*aufgehoben*) en cuanto economía".[28] Es normal que Lukács en 1922, en la época de la NEP, considere esta perspectiva como "exageradamente optimista".

El capítulo "La cosificación y la conciencia del proletariado" (redactado en 1922) toma de nuevo y desarrolla la problemática bosquejada por esos tres artículos (en su versión "revisada y corregida"). Lukács critica la dualidad rígida e insuperable entre ser y deber-ser, entre la aceptación tal cual de la estructura social dada y la voluntad abstracta, puramente subjetiva, de modificarla. Muestra empero que el fatalismo y el utopismo pueden volverse complementarios: por ejemplo, en la obra de Tolstoi, en quien por una parte la realidad empírica es abandonada a su existencia y a su facticidad, según el principio de la "no resistencia al mal"; mientras que por la otra, el hombre es utópicamente concebido como un "santo" que debe realizar la superación interior de la realidad exterior (vuelta insuperable).[29] Esta crítica de Lukács a Tolstoi es un "síntoma ideológico" muy significativo del camino que ha recorrido desde su "socialismo ético tolstoiano" de 1918.

La solución dialéctica de las antinomias y de las dualidades es el punto de vista del proletariado revolucionario que tiene la capacidad de "elevar positivamente a la conciencia y de trasformar en praxis el sentido inmanente de la evolución". Esa evolución presiona objetivamente hacia el estallido del capitalismo, sin ser empero capaz de realizarlo por su propia dinámica. La realidad no será trasformada más que con la acción del proletariado consciente, sujeto-objeto idéntico de la historia.[30]

Es en ese capítulo de *HCC* donde Lukács desarrolla su célebre teoría de la reificación, de la dominación de los hombres por un mundo de cosas (el mundo de las mercancías) regido por leyes "naturales" independientes de la voluntad humana. Siendo este aspecto de su obra suficientemente conocido,[31] nos limitamos a destacar que, con el proceso de cuantificación, cosificación y despersonalización de la sociedad moderna, retoma, en un marco teórico nuevo, las preocupaciones del joven Lukács de antes de 1914 y de los sociólogos alemanes (Tönnies, Simmel). La diferencia es que, para el Lukács de 1923, la reifi-

[28] *HCC,* p. 263 confrontado con el texto alemán *Werke,* t. 2, p. 429.
[29] *HCC,* pp. 178, 179 y 212.
[30] *HCC,* p. 220.
[31] Véase Lucien Goldmann, "La réification", en *Recherches dialectiques,* París, Gallimard, 1959; Andrew Arato, "Lukács Theory of reification", en *Telos,* núm. 11, 1972, etcétera.

cación es analizada en términos rigurosamente marxistas, como un aspecto del modo de producción capitalista y no como un "destino trágico" de la cultura. Y, sobre todo, para el Lukács de *HCC*, el proletariado aparece como la clase que, por su condición misma, tiende a rebelarse contra la reificación, al rehusar su propia reducción al estatuto de mercancía.

¿Significa esto que el capítulo sobre la cosificación en *HCC* deriva de una crítica romántica de la ciencia y de la industria, como piensan diversos autores marxistas, sobre todo italianos (Bedeschi, Colletti, Pietro Rossi, etc.)?

Según Colletti —el crítico más interesante y más matizado de Lukács— "el tema central de *Historia y conciencia de clase* es la identificación de la cosificación capitalista con la 'cosificación' producida por la ciencia".[32] Ahora bien, en realidad, Lukács jamás ha escrito que la cosificación es "producida por la ciencia" sino simplemente que por la cosificación las *relaciones humanas* toman la forma de leyes de la naturaleza, la *forma de objetividad* de los conceptos de las ciencias de la naturaleza.[33]

Colletti reconoce que Lukács no puede ser reducido a un neorromántico puesto que: *a*] se disocia explícitamente de la lucha reaccionaria contra la reificación conducida por el romanticismo alemán, por la escuela histórica del derecho, por Carlyle, Ruskin, etc.; *b*] distingue entre la aplicación del ideal epistemológico de las ciencias de la naturaleza en la naturaleza misma —que no hace sino "servir al progreso de la ciencia"— y su aplicación a la evolución de la sociedad, que considera "un instrumento de combate ideológico de la burguesía".[34] No obstante, Colletti cree descubrir elementos de crítica romántica cuando Lukács pone en el mismo plano "la mecanización, la privación de alma, la reificación creciente", o cuando se refiere a tesis de Tönnies, Simmel o Rickert; según Colletti, el mal para Lukács no es el uso capitalista de las máquinas sino el uso de las máquinas como tales.[35]

Esta crítica no nos parece admisible:

1] Lukács no es un continuador de Tönnies o Simmel, pero realiza una *Aufhebung* de sus conceptos en el seno de una problemática que es esencialmente *marxista*. Por otra parte, como lo sugieren algunos "lukacsianos", la asociación con Rickert, Simmel, etc., más bien que un argumento para hundir a Lukács ¿no podría estimular un nuevo

[32] Lucio Colletti, *Il marxismo e Hegel* [*El marxismo y Hegel*], Bari, Laterza, 1969, p. 340.

[33] *HCC*, p. 143.

[34] Lucio Colletti, *op. cit.*, p. 340 y György Lukács, *HCC*, p. 150.

[35] Lucio Colletti, *op. cit.*, p. 343.

examen de las relaciones entre el marxismo y el romanticismo y una revaluación de la tradición romántica?[36]

2] La crítica de la mecanización, del taylorismo, de la división del trabajo en la fábrica moderna que se encuentra en Lukács, ¿revela "romanticismo" o más bien tradición marxista que, desde *El capital* hasta André Gorz y Ernest Mandel, denuncia la presencia del capitalismo en el seno mismo del proceso técnico de producción y trabajo?

En un desplante irónico, Colletti escribe que Lukács entra en una fábrica con el *Ensayo sobre los datos inmediatos de la conciencia* (Bergson) y no con *El capital*, cuando denuncia el paso del tiempo cualitativo al tiempo cuantitativo en el trabajo mecanizado de la fábrica capitalista. Ahora bien, el paso incriminado de Lukács no está orientado, como lo pretende Colletti, por una nostalgia de la "duración vivida" bergsoniana sino por una crítica marxista de la *subordinación del hombre a la máquina* directamente inspirada por *Miseria de la filosofía* y por *El capital*.[37]

En último análisis, para Colletti la lucha contra la "cosa", el deseo de reducir todo a un "proceso", a ese "claroscuro del devenir heracliteano", remite, más allá de Lukács y de la escuela de Heidelberg (Rickert, Simmel, etc.), a Hegel y su crítica del entendimiento kantiano. El marco teórico general de su polémica con Lukács es pues la tentativa de Colletti de "liberar" el marxismo de Hegel, e incluso a Marx de su hegelianismo. Este género de actitud, que no deja de tener analogía con la de Althusser, conduce siempre a dos consecuencias inevitables:

1] Tratar de sustituir a Hegel por otro "precursor" del marxismo: Spinoza para Althusser, Kant para Colletti, con el resultado de remplazar la dialéctica ("hegeliana") por el materialismo mecánico "spinozista") o el pensamiento analítico ("kantiano").[38]

2] Rehusar enseguida los conceptos de Marx mismo sobre la géne-

[36] Véase Tito Perlini, *Utopia e Prospettiva in György Lukács*, Bari, 1968, y Paul Piccone, "Dialectic and Materialism in Lukács", en *Telos*, núm. 11, primavera de 1972, p. 131.

[37] *HCC*, p. 97. Véase Karl Marx, *Miseria de la filosofía*, México, Siglo XXI, 1975, p. 34: "El tiempo lo es todo, el hombre no es nada; es, a lo sumo, la cristalización del tiempo. Ya no se trata de la calidad. La cantidad lo decide todo: hora por hora, jornada por jornada [...]" Véase también Karl Marx, *El capital*, México, Siglo XXI, 1977, t. I/2, pp. 425 y 434, en donde Marx critica el sistema de especialización mecánica por medio del cual el trabajador es obligado a comportarse "con la regularidad inherente a la pieza de una máquina", con la consecuente deformación del cuerpo, de los músculos y de los huesos.

[38] Según Colletti, Marx sería el continuador de "toda una tradición que tiene su representante moderno en *La crítica de la razón pura* de Kant" (*op. cit.*, p. 355).

sis de su obra y el contenido de su método, puesto que siempre ha insistido abundantemente en su relación con Hegel. Vemos así a Althusser descubrir "el inacabamiento teórico del juicio de Marx sobre sí mismo", mientras que Colletti declara a propósito de Marx: "Un pensador hace 'descubrimientos' [...] y sin embargo es incapaz de representarse claramente su genealogía. Su conciencia no logra darse cuenta enteramente de su ser."[39]

En consecuencia, las críticas de Colletti a Lukács nos parece que constituyen más bien una prueba *a contrario* del carácter *marxista* (y no "romántico" o "hegeliano") del método lukacsiano: el rechazo de éste conduce, con una lógica irreversible, al rechazo de las posiciones de Marx mismo sobre la dialéctica y sobre Hegel. No es sino al situarse en la perspectiva filosófica de Lukács como no existe contradicción, en Marx, entre su "conciencia" y su "ser" teóricos...

Otro tipo de crítica a la teoría de la cosificación y al conjunto de *HCC* es la caracterización de "humanismo izquierdista" pronunciada por Althusser y su escuela.[40] En realidad, la trama política y filosófica de *HCC* es el *humanismo revolucionario* que se sitúa desde el punto de vista del proletariado; lo que no significa en absoluto volver a caer en el idealismo hegeliano sino ubicarse rigurosamente en el marco de la problemática de *El capital*. Como en Marx, el humanismo se despliega en la obra de Lukács alrededor de tres ejes constitutivos: la desmistificación de las formas reificadas, la crítica de los efectos inhumanos del capitalismo, la perspectiva de la emancipación humana por medio de la revolución socialista:

1] La disolución de las formas reificadas en procesos que se desarrollan entre hombres, el descubrimiento del hombre como centro y fundamento de las relaciones cosificadas, es el tema central de la crítica/develación de la reificación en Lukács. Su punto de partida evidentemente es el capítulo de *El capital* sobre el fetichismo de la mercancía, pero el mérito de Lukács es ampliar este análisis (al utilizar críticamente ciertos clásicos de la sociología burguesa: Weber, Simmel, etc.) al *conjunto* de las formas de la vida social, señalando la *Verdinglichung* [reificación] a todos los niveles de la sociedad capitalista: el sistema jurídico, el aparato de estado, la burocracia, la

[39] Louis Althusser y Etienne Balibar, *Para leer "El capital"*, *op. cit.*, p. 102, y Colletti, *op. cit.*, p. 275. La superioridad política y teórica de Colletti sobre Althusser no se pone en duda a través de esta comparación de su actitud.

[40] Louis Althusser y Etienne Balibar, *op. cit.*, p. 153. Consecuente con su actitud, Althusser termina por condenar el capítulo sobre el fetichismo de la mercancía en *El capital*, como ejemplo "flagrante" y "perjudicial" de la influencia hegeliana sobre Marx... Véase Louis Althusser, "Avertissement", en Karl Marx, *Le Capital*, I, París, Garnier, 1969, p. 22.

actividad intelectual, las ciencias, la cultura, la moral y la filosofía burguesas. Como Goldmann lo ha destacado en repetidas ocasiones, Lukács descubrió, partiendo de *El capital,* la problemática de la *alienación* en los escritos de juventud de Marx, que no serán "vueltos a encontrar" y publicados (1932) sino mucho después de la aparición de *HCC.*

2] La crítica del carácter deshumanizado y deshumanizante del capitalismo en *HCC* se sitúa también perfectamente en la continuidad de *El capital.* Pero Lukács da más importancia que Marx a los aspectos "psíquicos" (intelectuales y morales) inhumanos de la reificación capitalista. Mientras que Marx insiste en la degradación material del obrero por la fábrica capitalista, Lukács destaca sobre todo su reducción al estado de mercancía, de pura cantidad mensurable, de "cosa" agregada a la máquina, así como la eliminación de las propiedades cualitativas, humanas e individuales del trabajador.[41]

Por otra parte, Lukács muestra los efectos del capitalismo, su esencia "tiránica y destructora de toda humanidad" (*das alles Menschliche vergewaltigende und vertilgende Wesen des Kapitalismus*) también sobre las capas no proletarias (o semiproletarias) del pueblo, en especial la inteliguentsia. El intelectual se convierte en el vendedor de sus facultades espirituales cosificadas: la subjetividad misma, el saber, el temperamento, la facultad de expresión, se convierten en una mercancía, que se pone en movimiento según leyes propias, independientes de la personalidad del individuo. Según Lukács, "esta estructura se revela del modo más grotesto en el periodismo... La 'falta de conciencia y de ideas' de los periodistas, la prostitución de sus vivencias y de sus convicciones, sólo puede entenderse como culminación de la cosificación capitalista".[42] Menciona en ese contexto el célebre ensayo sobre la prensa publicado en *Kommunismus* por su discípulo Bela Fogarasi, pero nos parece probable que también tenga como punto de referencia implícito los análisis lúcidos e implacables de Balzac en *Ilusiones perdidas.*[43]

[41] György Lukács, *HCC,* pp. 94-95 y 186. Evidentemente, esos temas se encuentran ya, por lo menos implícitamente, en *El capital.*

[42] *HCC,* p. 108.

[43] Véase Bela Fogarasi, "Die Aufgaben der Kommunistische Presse", en *Kommunismus* vol. 2, núms. 25-26, 15 de julio de 1921, p. 850: "Las leyes de la reificación aseguran que el periodista mismo, como una simple personificación del periodismo, sigue las leyes, ejecuta sus funciones mecánica e inconscientemente. Bajo su pluma, toda estructura inteligible *se convierte en mercancía* [...]" Véase también Honoré de Balzac, *Illusions perdues,* Librairie Générale Française, 1972, p. 321: "¿Depende pues usted de lo que escribe? —le dice Vernou con un aire burlón. Pues somos comerciantes en frases, y vivimos de nuestro comercio."

3] La revolución proletaria significa, para Lukács como para Marx, la abolición de la dominación humillante de las relaciones reificadas sobre los hombres, el control consciente de la producción por la sociedad. La economía "debe perder su inmanencia, su autonomía, lo que la hacía propiamente una economía [...]"[44] La dominación racional de los hombres sobre el proceso de producción, el ponerlo al servicio de necesidades y valores auténticamente humanos es el principio del "reino de la libertad". Esta problemática, que hemos encontrado en el Lukács "comunista ético" de 1919, es vuelta a tomar, despojada de su inmediatez utópica, en *HCC*: la necesidad ciega del proceso económico no puede suprimirse de un golpe sino "paso a paso, va siendo reprimido en el proceso de trasformación y tras largas y difíciles luchas puede al fin eliminarse completamente".[45]

Lukács tiene cuidado de distinguir ese humanismo marxista del humanismo antropológico en sus diversas variantes: Marx "nunca habla del hombre sin más, del hombre abstractamente absolutizado, lo piensa siempre como miembro de una totalidad concreta, de la sociedad". Por otra parte, tendencias románticas (Lukács cita el *Past and Present* de Carlyle) pueden criticar con rigor la inhumanidad del capitalismo, pero son incapaces de superar el dilema del empirismo (resignado) y de la utopía, y se limitan a plantear abstractamente, frente a la realidad capitalista, "el Hombre" como imperativo moral.[46] El humanismo marxista, por el contrario, es realista y revolucionario: parte de las contradicciones concretas de la sociedad burguesa y muestra la posibilidad objetiva de su superación por medio de la acción emancipadora del proletariado consciente, única clase capaz de realizar los valores humanos negados y degradados por el capitalismo.

La teoría del partido desarrollada en el último capítulo de *HCC* ("Observaciones de método acerca del problema de la organización", 1922) es la prolongación política de la teoría lukacsiana de la conciencia de clase, y está fundada en las mismas premisas metodológicas: el realismo revolucionario y la dialéctica del sujeto/objeto.

¿Qué es el partido comunista para Lukács? La figura histórica clara de la conciencia de clase "posible", el más alto nivel de conciencia y acción objetivada en el plan de la organización.[47] Como comunidad auténtica implica el compromiso activo de toda la personalidad de sus militantes, lo que le distingue radicalmente de las organizaciones

[44] *HCC*, p. 263.
[45] *HCC*, p. 263.
[46] *HCC*, pp. 211, 212, 219.
[47] *HCC*, p. 341.

políticas o administrativas burguesas, cuyos miembros no están ligados al conjunto más que por partes abstractas de su existencia.[48]

Algunos autores acusan a esta teoría del partido de Lukács de ser "apologética" con relación a los partidos comunistas existentes. Ahora bien, lo que Lukács desarrolla en *HCC* no es en absoluto una *descripción* de los partidos de su época; se trata de un *modelo,* de un objetivo por alcanzar para que el partido pueda realmente ser la vanguardia dirigente del proletariado. Por otra parte, esto no significa que ese modelo sea un "ideal" abstracto: el partido comunista tal como Lukács lo presenta es una *posibilidad objetiva,* exactamente como la verdadera conciencia de clase. Es necesario reconocer que los partidos comunistas de la época en que escribía Lukács (1922) estaban mucho más cerca de ese modelo que los de la Comintern estaliniana (después de 1924).

Las concepciones organizacionales expresadas en *HCC* se inspiran a la vez en Rosa Luxemburg y en Lenin. Se sitúan sin embargo en el marco del leninismo a la vez que contienen reservas explícitas con relación a las tesis de Rosa Luxemburg (contrariamente a los escritos de 1920-1921).[49] ¿De qué leninismo se trata? Lukács no se limita, como muchos de los que se refieren a Lenin, a la repetición dogmática de algunas fórmulas unilaterales extraídas de *¿Qué hacer?* (por otra parte criticadas por Lenin mismo desde 1907). Los textos que le sirven de punto de partida son, sobre todo, los escritos dirigidos al movimiento obrero internacional, que contienen precisamente el elemento *universal* del bolchevismo.

La teoría del partido de Lukács, como la de la conciencia de clase, trata de superar el dilema tradicional entre el oportunismo fatalista y el voluntarismo sectario. El oportunismo absorbe íntegramente al partido en el movimiento espontáneo de las masas; su "realismo político" significa la adaptación pasiva al nivel más bajo o, en el mejor de los

[48] *HCC,* pp. 331. Se vuelve a encontrar aquí un lejano eco de la oposición entre *Gemeinschaft* y *Gesellschaft* en la sociología alemana, pero aquí al servicio del concepto leninista del partido.

[49] Desgraciadamente, no podemos abordar aquí en detalle la evolución de las posiciones de Lukács respecto de Rosa Luxemburg. En una primera etapa, entre 1920 y principios de 1921, Lukács hace suyas las concepciones organizacionales de Rosa Luxemburg: destaca, por ejemplo, que la organización no es una premisa sino un resultado de la lucha revolucionaria. El prefacio de 1921 a la edición húngara de *Huelga de masas, partido y sindicatos* (1906) de Rosa Luxemburg (véase pp. 277-283 de este libro) es característico de ese período. Es después de la Acción de Marzo de 1921 cuando Lukács comenzará a criticar las tesis de Rosa Luxemburg y cuando se unirá sin reservas a los conceptos del bolchevismo, lo cual no impide que la teoría del partido en *HCC* sea en cierta medida una tentativa de síntesis entre el leninismo y el luxemburguismo.

casos, al nivel medio de la conciencia de clase. Por el contrario, el sectarismo (terrorista o blanquista, por ejemplo) atribuye al partido la tarea de actuar en lugar de la masa "inconsciente"; separa artificialmente la conciencia de clase "correcta" de la evolución viva de la clase y sus luchas; en fin, concibe la revolución como el acto aislado de la "minoría consciente" para apoderarse del poder.[50]

La práctica organizacional auténticamente comunista debe fundarse en una interacción viva entre el partido y las masas no organizadas. La separación entre la vanguardia y la masa es la consecuencia necesaria de la heterogeneidad de los niveles de conciencia de clase en el seno del proletariado. Al mismo tiempo, el papel del partido es precisamente el de unificar progresivamente la clase al más alto nivel posible. El partido comunista no debe actuar, como la secta, *por* el proletariado, sino que debe hacer progresar, por su acción, el proceso real de evolución de la conciencia de clase de las masas.[51]

Las concepciones organizacionales y políticas de Lukács en *HCC* ¿son, como lo pretenden ciertos autores, una prefiguración del estalinismo?

Por ejemplo, según Luciano Amodio, el Lukács de 1921-1923 es nada menos que uno de los "responsables en la génesis del estalinismo internacional": "Que el estalinismo *—como fenómeno internacional—* haya sido el hijo de esa izquierda romántica y subjetivista, ha sido indirectamente denunciado por Lukács mismo con la autoridad de la experiencia directa, cuando en *Significación actual del realismo crítico* atribuye al estalinismo el subjetivismo económico y el romanticismo revolucionario (como su 'equivalente estético'; pp. 149-151): la autocrítica de *Historia y conciencia de clase* en *Mi camino hacia Marx* está fundada en ¡el *activismo subjetivista ultraizquierda!* La autocrítica de *Historia y conciencia de clase* se convierte paradójicamente en una 'esopiana' autocrítica preventiva de su propio prestalinismo, de su propia responsabilidad en la génesis del estalinismo internacional."[52]

Este pasaje tan sorprendente, típico de cierta "lukacsología" arbitraria y confusa, merece algunas observaciones:

1] La crítica realizada por Lukács en 1957 del estalinismo como "subjetivismo económico-romanticismo revolucionario" es una crítica "derechista" y superficial, inspirada por el Jruschov del XX Congreso, e incapaz, como éste, de poner en duda los *fundamentos* del estalinismo; Lukács nunca ha escrito o insinuado, directa o indirectamente,

[50] *HCC,* pp. 337, 341 y 347.
[51] *HCC,* pp. 341-343.
[52] Luciano Amodio, "Tra Lenine Luxemburgo...", *Il Corpo,* mayo de 1967, p. 418.

ni en 1957 ni después, que el tipo de subjetivismo mesiánico e izquierdista que caracteriza, según él, sus obras de juventud, estuviera en las fuentes del estalinismo internacional.

2] Es por lo menos extravagante (para emplear un eufemismo) citar una autocrítica del Lukács *estaliniano ortodoxo* de 1933 (*Mi camino hacia Marx*) —dirigida contra el pretendido "izquierdismo subjetivista" de *HCC*— como una ¡"autocrítica preventiva de su propio prestalinismo" !

3] Un conocimiento aun elemental de los hechos históricos basta para comprobar que el estalinismo *internacional* es hijo del estalinismo *ruso* y que *HCC* no solamente no tiene ninguna responsabilidad en su génesis sino que, por el contrario, ha sido condenado, maldito y proscrito como libro hereje por todos los ideólogos estalinianos o prestalinianos en el curso de los últimos cincuenta años...

Otro ejemplo de crítica artificial del pretendido estalinismo del joven Lukács (por otra parte contradictorio con el de Amodio) se encuentra en el sociólogo norteamericano Alvin Gouldner: "La vulnerabilidad del espíritu burocrático de la tradición lukacsiana del socialismo está ligada a la importancia atribuida al papel de la toma de conciencia en la acción revolucionaria y, en especial, al carácter cognoscitivo, racional y estructurador de la toma de conciencia que deriva en última instancia del idealismo alemán [...] A pesar de su mesianismo revolucionario, Lukács comenzó por un concepto racionalista, preburocrático del socialismo y es esto —y no solamente su derrota política— lo que provocó su vulnerabilidad interior respecto al estalinismo."[53]

Mientras que para Amodio Lukács se vuelve "responsable" del estalinismo por su romanticismo mesiánico, para Gouldner se vuelve "interiormente vulnerable" al estalinismo por su racionalismo "a pesar de su mesianismo"... Por otra parte, es bastante sorprendente saber que el estalinismo deriva de "la importancia atribuida al papel de la toma de conciencia en la acción revolucionaria" y a su carácter racional: ¿será por lo tanto la esencia del estalinismo la acción revolucionaria racional y consciente?

Varios autores, en especial de la escuela lukacsiana norteamericana reunidos alrededor de la notable revista *Telos*, promueven también —pero de una manera mucho más matizada— la tesis del prestalinismo de Lukács en 1923, partiendo de la presuposición tan conocida de que la teoría leninista del partido de vanguardia conduce necesariamente a Stalin (la referencia histórica es la polémica de Rosa Luxemburg con

[53] Alvin Gouldner, "History and Class Consciousness", en *New York Times Review of Books*, julio de 1971.

el bolchevismo). Nosotros remitimos a la crítica de esas tesis por otro colaborador de *Telos,* Andrew Feenberg, quien pone en evidencia el carácter antiestaliniano del marxismo del joven Lukács y su relación particular con Lenin y con Rosa Luxemburg.[54]

En nuestra opinión, los conceptos organizacionales de Lukács en *HCC,* lejos de ser una "prefiguración del estalinismo" contienen, por el contrario, la crítica más radical y más profunda del partido de tipo burocrático. Según Lukács, lo que caracteriza a los partidos burgueses y los partidos obreros oportunistas es "la sobrestimación voluntarista de la importancia activa del individuo (el caudillo) y la subestimación fatalista de la importancia de la clase (la masa). El partido se divide en una parte activa y una parte pasiva, la última de las cuales no puede ponerse en movimiento más que ocasionalmente, y siempre mediante una orden de la otra".[55] Difícilmente se podría imaginar una previsión más pertinente del "culto a la personalidad" de los partidos "estalinianos" y su naturaleza de "partido obrero oportunista". Por otra parte, Lukács comprende correctamente el lazo entre ese tipo de organización y la *burocracia*: "Si el partido consiste en una mera jerarquía de funcionarios aislada de las masas de los miembros comunes a los que no compete en la vida cotidiana más que una función de espectadores, si la acción del partido como un todo es sólo ocasional, entonces se produce en los miembros una cierta indiferencia, mezcla de ciega confianza y de apatía [. . .]"[56]

Agreguemos que no se trata de fórmulas abstractas sino de observaciones fundadas en la *experiencia concreta* de Lukács en el seno del partido comunista húngaro; en efecto, a partir de 1921-1922, Lukács descubrió en su partido los primeros síntomas del mal burocrático que iba a devorarlo. En un artículo intitulado "Noch einmal Illusionspolitik" [Una vez más la política de la ilusión] (publicado en Viena en 1922 dentro de una recopilación de textos de la oposición en el seno del partido comunista húngaro: L. Rudas, *Abentuerer und Liquidatorentum, Die Politik Bela Kuns und die Krise der KPU*), Lukács denunciaba el aparato burocrático enorme, "vacío y sin alma" del partido húngaro en el exilio, aparato organizado como una verdadera *oficina de empleados* (*Amt*) con "jefes" y "subalternos", con su culto artificial de la autoridad y sus reglas de obediencia ciega y servil. Aparato que vivía mucho más en función de Moscú (cuyo apoyo tra-

[54] Andrew Feenberg, "Lukács and the Critique of 'Orthodox' Marxism", en *The Philosophical Forum,* Department of Philosophy, Boston University, vol. III, núms. 3-4, primavera-verano de 1972.

[55] *HCC,* pp. 332-333.

[56] *HCC,* p. 351.

taba de ganar a través de promesas, ilusiones y mentiras) que de las luchas reales del proletariado en Hungría.[57]

En otros términos: la "prefiguración del estalinismo" es precisamente el objeto de la crítica rigurosa y explícita de Lukács en nombre de su concepción (leninista) del partido revolucionario en 1922. Su aceptación del estalinismo no puede ser, después de 1926, más que a través de la ruptura (implícita o explícita) con las tesis de *HCC*.

Históricamente, *HCC* es la expresión de un período de revueltas, insurrecciones, huelgas generales y consejos obreros, un período de arranque revolucionario generalizado en Europa. Esta determinación histórica, lejos de volver anacrónica la obra de Lukács, es precisamente lo que le da su actualidad política en la medida en que, a partir de 1960, surge una nueva generación que busca sus raíces históricas en el período del "primer comunismo" (1917-1923), considerado como ejemplar.

La actualidad de Lukács se sitúa también a nivel *metodológico*, en la medida en que su dialéctica del sujeto y del objeto tiende a superar el dilema del marxismo contemporáneo, dividido entre una corriente subjetivista, "existencial" e izquierdista (Sartre) y una tendencia estructuralista cercana al materialismo predialéctico y al neopositivismo (Althusser).

¿Es leninista esta dialéctica lukacsiana? La polémica al respecto se ha empobrecido considerablemente por el hecho de que el criterio de "leninismo" ha sido arbitrariamente congelado al nivel de una sola obra: *Materialismo y empiriocriticismo*. A partir de ese criterio, Merleau-Ponty está en condiciones de descubrir un conflicto entre el "marxismo occidental" representado por Lukács y el "leninismo", en tanto que el filósofo soviético Deborin compara a Lukács con Bogdánov.[58]

En nuestra opinión, *HCC* es una obra leninista en la medida en que es la expresión filosófica de la dialéctica revolucionaria de la obra en los escritos políticos de Lenin y en los *Cuadernos filosóficos* de 1914 (que no fueron publicados sino hasta 1929 y que por lo tanto eran desconocidos para Lukács). Estamos pues de acuerdo con Morris Watnik, cuando destaca a propósito de *HCC* que "la estructura subyacente de su argumento es indiscutiblemente leninista en su núcleo

[57] György Lukács, "Noch einmal Illusionspolitik", en *Werke*, 2, pp. 156-159. Este artículo fue publicado por primera vez en el diario de la oposición del PC húngaro, *Vörös Ujsag* [El Diario Rojo], aparecido en Viena en diciembre de 1921.

[58] Maurice Merleau-Ponty, *Les aventures de la dialectique* [*Las aventuras de la dialéctica*], Gallimard, 1955, p. 87, y Deborin, "Lukács und seine Kritik des Marxismus", en *Arbeiter Literatur*, núm. 10, 1924, p. 629.

central... ¡Lo que el libro de Lukács desafía no es la esencia de la doctrina leninista —por el contrario!— sino el marxismo-leninismo codificado que escolásticos ortodoxos han canonizado como un dogma de estado de la Unión Soviética [...]"[59]

En esas condiciones, nos parece que el *Lenin* (1924) de Lukács es, en último análisis, la continuación de *HCC*, pues las dos obras están asentadas en las mismas premisas teóricas fundamentales,[60] aun cuando el pequeño folleto de 1924 es más directamente político y más concreto, y aborda una serie de problemas importantes ausentes en la obra de 1923 (la teoría leninista del estado, etc.). En consecuencia, la tentativa de algunos estructuralo-marxistas de introducir un corte epistemológico entre el Lukács "historicista idealista" de *HCC* y el Lukács "materialista" del *Lenin* nos parece extremadamente discutible. Por ejemplo, según Gareth Stedman Jones, en el *Lenin* el partido no es ya para Lukács simplemente la vanguardia que despierta a las masas de su letargo (como en *HCC*) sino que "escucha a las masas y aprende de ellas, en una dialéctica permanente entre partido y clase".[61] Ahora bien, Lukács destacaba precisamente en *HCC* "la relación interna más íntima entre el partido y la clase" y daba como ejemplo el hecho de que en la URSS en 1921 las masas de obreros y campesinos sin partido fueron asociadas al trabajo de depuración del partido: "No porque el partido haya ahora de aceptar ciegamente todo juicio de esas masas, pero sí porque debe tener muy en cuenta la iniciativas y las recusaciones de éstas al expulsar a los elementos corrompidos, burocratizados, alejados de las masas y no dignos de confianza revolucionaria."[62]

En *Lenin* como en *HCC*, Lukács opone el realismo revolucionario bolchevique (representado por Brest-Litovsk, la NEP, etc.), que reúne en una interacción dialéctica los compromisos y la firme conservación de los principios, a la actitud de las "ultraizquierdas" que rechazan cualquier compromiso en nombre de la conservación rígida y abstracta de principios "puros". En último análisis, ese realismo deriva de la concepción marxista-dialéctica de la historia, según la cual los hombres mismos hacen su historia, *pero no en condiciones elegidas por ellos*.[63]

La teoría del partido en *Lenin* es también un desarrollo de las tesis

[59] Morris Watnik, "G. Lukács: an intellectual biography", en *Survey*, núm 27, 1959, p. 80.

[60] "Lukács interpreta la *práctica* de Lenin (su estrategia y táctica en la revolución rusa) como la realización o la puesta en acción de la dialéctica del sujeto-objeto." Paul Breines, "Praxis and its theorists...", en *Telos*, núm. 11, 1972, p. 87.

[61] Gareth Stedman Jones, *op. cit.*, pp. 56-57.

[62] *HCC*, p. 353.

[63] György Lukács, *Lenin*, México, Grijalbo, 1970, pp. 117, 122, 123.

de 1923: Lukács rechaza a la vez la teoría tradicional, kautskiana, que ve en la organización lo *preliminar* de la acción revolucionaria, y la concepción luxemburguista de la organización como *producto,* como si ambas fueran unilaterales y no dialécticas: el partido comunista es a la vez productor y producto, premisa y fruto de los movimientos revolucionarios de masa, resultado de un desarrollo histórico dialéctico y su promotor consciente.[64] Hay un pasaje en ese texto en el que Lukács confronta la vida del revolucionario profesional con "el carácter superficial de la vida cotidiana" (p. 52). Se podría creer que se trata de un eco lejano de la contradicción entre vida auténtica y vida cotidiana en 1910. No obstante, para el Lukács de 1924 no se trata ya de una dualidad trágica: más allá de la superficie de lo cotidiano existe la tendencia profunda que conduce (potencialmente) hacia la revolución y que constituye el sustrato objetivo de la actividad de los revolucionarios.

Sin embargo, el opúsculo de 1924 aporta nuevas precisiones sobre dos problemas políticos importantes, decisivos incluso:

1] La relación entre revolución democrática y revolución socialista: "La verdadera revolución es la trasformación dialéctica de la revolución burguesa en proletaria." La burguesía ha traicionado sus propias tradiciones revolucionarias; el proletariado es la única clase capaz de conducir a su término la revolución burguesa de manera consecuente, al fusionarla necesariamente con la revolución socialista. "La revolución equivale hoy a la culminación y superación de la revolución burguesa."[65]

En 1919 Lukács descubrió en el proletariado al heredero de las tradiciones culturales y humanistas abandonadas por la burguesía. En 1924 comprende que a nivel político también el proletariado tendrá la misión de cumplir las tareas históricas que la burguesía, convertida en contrarrevolucionaria, no quiere ya asumir.

2] El internacionalismo: después de haber destacado el papel decisivo del partido bolchevique en el estado soviético, Lukács agrega lo siguiente: "Pero [. . .] este mismo partido —dado que la *revolución únicamente puede triunfar, puede ser victoriosa a escala mundial* y dado que *el proletariado sólo puede constituirse realmente en clase como proletariado mundial*— está incorporado y subordinado, como sección, al órgano supremo de la revolución proletaria, a la Internacional Comunista."[66]

Estos dos temas, la revolución permanente y la primacía del internacionalismo, serán los puntos principales de ruptura entre la izquierda

[64] *Ibid.,* pp. 45 y 52.
[65] *Lenin,* p. 72.
[66] *Ibid.,* p. 127; en cursivas en el original.

y la derecha del movimiento comunista después de 1924. El leninismo de Lukács en 1924 es precisamente el que va a reivindicar la oposición de izquierda. La adhesión de Lukács a Stalin a partir de 1926 significa por lo tanto una revisión implícita de su *Lenin.*

Una de las tesis más conocidas del folleto de 1924 es la de *la actualidad de la revolución.* Ahora bien, en nuestra opinión, esta problemática es el punto de cierta ambigüedad en Lukács; la actualidad de la revolución es concebida a veces como un *período histórico* de luchas revolucionarias, pero también a veces es definida como una *situación revolucionaria* caracterizada por "la descomposición de las viejas estructuras de la sociedad".[67] Así pues, si el leninismo era la teoría de la actualidad de la revolución comprendida en el segundo sentido, cesaría de ser realista en una situación de estabilidad del capitalismo, situación en la que Lukács se rehusa a creer en 1924. Lukács parece pues limitar la validez del leninismo a una situación de inminencia de la revolución, o de crisis revolucionaria: "Si a los mencheviques les hubiera asistido la razón en su visión de la historia, si lo que nos hubiera aguardado fuera una época (relativamente) tranquila de prosperidad y extensión lenta y progresiva de la democracia [...] los grupos de revolucionarios habrían terminado por perder toda agilidad, reducidos a sectas o simples círculos de propagandistas [...] La forma leninista de organización está profundamente vinculada a la previsión de la inminencia de la revolución."[68] Nos parece que esta formulación ambigua (¿qué significa "proximidad"?) es una de las posibles raíces del viraje a la derecha de Lukács después de 1926: puesto que se entró en un período de "prosperidad relativamente tranquilo", el leninismo se volvió menos actual, el partido comunista puede y debe adoptar una estructura y una estrategia más "flexibles", etcétera.

[67] *Ibid.,* p. 41.
[68] *Ibid.,* pp. 37 y 41.

5. LUKÁCS Y EL ESTALINISMO (1926-1929)

"Les diremos que Te obedecemos y que reinamos en Tu nombre [...] Es en tal impostura donde residirá nuestro sufrimiento, puesto que deberemos mentir."

(El Gran Inquisidor, en Dostoievsky, *Les Frères Karamazov*, "Le Livre de Poche", p. 322.)

A partir de 1924, después de la muerte de Lenin, comienza en la URSS un proceso de burocratización que posibilita que progresivamente sustituya a la vieja guardia bolchevique una capa conservadora cuyo representante más calificado y jefe indiscutible era Stalin.

El año de 1926 es uno de los momentos decisivos de ese viraje histórico. Es el año que Stalin publica *Cuestiones de leninismo*, primera formulación explícita de la doctrina del socialismo en un solo país, y que Bujarin incita a los *kulaks* a enriquecerse. Es el año de la XV Conferencia del PCUS, que excluye del organismo político la oposición de izquierda (Trotski, Zinóviev, Kámenev). En fin, es en este año cuando Chang Kai-shek es electo "miembro de honor" del presidium de la Internacional Comunista y cuando los sindicatos soviéticos forman un comité con la dirección reformista y derechista de los sindicatos ingleses (a pesar del sabotaje de la huelga general de 1926). Utilizando como pretexto la estabilización en Europa después de terminar la gran ola revolucionaria de 1917-1923, la dirección estaliniana remplazará poco a poco el internacionalismo revolucionario por una *Realpolitik* fundada en la razón de estado de la URSS.

¿Cómo reacciona Lukács ante esta nueva configuración histórica?

En el prefacio de 1967, Lukács resume en los siguientes términos su actitud de ese momento: "La III Internacional después de 1924 comprendió con razón la situación del mundo capitalista como de una 'relativa estabilización'. Esos hechos significaron para mí también la necesidad de una reorientación teórica. El hecho de que en las discusiones en el partido ruso yo me situara del lado de Stalin y de la afirmación del socialismo en un solo país, muestra claramente el inicio de un cambio decisivo."[1]

En efecto, a partir de 1926 comienza en la vida y la obra de

[1] *Werke*, p. 30.

Lukács un viraje decisivo, una ruptura teórica y política profunda con todo su antiguo pensamiento revolucionario y en especial con *HCC*. En una palabra, sus escritos después de 1926 se caracterizan por la adhesión —por supuesto con muchas reservas y reticencias— al estalinismo.

De la misma manera que el proceso de radicalización de Lukács había sido primero estético y moral, el nuevo viraje tomará en 1926 primero formas culturales y filosóficas, antes de desembocar en una fórmula explícitamente política en 1928.

En un artículo de junio de 1926 intitulado *L'art pour l'art un proletarische Dichtung* [El arte por el arte y la poesía proletaria] Lukács critica la *Tendenzkunst* (el arte políticamente orientado) de gente como Ernst Toller (poeta y dirigente de la República de los Consejos de Baviera en 1919) calificándola de "utopía abstracta romántica". Destaca que el marxismo está opuesto a toda tentativa de "saltar utópicamente más allá de las posibilidades dadas", y a todas las sobrestimaciones en el terreno cultural: la revolución proletaria no puede contribuir, inicialmente, sino "muy poco" al desarrollo del arte; las trasformaciones en la URSS en la esfera cultural son "mucho menos rápidas de lo que hubiera podido hacer esperar una mirada superficial". Según él, tal superficialidad utopista "explica la 'desilusión' que provocó la revolución rusa en muchos de los intelectuales que esperaban que aportara una solución inmediata a sus propios problemas especiales".[2] Ese artículo significa para Lukács una "autocrítica" de sus esperanzas de 1919 en una revolución cultural en la estela de la revolución socialista.[3] El abandono de la "utopía" de una nueva cultura en la URSS significaría para Lukács el retorno a la herencia cultural burguesa. Volveremos a esto.

Siempre en 1926, Lukács publicará un artículo celebrado a justo título como uno de sus trabajos filosóficos más vigorosos y más profundos: *Moses Hess und die Probleme der idealistischen Dialektik* [Moses Hess y los problemas de la dialéctica idealista]. Habitualmente esta obra se considera situada en estricta continuidad con el hegelomarxismo de *HCC*. En realidad, la "lectura" de Hegel no es la misma en los dos escritos: en 1923 Lukács encuentra en Hegel la categoría de la totalidad y la dialéctica del sujeto/objeto; en 1926, descubre en él, ante todo, al pensador "realista". Ve en la tendencia de Hegel a "reconciliarse" con la realidad (por ejemplo del estado prusiano) la prueba de su "grandioso realismo" y de su "rechazo de toda utopía". Reconoce

[2] György Lukács, "L'art pour l'art und proletarische Dichtung", en *Die Tat,* 18/3, junio de 1926, pp. 220-223.

[3] Véase el notable ensayo de Paul Breines, "Notes on G. Lukács. The Old Culture and the new Culture", en *Telos,* núm. 5, primavera de 1970, p. 16-18.

que ese estancamiento en el presente de Hegel es políticamente reaccionario, pero desde el punto de vista metodológico ve ahí la expresión de un profundo realismo dialéctico.[4]

Hemos visto que la adhesión a Ady, a su *veto por misión* opuesto a la *Versöhnung* hegeliana, es el punto de partida de la radicalización ideológica del joven Lukács en 1908-1909. No es pues casualidad si al final de su período revolucionario toma en él la forma de una caída en la "reconciliación" de Hegel con la realidad. El tema de la *Versöhnung* vuelve a aparecer en muchos escritos del "viejo Lukács" y se convierte en uno de los ejes de su pensamiento.

En su obra sobre el joven Hegel —quizás el escrito más profundo del "viejo Lukács"— estudia en todas sus etapas el itinerario espiritual del autor de *La fenomenología del espíritu,* desde la rebeldía juvenil hasta la "reconciliación con la realidad". En un primer período (1793-1796) Hegel es, como su amigo Hölderlin, un republicano revolucionario convencido, animado por la esperanza ardiente de un renacimiento de la república antigua, en la que "los hombres libres obedecen a leyes que se habían dado ellos mismos" (citado por Lukács). En un poema dedicado a Hölderlin, Hegel escribía en 1796: "Vivir solamente para la verdad, jamás hacer la paz con las leyes que señalan el pensamiento y el sentimiento." No obstante, poco a poco su camino se separa del de su amigo y va a aceptar, contrariamente a éste, a Napoleón y la realidad "prosaica" de la sociedad burguesa. Lukács destaca que en la cuestión de la reconciliación con la realidad "se presenta con especial agudeza el contraste entre el joven Hegel y su desarrollo posterior". Sin dejar de reconocer que ese desarrollo implica, en Hegel, una pérdida de contenido revolucionario, Lukács lo considera como esencialmente positivo: "Precisamente, en efecto, puesto que se ha alejado de las ideas revolucionarias de su juventud, Hegel ha podido convertirse en la figura filosóficamente culminante del idealismo alemán y ha podido comprender la necesidad del desarrollo histórico [. . .] Cuanto más se aparta de sus ideales revolucionarios juveniles, y más resueltamente se 'reconcilia' con la dominación de la sociedad burguesa [. . .] tanto más fuerte y consciente aparece en Hegel el dialéctico."[5]

[4] György Lukács, *Moses Hess und die Probleme der idealistischen Dialektik,* en *Werke,* 2, pp. 649-651.

[5] György Lukács, *Der Junge Hegel, Über die Beiziehungen von Dialektik und Oekonomie,* Zürich-Wien, Europa Verlag, 1948, pp. 79, 109, 149, 307, 470 [pp. 161, 74, 117, etc.]. Véase también György Lukács, *La signification présente du réalisme critique,* Gallimard, 1960, p. 213, y su crítica en Theodor Adorno, "Erpresste Versöhnung, zu Georg Lukács, 'Wider den missverstandenen Realismus' ", 1958, en *Noten zur Literatur,* II, Suhrkamp Verlag, pp. 186-187.

Resulta inútil destacar el paralelismo palpable con el itinerario ideológico de Lukács mismo, tal como lo concibe en 1938 (época de redacción de la obra): abandono de los "ideales juveniles" de 1919-1924 y reconciliación con la realidad prosaica y bonapartista de la URSS estaliniana.

En el ensayo de 1926, Lukács opondrá a Hegel el "utopismo revolucionario" de Fichte, von Cieszkowski y Moses Hess. Según él, el principio enunciado por Hegel en el prefacio a *La filosofía del derecho* ("La tarea de la filosofía es comprender *lo que es*, porque *lo que es*, es la Razón") está más cerca del concepto materialista de la historia que todos los sueños moralistas del fichteanismo. En consecuencia, el pensamiento de Marx no debe relacionarse con Feuerbach, Hess y los hegelianos de izquierda, que constituyen una corriente esencialmente neofichteana; "desde el punto de vista metodológico, Marx parte *directamente* de Hegel".[6]

Evidentemente, esta tesis de Lukács contiene un "núcleo racional"; sin embargo es profundamente unilateral; olvida que, para Marx, "los filósofos hasta ahora no han hecho sino interpretar el mundo, cuando de lo que se trata es de trasformarlo"; y que en consecuencia la "filosofía de la praxis" de Fichte, von Cieszkowsky y Hess es *también* un punto de partida para el marxismo, un *momento necesario* de la evolución del joven Marx después de su ruptura con Hegel en 1842-1843.

La dialéctica revolucionaria de Marx es precisamente la superación, la *Aufhebung*, a la vez del realismo conservador de Hegel y del utopismo revolucionario (moralista) del tipo fichteano. Toda tentativa por deducir el pensamiento de Marx de manera unilateral y directa de una sola de esas fuentes desemboca en un "marxismo" conservador seudorrealista o en un socialismo "ético" sin fundamento objetivo.

Visto desde este ángulo, el *Moses Hess* de Lukács aparece en 1926 como *desequilibrado*, como que pende hacia la "reconciliación" con la realidad (la estabilización del capitalismo, la nueva situación en la URSS) en comparación con la armonía dialéctico-revolucionaria de *HCC*. Después de la etapa utópico-revolucionaria de 1919 a 1921, después de un breve pero monumental apogeo realista revolucionario en 1922-1924, Lukács, a partir de 1926, se inclina progresivamente hacia el realismo sin más, y en consecuencia, políticamente, hacia la aceptación de la *Realpolitik* no revolucionaria de Stalin. El *Moses Hess* de 1926 tiene pues implicaciones políticas profundas: proporciona el fundamento metodológico de la adhesión de Lukács al "Termidor" soviético.

Este contenido implícito, oculto, de sus escritos filosóficos de 1926,

[6] György Lukács, *Moses Mess...*, en *Werke*, 2, p. 665.

permanece "invisible" para la mayoría de los exégetas; por otra parte, está confirmado por *El joven Hegel* de 1938 y sobre todo por un escrito de Lukács en 1935: "El *Hyperion* de Hölderlin, en el que se trata explícitamente de la actitud de Hegel para con Termidor: "Hegel se acomoda o reconcilia con la época postermidoriana, con la conclusión del período revolucionario de la evolución burguesa, y construye su filosofía precisamente sobre la base del reconocimiento de esa nueva inflexión de la historia universal. Hölderlin, en cambio, no concierta ningún compromiso con esa realidad postermidoriana, sino que sigue fiel al viejo ideal revolucionario de la democracia de la polis que había que renovar, y así se estrella contra la realidad, en la cual no cabían ya, ni siquiera poética o filosóficamente, aquellos ideales." Mientras que "la acomodación hegeliana a la realidad postermidoriana le ha llevado hasta el gran camino real de la evolución ideológica de su clase [...] la pureza de Hölderlin contra todo compromiso se ha quedado en un trágico callejón sin salida: ignorado y nada llorado, este solitario Leónidas poético de los ideales del período jacobino ha caído en las Termópilas del incipiente proceso tremidoriano [...] La grandeza histórico-universal de la acomodación hegeliana consiste precisamente en que —como acaso sólo Balzac junto a él— entiende la evolución revolucionaria de la burguesía como un proceso unitario, como un proceso en el cual tanto el terror revolucionario como Termidor y Napoleón han sido simplemente fases necesarias. El período heroico de la burguesía revolucionaria es en el pensamiento de Hegel [...] un pasado irrecuperable, pero un pasado que ha sido inevitablemente necesario para producir la prosa heroica del presente, reconocida como progresiva [...]"[7]

El significado de esas observaciones con relación a la URSS en 1935 es trasparente; basta agregar que Trotski había publicado precisamente en febrero de 1935 un ensayo en el que utiliza por primera vez el término "Termidor" para caracterizar la evolución de la URSS después de 1924 (*El estado obrero y la cuestión del Termidor y del bonapartismo*). Evidentemente, los pasajes citados son la respuesta de Lukács a Trotski, ese Leónidas intransigente, trágico y solitario, que rechaza Termidor y es condenado al callejón sin salida... Lukács, por el contrario, como Hegel, acepta el fin del período revolucionario y construye su filosofía sobre la comprensión del nuevo viraje de la historia universal.[8] Sin embargo, observemos al pasar que Lukács

[7] György Lukács, "El *Hyperion* de Hölderlin", 1935, en *Goethe y su época,* Barcelona, Grijalbo, 1968, pp. 215-217.

[8] Véase L. Stern, "G. Lukács: an intellectual portrait", en *Dissent,* primavera de 1958, p. 1972. Véase también el notable artículo de Lucien Goldmann sobre Lukács en la *Enciclopedia Universalis,* 1971.

parece aceptar, implícitamente, la caracterización trotskista del régimen de Stalin como termidoriano...

Este texto de Lukács constituye sin duda una de las tentativas más inteligentes y más sutiles para justificar al estalinismo como una "fase necesaria", "prosaica" pero "de carácter progresista" de la evolución revolucionaria del proletariado concebido como un proceso unitario. Hay en esta tesis —lo que probablemente era el razonamiento secreto de muchos intelectuales o militantes más o menos unidos al estalinismo— cierto "núcleo racional", pero los acontecimientos de los años siguientes (los procesos de Moscú, el pacto germano-soviético, etc.) iban a demostrar, aun a Lukács, que ese proceso no era de tal manera "unitario". Lo que Lukács no comprendía era que el Termidor estaliniano resultaba mucho más nefasto para la revolución proletaria que lo que el Termidor francés lo había sido para la revolución burguesa; y esto por una razón fundamental que el joven Lukács había destacado en *Historia y conciencia de clase*: la revolución socialista no es, como la revolución burguesa, un proceso ciego y automático, sino la trasformación consciente de la sociedad por los trabajadores mismos.[9]

El viraje de Lukács iniciado por el *Moses Hess* (1926) va a asumir una forma directamente política en 1928 con las *Blum-Thesen* [Tesis de Blum]. Con el seudónimo "Blum", Lukács había redactado ese proyecto de tesis para el II Congreso del Partido Comunista de Hungría. Algunos autores atribuyen las posiciones políticas de ese texto a la influencia de Bujarin o de Otto Bauer.[10] En nuestra opinión, se trata simplemente de una aplicación a Hungría del viraje a la derecha de la Comintern; Lukács no hacía sino seguir la "línea general" de 1924-1927. El retraso sufrido por Hungría era debido al precedente histó-

[9] Véase también Leon Trotski, *The workers state and the question of Thermidor and bonapartism,* 1935, Londres, New Park, 1968, p. 57: "A diferencia del capitalismo, el socialismo no se edifica automática sino conscientemente. La marcha hacia el socialismo es inseparable de un poder estatal que desea el socialismo [...]" El viejo Lukács posestaliniano parece tener una visión más lúcida y menos apologética que la de 1935 de la relación entre la URSS y el socialismo; en una entrevista de 1969 advierte: "No es verdad que un socialista italiano o francés sea socialista porque quiera vivir como los obreros en la Unión Soviética. No desea vivir de esa manera [...] no considera la vida de un obrero soviético o de un campesino koljosiano como una vida socialista [...] Mientras no se pueda revivir la teoría socialista derivada de Marx, mientras no se logre convertirla en una realidad viva en los países socialistas, no podrán renacer el extraordinario poder de atracción que tenía el socialismo —que duró desde 1917 hasta la época de las grandes purgas— y la simpatía internacional por él." György Lukács, "The twin crises", en *New Left Review,* núm. 60, p. 45.

[10] Véase Georg Lichtheim, *Lukács,* Seghers, 1971, pp. 74-75 e Yves Bourdet, *Figures de Lukács,* Anthropos, 1972, pp. 92-93.

rico de la República de los Consejos, que hacía difícil para el partido comunista abordar un programa contradictorio con relación a las experiencias de 1919, es decir a la revolución socialista. La desgracia de Lukács es que sus tesis serán el último eco del viraje derechista, en el momento mismo en que comienza el nuevo cambio de "izquierda" (sectario) de la Internacional.

Las tesis no expresan enteramente el fondo del pensamiento de Lukács; él reconoce en 1967 que para hacerlas más aceptables, las había "debilitado" parcialmente —en otras palabras, las había formulado en un lenguaje más "izquierdista" que su contenido real.[11]

La idea central de las *Blum-Thesen* es que el objetivo del partido comunista húngaro no debe ser ya el restablecimiento de una república de los consejos socialistas, sino simplemente una "dictadura democrática del proletariado y del campesinado", "cuyo contenido inmediato y concreto no sobrepase a la sociedad burguesa". Se trata de remplazar el régimen semifascista de Hungría por una democracia burguesa en la que "la burguesía —sin dejar de conservar la explotación económica— deje por lo menos una parte del poder a las grandes masas de trabajadores". Asigna pues al partido comunista la tarea de conducir "el verdadero combate por las reformas democráticas" y de luchar contra el "nihilismo" reinante en el seno de los obreros con relación a la democracia burguesa.[12]

Con toda intención hemos elegido del texto de Lukács las fórmulas más "derechistas", dejando de lado ciertos pasajes más de "izquierda", los cuales, según el Lukács de 1967, no eran más que concesiones verbales. El conjunto de las *Blum-Thesen* era a la vez una prolongación de la línea de los años 1924-1927 y una prefiguración de la estrategia del Frente Popular de los años 1934-1938. Ahora bien, con relación a la Comintern, llegaban a la vez demasiado pronto y demasiado tarde; iban totalmente al encuentro del viraje ultrasectario del "Tercer Período" (1928-1933) que acababa de comenzar. El resultado es que Lukács vio inmediatamente abatirse sobre sí una formidable andanada de palos, a través de una "Carta abierta del Comité ejecutivo de la Internacional Comunista a los miembros del Partido Comunista Húngaro", que acusaba a las "tesis liquidacionistas del camarada Blum" de situarse en el punto de vista de la socialdemocracia, y de querer "combatir el fascismo en el terreno de la democracia burguesa".[13]

11 *Vorwort*, p. 32.

12 György Lukács, *Blum-Thesen,* 1928, en *Werke,* t. 2, pp. 710, 711, 712, 717.

13 "Offenen Brief des Exekutivkommitees der Komunistischen Internationale an die Mietglieder des Kommunistischen Partei Ungarns", 1928, *en* Peter Ludz, *Georg Lukács, Schriften zur Ideologie und Politik,* Luchterhand, 1967, pp. 733-

Durante el año de 1929 el partido comunista húngaro discutió las *Blum-Thesen* pero después de la intervención del Comité Ejecutivo de la Internacional Comunista es evidente que la partida estaba perdida para Lukács. La fracción de Bela Kun las rechazó como puramente oportunistas, e incluso la fracción de Lukács (la antigua tendencia Landler) apenas las defendió.[14] Temiendo hacerse excluir del partido, Lukács publica en 1929 una autocrítica en el órgano del PC húngaro, dando importancia al carácter "oportunista derechista" de sus tesis.[15]

Esta autocrítica era, como Lukács lo reconoció después en repetidas ocasiones, totalmente *hipócrita*;[16] en otros términos, continuaba estando profunda e íntimamente convencido de la justeza de las *Blum-Thesen*, sin dejar de negarlas públicamente con todo el ritual habitual en ese género de operaciones.

¿Por qué esa capitulación incondicional? ¿A causa de la "legítima preocupación por permanecer vivo", como piensan algunos críticos?[17] Esto no nos parece una buena explicación: en la URSS, en 1929, Lukács no corría ningún riesgo, y nadie le habría impedido irse a Alemania, como, por otra parte, lo hizo en 1931, sin cambiar por ello su posición pública.

La justificación que Lukács da *a posteriori*, en 1967, es más razonable: "Estaba entonces firmemente convencido de la justeza de mi punto de vista, pero sabía —por ejemplo según el destino de Karl Korsch— que en esa época una exclusión del partido significaba la imposibilidad de participar activamente en la lucha contra el fascismo que se aproximaba. Como 'billete de entrada' para tal actividad formulé esa autocrítica [. . .]"[18] Lo fastidioso de tal argumento es que en 1929 los partidos comunistas estaban lejos de conducir una lucha consecuente contra el fascismo. Era el principio de la tristemente célebre doctrina estaliniana que definía la socialdemocracia como "socialfascismo" y que, rehusando obstinadamente el frente único antifascista de los partidos obreros, proclamaba, apenas un año antes de la victoria de Hitler, que se necesitaba "dirigir el golpe principal contra el Partido Socialdemócrata Alemán" (*Die Internationale*, junio de 1932).

Evidentemente, Lukács estaba en desacuerdo total con esa estrate-

734. Resulta inútil agregar que el Frente Popular de 1934-1938 no hará otra cosa que "combatir el fascismo en el terreno de la democracia burguesa".

[14] György Lukács, "Vorwort", p. 32.

[15] Véase *Declaración* (en húngaro), *Uj Marcius*, 5º año, 1929, p. 345.

[16] Véase *Petit Robert*, p. 861: "*Hypocrisie*, n.f. Vicio que consiste en disfrazar su verdadero carácter, en fingir opiniones, sentimientos... que no se tienen."

[17] Véase Yves Bourdet, *op. cit.*, p. 170.

[18] "Vorwort", p. 32.

gia catastrófica. En 1967 recuerda que la teoría de Stalin en 1928 sobre la socialdemocracia, "hermana gemela del fascismo", le había "indignado profundamente".[19] En ese caso, ¿por qué la capitulación, la autocrítica, la aceptación pasiva de la línea de la Comintern?

Un testimonio de Victor Serge en sus *Memorias* proporciona, en nuestra opinión, elementos de respuesta a este asunto, al ilustrar el estado de ánimo de Lukács en esa época:

"Sobre todo, me decía Iouri Lukács, cuando vagábamos en la noche bajo las grises agujas de la iglesia votiva, no se haga deportar estúpidamente por nada, por el rechazo de una pequeña humillación, por el placer de votar con provocación [...] Créame, las vejaciones no tienen gran importancia para nosotros. Los revolucionarios marxistas tienen necesidad de paciencia y de valor; ninguna necesidad de amor propio. La hora es mala, estamos en un viraje oscuro. Economicemos nuestras fuerzas: la historia todavía apelará a nosotros".[20]

Serge sitúa esta conversación en *Viena, hacia 1926.* Puede parecer pretencioso de nuestra parte querer corregir los recuerdos de Victor Serge, pero nos parece mucho más probable que esas palabras de Lukács hayan sido pronunciadas en *Moscú en 1929.* Ante todo porque no se deportaba a nadie en 1926, y porque, estando Serge en Viena, no se entiende cómo el gobierno soviético hubiera podido deportarlo a Rusia. Por el contrario, en 1929, Serge era uno de los últimos oponentes que permanecían todavía en Moscú, bajo la amenaza constante de la deportación. La referencia de Lukács a la ausencia de amor propio de los revolucionarios es incomprensible en 1926; en 1929, en el momento de su autocrítica, traduce fielmente su actitud. Igualmente la expresión "la hora es mala, estamos en un viraje oscuro" expresa precisamente la perplejidad de Lukács ante el viraje sectario del "Tercer Período". La complicidad (relativa) con Victor Serge que se desprende de la conversación puede igualmente ser comprendida a la luz de la situación de 1929: Lukács compartía, en cierta medida, las críticas de la oposición de izquierda (de la que Serge formaba parte)

[19] "Vorwort", p. 31. Lo que no significa que ocasionalmente no haya pagado tributo ideológico a la doctrina estaliniana. El ejemplo más sorprendente es el gran manuscrito de 1933-1934, *Zur Entsehungsgeschichte der faschistischen Philosophie in Deutschland* [Sobre la historia de los orígenes del fascismo filosófico en Alemania], que contiene un capítulo de 45 páginas intitulado: "Der Anteil des Sozialfaschismus an der Entstehung der faschistischen Philosophie" ["La parte del socialfascismo en la formación de la filosofía fascista"]; en ese escrito tortuoso y absurdo, Lukács explica cómo Friedrich y Max Adler, Hilferding y Kautsky contribuyeron al triunfo del irracionalismo fascista... Agreguemos, empero, que Lukács nunca quiso publicar ese texto, que ha permanecido inédito hasta nuestros días.

[20] Victor Serge, *Mémoires d'un révolutionnaire,* p. 211.

a la línea del "socialfascismo". Pero, contrariamente a Serge, él no se atrevía a llevar el combate de frente en el seno de la Comintern. Él "economizaba sus fuerzas", esperando que "la historia todavía apelara" a él.[21]

En otros términos: Lukács consideraba el viraje sectario del "Tercer Período" como una peripecia, una aberración pasajera, y estaba íntimamente convencido de que pronto o tarde la Comintern regresaría a una posición más realista, cercana a la que defendía en las *Blum-Thesen.* Esperando este nuevo viraje, que pondría a la lucha contra el fascismo en primera fila, y que le permitiría comprometerse activamente, sacrificaba su "amor propio" imponiéndose una "pequeña humillación": la autocrítica de 1929. El pronóstico de Lukács no era del todo falso: lo que no había previsto es que el cambio no llegaría sino *post mortem,* después de la victoria de Hitler y el establecimiento del fascismo en el corazón de Europa...

Las *Blum-Thesen* representan el *punto de llegada* del largo y tortuoso itinerario espiritual de Lukács; son el último estadio de su evolución política, el fundamento ideológico de toda su producción intelectual a partir de 1928.[22] Traumatizado por su fracaso de 1929, Lukács abandonará el terreno de la teoría política por el más "neutro" y menos conflictivo de la estética y de la cultura. Sin embargo, como lo destaca en 1967, la posición fundamental de las *Blum-Thesen* fue, a partir de 1928, "el hilo conductor de mi futura actividad teórica y práctica". Como prueba adicional de esta afirmación, Lukács cita, no sin ironía sutil, a su ex alumno que se convirtió en su principal crítico (estaliniano) József Révai, quien escribía en 1950: "El que conoce la historia del movimiento comunista húngaro sabe que los *conceptos literarios* que el camarada Lukács ha defendido de 1945 a 1949 están en relación con sus antiguos *conceptos políticos* de fines de los años 20 respecto de la evolución política en Hungría y de la estrategia del partido comunista."[23]

[21] Durante la redacción de este pasaje pudimos consultar la autobiografía de Lukács de 1971, que confirma esta hipótesis. Lukács cita errores de fechas que aparecen en los recuerdos de Serge sobre sus conversaciones y destaca que la tendencia general del escritor era "situar antes acontecimientos que tuvieron lugar más tarde". *Gelebtes Denken,* ms., p. 1.

[22] Véase Yvon Bourdet, *op. cit.,* p. 72: "La palabra término es correcta aquí, pues esas tesis (Blum) formularon la posición definitiva de Lukács."

[23] György Lukács, "Vorwort", pp. 32-33 y József Révai, *Literarische Studien,* Berlín, Dietz, 1956, p. 235. En realidad, los escritos literarios de Lukács de 1945-1949 contienen también pasajes directamente políticos: en *Irodalom es demokracia* [Literatura y democracia], compilación de artículos publicada en 1947 en Budapest, Lukács escribía que la democracia popular "no ha abolido el carácter capitalista del orden productivo, y no tiene la inten-

En realidad, no se trataba solamente del período 1945-1949, sino, como lo sugiere Lukács, del *conjunto* de sus escritos literarios y estéticos. A tal punto que un libro recientemente publicado en Francia lleva como título, no sin razón, *Georges Lukács ou le Front populaire en littérature* (por H. Arvon, Ed. Seghers, 1968). Incluso durante el "Tercer Período" (1929-1933) defenderá, con las precauciones terminológicas necesarias, "la herencia cultural" (burguesa) contra la "literatura proletaria" de los escritores del PC alemán (Ernst Ottwalt y Willi Bredel).[24] Pero es sobre todo después del viraje a la derecha de la Comintern, después de 1934, cuando Lukács podrá expresar libre-

ción de hacerlo" (véase Tibor Hanak, *op. cit.*, p. 91). La filiación con las *Blum-Thesen* es bastante evidente. No obstante, otra lectura de los escritos de posguerra de Lukács es quizá posible; según Agnes Heller, "Lukács alimentaba la esperanza de que la victoria contra el fascismo crearía una situación enteramente nueva; ante todo la posibilidad para el desarrollo de una forma no estaliniana del socialismo, que designaba con el concepto de *democracia directa*". Tal concepto, desarrollado en la obra *Pour une nouvelle démocratie hongroise,* tenía sus raíces en el ideal de una comunidad democrática de hombres libres, esbozada por Lukács en algunos escritos literarios de los años 30, como los referidos a Gottfried Keller, al *Wilhelm Meister* de Goethe, etc. (Agnes Heller, carta al autor, 26 de septiembre de 1974.) En efecto, en el ensayo sobre Keller de 1939, se encuentra el cuadro idílico de la auténtica "democracia popular" con la que soñaba Lukács: "La vida popular tiene en Keller esta vivacidad y esta grandeza precisamente porque el pueblo jamás es para él una 'masa' abstracta y de alguna manera contrapuesta —ya sea orgullosa, despreciativa o nostálgicamente— al individuo aislado. El pueblo está formado en su obra, por personalidades vivas, individualmente configuradas, y los grandes acontecimientos festivos [...] no son sino agrupaciones naturales de dichos individuos desarrolladas de manera orgánica y al hilo de la vida misma. Agrupaciones en las que siempre acaban confluyendo los diversos intereses personales, ayudando a crear así, con el auxilio de la ingenua y espontánea relación dialéctica existente entre los intereses personales y los sociales, y en virtud de la creencia en el —definitivo— triunfo de los sanos intereses públicos, un cuadro verdaderamente vivo de la arraigada democracia autónoma." (György Lukács, *Gottfried Keller,* 1939, en *Die Grablegung des alten Deutschland,* Rowohlt, 1967, p. 82 [*Realistas alemanes del siglo XIX,* Barcelona, Grijalbo, 1970, p. 240].)

[24] Véase György Lukács, "Reportage oder Gestaltung. Kritische Bemerkungen anlässlich des Romans von Ottmalt y Aus der Not eine Tugend" [Reportaje o conformación. Observaciones críticas acerca de la novela de Ottwalt y Hacer de la carencia una virtud], en *Die Linkskurve,* 1932. Esta defensa de la herencia cultural del pasado, de Balzac y de Goethe, contra los procedimientos sectarios del neo-*proletkult* del "Tercer Período", evidentemente tenía un aspecto justificado; por otra parte, estaba en relación con el ala del KPD, la más reservada para con la doctrina estaliniana del "socialfascismo": Heinz Neumann, Willy Münzenberg (véase a ese respecto Helga Gallas, *Teoría marxista de la literatura,* México, Siglo XXI, 1977, pp. 55-56). En cierta medida, esa posición de Lukács frente a la cultura tradicional tenía afinidades con las tesis defendidas por Trotski en *Literatura y revolución* (1923) en polémica contra los

mente sus teorías literarias. Como lo destaca Isaac Deutscher: "del Frente popular, simple táctica, él hace una ideología y aplica su principio a la filosofía, a la historia literaria y a la crítica de arte". Nada ilustra mejor esta tendencia de Lukács que su actitud en relación con Thomas Mann y con Brecht. Thomas Mann representa para él el racionalismo, la "dignidad patricia" y la respetabilidad de la tradición burguesa, opuesta al nazismo. Los esfuerzos de Lukács por establecer un frente ideológico común con Thomas Mann son el péndulo cultural de la táctica de la Comintern de coalición política con la burguesía no fascista (al renunciar a toda posición de clase). Brecht, por el contrario, es profundamente rechazado, porque "su falta absoluta de respeto por el hombre burgués, sus pregonadas simpatías por el pueblo, su desprecio por las convenciones artísticas, todo esto, que estaba en oposición dialéctica con la actitud de Thomas Mann, iba implícitamente al encuentro del espíritu Frente Popular, y era enteramente ajeno a Lukács".[25]

Estas observaciones nos permiten comprender también por qué Lukács disfrutaba (con cierta justificación) de la reputación de "oponente del interior" al estalinismo. En su forma más coherente y rigurosa el estalinismo implica la obediencia acrítica e incondicional a todos los virajes y maniobras de la dirección soviética y de sus instrumentos internacionales (Comintern, Cominform, etc.). Ahora bien, Lukács ocupa en el campo político-ideológico estaliniano una posición *particular, específica*; no es un estaliniano coherente; no sigue automáticamente la "línea general" dictada por Moscú. *Tiene su propia línea,* que a veces coincide y a veces se opone a la del "Centro". Sin dejar de aceptar las premisas fundamentales de la política estaliniana (el socialismo en un solo país, el abandono del internacionalismo revolucionario), Lukács no es un incondicional: cualesquiera que sean las circunstancias, rehusa a abandonar su ideología frentepopulista *sui generis.*

No es pues casualidad si Lukács se convierte en un personaje eminente del *establishment* político-cultural del movimiento comunista oficial en los años 1934-1938 y 1944-1948, en tanto que cae en "desgracia" en 1929-1930, en 1941 y en 1949-1950.

No es por azar que en las críticas explícitas que hace al estalinismo después de 1956, Lukács denuncie sobre todo: *a*] las aberraciones del "Tercer Período", la teoría del socialfascismo; *b*] la política "grotesca"

partidarios rusos del *Proletkult.* En 1926 Lukács se refería explícitamente a esta obra de Trotski en su ensayo sobre el arte y el proletariado (véase György Lukács, "L'art pour l'art und proletarische Dichtung", en *Die Tat,* año 18, núm. 3, junio de 1926).

[25] Isaac Deutscher, "Lukács critique de Thomas Mann", en *L'enfance de Lénine et autres essais,* París, Payot, 1971, pp. 251-252.

(Lukács *dixit*) de la Comintern de 1939 a 1941, cuando la lucha contra el nazifascismo fue pura y simplemente escondida y remplazada por el combate contra las democracias occidentales (Inglaterra y Francia), acusadas de ser las protagonistas de la guerra.[26] Lo que Lukács no puede aceptar es la política estaliniana de los períodos llamados de "izquierdas" que consideraba a la democracia burguesa (o a la social-democracia) como el enemigo principal, dejando de lado al fascismo; todo compromiso tácito o abierto con el fascismo le era profundamente repugnante. De manera más general se puede decir que Lukács se encuentra a contracorriente cada vez que el estalinismo se encuentra en oposición brutal con la democracia y la cultura (burguesas) de Occidente.[27] Esto explica por qué Lukács fue criticado como oportunista de derecha por la Comintern y el PC húngaro en 1928-1930, y por qué fue arrestado en Moscú en 1941.

Este arresto merece algunas observaciones: duró solamente algunas semanas (o algunos meses) y parece que Lukács fue acusado de haber sido "un agente trotskista" desde el principio de los años 20...[28] Según recuerdos que Lukács ha contado más tarde a sus discípulos de Budapest, había recibido la orden, a través de la NKVD, de escribir su autobiografía política. Tal documento habitualmente servía de base para el interrogatorio policiaco de los prisioneros, lo que fue también su caso. Hemos encontrado en el Archivo Lukács de Budapest una autobiografía política, de tres páginas, en lengua alemana, que llega hasta abril de 1941. Es pues muy probable que se trate de una copia del documento remitido por Lukács a la NKVD... El texto contiene cierto número de informaciones precisas sobre su vida como militante comunista, pero presenta una extraña anomalía: no hay *ninguna, estrictamente ninguna* mención a lo que Lukács presentó siempre como el eje central de su actividad política y la razón de su fidelidad a la URSS y al movimiento comunista oficial: *la lucha contra el fascismo*. La palabra misma "fascismo" o "nazismo" está ausente del documento y apenas hay una sola referencia, rápida y "neutra", a "la llegada de Hitler al poder" en 1933. La única explicación posible: el texto fue escrito después de abril y antes del 22 de junio de 1941 (la invasión nazi a la URSS), es decir, en la época del pacto Molotov-Ribbentrop y de la "amistad" germano-soviética. En ese caso se podría formular la

[26] Véase György Lukács, "Vorwort", p. 31 y "The twin crisse", en *New Left Review*, núm. 60, pp. 39-40.

[27] Véase Isaac Deutscher, *op. cit.*, p. 250: "Aunque siempre dio prueba de obediencia, indudablemente también se sintió incómodo ante los virajes de extrema izquierda del estalisnimo. Por el contrario, se adhiere de corazón a las corrientes moderadas, de derecha, del estalinismo [...]"

[28] Véase István Mészáros, *Lukács' concept of dialectics*, p. 142.

hipótesis de que Lukács fue arrestado poco antes de la invasión por considerárselo un oponente potencial de la política de Stalin frente a la Alemania nazi —y lo era realmente, a pesar del esmero en ocultarlo cuidadosamente en su autobiografía *ad usum NKVD*— y que fue liberado poco después del principio de la guerra (al parecer después de las apremiantes diligencias de Dimitrov), cuando sus servicios como intelectual antifascista volvieron a ser útiles...[29]

Lukács se encuentra a "contracorriente", una vez más, en la época de la guerra fría, en 1949-1951, y es denunciado en Hungría (por Rudas, Révai, Horvath, etc.) como "revisionista", "objetivamente al servicio del imperialismo", etc. *Pravda* se une a la ofensiva con un violento ataque de Fadyeev, y por un momento Lukács creerá en el peligro de un nuevo arresto, que finalmente no tendrá lugar.[30] Esto también permite comprender el carácter mentiroso, artificial, falso y profunmente *insincero* de sus dos más célebres autocríticas, las de 1929 y 1949, por otra parte rechazadas por sus censores estalinianos como incompletas e insatisfactorias.

Vista desde ese ángulo, la carrera política e intelectual de Lukács después de 1928 presenta una gran coherencia: se trata de una tentativa constante y cada vez renovada de *conciliación* entre el estalinismo y la cultura democrático-burguesa.

¿Cómo explicar el gran viraje de Lukács en 1926-1928 y la ruptura con su pasado de revolucionario consecuente?

Hay en los escritos o entrevistas autobiográficos de Lukács en los últimos años un leitmotiv que vuelve a aparecer frecuentemente: "Hacia los años 20 se había vuelto claro que las muy intensas esperanzas con las que habíamos seguido la revolución rusa a partir de 1917 no serían satisfechas: la ola de la revolución mundial, en la que habíamos puesto nuestra confianza, no ha tenido lugar."[31]

En 1919 Lukács tenía la visión grandiosa y mesiánica de una revolución proletaria internacional que sería la aurora de un nuevo mundo, el renacimiento de la cultura humanista, el principio del reino de la libertad. Esta esperanza intensa sigue presente, aun en una forma más atenuada y realista, en todos sus escritos hasta 1924. El proletariado revolucionario aparece para Lukács como el heredero de las mejores

[29] No se trata más que de una hipótesis que habría que verificar por medio de informaciones precisas. Los testimonios al respecto son contradictorios. Véase Julius Hay, *Geboren 1900,* Reinbeck, 1971, pp. 277-278.

[30] Véase István Mészáros, *op. cit.*, pp. 146-147. Ésta era la época del proceso y la ejecución de Rajk...

[31] György Lukács, "The twin crisis", en *New Left Review,* núm. 60, p. 37.

tradiciones de la filosofía clásica, del humanismo racionalista, de la democracia revolucionaria, traicionadas, burladas y abandonadas por la burguesía moderna. La nueva sociedad y la nueva cultura instauradas por la revolución socialista mundial serán la *Aufhebung* dialéctica (conservación/negación/superación) de esa herencia política y cultural.

El retroceso de la ola revolucionaria y los cambios internos en la URSS a partir de 1924 van a provocar en Lukács una profunda y dolorosa *desilusión,* al igual, por otra parte, que en muchos intelectuales de esa época. Rehusa regresar al regazo de la burguesía (como lo harán algunos de esos intelectuales "desilusionados"); su adhesión al movimiento obrero es irreversible. Por otra parte, la oposición de izquierda utópica e irreal, el retorno a los principios revolucionarios de 1917-1923 le parece imposible. ¿Qué hacer?

Ante el fracaso de la gran esperanza en un nuevo mundo socialista, superación dialéctica del humanismo burgués, Lukács va a volverse hacia un proyecto menos ambicioso y más "realista": la conciliación entre la cultura democrático-burguesa y el movimiento comunista.

Como lo habíamos ya destacado a propósito del *Lenin* de 1924, la sujeción demasiado inmediata de su pensamiento a la expectativa de la revolución mundial inminente le dejó ideológicamente desarmado frente a la estabilización relativa del capitalismo. Desorientado por la desaparición de la ola revolucionaria, va a aferrarse a las únicas dos evidencias "sólidas" que le parece que todavía subsisten: la URSS y la cultura tradicional. Puesto que la nueva síntesis superior ha naufragado, tratará al menos una mediación, un compromiso, una alianza entre esos dos universos.

Los escritos de Lukács después de 1926, a pesar de su inteligencia, su interés innegable y su profundidad teórica, son un poco como los carbones ardientes de un gran fuego extinto...

Después de 1956 comienza en Lukács, como en muchos cuadros intelectuales o simples militantes del movimiento comunista, un período de crisis, de puesta en duda y de crítica al estalinismo. Crítica explícita, puesto que en algunos escritos de Lukács, aunque anteriores al XX Congreso, se encuentran ya formuladas en "lenguaje esopiano" objeciones veladas a la burocracia estaliniana. Leo Kofler, bajo el seudónimo de Jules Deverité, llamaba la atención en un ensayo de 1952, "Das Wesen und die Rolle der Stalinistischen", respecto de la crítica que en 1940 Lukács hiciera al optimismo burocrático estaliniano.[32]

[32] Véase Leo Kofler, "Das Wesen und die Rolle der Stalinistischen Bürokratie", 1952 en *Stalinismus und Bürokratie,* Luchterhand, 1970, p. 63. Lukács mismo, en un texto de 1969, saluda este ensayo de Kofler como la prueba

Aunque la crítica de Lukács a la burocracia en la URSS se hace en ese texto en nombre de... Stalin mismo —al proclamar que "la eliminación del burocratismo forma parte del programa estaliniano de liquidación de los restos ideológicos y económicos de la sociedad capitalista"—[33] sin embargo sigue siendo muy parcial y superficial en tanto se limita a denunciar el patetismo retórico y el optimismo fingido de los burócratas y de sus portavoces literarios.

En realidad, es a partir de 1956 cuando Lukács comienza a "arreglar cuentas" con el estalinismo y, en cierta medida, con su propio estalinismo. Por supuesto, saludará con entusiasmo el XX Congreso del PCUS, al que considerará, por otra parte, como una especie de reedición del VII Congreso de la Comintern (1935) que había operado el viraje hacia el Frente Popular.[34] Participará, como se sabe, en el efímero gobierno de Imre Nagy en 1956, como ministro de la cultura popular, por segunda y última vez, después de 1919...[35]

Sin embargo, después de 1956 el antiestalinismo de Lukács es de un tipo especial, a la vez incompleto y "derechista" (para emplear una etiqueta cómoda).

Incompleto, porque Lukács rehusa poner en duda algunos elementos fundamentales de la política estaliniana (el "socialismo en un solo país" por ejemplo); porque no condena los procesos de Moscú más que como "políticamente superfluos, puesto que la oposición había

objetiva de su oposición al estalinismo antes de 1953. Véase György Lukács, "Lénine, Avant-propos", en *Nouvelles Etudes hongroises,* Budapest, 1973, p. 94.

[33] György Lukács, "Volkstribun oder Bürokrat?" [¿Tribuno del pueblo o burócrata?], en *Probleme des Realismus,* I, *Werke,* t. 4, Luchterhand, 1964. Se puede considerar que en este caso se trata de una precaución "esopiana" de estilo...

[34] "Si nos mostramos débiles, si deben vencer las fuerzas que quieren hacer del leninismo un estalinismo de signos invertidos, en ese caso el XX Congreso se meterá en un atolladero, así como en los años 30 la grandiosa iniciativa del VII Congreso de la Comintern no dio los frutos que con todo derecho se habrían podido esperar en 1935." György Lukács, "Discorso al dibatito filosofico der Circolo Petöfi (15 de junio de 1956), en *Marxismo e politica culturale,* Saggiatore, 1972, p. 105.

[35] Lukács habla muy poco de este episodio importante y trágico de su vida política; ¿silencio impuesto, o temor de tocar una cuerda demasiado sensible de la ideología oficial? Uno de los raros escritos en los que vuelve sobre 1956 es la autobiografía de 1971, *Gelebtes Denken.* Recuerda su posición ante los "acontecimientos" "contra Rakosi, en oposición a la vez a las ilusiones en una 'reforma' especial, inmanente, de su régimen, y a las tendencias a una reforma burguesa liberal". Describe a Imre Nagy como el único dirigente que, por su popularidad, "tenía la fuerza de mantener el movimiento espontáneo a la vez que heterogéneo en un marco socialista". Finalmente explica que su aceptación del ministerio de la cultura tenía por objeto "colaborar en esa tarea" (*Gelebtes Denken,* p. 52).

perdido ya todo poder", al admitir implícitamente la "rectitud" de la política estaliniana ante las críticas de la oposición.[36]

Un ejemplo especialmente palpable del carácter insuficientemente radical de su ruptura con el estalinismo es el prefacio de 1957 a *Significación actual del realismo crítico* en donde se atreve a comparar los "errores" de Stalin con los de... ¡Rosa Luxemburg!: "Sólo mediante esta crítica (del dogmatismo de Stalin, M. L.) se puede apreciar con justicia histórica lo positivo de la obra de Stalin, lo mismo que hace unas décadas una crítica análoga abrió paso a una apreciación justa de Rosa Luxemburg."[37]

"Derechista", porque Lukács tiende a definir el estalinismo como si fuera esencialmente una desviación "izquierdista", un "subjetivismo sectario".[38] Desde su primer texto antiestaliniano, la conferencia del 28 de junio de 1956 en la Academia Política del Partido Húngaro de los Trabajadores (comunista), adelanta la tesis según la cual la falta principal del pasado había sido ¡la excesiva fidelidad a las "verdades de 1917"! Según Lukács, "innumerables errores estratégicos de nuestro partido derivan del hecho de que simplemente hemos traspuesto las verdades de 1917 y del período revolucionario inmediatamente siguiente a 1917 [...] sin ninguna crítica y sin examen de la nueva situación, en un período cuyo principal problema estratégico no era la lucha por el socialismo sino una prueba de fuerza entre fascismo y antifascismo".[39] Resulta inútil subrayar el estrecho lazo entre esa visión del pasado y la problemática de las *Blum-Thesen*.

Es por esa razón (como ya lo hemos destacado) que el período estaliniano que más vigorosamente critica es el de los años 1928-1933 (teoría del socialfascismo, etc.); período cuya política estaba fundada, según él, en "una estrategia y una táctica justas para la tempestad

[36] György Lukács, "Brief an Alberto Carocci" [Carta a Alberto Carocci], 8 de febrero de 1962, en *Marxismus und Stalinismus (MuS)*, Hamburgo, Rowohlt, 1970; véase también el prefacio de 1960 a *Existencialisme ou marxisme?* [*La crisis de la filosofía burguesa*]: "Sé, desde el discurso de Jruschov en 1956, que los grandes procesos del año 1938 eran inútiles." (*Existencialisme ou marxisme?*, París, Nagel, 1961, p. 7.) En la obra, escrita en 1947, Lukács defendía todavía, en una polémica con Simone de Beauvoir, la absurda tesis según la cual los procesos de Moscú "aumentaron las oportunidades de la victoria rusa" en Stalingrado... (*Ibid.*, p. 168.)

[37] György Lukács, "Prólogo" a *Significación actual del realismo crítico* cit., p. 10.

[38] En *Significación actual del realismo crítico*, redactada en septiembre de 1956, ve en el estalinismo una combinación de "subjetivismo económico" y "romanticismo revolucionario".

[39] György Lukács, "Der Kampf des Fortschrits und der Reaktion in der heutigen Kultur" [La lucha del progreso y de la reacción en la cultura actual], 1956, en *MuS*, p. 139.

revolucionaria de 1917 y de los años siguientes [...] pero que después había quedado objetivamente sobrepasada por completo. La orientación de la URSS en 1948-1953 le parece, en último análisis, "una recaída histórico-mundial en este error fundamental".[40]

El mismo estilo de crítica dirige Lukács a la política interna de Stalin: había empleado "los métodos de gobierno del período de la guerra civil en una situación de consolidación interna pacífica"; "todo lo que en una situación revolucionaria aguda [...] es objetivamente inevitable [...] ha sido trasformado por Stalin en el fundamento de la vida soviética cotidiana".[41] En otros términos: Lukács no solamente no distingue entre la URSS de Lenin (que durante la guerra civil 1917-1920 ¡era justamente el período relativamente más democrático y más "pluralista" de la historia de la URSS!) y la de Stalin (al nivel de los métodos de gobierno, etc.), sino, al contrario, su reproche al estalinismo es precisamente haber mantenido "artificialmente" ¡la política, la actitud, la orientación del período revolucionario! Tal posición de Lukács no es más que la continuación consecuente de su perspectiva "frentepopulista" que se remonta a fines de los años 20. Su antiestalinismo de después de 1956 es en el fondo la explicación de sus críticas a la URSS y a la Comintern que permanecen implícitas e inarticuladas antes del XX Congreso.

En ese contexto no es sorprendente que Lukács se adhiera enteramente a lo que se puede llamar el "jruschovismo", en su aspecto interno (crítica parcial del estalinismo) y externo (la coexistencia pacífica como estrategia internacional del movimiento comunista). Llegará incluso a apoyar durante un momento —él, que siempre había cuestionado el economismo— que la competencia económica "determina —en último análisis— quién vencerá en la lucha de clases internacional de la coexistencia". Porque "está claro que la competencia económica de los sistemas [...] es, en última instancia, el motivo decisivo para determinar si los hombres de un sistema eligen el suyo propio o el competidor [...] *El desarrollo económico mismo es la más eficaz propaganda en esta competencia*".[42] Es evidente que a partir de esas

[40] György Lukács, "Postscriptum 1957 zu 'Mein weg zu Marx' " [Postscriptum de 1957 a 'Mi camino hacia Marx'], en *MuS,* p. 166.

[41] György Lukács, "Brief an Alberto Carocci", 1962, en *MuS,* p. 185 y "Zur Debatte swischen China und der Sowietunion, theoretisch-philosophische Bemerkungen", 1963, *ibid.,* p. 211.

[42] György Lukács, "Zur Debatte swischen China...", *MuS,* pp. 208-209, y "Probleme del kulturellen Koexistenz", 1964, *ibid.,* pp. 215-216 (las cursivas son de Lukács). En realidad esta tesis estaba demasiado alejada de la tendencia fundamental de Lukács, era demasiado economicista y vulgar para que la defendiera mucho tiempo: hacia 1966-1967 explícitamente la pone en duda: "Un simple aumento del nivel de vida no sería jamás capaz de ejercer una

premisas "jruschovianas" Lukács es incapaz de prever lo que se convertirá en un fenómeno político capital a partir de 1963: el poder de atracción inmenso, sobre la juventud, de los estados revolucionarios "pobres" (China, Vietnam del Norte, Cuba) que se oponen al capitalismo avanzado no por la "competencia económica" sino por un *modelo de sociedad* diferente (económica, política, cultural, moralmente).

Uno de los raros momentos en los que Lukács sobrepasa el estrecho y limitado marco del XX Congreso y del "jruschovismo" es su crítica del concepto de "culto a la personalidad". Le parece absurdo reducir la problemática de un período de importancia histórico-mundial a las cualidades individuales de un hombre: es necesario, destaca, ir más allá de la "persona", hacia la organización, hacia "el aparato que ha producido el 'culto a la personalidad' y que enseguida lo ha sujetado en una reproducción ampliada incesante [...]; sin el funcionamiento bien aceitado de semejante aparato, el 'culto a la personalidad' no habría sido más que un sueño subjetivo, un objeto de la patología [...]"[43] Desgraciadamente no lleva adelante ese punto de partida fecundo hacia un análisis marxista de la burocracia soviética. Hacia 1966 su punto de vista tiende a radicalizarse y critica la "desestalinización" oficial por insuficiente: "[...] nos hallamos todavía en un momento en que se sigue superando, con métodos todavía estalinianos, los más crasos errores del estalinismo. Es decir, que no hemos llegado aún a la superación, propiamente dicha, de los métodos estalinistas".[44] Sin embargo, no comprende la raíz del fenómeno estaliniano y se limita a denunciar sus aspectos "superestructurales": la manipulación brutal, el predominio de la táctica sobre la teoría, etc. Todavía a principios de 1968 continúa definiendo el estalinismo como un "sectarismo" que quiere "eternizar la 'bella época' de la guerra civil".[45]

Después de 1968 comienza empero un viraje nuevo en el "viejo Lukács": a riesgo de simplificar una evolución muy compleja y muy contradictoria, se la puede caracterizar como un *principio de orientación hacia la izquierda revolucionaria.* Se pueden encontrar en sus últimos escritos y entrevistas elementos para una crítica de izquierda

influencia verdaderamente atrayente sobre los países occidentales (fue una de las ilusiones Jruschov)." ("Le grand octobre 1917 et la litérature" [El gran octubre de 1917 y la literatura], en *L'Homme et la Société,* núm. 5, julio-septiembre de 1967, p. 14.)

[43] György Lukács, "Brief an Alberto Carocci", 1962, *MuS,* p. 172.

[44] Wolfgang Abendroth, Hans Heinz Holz y Leo Kofler, *Conversaciones con Lukács,* 1966, Madrid, Alianza, 1969, p. 207.

[45] György Lukács, "Alle Dogmatiker sind Defaitisten" [Todos los dogmáticos son derrotistas], en *Forum,* mayo de 1968.

del estalinismo, cualitativamente distinta de la de los años 1956-1957, incluso es posible hallar elementos de continuidad.[46] Como en el pasado, el movimiento de su pensamiento está hecho a la vez de continuidad y de ruptura.

El punto de partida de este esbozo de "viraje de izquierda" es evidentemente el año de 1968, ese momento histórico-mundial privilegiado del siglo XX que ha visto sucederse en el espacio de algunos meses la ofensiva del Tet en Vietnam, la revuelta estudiantil a escala internacional, el mayo de 1968 en Francia, la revolución cultural en China, "la primavera de Praga" y la invasión soviética. Lukács había comprendido correctamente el significado crucial de esos acontecimientos: en una entrevista de 1969 (a una revista yugoslava) declaró: "Hoy en día todo ese sistema (del capitalismo manipulador, M. L.) es confrontado en las etapas iniciales de una crisis extraordinariamente profunda [. . .] Me refiero a la guerra de Vietnam, a la crisis racial en Estados Unidos [. . .] las crisis en Francia, Alemania, Italia. Desde una perspectiva histórica, estamos en el umbral de una crisis mundial."[47] En cuanto a Checoslovaquia, en una conversación informal con un antiguo estudiante húngaro, apenas unas semanas después de la ocupación de Praga por las tropas del Pacto de Varsovia, Lukács manifestaba su indignación al destacar el terrible alcance histórico del acontecimiento: "Este es el mayor desastre para el movimiento comunista desde que los socialdemócratas alemanes aprobaron los créditos del Kaiser en 1914. Fue entonces el final del primer sueño de fraternidad socialista de los hombres. ¿Tengo necesidad de decir más?"[48] Jóvenes estudiantes revolucionarios de Europa occidental, que visitaban a Lukács hacia septiembre de 1968, se impresionaron por la severidad de su crítica para con la URSS y, por otra parte, su profundo interés por los acontecimientos de mayo en Francia.[49] Lukács comprendía la relación dialéctica entre ambas crisis, la del estalinismo y la del mundo

[46] Acerca de una serie de cuestiones —el "realismo" de Stalin después del reflujo de la revolución mundial, la autocrítica del "mesianismo" de *HCC*, etc.— Lukács no abandona enteramente sus posiciones anteriores.

[47] György Lukács, "The twin crisis", en *New Left Review*, (*NLR*), núm. 60, marzo-abril de 1970, p. 44.

[48] George Urban, "A conversation with Lukács", en *Encounter*, octubre de 1971, p. 3-5. Agreguemos, de paso, que el voto de los créditos de guerra en agosto de 1914 fue percibido por Lenin como la derrota de la II Internacional y, en consecuencia, el inicio de la toma de conciencia de la necesidad de constituir una nueva organización internacional del proletariado. . . ¡No obstante sería llevar la comparación demasiado lejos el atribuir a Lukács semejantes conclusiones!

[49] Testimonio de Charles Urjewicz al autor, septiembre de 1974.

burgués, y constantemente daba importancia —en sus entrevistas, declaraciones, etc.— a su interdependencia.

A los 83 años, Lukács comienza pues una nueva etapa de su evolución político-ideológica, que es *en cierta medida un retorno a la orientación revolucionaria de su juventud.* Evidentemente, la historia no se repite, y el Lukács de 1969-1971 de ninguna manera puede asimilarse o identificarse con el de 1919-1924: la expresión "retorno" es una metáfora que llama la atención sobre una cierta analogía entre dos fenómenos distintos.

En ese sentido es altamente significativo que una de las primeras manifestaciones de ese viraje sea *una "reapropiación" de Ady.* A principios de 1969, Lukács escribió un artículo sobre Ady (después de un largo silencio sobre su antiguo poeta preferido) que liga directamente la obra del gran escritor muerto en 1919 a la perspectiva de un cambio profundo en la Hungría contemporánea: "Creo [. . .] que en Hungría, cuando el país verdaderamente haya superado la era de Stalin y haya comenzado a construir un socialismo vivo, fundado en una nueva democracia proletaria, habrá mucha más gente que encontrará que Ady es su poeta preferido."[50]

El elogio de Ady como poeta revolucionario consecuente, está estrechamente ligado, en los escritos y entrevistas de Lukács en 1969-1971, a la negación del "realismo" hegeliano: "Jamás he considerado válida la idea hegeliana de la reconciliación con la realidad (*Versöhnung mit der Wirklichkeit*). Incluso durante mi período hegeliano, mi actitud intelectual estuvo dominada [. . .] por el 'veto por vocación' de Ady [. . .]"[51] Al oponer a la *Versöhnung* hegeliana el *Ugocsa non*

[50] György Lukács, "The importance and influence of Ady" [La importancia e influencia de Ady], en *The New Hungarian Quarterly,* núm. 35, vol. x, otoño de 1969, p. 60.

[51] György Lukács, "Mon chemin vers Marx", 1969, en *Nouvelles Etudes hongroises,* 1973, p. 78. Véase también la entrevista con *New Left Review*: "Ady era un revolucionario que tenía una gran admiración por Hegel, pero jamás aceptó ese aspecto de Hegel que también yo he rechazado siempre, desde el principio: su *Versöhnung mit der Wirklichkeit* [. . .]" (*New Left Review,* núm. 68, julio de 1971, p. 58.) La expresión "jamás acepté" no es exacta. Como lo hemos visto, Lukács, a partir de 1926, había aceptado —con reservas, por supuesto— "ese aspecto de Hegel". La frase representa quizás una tentativa de "reintepretación" de su pasado. Su *Zur Onthologie des gessellschaftlichen Seins* [Ontología del ser social], redactada en lo esencial antes de 1968, no contiene todavía, en su capítulo sobre Hegel, ninguna crítica a la *Versöhnung*; trata de su "grandiosa objetividad, elevada por encima del querer y del desear" y del lugar "central y superior de la realidad en el conjunto de su sistema categorial" (György Lukács, *Zur Onthologie des gesellschaftlichen Seins, Hegels falsche und echte Ontologie,* Neuwied, Luchterhand, 1971, p. 14).

coronat de Ady,[52] Lukács regresa a la problemática revolucionaria de su juventud y pone en duda lo que, de 1926 a 1968, había constituido el fundamento filosófico —implícito o explícito— de su compromiso inestable y difícil con el estalinismo (y con sus sucedáneos burocráticos).

Desde fines de 1968 esa problemática asumía una forma directamente política en un escrito sobre Lenin y el período de transición que fue completado después de la ocupación de Checoslovaquia (y del cual solamente fue publicado un capítulo en Hungría en 1970, estando lo demás todavía inédito). En este ensayo Lukács opone la democracia socialista de Lenin a la manipulación burocrática estaliniana, y uno de los ejemplos que menciona a ese respecto es el de los "sábados comunistas" de 1919 en tanto autoactividad libremente elegida al servicio de la colectividad. No es una casualidad que Lukács se refiera a ese contexto en su notable artículo de 1919, "La misión moral del partido comunista" (sin dejar de mencionar sus limitaciones idealistas), y que la problemática del "reino de la libertad", de la transición hacia el comunismo comience de nuevo a interesarle.[53]

¿Cuál es el contenido concreto de esa democracia socialista? A principios de 1969, en una entrevista con un intelectual alemán, Lukács explica su nueva posición de crítico de izquierda, revolucionario, del estalinismo: "Para no ocultarle mis conceptos personales: entiendo por democracia socialista una democracia de la vida cotidiana, tal como apareció en los consejos obreros de 1871, 1905 y 1917, tal como existió en los países socialistas y debe despertarse ahí de nuevo."[54] Casi todas las entrevistas de Lukács de los años 1969-1971 oponen los consejos obreros a la arbitrariedad burocrática y a la democracia burguesa a la vez, como un sistema de democracia auténtica y real, que surje cada vez que el proletariado revolucionario aparece en la escena de la historia.[55] Por primera vez Lukács va a presentar también a la República Húngara de los Consejos de 1919 como un ejemplo, a pesar de

[52] "A través de la idea de Ady *Ugocsa non coronat* había rechazado la tesis hegeliana según la cual todas las etapas del desarrollo histórico deben ser consideradas justas, llegando así a la reconciliación con la realidad". György Lukács, "Entrevista con András Kovács", octubre de 1969, en *L'uomo e la rivoluzione,* p. 68.

[53] György Lukács, "Lenin und die Fragen der Übergangsperiode" [Lenin y los problemas del período de transición], 1968, en *Goethepreis,* 1970, pp. 84-85. Véase a ese respecto István Mészáros, *Lukács' concept of dialectics,* p. 151.

[54] György Lukács, "Die Deutschen: eine Nation der Spätentwickler" [Los alemanes: una nación de desarrollo tardío], en *Goethepreis,* 1970, p. 112. Un detalle significativo: Trotski es mencionado, junto con Lenin, como dirigente de la revolución de octubre, ambos "habiendo tomado la dirección del movimiento de los consejos obreros".

[55] Véanse por ejemplo, *NLR,* núm. 60, 1970, p. 41; *NLR,* núm. 68, 1971, p. 50, e Yves Bourdet, *Figures de Lukács,* p. 187, etcétera.

sus debilidades, de democracia socialista, opuesto en todos sus aspectos (especialmente el cultural) a los métodos del período estaliniano.[56]

Una de las consecuencias políticas más importantes de esta nueva perspectiva revolucionaria es el escepticismo de Lukács para con una "autorreforma" de la burocracia, en la que mucho tiempo había creído. Sobre este delicado tema se expresaba con prudencia, pero en su última entrevista, en vísperas de su muerte, es claro y tajante: "Todavía no he visto nunca una reforma que haya sido hecha por burócratas [...] No creo que pueda existir un cambio burocrático e incluso no creo que haya una verdadera voluntad en ese sentido [...] Ese equilibrio burocrático que se tiene hoy día, se le quiere conservar."[57] Es significativo que Lukács mencione a ese respecto los acontecimientos de Polonia, las "huelgas explosivas" de 1970, al agregar: "En cada país socialista puede suceder mañana o pasado mañana lo que ha sucedido en Polonia."

Su nueva orientación se manifiesta también con relación a los problemas de la lucha de clases en el mundo capitalista, y ante todo por su actitud ante Vietnam.

Destacaba el alcance histórico-mundial del conflicto vietnamita por una analogía sorprendente:* "La derrota de Estados Unidos en la guerra de Vietnam es para el *american way of life* algo como el temblor de tierra de Lisboa para el feudalismo francés [...] Incluso si se hubieran necesitado todavía decenas de años desde el temblor de tierra de Lisboa hasta la caída de la Bastilla, la historia puede repetirse en ese sentido, ya que a partir de esos movimientos al principio completamente inmaduros desde el punto de vista ideológico y constituidos sólo por un sentimiento justo de rebeldía, se forman movimientos reales."[58] Esta comparación es profundamente significativa: el temblor de tierra de Lisboa, en 1755, provocó una extraordinaria crisis ideológica en Europa y particularmente en Francia. El acontecimiento absurdo y mortífero (destrucción total de la ciudad, 20 000 muertos) estimuló la puesta en duda de la ideología optimista (y conformista) de Leibniz —"vivimos en el mejor de los mundos posibles"— y de Alexander Pope —*What is, is right*— así como la idea misma de la Providencia divina. No es una casualidad si, en *Cándido,* Voltaire arroja su "Doctor Pangloss", el filósofo del optimismo beato, en el temblor de tierra de

[56] György Lukács, "La politique culturelle de la république des conseils" [La política cultural de la república de los consejos], (entrevista de 1969) en *Action poétique,* núm. 49, 1972, p. 31.

[57] Entrevista con Yves Bourdet, en *Figures de Lukács,* p. 186.

[58] György Lukács, "Die Deutschen: eine Nation der Spätentwickler, entrevista con Adelbert Reif", 5 de abril de 1969, en *Goethepreis,* 1970, p. 108.

Lisboa.[59] Para Lukács el resultado de la guerra de Vietnam es, por analogía, el siguiente: *a*] el fin de las ilusiones optimistas en una "era de paz" a escala mundial (ilusiones que él mismo mantenía desde 1956);[60] *b*] la decadencia de lo que él llama "la religión cibernética", la fe ciega en las máquinas, las computadoras, los instrumentos electrónicos, fetiches omnipotentes y previsores, sucedáneos del Dios del siglo XVIII, vencidos por el "Vietcong";[61] *c*] sobre todo, el inicio de una gigantesca crisis de valores, de una radical puesta en duda de la ideología imperialista, que puede desembocar en el futuro en un arranque revolucionario masivo de dimensión internacional. No es ya la esperanza mesiánica de la revolución inmediata de 1919 sino que, por primera vez desde los años 20, Lukács comienza a contemplar la revolución mundial como una perspectiva histórica real, a escala del siglo XX.

Es a partir de tal perspectiva como criticará a los partidos obreros reformistas: a la socialdemocracia —cuya política en Alemania, desde hace cincuenta años, no es más que una "cadena de capitulaciones"— y a los partidos comunistas. "En Alemania —dice— los partidos, incluyendo, desgraciadamente, al partido comunista mismo, en razón de su orientación exclusiva hacia decisiones tácticas y por la pérdida de una gran perspectiva histórica, no tienen ya poder de atracción sobre los jóvenes."[62] En consecuencia, Lukács examinará con simpatía e interés (crítico) los movimientos revolucionarios estudiantiles que se desarrollan en el curso de los años 1968-1971. Rehusa "arreglar cuentas" con esas corrientes radicalizadas de la juventud al colgarles la etiqueta cómoda y superabundantemente utilizada por la dirección de los partidos comunistas tradicionales: "izquierdismo". Por el contrario, afirma que "el que piense que puede aplicar un libro escrito por Lenin en 1920 (*La enfermedad infantil del "izquierdismo" en el comunismo,* M.L.) a la juventud norteamericana de 1969, o que la crítica de Lenin a

[59] Voltaire escribirá también un poema filosófico sobre el acontecimiento. Véase L. G. Crocker, "The problem of Evil", *en* J. F. Lively, *The Enlightenment*, Longmans, 1966, p. 159: "Es bien sabido que el temblor de tierra de Lisboa, que tuvo lugar en la ciudad más católica, el día de Todos Santos, el 1 de noviembre de 1755, fue una 'crisis de conciencia' para el siglo XVIII."

[60] "No hay duda de que después de la muerte de Stalin ha comenzado un gran cambio. Se le puede reconocer sobre todo en la conclusión de la guerra de Corea y después de la guerra de Vietnam, y entramos en una era (*Zeitalter*) en la que la paz y la coexistencia se han vuelto posibles." György Lukács, "Der Kampf des Fortschritts und der Reaktion...", 1956, en *MuS*, p. 141.

[61] Entrevista de Lukács con el ORTF, 1971.

[62] György Lukács, "Die Deutschen: eine Nation...", en *Goethepreis*, 1970, p. 110.

Roland-Holst puede servir para Dutschke, comete un error total".[63] En oposición radical a la tesis burocrática sobre el carácter "aventurerista", "manipulador" e incluso "provocador" de los jóvenes "izquierdistas", Lukács declara explícitamente: "Pienso que ese movimiento estudiantil que aparece hoy en día no solamente en Alemania sino en todo el mundo, es un fenómeno extraordinariamente positivo (*ausserordentlich positive Erscheinung*)" que debe ser comprendido como el producto de la crisis simultánea de los dos sistemas vencedores de la segunda guerra mundial: el estalinismo y el *american way of life*.[64]

La muerte ha interrumpido en su principio, el 4 de junio de 1971, este sorprendente "retorno a las fuentes"; después de medio siglo de "ilusiones perdidas", Lukács había vuelto a encontrar, en sus tres últimos años, un poco de la esperanza intensa, de la flama roja del comisario del pueblo de 1919...

[63] György Lukács, "The twin crisis", en *NLR*, núm. 60, p. 43.
[64] György Lukács, "Die Deutschen...", cit., pp. 107-108.

6. CONCLUSIÓN: LA RADICALIZACIÓN ACTUAL DE LOS INTELECTUALES

"A nosotros nos interesan los intelectuales como masa y no sólo como individuos. Es sin duda importante y útil para el proletariado que uno o más intelectuales, individualmente, se adhieran a su programa y a su doctrina, se fundan con el proletariado, se conviertan en parte de él y se sientan parte de él [. . .] Pero también es importante que en la masa de los intelectuales se produzca una fractura de carácter orgánico, históricamente caracterizada; que se forme, como formación de masas, una tendencia de izquierda en el sentido moderno de la palabra, o sea orientada hacia el proletariado revolucionario."

(Antonio Gramsci, "Algunos temas sobre la cuestión meridional", en Juan Carlos Portantiero y Antonio Gramsci, *Los usos de Gramsci-Escritos políticos (1917-1933),* Cuadernos de Pasado y Presente núm. 54, México, Siglo XXI, 1977.)

El itinerario político-ideológico de Lukács nos parece en muchos aspectos *ejemplar* y de una sorprendente *actualidad.* Hoy, mucho más que en el pasado, amplias capas de intelectuales (sobre todo jóvenes) llegan al movimiento obrero, al marxismo, a la extrema izquierda revolucionaria, a consecuencia de ciertas determinaciones socioeconómicas y movidos por motivaciones ético-culturales, por una ardiente y a veces romántica repulsión hacia el capitalismo.

Por supuesto, la configuración político-social de la inteliguentsia anticapitalista ha cambiado mucho desde el siglo XIX hasta nuestros días. El "cenáculo" parisiense descrito por Balzac en *Ilusiones perdidas* puede ser usado como ejemplo esclarecedor para principios del siglo pasado: intelectuales de las tendencias y orientaciones más contradictorias (cristianos y ateos, socialistas y legitimistas, etc.) comulgan en un mismo rechazo apasionado y audaz del mundo capitalista en vías de constituirse. A la corrupción e inhumanidad de la sociedad burguesa totalmente dominada por los valores mercantiles ("el desierto parisiense") oponen su "oasis" espiritual fundado en valores culturales y sociales auténticos: la poesía, el arte, el humanismo, la solidaridad, la amistad. Para el universo ideológico del "cenáculo" la única traición verdadera es la capitulación ante el mercado capitalista: "La amistad perdona el error, el movimiento irreflexivo de la pasión; debe ser implacable en cuanto a las decisiones tomadas de antemano para comerciar con su alma, su espíritu y su pensamiento."[1] Pero lo más importante es que en esa época el anticapitalismo de los intelectuales tomaba sobre todo la forma del romanticismo nostálgico, de la aspiración al "retorno hacia atrás", hacia la sociedad precapitalista —forma ideológica que, durante la Restauración, asumía un carácter *aparentemente realista.* El otro tipo de ideología anticapitalista, dirigido hacia el porvenir, hacia la superación del capitalismo por una sociedad humana nueva, tenía necesariamente en ese período (antes de la aparición del movimiento obrero) un carácter *utópico.* El personaje sansimoniano del cenáculo, Michel Chrestien, muerto en la revuelta del claustro Saint-Merry,[2] representa en el universo balzaciano ese socialismo utópico-crítico.

A comienzo de este siglo se encuentran todavía "cenáculos" parecidos: el Círculo Max Weber de Heidelberg y el "Círculo del Domingo" de Lukács en Budapest, son dos ejemplos característicos. La armonía *sui generis* entre corrientes anticapitalistas vueltas hacia el pasado o el porvenir no ha desaparecido todavía; la nostalgia de la *Gemeinschaft* [comunidad] precapitalista ha perdido empero mucha de su apariencia realista, en tanto que el socialismo se ha vuelto menos utópico.

La revolución de 1917 hará volar en pedazos ese marco ambiguo y sutilmente amorfo: anticapitalistas revolucionarios y conservadores se separarán para seguir destinos radicalmente opuestos. Los "cenáculos" constituidos por la inteliguentsia antiburguesa "progresista" —como por ejemplo el grupo surrealista de París o la Escuela de Frankfurt— se situarán claramente en el campo del socialismo y mantendrán lazos ideológicos e incluso a veces relaciones políticas (¡difíciles!) con el movimiento obrero, mientras que intelectuales como Drieu La Rochelle o Bertrand de Jouvenel se unirán al PPF de Doriot...

Actualmente el "cenáculo" tiende a desaparecer o a desempeñar un papel secundario: es remplazado por estructuras mucho más masivas y más políticas, como por ejemplo los "comités" de intelectuales. Pero lo esencial es que el realismo y la utopía han cambiado de campo: mientras que, desde las revoluciones rusa, yugoslava, china, vietnamita y cubana, la transición al socialismo es un proceso real, desigual y contradictorio, el retorno hacia atrás, el retorno a la comunidad precapitalista "natural" y "orgánica" se ha convertido en un sueño utópico.

1 Honoré de Balzac, *Illusions perdues,* París, Livre de Poche, 1972, p. 109. Se trata de la advertencia de Michel Chrestien a Lucien Chardon, el poeta a punto de convertirse en periodista...

2 "La bala de algún negociante mató ahí a una de las más nobles criaturas que registra el suelo francés." (Honoré de Balzac, *Illusions perdues,* p. 189.)

Los jóvenes estudiantes e intelectuales que rechazan la sociedad industrial como tal y que "regresan a la naturaleza" al constituir (sobre todo en Estados Unidos) comunas agrícolas, son en cierto sentido los herederos del romanticismo "preterista" y nostálgico del siglo XIX. Pero por la fuerza de las cosas su anticapitalismo no toma en absoluto la forma de una verdadera corriente política retrógrada y "restauradora", sino la de un amable y utópico falansterio...

Si comparamos la época actual con la del joven Lukács (1914-1924), es evidente que la oposición radical de los intelectuales (sobre todo jóvenes) al capitalismo y su adhesión al movimiento obrero han asumido un carácter más masivo. Más que en el pasado, hoy día se puede citar esa "conquista ideológica" de los intelectuales tradicionales por el proletariado de la que hablaba Gramsci,[3] incluso si una gran parte de la inteliguentsia está todavía profundamente atada a la burguesía y continúa produciendo y reproduciendo la ideología dominante.

Un hecho bien conocido basta para ilustrar el cambio: en los años 20, los estudiantes, técnicos e intelectuales frecuentemente jugaron un papel de rompehuelgas, ya fuera en la huelga general inglesa de 1926 ya en la ola de huelgas de la República de Weimar en 1920-1923. Ahora bien, a partir de los años 60, no solamente los estudiantes e intelectuales jamás han jugado ese papel reaccionario sino, al contrario, frecuentemente han apoyado, alentado y hasta servido de detonador en huelgas proletarias (¡mayo de 1968!).[4] Esta "metamorfosis" debe ser explicada en función a la vez de ciertas tendencias estructurales del desarrollo del capitalismo en su estadio actual y de la coyuntura político-social que se delinea en el mundo después de 1960.

La evolución política de los intelectuales (en el sentido estricto de creadores de productos ideológico-culturales) se inserta en un marco más vasto de radicalización de la capa de los "trabajadores intelectuales" en general, en los países capitalistas avanzados y en el tercer mundo. La causa principal de este fenómeno es la *proletarización* de esta capa, que alcanza en nuestros días proporciones más decisivas que en la época del joven Lukács.

Gramsci destacaba ya, a principios de los años 30, la aparición del

[3] Véase Antonio Gramsci, *Los intelectuales y la organización de la cultura,* México, Juan Pablos Editor, 1975, p. 16. No abordamos en el marco de nuestro trabajo la problemática gramsciana de los "intelectuales orgánicos" de la clase obrera, ni la cuestión del papel ideológico que pueden desempeñar los intelectuales con relación a las masas populares (campesinos y obreros), en la medida en que nuestra investigación se limita a un solo aspecto del problema: las causas sociales e ideológicas del paso de los intelectuales tradicionales a las filas del movimiento obrero.

[4] Véase Ernst Mandel, "Die Rolle der Intelligenz im Klassenkampf", en *Alternative,* año 14, fasc. 77, abril de 1971, pp. 56-57.

fenómeno: "En el mundo moderno la categoría de los intelectuales, así entendida, se ha ampliado de modo increíble [...] La formación de masas ha 'estandarizado' a los individuos como cualidades individuales y como psicología, determinando los mismo fenómenos que en otras masas estandarizadas: concurrencia que implica la necesidad de la organización profesional de la defensa de la desocupación, la superproducción escolar, de la emigración, etcétera."[5]

Schumpeter, al principio de los años 40, comprobaba a su vez el desarrollo de una "sobreproducción de intelectuales" por la enseñanza superior, teniendo como consecuencia el desempleo, condiciones de empleo poco satisfactorias, o incapacidades de trabajo. Llama la atención sobre la constitución de una masa de bachilleres y licenciados, desempleados, mal empleados o inempleables, cuya situación está "coloreada de un tinte proletario" y cuya "insatisfacción engendra el resentimiento", la crítica social y la hostilidad al capitalismo.[6]

Sin embargo, es después de la segunda guerra mundial cuando se produce el "salto cualitativo"; la extensión masiva del capital al sector llamado "terciario" y las trasformaciones ligadas a la "tercera revolución industrial" (automatización/informática) han producido una "industrialización" generalizada de todos los sectores de la actividad humana: "La mecanización, la estandarización, la superespecialización y parcelización del trabajo, que en el pasado no caracterizaban más que la esfera de la producción de mercancías de la industria propiamente dicha, penetran ahora en todas las esferas de la vida social. Es característico del capitalismo tardío (*Spätkapitalismus*) que paso a paso la agricultura se industrialice tanto como la industria, la esfera de la circulación tanto como la fabricación, el ocio tanto como la organización del trabajo."[7]

Es a partir de esos cambios estructurales del capitalismo contemporáneo que ciertos sociólogos de los países capitalistas avanzados hayan comenzado desde los años 50 a plantear el problema de la proletari-

[5] Antonio Gramsci, *Los intelectuales y la organización de la cultura* cit., pp. 18-19. Gramsci emplea el término "intelectual" en un sentido amplio, más o menos equivalente a lo que nosotros llamamos los "trabajadores intelectuales".

[6] Joseph A. Schumpeter, *Capitalismo, socialismo y democracia,* (1942), México, Aguilar, 1961, pp. 205-206.

[7] Ernest Mandel, *Der Spätkapitalismus,* Francfort del Meno, Ed. Surkamp, 1973, p. 353. Véase también Ernest Mandel, "La proletarización del trabajo intelectual y las crisis de la producción capitalista", en *La rebelión estudiantil y la sociedad contemporánea,* México, Universidad Nacional Autónoma de México, 1973, p. 14: "Los servicios personales que eran considerados los más nobles como los de la salud, la cultura, el arte, son arrastrados en el mismo torbellino de la producción mecanizada, masiva, y en consecuencia extremadamente comercializada.

zación masiva del trabajo intelectual; los dos estudios "clásicos" son el de David Lockwood (1958) sobre los "trabajadores de capa negra" en Inglaterra, y el de C. Wright Mills (1951) sobre los "trabajadores de cuello blanco" en los Estados Unidos. Lockwood, que sitúa su trabajo en el marco de una polémica explícita con el marxismo, insiste sobre todos los factores que distinguen *todavía* al empleado del obrero, sin dejar de reconocer que desde la segunda guerra mundial las diferencias entre ambos —desde el punto de vista del salario, condiciones de trabajo y situación en el mercado— tienden a esfumarse.[8] Al dar importancia sobre todo lo que *persiste, actualmente,* de las distinciones del *pasado* entre empleados y obreros, Lockwood descuida el punto de vista más interesante sociológicamente: las tendencias hacia el *futuro.* Más cercano al marxismo, C. Wright Mills, sin dejar de llamar a los cuellos blancos "una nueva clase media", insiste en el proceso de degradación, nivelación y proletarización de esa capa, proceso del cual uno de los aspectos más dramáticos es la mecanización de los oficios.[9] Wright Mills destaca también la contradicción de intereses entre las "viejas clases medias" y la "nueva clase media": "Los campesinos quieren tarifas protectoras más altas y subvenciones para los precios; los empleados de cuello blanco, precios baratos para los consumidores. Los empleados del estado quieren salarios más altos; los abarroteros, impuestos más bajos [...] Los pequeños comerciantes luchan contra los supermercados, el gobierno, los sindicatos —bajo el ala protectora de los grandes negocios. Los trabajadores de cuello blanco, en la medida en que se organizan, lo hacen en sindicatos que esencialmente pertenecen a los obreros asalariados."[10]

Entre los análisis contemporáneos del fenómeno, que no ha dejado de desarrollarse y extenderse desde los años 50, uno de los más rigurosos y penetrantes es sin duda el de Nicos Poulantzas. Al partir sobre

[8] David Lockwood, *The Blackcoated worker, a study in class consciousness* [*Trabajador de la clase media*], Londres, Allen & Unwin, 1958.

[9] "El nuevo oficio está racionalizado: se utilizan máquinas, los empleados se convierten en servidores de las máquinas; el trabajo, como en la fábrica, es colectivo, no individual; es estandarizado por empleados intercambiables, remplazables rápidamente; es especializado y automático. El grupo de empleados es trasformado en una masa uniforme [...] y la jornada misma está reglamentada por un cuadro impersonal del empleo del tiempo. Al ver la extensión del oficio con sus hileras de mesas de trabajo idénticas, uno se acuerda de la descripción de Hermann Melville de una fábrica del siglo XIX: 'En hileras de pálidos mostradores estaban sentadas hileras de jóvenes pálidas, que con sus manos pálidas, plegaban pálidos papeles'." C. Wright Mills, *The White Collar* [*Las clases medias en Norteamérica*], 1951, Nueva York, Oxford University Press, 1956, p. 209.

[10] *Ibid.*, p. 351.

todo de un análisis de la formación social francesa, Poulantzas destaca la trasformación profunda que alcanza por ejemplo el sector de los servicios, feudo tradicional del trabajo intelectual: "De las ramas de la medicina a las de las diversas profesiones liberales (abogados, arquitectos, etc.), pasando por las de los espectáculos, de la información, etc., los agentes que prestan servicios se vuelven masivamente asalariados del capital que se apodera de esas actividades. Estos agentes asalariados no llegan a ser por ello trabajadores productivos. Pero venden su fuerza de trabajo al capital, su salario corresponde a la reproducción de esta fuerza de trabajo y ellos suministran una parte de trabajo no pagado; se les *arrebata plustrabajo,* lo cual permite al capital economizar sobre sus ingresos para acrecentar el plusvalor acumulado en relación con el plusvalor consumido o desembolsado para falsos gastos."[11]

Poulantzas desarrolla un estudio sistemático y preciso del paralelo de una serie de categorías de trabajadores intelectuales de condición proletaria: la mayoría de los asalariados de base del sector comercial y de servicios, los agentes subalternos de la burocracia pública y privada, los técnicos e ingenieros subalternos y directamente implicados en el trabajo productivo, los agentes subalternos de la enseñanza y de la investigación, etc. No obstante, clasifica esas categorías como *la fracción polarizada hacia la clase obrera de la nueva pequeña burguesía.*[12] ¿Por qué no considerarlos francamente como una *fracción nueva del proletariado*? La respuesta de Poulantzas aunque matizada da vueltas alrededor de dos criterios esenciales: *a*] el carácter no productivo de su trabajo; *b*] el carácter "intelectual" (con todo el ritual y misterio del saber que ello implica) de ese trabajo. Nos parece que el primer criterio es demasiado restrictivo. Difícilmente se puede negar el carácter proletario de una serie de trabajadores improductivos de los servicios, del comercio o de la administración (por ejemplo aquellos cuyo trabajo es, por su naturaleza concreta, idéntico al de algunos obreros productivos).[13] En cuanto al carácter "intelectual" del trabajo, por ejemplo, de una vendedora de gran almacén: sin dejar de admitir que contiene vestigios de ritual "cultural", ¿basta esto para clasificar esa categoría como pequeñoburguesa, separada del proletariado por una barrera de clase?

Y sobre todo, ¿qué tienen en común esas fracciones de polariza-

[11] Nicos Poulantzas, *Las clases sociales en el capitalismo actual,* México, Siglo XXI, 1976, p. 199.

[12] *Ibid.,* p. 292.

[13] Si solamente es obrero el trabajador productivo, un barrendero que abandonara su empleo en la fábrica Citroën para barrer en un gran hospital público, ¿dejaría de ser proletario para convertirse en pequeñoburgués?

ción proletaria con la pequeña burguesía tradicional para ser reunidas con ella en el seno de la misma clase? ¿No están objetivamente mucho más cercanas a la condición obrera que a la de la pequeña burguesía antigua (pequeños campesinos, pequeños comerciantes, artesanos, etc.)?

Poulantzas reconoce que "la nueva pequeña burguesía" *ocupa un lugar diferente en las relaciones económicas* que el de la pequeña burguesía tradicional. Sin embargo cree poderlas asociar en el seno de una misma clase esencialmente por su *comunidad ideológica,* la analogía de los efectos ideológicos de su común polarización con relación a la burguesía y a la clase obrera.[14]

Esto requiere algunas observaciones:

a] Como lo ha demostrado el mismo Poulantzas, un amplio sector de lo que él llama la "nueva pequeña burguesía" no se sitúa en la polarización del campo de la lucha de clases de la misma manera que la pequeña burguesía tradicional. Se trata precisamente, para emplear sus propios términos, de un sector "polarizado hacia la clase obrera". Por ejemplo, en Francia la posición en la lucha de clases actual de un empleado de los PTT [oficina de telégrafos y teléfonos] o de los bancos no es en absoluto la de los pequeños comerciantes o artesanos.

b] A nivel ideológico difícilmente se puede hablar de analogía o comunidad, por ejemplo entre los sindicatos de los trabajadores de sanidad, por una parte, y las asociaciones corporativas del pequeño comercio por la otra; en realidad, hay una polarización ideológica que corresponde a la polarización objetiva.

En conclusión, nos parece que los sectores tan hábilmente descritos por Poulantzas y definidos por él como "polarizados hacia la clase obrera", son, por su lugar en las relaciones económicas, su posición en el campo de la lucha de clases y su ideología, capas mucho más cercanas al "proletariado tradicional" que a la pequeña burguesía tradicional. Nos parece pues más correcto denominarlos "nueva clase obrera", "nuevo proletariado" o "proletariado intelectual", más bien que "nueva pequeña burguesía". No se trata de una simple querella semántica: nuestra hipótesis hace mucho más verosímil la conclusión política de la obra de Poulantzas, conclusión que compartimos enteramente: el desarrollo masivo del sector asalariado de las ciudades constituye la nueva oportunidad histórica de la revolución socialista en Francia; la alianza de la clase obrera y de esas nuevas capas asalariadas no implica "concesiones" o "compromisos".[15] Ahora bien, *si el proletariado no tiene necesidad de hacer concesiones es precisamente porque*

[14] Nicos Poulantzas, *op. cit.*, pp. 266, 273-274.
[15] *Ibid.*, pp. 310-312.

la mayoría de ese sector asalariado urbano es objetivamente proletaria y cada vez toma más conciencia de su condición.

Esto no significa en absoluto que el conjunto de los trabajadores intelectuales esté proletarizado: una fuerte minoría conserva todavía un estatuto pequeñoburgués. ¿A través de qué criterio hacer la distinción?

La pequeña burguesía "clásica" se define esencialmente por la pequeña producción independiente (pequeño comercio, pequeño campesinado, artesanado) sin explotación, o casi, de una fuerza de trabajo exterior a la familia. Las demás categorías pequeñoburguesas se derivan en último análisis de esa pequeña burguesía "clásica". El profesional liberal es un pequeño productor independiente que vende servicios más que mercancías. El profesor de cátedra, el oficial, el cuadro administrativo, el ingeniero, es un "profesional liberal" sui géneris que está atado a una institución o empresa que regularmente compra sus servicios. Esta última categoría constituye una especie de "pequeña burguesía de empleo" cuya relación con la pequeña burguesía clásica es análoga a la de la nobleza personal, intransferible a los descendientes, del siglo XVIII con la nobleza terrateniente.

¿Cómo distinguir, en estas dos últimas fracciones, al trabajador intelectual pequeñoburgués del proletarizado?[16] Nos parece que el criterio para la distinción no puede ser más que la diferencia entre *venta de servicio* y *venta de fuerza de trabajo*. Esta diferencia no siempre es visible y hay toda una gama de situaciones intermedias entre los dos extremos, por ejemplo, desde el médico privado en su clínica hasta la enfermera auxiliar de un gran hospital contratada a través de la agencia de empleo. La frontera de clase atraviesa aquí las categorías profesionales: ingenieros, cuadros, empleados, profesores, etc. Este criterio es el único que nos permite descubrir los fundamentos socioeconómicos comunes de las diferentes categorías, "nuevas" y "antiguas", de la pequeña burguesía.

¿En qué consiste pues la proletarización? Como lo ha mostrado muy bien Mandel, su esencia es, ante todo, la trasformación de la fuerza de trabajo en *mercancía*: "La proletarización del trabajo intelectual implica la aparición de un mercado de trabajo intelectual. En este mercado, la fuerza de trabajo intelectual se compra y se vende como una

[16] En un artículo escrito en 1919 Lukács utiliza el criterio de la productividad: los "trabajadores espirituales" comprometidos en la producción pertenecen a la clase obrera, y los improductivos a la pequeña burguesía. Según este concepto, el ingeniero en jefe de una fábrica sería un "proletario", mientras que el empleado de correos, sindicalizado y huelguista, sería un "pequeñoburgués"... Véase György Lukács, "Das Problem geistiger Führung und die geistigen Arbeiter", en *Werke,* 2, p. 54.

vulgar mercancía, de la misma manera que esto sucede con la fuerza de trabajo manual desde los orígenes del capitalismo. La fuerza de trabajo intelectual gana un precio de mercado que flota según las leyes del mismo, es decir según las leyes de la oferta y la demanda [...]"[17] La "inteligencia", la "cultura" o la "habilidad" dejan de ser cualidades individuales (reales o supuestas) e inconmensurables; al trasformarse en fuerza de trabajo intelectual, se vuelven calculables, cuantificables y susceptibles de reducción a un valor de cambio.[18] Por otra parte, mientras que el vendedor de servicios sigue siendo propietario de su capacidad de trabajo y conserva una considerable dimensión de libertad, el vendedor de la fuerza de trabajo está sometido al comprador de la mercancía que dispone de él a su antojo. La fuerza de trabajo no pertenece ya al proletario intelectual, quien debe obedecer a su nuevo propietario.

De este aspecto socioeconómico fundamental derivan una serie de consecuencias para el trabajador intelectual que son *las señales visibles de su proletarización*: el paso de la autonomía a la subordinación y de la independencia a la dependencia; la pérdida de control sobre el contenido de su propia actividad; la expropiación de su sobretrabajo. La proletarización también significa frecuentemente la decualificación, la subocupación, el desempleo, los bajos salarios, el trabajo parcelario, fragmentado, mecanizado, monótono y embrutecedor.[19] Esta "decadencia" de la libertad hacia la sumisión a un poder exterior sin duda es una de las fuentes del *antiautoritarismo* de la revuelta de los estudiantes y trabajadores intelectuales.

Por supuesto, entre el polo pequeñoburgués del consejero jurídico del ministerio de correos, que vende sus servicios a la institución, y el polo proletario del empleado subalterno del cuerpo de mensajeros de los PTT, hay una serie de grados de transición; entre la venta de servicios y la de la fuerza de trabajo se sitúa un espacio "medio" en el que es difícil cortar, trazar una separación clara y absoluta entre ambas clases. Pero esto es una característica general de la frontera interclasista: ¿a partir de qué capital o de cuántos obreros empleados un pequeñoburgués se convierte en un burgués pequeño? Igualmente es difícil saber a partir de qué grado de subordinación o dependencia un cuadro administrativo medio deja de ser un pequeñoburgués para convertirse en proletario. De ahí el empleo de conceptos aproxima-

[17] Ernst Mandel, "La proletarización del trabajo intelectual...", en *op. cit.*, p. 15.

[18] Véase Simonetta Piccone-Stella, *Intelletuali e Capitale,* Bari, De Donato, 1972, pp. 170-171.

[19] Véase Simonetta Piccone-Stella, *op. cit.*, p. 151, y Ernest Mandel, "Workers under neo-capitalism", en *International Socialist Review,* noviembre-diciembre de 1968, p. 8.

dos como "semiproletario" o "semipequeñoburgués" para designar ese espacio social intermedio (por ejemplo para ciertas categorías de profesores, ingenieros, o de médicos asalariados, etc.)

Ese proceso de proletarización evidentemente tiene un impacto considerable en la categoría de los intelectuales en sentido estricto, que pertenecen tradicionalmente, en su gran mayoría, a la fracción de la pequeña burguesía caracterizada por el trabajo intelectual.

Balzac había ya descrito notablemente, en *Ilusiones perdidas,* el proceso por medio del cual el capitalismo trasforma al intelectual libre (poeta) en vendedor de su fuerza de trabajo (periodista) obligado a "comerciar con su alma". Fogarasi en su célebre artículo de *Kommunismus* sobre los periodistas y Lukács en *Historia y conciencia de clase* analizan también cómo el intelectual, el "virtuoso" especialista, se convierte en vendedor de sus facultades espirituales, convertidas en mercancías.[20] Ahora bien, en nuestros días no solamente los periodistas o escritores sino muchas categorías de intelectuales conocen ese proceso de proletarización y sumisión al capital.

Como lo destaca Lukács a justo título (en 1966), en tanto que antes de la segunda guerra mundial existía una vasta capa de intelectuales, especialmente universitarios, con una importante autonomía material fundada en rentas, en un patrimonio en dinero, etc. —lo que constituía el fundamento económico de la llamada *freischwebende intelligentz* de Mannheim—, hoy en día la condición de muchos intelectuales tiende a acercarse, desde el punto de vista económico, a la del proletariado asalariado.[21]

De una manera general se puede decir que "la sociedad moderna ha trasformado la actividad de la inteligencia especulativa, reflexiva y creadora, antaño liberal, en actividad asalariada, incluso a veces mercenaria, es decir una forma del trabajo social [. . .] En el momento en que la economía mercantil absorbe la actividad de la inteligencia, aparecen los intelectuales, personajes sociales 'reificados', en quienes la inteligencia se ha convertido en un instrumento de trabajo que engendra productos para los mercados del libro, del cuadro, de la composición musical, etc."[22]

No hay duda de que esa trasformación objetiva en la condición de los trabajadores intelectuales y de la inteliguentsia desempeña un papel

[20] György Lukács, *HCC,* p. 108.

[21] Wolfgand Abendroth, Hans Heins Holz y Leo Kofler, *Conversaciones con Lukács* cit., pp. 116-117.

[22] P. Fougeyrollas, "Le mot intellectuel", en *Arguments,* núm. 20, 4º trimestre de 1960, p. 47. Véase también C. Wright Mills sobre los escritores para *mass media* en los Estados Unidos que se convierten en empleados de una empresa de negocios. (*White Collar* cit., p. 150.)

decisivo en su radicalización político-ideológica y su integración a las filas del movimiento obrero.

Hay una fracción considerable, quizá inclusive mayoritaria, de la inteliguentsia que sigue siendo, en último análisis, pequeñoburguesa: algunos tipos de profesores universitarios y de investigadores científicos, de escritores independientes, artistas, etc. Sin embargo esta fracción presenta, también, fenómenos de radicalización a veces tan importantes como los que se encuentran en la capa proletarizada. La evolución ideológica de un Jean-Paul Sartre, de un Bertrand Russell o de un Noam Chomsky (como la de Lukács) en absoluto se debe a una proletarización personal cualquiera...

En realidad, para comprender el anticapitalismo de los intelectuales, no basta considerarlos desde el ángulo de su inserción en el proletariado intelectual o en la pequeña burguesía (factor que por supuesto desempeña un papel importante). Es necesario analizar también las formas de radicalización *específicas a la inteliguentsia como tal,* es decir como *categoría social* definida por su relación con lo ideológico; estas formas son distintas de las de la masa de los trabajadores intelectuales (proletarizados o pequeñoburgueses) y pasan, tanto hoy como en la época del joven Lukács, por mediaciones esencialmente "superestructurales", *ideológicas, ético-culturales* y "*político-morales*".

La oposición del joven Lukács a la reificación vuelve a aparecer en los intelectuales y estudiantes de nuestros días como rechazo del poder alienante del dinero y de la dominación fetichista de las mercancías ("sociedad de consumo"). Mayo de 1968 fue la expresión concentrada y explosiva de ese rechazo, significativamente resumida por una frase aparecida en los muros de la Sorbona (que nos recuerda irresistiblemente los sueños de Lukács en 1915-1916): "La edad de oro era la edad en que no reinaba el oro."[23]

Si la radicalización de los intelectuales (sobre todo jóvenes) ha alcanzado actualmente proporciones masivas, mucho más importantes que en la época de Lukács, es también porque la reificación, la dominación opresiva, invasora e irresistible de las "cosas", la cuantificación y la mercantilización, la "capitalización del espíritu" (Lukács) y la comercialización de la cultura se han desarrollado a una escala mucho mayor. La producción cultural tiende cada vez más a convertirse en una industria regida por las leyes del mercado, a través del cine, la radio, la televisión, las revistas de tiraje masivo, las editoriales ávidas

[23] Alain Touraine destaca a justo título este aspecto del movimiento de mayo: "Uno de los temas más frecuentes del cuestionamiento estudiantil fue la lucha contra el consumo masivo, contra la comercialización de las relaciones humanas, del sentimiento o de la sexualidad" (Alain Touraine, *El movimiento de mayo y el comunismo utópico,* Buenos Aires, Signos, 1970, p. 15).

de utilidades, las universidades "asociadas" con empresas industriales. El contenido de la obra es más y más determinado por la oferta y la demanda; la industria de la cultura se caracteriza por una estandarización y producción en serie que sacrifica todo lo que escapa a la lógica implacable del valor cuantitativo.[24] En su análisis de las causas de los acontecimientos de mayo de 1968, Henri Lefebvre comprueba la contradicción constante "entre el valor de cambio del producto intelectual y su valor de uso", y destaca que "la reducción de la obra llamada 'cultural' a productos materiales comercializables no puede sino acentuar el carácter explosivo de la situación de los intelectuales y estudiantes".[25] Esta agravación de la contradicción entre un conjunto de valores éticos, estéticos, humanos y culturales, y un mundo cada vez más rigurosamente regido por los valores mercantiles, es lo que explica por qué son precisamente los escritores, artistas, profesores, filósofos, sociólogos (y los estudiantes de letras, filosofía, sociología) quienes están, en general, a la cabeza de la controversia radical y cualitativa del sistema —fenómeno incomprensible en el marco de las teorías defendidas por Serge Mallet, Bon y Bournier, etc., que favorecen el papel de los "nuevos intelectuales técnicos".

La oposición a la reificación, a la dominación de la cultura por el mercado, a la disolución de los valores humanos por el capital da frecuentemente a la revuelta de los intelectuales un carácter global, totalizador e irreductible, en la medida en que es la esencia misma del sistema capitalista lo que se pone en duda. Este rechazo total puede a veces asumir, como en Lukács en 1919-1921, una forma "izquierdista". Se encuentran pues en nuestros días pensadores (¿Sartre?) o corrientes políticas (frecuentemente de origen anarco-maoísta) que rechazan *por principio* la acción legal, la participación en elecciones, el trabajo en los sindicatos burocratizados y fundan su táctica casi exclusivamente en "acciones directas", violentas, de minorías activas (Weathermen,

[24] Véase Max Horkheimer y Theodor Adorno, *Dialektik der Aufklärung* [*Dialéctica del Iluminismo*], Frankfurt del Meno, Fischer Verlag, 1973, cap. "Kulturindustrie" [La industria cultural]. Véase también Herbert Marcuse, *One Dimensional Man* [*El hombre unidimensional*], Boston, Beacon Press, 1966, p. 57: "Los *mass media* mezclan armoniosamente, y hasta insensiblemente, el arte, la política, la religión y la filosofía con la publicidad, reducen esas esferas de la cultura a su denominador común: la forma comercial. La música del alma es también la música de los negocios. Sólo cuenta el valor de cambio y no el valor de verdad."

[25] Henri Lefebvre, "L'irruption, de Nanterre au sommet", en *L'Homme et la Société*, núm. 8, junio de 1968, p. 90. Véase también Herbert Marcuse, *Contre-révolution et révolte*, Seuil, 1973, p. 25: "La verdad y el error, el bien y el mal se convierten oficialmente en categorías de la economía política, definen el valor de los hombres y de las cosas en el mercado."

banda de Baader, etc.). La principal diferencia es que el izquierdismo de Lukács correspondía a un período de arranque revolucionario real y masivo, y encontraba eco en ciertos sectores del proletariado (KAPD en Alemania, etc.), mientras que la ultraizquierda estudiantil de países como la República Federal Alemana o los Estados Unidos es más bien la expresión de una profunda desesperanza ante la indiferencia (o a veces la hostilidad) popular.

Otro factor de la repulsión político-moral de los intelectuales contemporáneos hacia el capitalismo ha sido la *guerra de Vietnam*, que ha desempeñado un papel traumatizante parecido a la primera guerra mundial para la generación de Lukács.[26] La significación de la guerra norteamericana en Indochina para los intelectuales deriva del hecho de que jamás en la historia del capitalismo moderno la separación entre los valores humanistas de la ideología liberal y la realidad había sido tan grande. En los años 30, el fascismo había producido una reacción parecida, conduciendo a muchos intelectuales a las filas del movimiento obrero. La diferencia es que la barbarie nazi podía pasar por un fenómeno excepcional, una aberración pasajera condenada por el "mundo civilizado" (burgués); las atrocidades norteamericanas en Vietnam aparecen por el contrario como la expresión orgánica de la civilización capitalista en su apogeo, disfrutando del apoyo implícito o explícito de la burguesía de casi todos los países.

La burguesía norteamericana se había rebelado en 1776 en nombre de la democracia y del derecho de autodeterminación nacional; Voltaire había conducido en el siglo XVIII una lucha encarnizada contra la tortura y los castigos crueles. *La Encyclopédie française* de Diderot destacaba, en su artículo "Guerra" que "las leyes eternas que son hechas para todos los tiempos, para todos los pueblos, y que están escritas en la naturaleza", prohiben quitar la vida a un prisionero de guerra, y más todavía a un anciano, a una mujer, a un niño.[27] La guerra de los Estados Unidos en Indochina ilustra el camino recorrido por la burguesía desde el siglo de las Luces...

Los principios políticos y éticos que la burguesía había utilizado contra el feudalismo se vuelven ahora contra ella. Por su adhesión a los valores humanistas, los intelectuales tienden a volverse cada vez más radicalmente opositores al "sistema", cuya práctica está en contradicción manifiesta e insoportable con su propia ideología.[28]

[26] En Francia, este acontecimiento revelador fue, para una parte de los intelectuales, la guerra de Argelia, contra la que se movilizaron en el Manifiesto de los 121 por el derecho de insumisión, el Comité Maurice Audin, las campañas contra la tortura, etcétera.

[27] *Textes choisis de l'Encyclopédie,* París, Ed. Sociales, 1962, p. 123.

[28] Rudi Dutschke, en un ensayo acerca del impacto de las luchas del tercer

La guerra de Vietnam provocó pues una *crisis de valores* sin precedente en Occidente; produjo un rechazo masivo y radical del sistema capitalista por parte de amplias capas de intelectuales. Pero para llevar a una parte de esa masa a las filas del movimiento obrero, el momento puramente negativo no es suficiente: es necesario también un elemento positivo. Tal papel, desempeñado para la generación de Lukács por la revolución rusa, ha sido cumplido en los años 60 por las grandes revoluciones del trecer mundo. Primero que nada porque los intelectuales y los estudiantes han encontrado en los movimientos revolucionarios de Asia, África y América Latina un aliado en la lucha contra el enemigo común; después, porque Cuba (especialmente a través de los escritos del Che Guevara), China (gracias a la revolución cultural) y Vietnam, han aparecido en el trascurso de los años 60, como modelos de una sociedad *cualitativamente* distinta del capitalismo (al contrario de la URSS y de los países de Europa del Este, que cada vez más parece que desean imitar a la sociedad de consumo occidental), fundada no en criterios (cuantitativos) de lucro sino en valores humanos y morales (cualitativos) auténticos: el altruismo, la solidaridad, la fraternidad.[29] En el caso de Vietnam estaba en juego otra motivación: la revolución vietnamita era a los ojos de los intelectuales no solamente el combate de una justicia deslumbrante sino también el símbolo del triunfo del Hombre contra la "Cosa", de las cualidades humanas contra los aparatos inhumanos.[30]

mundo en los estudiantes de los países capitalistas avanzados, describe el principio de la radicalización del movimiento estudiantil en Alemania en relación con la guerra de Vietnam como una "rabia contra el imperialismo norteamericano, contra la traición de nuestros ideales, antiguamente también los ideales de la burguesía [...]" (Véase Rudi Dutschke, "Les étudiants anti-autoritaires face aux contradictions présentes du capitalisme et face au Tiers Monde", en R. Dutschke, W. Lefebvre, B. Ravehl, U. Bergmann, *La révolte des étudiants allemands,* París, Gallimard, 1968, p. 166.) Asimismo el sociólogo marxista norteamericano Paul Baran atribuía a los intelectuales la tarea de defender, contra las clases dominantes reaccionarias e irracionalistas "la tradición de humanismo, raciocinio y progreso que constituye la herencia más valiosa legada a nuestra sociedad por la evolución histórica de la humanidad entera". (Paul A. Baran, "El compromiso del intelectual", en Paul M. Sweezy, Harry Magdoff y Paul A. Baran, *Paul A. Baran: el hombre y su obra,* Madrid, Siglo XXI, 1971, p. 30.)

29 De ahí el interés de los intelectuales de todos los países por la polémica chino-soviética y las discusiones en Cuba sobre la utilización o no de los mecanismos del mercado en las economías de transición al socialismo.

30 "Es la máquina, es el prestigio de la máquina lo que está en juego en Vietnam. Es Boeing y la General Electric y Goodyear y General Dynamics [...] Es la fe en la tecnología, en el Gadget como Dios [...] Allá en la jungla, irreductible, ingeniosa, sagaz, pequeña como un piojo o una hormiga y así difícil de atrapar, surge una extraña criatura, cuya fuerza casi habíamos olvidado: el

Sin embargo, para un compromiso activo del intelectual anticapitalista en la lucha revolucionaria, la referencia a las revoluciones asiáticas no siempre es suficiente; para que ese compromiso se vuelva más *político* y más concreto, es necesaria también una base real en su propio país. Aquí se ve aparecer una sensible diferencia entre los intelectuales de Europa, de Estados Unidos y los del tercer mundo.

En los Estados Unidos el conformismo de las masas obreras, el conservatismo popular, la ausencia (aparente) de una base social para una eventual lucha revolucionaria contra el sistema tienen como resultado que la revuelta ético-cultural asuma frecuentemente una forma apolítica a veces desesperada, marginal o mística: hippies, *Jesus-freaks*, huida hacia la naturaleza, droga, contra-cultura, etc. Una visión trágica del mundo aparece tanto en los poemas de Bob Dylan como en la obra de Marcuse, quien escribe, en la conclusión de su *The one-dimensional man* [*El hombre unidimensional*]: "La teoría crítica de la sociedad [...] no hace ninguna promesa y no muestra ningún éxito, permanece negativa. Quiere así seguir siendo leal para con los que, sin esperanza, han dado y dan su vida por el Gran Rechazo."[31] La revuelta en los Estados Unidos tiende (mucho más que en Europa o que en el tercer mundo) a permanecer en el nivel cultural y moral. No es más que una minoría de intelectuales y de estudiantes la que efectivamente ha apoyado a organizaciones políticas de vanguardia (SDS, YSA, etc.), movilizadas en la lucha contra la guerra y aliadas a las minorías nacionales de los Estados Unidos.

En Europa, por el contrario, y especialmente en Francia y en Italia, la existencia de un movimiento obrero poderoso y de una tradición marxista constituye un factor decisivo de politización de los intelectuales, que frecuentemente son atraídos hacia los partidos que invocan al proletariado. Pero en la Europa contemporánea, el intelectual se encuentra confrontado con el mismo fenómeno que Lukács antes de 1918: la existencia de partidos obreros de ideología socialista, o incluso marxista, pero de práctica parlamentarista y gradualista; partidos que no aparecen ya, para la fracción más anticapitalista de la inteliguentsia, como una alternativa revolucionaria al régimen establecido. Reticentes respecto a ese movimiento obrero moderado, los intelectuales más radicales no se unirán a la izquierda revolucionaria sino después de un acontecimientos histórico —mayo de 1968— que les

hombre [...] la Máquina ha perdido su valor frente al Hombre [...]" (I. F. Stone, "More than steel and chrome can bear", *I. F. Stone Weekly,* 13 de febrero de 1967, vol. XV, núm. 6.)

[31] Herbert Marcuse, *The one-dimensional man,* Boston, Beacon Press, 1966, p 257.

descubre las potencialidades revolucionarias del proletariado europeo (a pesar de las evidentes diferencias de significación histórica, ése es el papel que desempeñó 1917 para Lukács). Existe, por supuesto, una parte de la inteliguentsia europea cuyo anticapitalismo, aun después de 1968, no se expresa más que a nivel cultural o psicosocial; pero, a diferencia de la situación en los Estados Unidos, esta actitud apolítica no es dominante.

Para los intelectuales del tercer mundo la lucha revolucionaria no es una posibilidad objetiva sino una perspectiva inminente e incluso, a veces, una realidad concreta, *hic et nunc.* El compromiso político es, por lo tanto, más frecuente y más masivo.

Es también en razón de una configuración económico-social y política como se estimula la evolución de sectores de la inteliguentsia hacia el socialismo. Se observa en los países subdesarrollados, dependientes y/o "semicoloniales" de Asia, África y América Latina (y también de Europa: Grecia, España, Portugal, Turquía) una situación análoga a la de Hungría en la época del joven Lukács: la burguesía, amenazada por el proletariado urbano y rural, es fundamentalmente timorata y conservadora; habiendo llegado tarde al escenario de la historia, es incapaz de desempeñar un papel democrático-revolucionario y nacional-liberador consecuente y por lo tanto de atraer hacia sí a la pequeña burguesía y a la inteliguentsia descontenta. Sin llegar a una simbiosis tan completa con la clase de propietarios terratenientes, como la burguesía de Budapest, frecuentemente mantiene estrechos lazos económicos y sociales con los "latifundistas", compartiendo a veces con ellos el poder, en un equilibrio inestable y complejo (especialmente en América Latina). Y, sobre todo, tiende cada vez más (con algunas excepciones generalmente transitorias) a la asociación con el capital monopolista de las grandes metrópolis imperialistas, asociación técnica, económica, financiera y militar, que constituye el fundamento material de la vida política de la mayoría de los países del tercer mundo.

A falta de un polo democrático-burgués real, la pequeña burguesía y la inteliguentsia jacobina, democrática y "patriota" (en el sentido de 1793) tienden pues a radicalizarse, a volverse anticapitalistas (Endre Ady en Hungría...) e incluso, a veces, marxistas, en la medida en que descubren en el proletariado y el campesinado pobre a las únicas fuerzas sociales realmente revolucionarias. Es así como en China el movimiento anticolonialista y democrático del 4 de mayo de 1919, que había movilizado masivamente a los estudiantes e intelectuales progresistas, constituirá el espacio político en el que va a cristalizar el partido comunista; el primer núcleo comunista estará compuesto por dos profesores (Li Ta-chao y Chen Tu-hsiu) y sus alumnos, a partir de los lazos establecidos durante el movimiento del 4 de mayo.[82] Un proceso parecido tuvo lugar en Vietnam, en donde el partido comunista proviene de un movimiento de jóvenes estudiantes e intelectuales anticolonialistas, la Asociación de la Juventud Revolucionaria de Vietnam (*Thanh niên*).[83] En cuanto a América Latina, el ejemplo más palpable es el Movimiento 26 de julio de Cuba, del cual la mayoría de los dirigentes y militantes se pasaron "con armas y bagajes" al campo del movimiento obrero. La ideología del movimiento era al principio un humanismo democrático sui géneris, inspirado por la doctrina igualitaria y nacionalista de José Martí. Su matriz social había sido la Universidad de La Habana, en donde se organizó, alrededor del joven abogado Fidel Castro, de los estudiantes Abel Santamaría y Jesús Montané y del poeta Raúl Gómez García, el primer núcleo del grupo que iría a atacar, el 26 de junio de 1953, el cuartel Moncada. Al querer consumar hasta el final una revolución democrática y humanista, los dirigentes jacobinos del Movimiento 26 de julio fueron llevados (después del derrocamiento de Batista en 1959) a decretar una serie de leyes de expropiación cada vez más radicales y anticapitalistas, "cuyo encadenamiento lógico nos conduce de la primera a la última a través de una actitud progresiva y necesaria".[84] Este "transcrecimiento" de la revolución democrática en socialista tuvo como correlativo ideológico una "actitud progresista y necesaria" de la mayoría del Movimiento 26 de julio, quienes, por un fenómeno de "transmutación ideológica" masiva, prácticamente sin precedente, pasaron del jacobinismo al marxismo.

Hoy en día, en el tercer mundo, ese tipo de evolución de la inteliguentsia es reforzado por el impacto simultáneo de las revoluciones china, vietnamita y cubana, que se presentan, con un grado razonable de credibilidad, como una salida real a la dependencia económica, el subdesarrollo, las desigualdades sociales y las estructuras políticas anacrónicas. Tal marco histórico, combinado con un principio de proletarización de los trabajadores intelectuales, produce, sobre todo en América Latina y en Asia, una radicalización de una intensidad y violencia a veces sorprendente, de la inteliguentsia y de la juventud estudiosa. Por ejemplo, una sociología del castrismo, que está todavía por hacerse, muy probablemente mostraría que la base social de los movimientos de izquierda revolucionaria inspirados por el ejemplo cubano

[82] Maurice Meissner, *Li Ta-chao and the origins of Chinese Marxism*, Cambridge, Harvard University Press, 1967, p. 118.

[83] Véase Pierre Rousset, *Le Parti communiste vietnamien*, París, Ed. Maspero, 1975, pp. 16-19.

[84] Ernesto Che Guevara, *Textes militaires* [*Textos militares*], París, Ed. Maspero, 1968, p. 117.

ha sido, por lo menos en una primera fase, esencialmente compuesta de estudiantes y jóvenes intelectuales (para alcanzar, en una segunda etapa, a los barrios pobres, al campesinado y a veces a la clase obrera).

Otro factor que incide en la evolución ideológica de la inteliguentsia del tercer mundo es el ahondamiento de las contradicciones de clase que trajo como consecuencia una multiplicación de los estados llamados "de excepción" —que tienden a convertirse más bien en la regla...—, estados que se podrían designar como "de hegemonía represiva", en tanto están caracterizados por una prioridad absoluta de los aparatos coercitivos sobre los aparatos ideológicos. En esos estados las libertades democráticas, las reglas del derecho e incluso el respeto a la persona humana se vuelven contradictorias con las necesidades urgentes y apremiantes del "mantenimiento del orden"; de ahí la supresión de la democracia (aun formal), de la libertad de prensa, del *habeas corpus,* la sofocación de la creación cultural, la institucionalización de la tortura, etc., con el consentimiento activo, en términos generales, de los sectores hegemónicos de la burguesía. En estas condiciones, el democratismo y el humanismo de la inteliguentsia con frecuencia tienden a asumir un carácter de oposición radical y violenta al régimen establecido, acompañado de una adhesión, de sectores significativos, al marxismo. Un ejemplo bastante típico: en Brasil, durante los años 1968-1971, no solamente los estudiantes sino un gran número de intelectuales participaron directamente o apoyaron activamente la guerrilla urbana contra el régimen militar. Amnistía Internacional publicó recientemente un informe sobre la tortura en Brasil, que contiene la lista de 1 081 nombres de víctimas de la represión durante el período 1968-1972. Siendo conocido el estatuto socio-profesional de 565 de ellos, al estudiar tal lista se puede tener una idea aproximada de la base social de la oposición radical (la mayor parte de los prisioneros políticos torturados o asesinados estaban acusados de estar relacionados con la izquierda revolucionaria). Los intelectuales y trabajadores intelectuales en sentido amplio, incluyendo ahí a los funcionarios, empleados, profesores, profesionistas liberales, estudiantes, etc., constituyen el *73.8%* del total. Por supuesto que los estudiantes proporcionan el principal contingente: el 39.8%. La mayor parte de los demás son proletarios o semiproletarios intelectuales: empleados, sobre todo de la banca (7.1%), periodistas (5.1%), profesores (4.3%), etc. Hay también un contingente importante de profesionistas liberales: abogados (4.9%), sacerdotes (4.4%), etc.[35] Nos parece que esas cifras constitu-

[35] La lista completa de los nombres se encuentra en *Rapporto sulle accuse di tortura in Brasile,* Roma, Quaderni Asal, 1973, pp. 149-151. También hemos encontrado un porcentaje significativo de obreros (15.4%), así como muchos marineros y suboficiales, comerciantes, algunos campesinos, etc. A título de

yen un indicio significativo del proceso de radicalización de la inteliguentsia y de los trabajadores intelectuales en los regímenes de ese tipo en América Latina, si no es que en el tercer mundo en general.

Finalmente, un último factor en el desarrollo del anticapitalismo en la inteliguentsia del tercer mundo es lo que se podría denominar la *aculturación económicamente condicionada,* es decir la destrucción, desintegración, desnaturalización o rechazo de la cultura nacional tradicional, "orgánica" y *precapitalista* por la cultura moderna, industrial, mercantil, capitalista avanzada, aportada por el imperialismo. Ese conflicto, que asumía en el pasado una forma xenófoba (guerra de los Boxers, etc.) como no sea reaccionario, puede convertirse, en un contexto político-ideológico influido por el marxismo y polarizado por el movimiento obrero, en un elemento de radicalización anticapitalista y revolucionaria de los intelectuales. Algunos sectores de la inteliguentsia del tercer mundo, al superar el simple nacionalismo, rechazan la cultura metropolitana, por ejemplo de los Estados Unidos, no por su origen "extranjero" sino por su carácter comercial, estandarizado, reificado y humanamente inauténtico. En los países en los que existe una cultura precapitalista "no se considera todavía como una evidencia rutinaria que el espíritu se haya convertido en una mercancía, y que no respire todavía el rutinario fastidio de la mercancía ya producida en cadena".[36]

Es el conjunto de esos diferentes factores económicos, sociales, políticos, culturales y morales lo que explica ese fenómeno universal característico de la segunda mitad del siglo XX: la revuelta estudiantil.

Los estudiantes son a la vez futuros trabajadores intelectuales y futuros intelectuales. Como lo destaca con razón el sociólogo norteamericano Norman Birnbaum, "el movimiento estudiantil radical ha

comparación, he aquí la composición social de la delegación bolchevique al V Congreso del Partido Obrero Socialdemócrata Ruso de 1907: 36.2% de obreros, 11.4% de empleados, 12.4% de profesionistas liberales, 14.3% de escritores, 4.8% de estudiantes, 3.8% sin profesión conocida y... 17.1% de "revolucionarios profesionales". Los intelectuales, estudiantes y trabajadores intelectuales son pues más del 42%; probablemente más del 50% si se considera que por lo menos la mitad de los revolucionarios profesionales es originaria de esas categorías. (Fuente: David Lane, *Las raíces del comunismo ruso. Un estudio social e histórico de la socialdemocracia rusa [1898-1907]*, México, Siglo XXI, 1977, p 53.)

[36] György Lukács, *Balzac et le réalisme français* [Balzac y el realismo francés], París, Maspero, 1973, p. 62. Lukács se refiere aquí a la Francia de principios del siglo XIX, durante el período de la acumulación primitiva, pero esto puede aplicarse igualmente a muchos países del tercer mundo.

sido dirigido por los intelectuales en el seno de los estudiantes [...] los estudiantes revolucionarios en general no se preparaban para carreras en la inteliguentsia técnica".[37] No obstante, se puede decir que los estudiantes en su conjunto están, por sus condiciones específicas (alejamiento del proceso de producción, libre actividad de investigación y reflexión crítica), relativamente más próximos a la situación del intelectual que a la del trabajador intelectual. En consecuencia, las motivaciones de la revuelta estudiantil son en gran medida las mismas que las de los intelectuales, con resultados parecidos: anticapitalismo radical y, a veces, apoyo a la vanguardia revolucionaria.

Esta similitud entre la condición de los estudiantes y la de los intelectuales, así como la sensibilidad de la juventud universitaria a las motivaciones ético-culturales habían sido observadas hace ya mucho tiempo por pensadores marxistas: "El estudiante, al contrario del joven obrero y de su propio padre, no cumple ninguna función social, no resiente ninguna dependencia directa para con el capital o el estado, no está limitado por ninguna responsabilidad —por lo menos objetivamente—, es libre en su juicio de lo justo y de lo injusto. Durante este período todo en él es fermentación, sus prejuicios de clase son tan informes como sus intereses ideológicos, *le preocupan fuertemente problemas de conciencia,* su espíritu se abre por primera vez a las grandes generalizaciones científicas [...] Si el colectivismo (marxista) es capaz de subyugar su espíritu, es éste el momento más propicio, y lo hará gracias al carácter altamente científico de sus fundamentos y al *contenido cultural universal de sus objetivos,* y no como una cuestión prosaica de tenedor y cuchillo."[38]

A ese aspecto fundamental del universo ideológico de los estudiantes es necesario agregar dos elementos nuevos con relación a la época de Lukács:

1] La aceleración enorme de las trasformaciones técnicas, científicas y culturales ha ampliado mucho el desplazamiento entre las generaciones y facilitado la puesta en duda de valores, hábitos y costumbres tradicionales. Resulta inútil insistir sobre el hecho tan conocido de que el quebrantamiento de la autoridad represiva del *pater familias,* del maestro de escuela, del sacerdote, etc., la crisis de la moral sexual y de la "moral del trabajo" (estrechamente ligadas en la ética calvinista por ejemplo) han alcanzado un umbral cualitativamente

[37] Norman Birnbaum, "On the idea of a political avant-garde in contemporary politics: the intellectuals and technical intelligentsia", en *Praxis,* 1-2, 1969, pp. 242-246.

[38] Leon Trotski, *The Intelligentsia and Socialism* [*Inteliguentsia y socielismo*], 1910, Londres, Fourth International, 1966, p. 12, cursivas del autor.

nuevo.[39] Esto no significa en absoluto que la revuelta de los estudiantes pueda ser reducida a un conflicto de generaciones: este aspecto psicocultural no hace más que intensificar un proceso que tiene raíces profundas en el cambio de la *naturaleza de clase* de la juventud estudiosa.

2] La masificación de la enseñanza ha tenido como resultado una relativa democratización y una ampliación de la base social de la población estudiantil. Por ejemplo, en Francia en 1921 había en la universidad 49 931 estudiantes; en 1968 eran 504 540: ¡un crecimiento de más de 1 000%! Es evidente que tal "explosión universitaria" no puede sino cambiar la composición social de la masa estudiantil: en 1966-1969, la burguesía y la pequeña burguesía propietaria ("patrones de la industria y del comercio" en el lenguaje del INSEE) no proporcionaban más que el 14.4% de los padres de estudiantes.[40] Más importante sin embargo que el *origen familiar* de los estudiantes es su *porvenir socioprofesional*: la aplastante mayoría está destinada a engrosar las filas del proletariado intelectual. Según estadísticas norteamericanas recientes, el ingreso que pueden esperar los jóvenes que hacen de uno a tres años de estudios universitarios no sobrepasa más que en 6.25% al de los jóvenes que no van más allá de la enseñanza secundaria obligatoria.[41] En Francia, una encuesta del CEREQ (Centro de Estudios y de Investigaciones sobre las enseñanzas y las calificaciones) muestra que alrededor del 70% de los estudiantes salidos en 1970 de la universidad ganan salarios inferiores a 2 300 francos; los literatos figuran, por otra parte, entre los de ingresos más bajos.[42]

Sin dejar de considerar el estatuto especial del estudiante como tal, el cual hemos mencionado más arriba, es evidente que esos cambios drásticos en su porvenir de clase necesariamente desempeñan un papel decisivo en su toma de conciencia social y política. La proletarización del trabajo intelectual es pues una de las principales "raíces materiales" de la revuelta estudiantil, lo que no significa, por supuesto, que esa revuelta pueda ser reducida únicamente a esa determinante socioeconómica.

Habría que agregar que, por las razones que hemos analizado más arriba con relación a los intelectuales del tercer mundo, los estudiantes desempeñaban ya un papel revolucionario o antiburgués en los países "atrasados", semifeudales o dependientes, mucho antes de la segunda

[39] Véase Gareth Stedman Jones, "The meaning of the student revolt", en *Student Power,* Penguin, 1969, pp. 38-40.

[40] F. Bon y M. A. Burnier, *Les nouveaux intellectuels* cit., p. 176.

[41] André Gorz, "Técnicos, especialistas y lucha de clases", en Armando de Palma, Raniero Panzieri, Michele Salvati, Bianca Becalli, Antonio Lettieri y André Gorz, *La división capitalista del trabajo,* Cuadernos de Pasado y Presente núm. 32, México, Siglo XXI, 1977, p. 179.

[42] *Le Monde,* 23 de febrero de 1974, p. 11.

guerra mundial: la Rusia zarista, la España monárquica, China y América Latina, son ejemplos típicos de ello.[43] El hecho nuevo es la extensión de ese papel a los países capitalistas avanzados: Estados Unidos, Francia, Alemania, Japón, etc., en la década del 60, y el carácter más masivo y más intenso de la movilización de los estudiantes del tercer mundo.

Un análisis más preciso del contenido de las corrientes ideológicas del movimiento estudiantil anticapitalista escapa al marco de nuestro trabajo. Destaquemos solamente de pasada que en los estudiantes y jóvenes intelectuales el redescubrimiento de la corriente llamada "izquierdista teórica", es decir el pensamiento dialéctico revolucionario del joven Lukács, Korsch, Gramsci, Rosa Luxemburg, Trotski, ha posibilitado que sean reeditados, traducidos y discutidos de París a Nueva York y de Tokio a Buenos Aires. Se asiste a una explosión del marxismo "rechazado", a un resurgimiento de los libros "malditos", proscritos, olvidados o raros del marxismo, así como al éxito aplastante de un gran pensador marxista contemporáneo profundamente influido por la obra del joven Lukács: Herbert Marcuse.[44]

La reciente publicación por Rudi Dutschke de una obra dedicada a Lenin y Lukács nos parece un ejemplo característico de este rencuentro de la joven generación revolucionaria con la obra del joven Lukács.[45] Un conservador crítico de Lukács habla de "la gran posibi-

[43] Un episodio característico de la radicalización de los estudiantes en la Rusia zarista muestra por qué medio se operaba la ruptura con la burguesía: en octubre de 1905, tuvieron lugar manifestaciones revolucionarias de estudiantes en la Universidad de Petrogrado y en la Escuela Politécnica, en las cuales los liberales fueron violentamente atacados por su inconsecuencia en la lucha contra la autocracia. Lenin comentaba con entusiasmo este episodio: "A los estudiantes los guía un sano instinto revolucionario, apoyado en su contacto con el proletariado, cuando se afanan por diferenciarse de los demócratas constitucionalistas y cuando desacreditan a éstos ante el pueblo." V. I. Lenin, *Se agudiza la situación en Rusia,* 31 de octubre de 1905, en *Obras completas,* t. IX, Madrid, Akal, 1976, p. 412.

[44] Se necesitaría analizar algún día la influencia y la "recepción" de Lukács, y en especial de *Historia y conciencia de clase,* de los años 20 a nuestros días: su impacto extraordinario al principio, la influencia subterránea durante un largo período y el renacimiento inesperado en los años 60. Nos parece sin embargo que la presencia/ausencia de Lukács en la escena ideológica no puede explicarse más que en relación con el marco histórico y el campo de la lucha de clases. Un estudio de la "influencia" de Lukács implica pues un análisis complejo y amplio de los lazos entre la periodicidad de la lucha de clases (épocas de arranque revolucionario o de estabilidad social relativa) y la evolución del pensamiento marxista, análisis que, una vez más, desborda del marco de este trabajo.

[45] Rudi Dutschke, *Versuch, Lenin auf die Füsse zu stellen... Lenin, Lukács und die Dritte Internationale,* Berlín, Wagenbach, 1974.

lidad de que la nueva inteliguentsia *linksradikale* descubra en *Historia y conciencia de clase* su Antiguo Testamento".[46]

Hoy día, como en 1917-1919, la evolución de los intelectuales hacia el socialismo, cuando tiene lugar, tiende a asumir de entrada un carácter radical y violento, de desavenencia total, política, cultural y moral, con el sistema capitalista. Tiende a tomar esa forma *radical* porque ataca precisamente a la *raíz* del sistema. Lo que el intelectual convertido en anticapitalista rechaza no es tal o cual aspecto cuantitativo, parcial superficial, del modo de producción capitalista, sino su fundamento mismo: la dominación de toda la vida humana por el valor de cambio. Lo que desea no es un mejoramiento, una reforma o un arreglo del sistema, sino su devastación total, y su remplazo por un modo de vida *cualitativamente diferente*. De ahí el hecho paradójico de que la extrema izquierda del movimiento obrero con frecuencia esté compuesta en gran parte de intelectuales y estudiantes.

En muchos países capitalistas, avanzados o dependientes, esa inteliguentsia radicalizada está todavía sumamente aislada de la mayoría del proletariado. No obstante, en situaciones de crisis revolucionaria como la que vivió la Hungría de 1919, aparece la posibilidad objetiva de una fusión explosiva entre esta vanguardia intelectual y estudiantil y las amplias masas obreras en rebelión contra lo que Lukács llamaba el *Zeitalter der vollendeten Sündhaftigkeit* [el universo reificado del capitalismo].

Por el contrario, abandonados a sí mismos, los intelectuales y estudiantes quedan, en último análisis, condenados a la esterilidad, al callejón sin salida, al fracaso, y al desaliento y desmoralización que de ello resulta. En nuestra opinión, nada es más utópico y absurdo que la teoría de los Bon y Burnier, para quienes los "nuevos intelectuales" son una "fuerza autónoma capaz de combatir en todos sus componentes al neocapitalismo" en una lucha antiautoritaria que no tiene nada que ver con "el combate tradicional de los explotados contra los explotadores".[47] En realidad, los sectores de la inteliguentsia revolucionaria más comprometidos en la lucha contra el capitalismo buscan precisamente, por todos los medios, la unión con "el combate tradicional de los explotados", la unidad política e ideológica con la amplia vanguardia de la clase obrera, a partir de la tesis marxista de que la liberación del proletariado será obra del proletariado mismo.

Esta unión, esta adhesión del intelectual radicalizado con la causa

[46] Tibor Hanak, *Lukács war anders*, Meisenheim-am-Glan, Verlag A. Hain, 1973, p. 51.

[47] F. Bon y M. A. Burnier, *Les nouveaux intellectuels*, París, Le Seuil, 1971, pp. 236-237.

del proletariado está fundada, hoy como en la época del joven Lukács, en la convicción de que "la misión histórico-mundial del proletariado se manifiesta precisamente en que el cumplimiento de sus intereses de clase aporte consigo la redención social de la humanidad".[48]

[48] György Lukács, "Die Rolle der Moral in der komunistischen Produktion", 1919, en *Werke,* 2, p. 91.

APÉNDICE

DOCUMENTOS

Publicamos aquí cierta cantidad de documentos que nos parecen útiles para la comprensión de la evolución política del "joven Lukács". Se trata de una entrevista con Ernst Bloch y de tres artículos húngaros de Lukács que nunca fueron traducidos y, en consecuencia, son inéditos en Occidente. Hemos incluido estos artículos porque son (especialmente los dos primeros) piezas clave indispensables para un análisis riguroso de la problemática lukacsiana durante los años transcurridos entre 1909 y 1921. Nos parece justo agregarlos como apéndice a nuestro trabajo —en la medida en que son inaccesibles a quienes ignoran el húngaro— para permitir la confrontación del texto con la interpretación dada por nosotros.

Los tres artículos o textos son:

1] "Idealismo conservador e idealismo progresista", escrito a comienzos de 1918.
2] "El bolchevismo como problema moral", de diciembre de 1918.
3] El prefacio a *Huelga de masas* de Rosa Luxemburg, de 1921.

La presentación y las notas son nuestras.

ENTREVISTA CON ERNST BLOCH

[*Esta entrevista tenía por objeto aclarar algunos aspectos de las relaciones entre Bloch y Lukács, sobre todo en el período 1910-1918, en el marco de la problemática general de la formación de la corriente anticapitalista entre los intelectuales alemanes a principios de siglo.*]

MICHAEL LÖWY: ¿Podría usted decirnos algo sobre el Círculo Max Weber de Heidelberg? ¿Qué tipo de ideología predominaba en él? ¿Se puede hablar de cierta tendencia anticapitalista?

ERNST BLOCH: No hay que exagerar... Había un *Schiur* [seminario privado] que se reunía los domingos por las tarde en lo de Weber, en el que participaba la mitad del círculo Stephan George, es decir que no eran precisamente revolucionarios... Y el propio Weber también estaba muy lejos de la revolución. Él se consideraba objetivo, y portador de una ciencia libre de juicios de valor (*Wert-frei*). El marxismo no desempeñaba en esa época el papel que tiene ahora; era considerado un modelo entre otros, una realidad literaria entre otras, y por lo tanto no era objeto de polémicas en el círculo; por otra parte con gente como Gundolf no era posible discutir nada; es imposible proyectar el presente en el pasado de los años 1910-1913

En el momento en que estalló la guerra Weber era un militarista entusiasta; se puso su uniforme de oficial de la reserva para recibirnos el domingo...

M. L.: Sin embargo había en Heidelberg una especie de ala izquierda, antimilitarista, con usted, Lukács y quizás otros también ¿verdad?

E. B.: Éramos muy pocos. Teníamos un círculo en el que participaba Jaspers, que había sido contrario a la guerra desde el principio; Jaspers, yo, Lukács, Radbruch, un jurista que pertenecía al ala izquierda de la socialdemocracia,[1] el economista Lederer y algunos más. Toller y Leviné llegaron a Heidelberg después, cuando yo ya me había ido.

Me gustaría contarle algunos recuerdos de mis relaciones con Lukács. El principio fue así: yo era muy amigo de Georg Simmel en Berlín; él tenía un *Schiur* en el que yo participaba a veces. Una vez Simmel me invitó a ir a una de esas reuniones, porque quería conocer mi opinión sobre un joven historiador de la literatura y esteta, que había llegado a Berlín con una recomendación de la Academia de Ciencias de Hungría. "Una recomenda-

[1] Respecto de las relaciones entre Lukács y Radbruch, véase *supra*, p. 118, n. 71.

ción de esa institución —me dijo Simmel sonriendo— no vale gran cosa; en fin, ese joven me ha enviado un libro sobre la sociología del drama inglés, y me gustaría que tú hablaras con él y me dijeras después qué impresión te ha causado." Llegó el día señalado, fui a lo de Simmel, y si bien había cambiado algunas palabras con él, en realidad había olvidado que me correspondía emitir un juicio sobre el orador. Después que todos se fueron, Simmel me preguntó: "Entonces ¿cuál es tu impresión? ¿Qué piensas de este hombre, cómo se llama, Georg von Lukács, con quien has hablado?" "Ah, sí —le contesté— es verdad, había olvidado completamente tu pedido; sí, hablé con él, pero francamente, no sé nada de él, no me ha causado ninguna impresión [...]"

Más adelante fui a Budapest, a la casa de una amiga, Emma Ritook, que conocía a Lukács, y la puse al tanto de mi impresión negativa, o más bien de mi ausencia de impresión. Emma Ritook comunicó esa opinión a Lukács, quien le respondió: "Nunca he pensado que un notable filósofo tuviera que ser también un buen conocedor de los hombres." Cuando me enteré de esa respuesta quedé desarmado, porque yo no era capaz de tan elevada "moralidad objetiva". Ése fue el principio de mi respeto por él, a quien he llamado en *Geist der Utopie* "el genio de la moral".

En Budapest conocí pues a Lukács más profundamente que en lo de Simmel en Berlín, y descubrimos rápidamente que *teníamos la misma opinión acerca de todo*; una identidad de opiniones tan grande que fundamos un "parque nacional protegido" (*Naturschutzpark*) de nuestras diferencias; para que no dijéramos siempre las mismas cosas.

M. L.: ¿Cuáles eran esas diferencias?

E. B.: Una divergencia conservada muy artificialmente, artificialmente mantenida, sobre la relación entre Arte y Mito. Uno de nosotros decía que el Arte estaba en oposición con el Mito, el otro que el Arte era Mito secularizado. Esa divergencia, en contra de nuestras convicciones, la intensificamos artificialmente, para que existiera entre nosotros por lo menos una diferencia y distinción en el terreno teórico. Aparte de ésa no había ninguna; cuando pasábamos algunos meses separados y después volvíamos a encontrarnos, descubríamos que ambos habíamos trabajado *exactamente* en el mismo sentido; yo podía continuar donde él se había detenido, y él podía continuar donde me había detenido yo; éramos como vasos comunicantes: el agua estaba siempre a la misma altura en ambos lados.

Esa comunidad desapareció más adelante. Pero duró tanto que aun en 1918 Lukács me escribió a Suiza para proponerme trabajar en una filosofía común. Se trataba de su Estética —ése era entonces su tema— en la cual quería que yo colaborara en el campo de la filosofía de la música, puesto que Lukács no sabía nada de música.

Aún era evidente para nosotros en aquella época que éramos completamente de la misma opinión, aunque trabajáramos materiales muy diferentes. Lukács se ocupaba de las artes plásticas y la literatura —de las cuales no entiendo nada, decía yo entonces—, pero de la música evidentemente el entendido era yo. No es preciso que me muestres el manuscrito, me escribía Lukács: no hace falta que lo discutamos; sé de antemano que estamos de acuerdo. Tan estrecha era la relación, la identidad incluso, entre nosotros, hasta alrededor de 1917-1918.

La primera divergencia seria apareció cuando Lukács fue movilizado por el ejército y aceptó partir hacia Budapest. El que partiera hacia Budapest y se dejara movilizar en lugar de emigrar fue la primera diferencia que no pertenecía al "parque nacional protegido". Yo, por el contrario, me fui a Suiza: no quería tomar parte en la guerra. Lukács, en nombre de una moral que me resulta absolutamente incomprensible, creyó que su deber era ir a Budapest y hacerse soldado. Aunque no era una diferencia profunda, era ya el comienzo de una separación.

Cuando volvimos a encontrarnos después de la guerra, hacia 1921, la amistad y la coincidencia de antes continuaron todavía por algún tiempo; sólo que había ya cuestiones fundamentales que nos enfrentaban. Por ejemplo discrepábamos respecto de Schopenhauer.

Nuestra relación siempre fue de aprendizaje recíproco. Es así que Lukács me hizo conocer a Kierkegaard y al místico alemán *Meister* Eckhart; yo, por mi parte, le enseñé, por así decirlo, a conocer más profundamente a Hegel. Pero el hegeliano Lukács y el hegeliano Bloch no estaban de acuerdo sobre Schopenhauer.

El problema clave era el del concepto de verdad: ¿es la verdad una justificación del mundo (*die Welt rechtfertigend*) o es hostil al mundo (*zur Welt feindlich*)? ¿No carece de verdad todo el mundo existente? El mundo tal como existe *no es verdadero*. Existe un segundo concepto de verdad que no es positivista, que no se basa en una comprobación de la efectividad, *verification through the facts,* sino que está más bien cargada de valor (*Wertgeladen*), como por ejemplo en el concepto "un verdadero amigo", o en la expresión de Juvenal *Tempestas poetica,* es decir una tempestad tal que ella se encuentra en el libro, una tempestad poética tal que la realidad no la conoce nunca; una tempestad llevada hasta el fin, una tempestad radical. Es decir una *verdadera* tempestad, en este caso en relación con la estética, con la poesía; y en la expresión "un verdadero amigo" en relación con la esfera moral. Y si eso no corresponde a los hechos —y para nosotros los marxistas los hechos no son más que momentos cosificados de un proceso, y nada más— en ese caso, *peor para los hechos* (*um so schlimmer für die Tatsachen*), como decía el viejo Hegel.

Esa función hostil al mundo, disolvente del mundo, la cumple en Schopenhauer el concepto de Nirvana; el mundo no es verdadero, sólo el Nirvana es verdadero. La voluntad de vivir no es verdadera; desde luego, puede seguramente ser comprobada, pero no debería existir; así se introduce en la verdad un concepto "valorativo", un concepto de valor subversivo (*umstürzende*).

Sobre este problema, pues, hubo una gran discusión entre Lukács y yo; porque, en mi opinión, el pensamiento de Schopenhauer era una oposición fuerte contra la ideología de lo existente; una oposición que desdichadamente desembocaba en el Nirvana y no en Marx... Pero era mejor, por ejemplo, que el Hegel reaccionario, el Hegel que después de los acuerdos de Karlsbaden modificó en 1818-1820 su teoría del derecho, haciéndola reaccionaria; eso no nos interesa; por otra parte tampoco nos interesa Schopenhauer; no lo necesitamos; se trata solamente de reconocer su oposición al mundo existente.

En consecuencia, en 1921 Lukács y yo ya no teníamos necesidad del "parque nacional protegido..."

Eso no significa que ya no hubiera nada en común entre nosotros. En *Historia y conciencia de clase* hay partes y pensamientos que expresan una actitud común y que en realidad provienen de mí; igual que en *Geist der Utopie* hay partes y contenidos originados en conversaciones con Lukács; de modo que es difícil para los dos decir: "esto viene de mí, esto viene de tí"; en realidad estábamos profundamente de acuerdo.

Pero después vino el partido, y Lukács arrojó por la borda todo lo que le era caro y precioso; por ejemplo, en la *Teoría de la novela,* Lukács planteaba una sola pregunta con respecto a Dostoievski: ¿es el precursor de un nuevo Homero o es ya el nuevo Homero? Dostoievski desempeñaba entonces en Lukács el papel más elevado que pueda imaginarse. Pero el mismo Lukács, algunos años después, escribió una crítica *aniquiladora* (*vernichtende*) de Dostoievski que terminaba con esta frase, que recuerdo textualmente: "Y así la gloria de Dostoievski y él mismo se hundirán juntos en un fin sin gloria."[2] ¡Y era el mismo hombre! Algo parecido pasó después con Kierkegaard, tan admirado por el joven Lukács moralista y demolido luego en *El asalto a la razón.* Ahí yo no podía seguirlo... "Mi querido amigo, mi maestro en Dostoievski y Kierkegaard, le dije, ¿dónde está entonces la verdad? Ahora dices lo contrario, exactamente lo contrario, lo más ciego y más hostil de lo que decías hace sólo tres años, cuando yo era tu discípulo. Entonces ¿en quién se puede tener confianza? ¿Estabas errado entonces o más bien lo estás ahora? ¿En qué te has convertido, para poder escribir semejante frase sobre Dostoievski...?"

Bajo la influencia del partido su horizonte se estrechó, sus juicios eran obedientes y marcados con el sello de los *aparatchniks*; su escala de valores eliminaba, destruía y desconocía todo lo que no fuera homogéneo con los *aparatchnik* de Moscú.

Por otra parte, ya una vez en el pasado había mostrado un instinto inseguro, acerca de Paul Ernst. Como usted recordará, en *El alma y las formas* comparó a Paul Ernst con Sófocles. ¿Cómo es posible eso? Es su neoclasicismo y, vea usted, ese neoclasicismo —que yo no seguí— se llamó después "marxismo ortodoxo"; también compuesto únicamente de orden, línea recta, adoración de la belleza griega y de las construcciones *kitsch* de Stalin en Moscú, etc. Hay aquí un pasaje, hay un contacto entre los dos, por el sesgo de ese *pathos* del orden, que se manifiesta también en la forma como utiliza a Nikolai Hartmann, porque es tan clásico, tan bien ordenado.

Esas diferencias entre nosotros fueron desarrolladas en seguida en nues-

[2] Se trata del ensayo de Lukács, "Über den Dostojewski Nachlass", en *Moskauer Rundschau,* Moscú, marzo de 1931.

tra discusión sobre el expresionismo, en el curso de la década del treinta; usted conoce ese debate ¿verdad?

Yo creía en la palabra de Lukács incondicionalmente en todo lo que se refería a las artes plásticas, a la estética de las artes plásticas, y naturalmente a la literatura; lo seguí en su admiración por Cézanne y por el segundo período de Van Gogh; lo seguí, porque era él quien lo decía, él quien comprendía esas cuestiones cien mil veces mejor que yo, según mi opinión de la época. Sin embargo, yo estuve en Münich en 1916 y descubrí las obras del grupo *Blaue Reiter,* los escritos y las pinturas del expresionismo, que me causaron una impresión muy grande y muy fuerte. Pero Lukács las despreciaba, los calificaba de productos de "los nervios deshechos de un gitano". "¡Nervios deshechos de un gitano!" Fue entonces que empecé a dudar de la exactitud del juicio de Lukács. Luego, como es sabido, reaccionaría del mismo modo contra Joyce, Brecht, Kafka, Musil, etc., a los que clasificaría como "arte decadente de la burguesía tardía" y nada más. Ésta fue pues la segunda divergencia importante que surgió entre nosotros.

M. L.: Usted habla modestamente de Lukács como su maestro en arte, literatura, etc. Pero Paul Honigsheim, que fue miembro del Círculo Max Weber de Heidelberg, habla de ustedes dos, por el contrario, en los siguientes términos: "Bloch, el judío apocalíptico catolizante, y su adepto Lukács."

E. B.: Era recíproco. Yo era adepto de Lukács tanto como él mío. No había diferencias entre nosotros. Yo conocí a Dostoievski, Kierkegaard y *Meister* Eckhart por él, y Lukács aprendió a conocer mejor a Hegel por mí.

KAROLA BLOCH: Actualmente estoy descifrando un centenar de cartas de Bloch a Lukács de los años 1910-1914, que fueron descubiertas hace poco en una valija abandonada por Lukács en Heidelberg. Tratan problemas filosóficos y estéticos muy interesantes y mencionan frecuentemente a Hegel. Pienso que verdaderamente se puede hablar de "simbiosis" entre Bloch y Lukács en esa época.

M. L.: A veces se dice que el personaje de "Naphta", el jesuita comunista creado por Thomas Mann, fue inspirado por usted o por Lukács. ¿Qué piensa usted?

K. B.: Cuando apareció *La montaña mágica,* la gente consideraba generalmente que "Naphta" era una combinación de algunas características de Lukács y de Bloch.

E. B.: Yo creo que se parece más bien a Lukács... El partido comunista fue para Lukács la realización de una vieja aspiración; en su juventud había querido entrar a un monasterio: el partido era un sustituto para ese deseo secreto. Lo atraía el catolicismo no como sistema o doctrina, sino por la forma de vida, la solidaridad, la ausencia de propiedad, la existencia monacal tan opuesta a la de la alta burguesía a la que él pertenecía por su familia; su padre era director de banco.

M. L.: ¿Cuál fue el camino de usted hacia el marxismo?

E. B.: Yo conocí el marxismo muy temprano. Nací en una ciudad de obreros al borde del Rin, Ludwigshaffen, donde el trust I. G. Farben tiene su sede central. La mitad de los habitantes de la ciudad eran obreros y yo tuve contactos desde muy temprano con socialdemócratas. Tenía relaciones directas con el proletariado, al revés de Lukács que nació en Budapest en una mansión de la alta burguesía. Pero la intensificación de mi actitud anticapitalista, promarxista, llegó evidentemente con la guerra; y después con la revolución rusa, que recibí con entusiasmo y júbilo.

M. L.: Me parece que hay en un aspecto una diferencia notable entre usted y Lukács en 1918: mientras Lukács era tolstoiano y estaba obsesionado por el problema moral de la violencia, usted escribía en *Geist der Utopie*: "[...] Es preciso oponerse al poder establecido por medios de poder (*machtgemäs*), como un imperativo categórico con un revólver en la mano [...]"

E. B.: Ya Jesús decía: "No he venido a traer la paz sino la espada; he venido a encender el fuego." Por otra parte en 1914-1918 el fuego ya ardía.

Hay una diferencia muy importante entre poner la otra mejilla, según el Sermón de la Montaña, cuando soy yo el único ofendido, y tolerar que ofendan a mi prójimo. En el segundo caso puedo y debo emplear la violencia; el Sermón de la Montaña predica la tolerancia cuando soy yo mismo el alcanzado, pero cuando la víctima es mi hermano, no puedo tolerar la injusticia, la persecución, el crimen. El Sermón de la Montaña no es pacifista. Y tampoco Thomas Münzer era pacifista; y era mejor cristiano que Lukács...

M. L.: A propósito de *Geist der Utopie*: hay una frase en el último capítulo que me gustaría aclarar. ¿Podría precisármela un poco? Usted escribe: "Quizás haya un camino para alcanzar lo que Dostoievski y Strindberg persibieron como 'psicología' un camino como el de Lukács —y aquí lo tenemos de nuevo profundamente próximo y asociado—, Lukács el genio absoluto de la moral [...] que quiere restablecer las castas sobre una base metafísica [...]"[3] ¿Qué significa para usted "restablecer las castas sobre una base metafísica"?

E. B.: Es una concepción de Lukács, no mía...

Las castas en cuestión son similares a las de la India. Se trata de restablecerlas sobre una base moral; por ejemplo, en el sentido de la caballería: al caballero le están prohibidas muchas cosas que le están permitidas al paisano. Además es una idea católica: las dificultades, la ascesis aumentan hacia la cima de la jerarquía; se acumulan las dificultades, no los placeres. He ahí el nuevo sentido de las castas. En el capitalismo ocurre evidentemente lo contrario: el paisano ni siquiera es sometido a prohibiciones, porque

[3] *Geist der Utopie,* 1918, Francfort, 1961, Suhrkamp, p. 347.

se le impide objetivamente hacer lo que quiera, mientras que al señor, al patrón, le está permitido *todo*: el lujo, los beneficios de la explotación, el plusvalor, todo se lo mete en el bolsillo. Mientras que en la utopía social hindú y católica ocurre lo contrario, y Lukács quería continuar esa tradición. También al monje le está prohibido mucho de lo que le está permitido al laico; los monjes son pues una especie de aristocracia de la cristiandad. Ésa era la perspectiva del joven Lukács.

M. L.: Sí, pero también usted ha escrito algo sobre una nueva aristocracia, una aristocracia espiritual. En *Geist der Utopie* escribía: "La Utopía en su conjunto puede pues presentar la imagen de una jerarquía que ya no es económicamente ventajosa, que abajo no conoce más que campesinos y artesanos, y que hacia arriba se distingue quizá por el honor y la gloria, por una nobleza (*Adel*) sin siervos de la gleba y sin guerra, por hombres nuevos igualmente caballerescos y piadosos y por la autoridad de una aristocracia espiritual."[4]

E. B.: Es verdad, son las castas en otra forma; entonces yo estaba de acuerdo con Lukács.

Hay virtudes que se distribuyen entre los distintos estados sociales; por ejemplo, a la burguesía le corresponden la aplicación (*Fleiss*), la parsimonia, etc.; a la nobleza pertenecen el honor, la fidelidad, el respeto a la palabra dada, etc. Son virtudes caballerescas.

La nueva aristocracia de la que hablaba no era pues económicamente ventajosa, es decir no se basaba en la explotación sino al contrario, pues poseía virtudes ascéticas y caballerescas. De eso se trata cuando Lukács habla de las nuevas castas, que no tienen ningún sentido económico, ningún sentido explotador.

Esto nos lleva de nuevo al problema del origen y la motivación de la actitud revolucionaria en quienes no tienen necesidad de ella; en los decembristas, en Bakunin, en Lenin, en Marx; ellos no tenían necesidad, y menos aun Engels, rico fabricante de algodón de Manchester. ¡Engels no hacía otra cosa que serruchar la rama en que estaba sentado!

Se trata pues de un problema moral; se trata de virtudes caballerescas, de una herencia moral y cultural que se encuentra en Marx y Engels. "No hay derecho": ese juicio sobre el capitalismo se basa en una escala de las virtudes que es la de un "gentleman". Eso se remonta al código caballeresco, al código de la mesa redonda del Rey Arturo. Un caballero que no es fiel a la palabra empeñada queda deshonrado. Un capitalista que no es fiel a la palabra empeñada hace buenos negocios...

Sin embargo, ya no soy de esa opinión.

M. L.: ¿De veras? ¿Ya no cree que haya cierto nexo entre la escala de valores precapitalistas y la del socialismo?

[4] *Geist der Utopie*, 1918, p. 410.

E. B.: En el socialismo cada uno produce según su capacidad y consume según sus necesidades. Es un concepto límite, un ideal social. Pero, en la medida en que nos acercamos a él, en que desaparece la economía de explotación, la cosificación (*Verdinglichung*) y la mercantilización (*zu ware werden*) de todos los hombres y las cosas, ya no hay necesidad de esas virtudes, ya no hace falta la fidelidad al compromiso solemne, etc. Esos valores tendrán que decaer como la máquina del estado según Engels. No es en absoluto lo que sucede en la URSS donde el estado se refuerza cada vez más; no es el camino del marxismo: allí hay pues algo que no está en regla...

M. L.: ¡En la URSS hay muchas cosas que no están en regla! Pero me gustaría hacerle otra pregunta. ¿De dónde viene esa actitud "caballeresca" anticapitalista de los intelectuales, de gente como Marx, Engels, Bakunin, etcétera?

K. B.: Es una problemática ética que se encuentra ya en las conversaciones entre Iván y Aliosha Karamázov...

E. B.: Los proletarios no tienen necesidad de "moral" para rebelarse contra la opresión y la explotación. Los intelectuales sin embargo no pueden tener más que motivaciones éticas, porque la revolución se opone a sus intereses personales; al volverse revolucionarios ellos cortan la rama en que están sentados. Si Marx hubiera sido un buen burgués como los demás, no hubiera pasado hambre en Londres... ¡Evidentemente, en ese caso no hubiera escrito *El capital*!

K. B.: La primera esposa de Ernst Bloch, Else von Stritzky, era muy rica; su familia poseía grandes minas de oro en Rusia. Con la revolución de 1917 obviamente perdieron todo, pero eso no influyó en absoluto en los sentimientos de Bloch hacia el Octubre soviético...

E. B.: Yo solía decir a mis amigos que había pagado 30 millones de marcos por la revolución rusa, pero que para mí valía ese precio. ¡Por cierto que recibí algo a cambio de mi dinero!

M. L.: ¿Qué papel desempeñó en la vida de Lukács su primera mujer, Elena Grabenk? Era una socialrevolucionaria rusa ¿verdad?

E. B.: Sé que durante la revolución de 1905 llevaba un bebé en los brazos, un niño muy pequeño que le había pedido prestado a alguien, y bajo las ropas del bebé había escondido bombas. Ésa era Elena. A través de ella Lukács se casó con Dostoievski, por así decirlo; se casó con su Rusia, su Rusia dostoievskiana que no existía en realidad.

M. L.: ¡Muy interesante! ¿Qué quiere decir con eso?

E. B.: Esa mujer era para él una Sonia u otro personaje de Dostoievski, una personificación del "alma rusa".

Ése es otro misterio, que por otra parte pertenece también al tema de sus investigaciones sobre los intelectuales alemanes: ¿Por qué Dostoievski y Tolstoi tuvieron tanta influencia en Europa occidental?

M. L.: ¡Exactamente! Es una pregunta que me plateo desde hace mucho...

E. B.: El hombre ruso desempeñó en esa época un papel prodigioso. Rainer María Rilke llegó a escribir esta frase: "Los otros países limitan con montañas, ríos o mares; sin embargo Rusia limita con Dios." Y según dice Spengler en *La decadencia de Occidente,* Tolstoi y Dostoievski, por ejemplo, señalan el futuro de la humanidad, con ellos empieza una nueva cultura, que ahora está apenas en su etapa merovingia. Yo mismo participé en ese sentimiento general al escribir en *Geist der Utopie* que la revolución rusa fue el acto de nuevos pretorianos "que por primera vez entronizaron a Cristo como emperador". Era siempre esa Rusia mítica. ¡Con Cristo como emperador! Y con nuevos pretorianos que al revés de los romanos instaurarían el poder de Cristo. Eso era para nosotros la cristiandad rusa, el universo espiritual de Tolstoi y Dostoievski. ¿Por qué toda Europa occidental no vio más que esa Rusia imaginaria? Se trataba de un impulso no sólo moral sino religioso y provocaba esa pasión por el "alma rusa" —empleo adrede el término *kitsch* ¿verdad?— en tanto algo que destellaba ante los ojos y que no existía en la realidad.

Lukács tenía tal admiración por esa Rusia de sueño que conservaba con amor los sellos postales de cartas de San Petersburgo, timbres rusos con el águila de dos cabezas y la corona. ¡Llegaba tan lejos que incluía el águila de dos cabezas y la corona en la Rusia de Tolstoi y de Dostoievski! No con el cerebro, no teóricamente, sino con el sentimiento. Es ésa también la razón de que se apasionara tanto por la revolución rusa; si la revolución hubiera estallado en Francia no hubiera tenido el mismo impacto sobre él; hubiera sido un simple asunto cerebral. Mientras que en Rusia era un asunto pasional.

M. L.: También Max Weber se sentía atraído por Rusia antes de 1914, ¿verdad?

E. B.: Un poco, también; era su otra cara, más débil que el aspecto racionalista alemán, pero existente sin embargo; era lo que lo atraía hacia Lukács: la admiración común por Tolstoi y Dostoievski.

M. L.: Una última pregunta, si me permite: ¿En qué tema trabaja usted actualmente?

E. B.: Estoy escribiendo mi último libro, que se ocupa del problema del sentido y la significación última de la vida, del mundo, de la humanidad. Problema que la religión plantea sin poder responder a él realmente. Problema que por otra parte está notablemente formulado en el viejo proverbio que descubrí una vez en la vieja casa de un campesino de Baviera: "No sé de dónde vengo, no sé adónde voy; es asombroso que sea tan alegre..."

TÜBINGEN, 24 DE MARZO DE 1974

IDEALISMO CONSERVADOR E IDEALISMO PROGRESISTA*

GYÖRGY LUKÁCS

[*A comienzos del año 1918 (o fines de 1917), Bela Fogarasi (amigo de Lukács y miembro del "Círculo del Domingo") presentó a la Sociedad Científico-social un informe sobre "El idealismo conservador y el idealismo progresista", que fue seguido por una discusión entre los* szellemkek *y los partidarios del "materialismo científico". La intervención de Lukács en ese debate fue publicada por la revista de la Sociedad,* Huszadik Szazad, *vol. 1, 1918.*

Se trata del primer texto político-filosófico de Lukács y no es casual que el problema de los nexos y tensiones entre ética y acción política constituyan su principal preocupación. Las posiciones que adopta en su intervención son no sólo "progresistas" sino abiertamente revolucionarias, aunque se trate de un revolucionarismo aún abstracto y moralista.

La intervención de Lukács tiene (implícitamente) un carácter doblemente polémico: contra el empirismo filosófico de la Sociedad Científico-social y contra el empirismo político y reformista del partido radical húngaro (Oscar Jaszi) y de la socialdemocracia. La alternativa no es todavía Hegel-Marx o el bolchevismo, sino un idealismo ético extremo, kantiano o fichteano.

El acontecimiento histórico mundial que había tenido lugar unos meses antes, la revolución rusa, no se menciona en ninguna parte en la argumentación de Lukács, pero probablemente constituye el punto de partida de la "politización" intensa de su pensamiento, de su paso, aún vacilante y contradictorio, de un universo ideológico esencialmente ético-cultural a una problemática social y política.]

Es necesario establecer rigurosamente dos tipos de distinciones: en primer lugar afirmar la independencia total de la autenticidad con relación a la metafísica; en segundo, la considerable distancia entre la esfera contemplativa (teoría, estética) y la esfera práctica (ética, política).

La separación de lo auténtico y lo metafísico puede reducirse simplemente a esto: la actitud metafísica consiste siempre en la búsqueda de una realidad más real que todas las realidades, mientras que la autenticidad se caracteriza precisamente por la independencia total de las formas de signifi-

* "A Konservativ es progresszív idealismus vitaja. Hozzaszolas" [Debate sobre el idealismo conservador y el idealismo progresista. Intervención], en *Huszadik Szazad,* 1918, vol. 1, reimpreso en G. Lukács, "Utam Markhoz" [Mi camino hacia Marx], en *Valogatoot Filozofiai Tanulmaryok* [Ensayos filosóficos escogidos], Budapest, Magveto Könyvkiado, 1971, vol. I.

cación (*Sinngebilde*)[1] en relación con toda existencia, sea física, espiritual o metafísica. La verdad de una tesis verdadera —el caso más palpable de la autenticidad— es independiente incluso de la concepción que se pueda tener de ella, y con más razón de los procesos psíquicos reales que permiten pensarla. Así, por ejemplo, lo que da a un cuadro su autenticidad estética no es ni la "realidad" bajo la forma por la cual se presente (tela, pintura), ni el proceso psíquico de la creación, ni el del placer de la contemplación; es una significación esencialmente diferente de esas tres realidades y que no puede ser interpretada adecuadamente más que en la esfera de la estética. Naturalmente es posible señalar esa categoría de autenticidad pura en el pensamiento teórico, la obra estética o la actividad ética, e interesarse principalmente en los procesos psíquicos que permiten su realización; pero es preciso no olvidar que ese tipo de búsqueda —cualquiera que sea su interés psicológico— es tan incapaz de resolver el problema de la autenticidad como el análisis químico de los colores de un cuadro el de su comprensión. La característica intrínseca de la autenticidad es pues su independencia total con relación a todo lo que existe, y es por eso que un mínimo de rigor conceptual impide confundirla jamás con la metafísica, cuya característica intrínseca es precisamente la teorización de lo existente. Más aún: de esa separación deriva igualmente que toda teoría que no afirme la independencia de las categorías de autenticidad con relación a toda existencia se reduce por eso mismo involuntariamente a una argumentación metafísica: lo que considera más esencial en todo "existente", si examinamos a fondo la cuestión, está obligada a adornarlo con los atributos metafísicos de la existencia. (Un ejemplo: de Haeckel a Mach, pasando por Ostwald, todo el materialismo y todo el positivismo.)

Después de eso el problema consiste en distinguir bien la esencia de la esfera contemplativa de la de la esfera práctica. El análisis de su diferencia, por su naturaleza misma, no puede tener lugar en una breve intervención. Todo lo que se puede hacer, pues, es llamar la atención de todos sobre esta divergencia esencial: mientras que en la esfera contemplativa es el objeto lo que —desde el punto de vista de la autenticidad— se plantea con prioridad, y el sujeto que se relaciona con él no puede aspirar más que a la comprensión adecuada del objeto inalterado, por el contrario cualquier intención práctica aspira en el fondo a la trasformación del objeto o en todo caso del sujeto trasformado en objeto para su propio uso y en función de sus propios fines. (Es posible que sea incluso inútil decir que la conservación es de la misma naturaleza que la trasformación: es práctica y no contemplativa; la contemplación surge de un nivel de búsqueda teórica donde el problema de la trasformación del *objectum* no puede siquiera plantearse.) El problema de la autenticidad significa aquí para nosotros tratar de saber en qué medida las acciones pueden ser justas o injustas, independientemente de sus causas y consecuencias en el mundo real y de los procesos psíquicos, igualmente reales, que las acompañan, y es tan imposible, en la esfera práctica, evitar el planteamiento de ese problema —y con él la formulación de la independencia del nivel de autenticidad con relación a lo existente— como en la

[1] En alemán en el original.

esfera contemplativa el de la formación de la validez de la verdad. Toda acción —desde el punto de vista de su esencia y no de su existencia— lleva en sí la estructura de un "deber ser" (*Sollen*).

De esta comprobación es posible sacar varias deducciones, por otra parte a veces entreveradas. En primer lugar, la comprobación de que el *Sollen*, por ejemplo, es siempre de índole trascendente, aun cuando sus "contenidos" psíquicos parezcan indicar una inmanencia; al poner el énfasis en la trascendencia ética no trato pues de categorizar una existencia como trascendente, como se piensa a menudo, sino que me conformo con reconocer el hecho de que el *Sollen* como *Sollen* es de índole trascendente (totalmente independiente de la existencia a la que lo vincula su contenido). En segundo lugar, eso significa la total independencia de la estructura ética con relación a las visiones contemplativas del mundo y con relación a las tomas de posición frente al mundo a las que se vincula el "contenido" del *Sollen*: es decir que podemos vincular a determinada visión del mundo normas de acción de distinta orientación, y a determinada norma de acción varias visiones del mundo, sin contradicción interna. Es por eso que la afirmación de Oskár Jászi de que la teoría del conocimiento y la visión del mundo están a pesar de todo en relación con el proceso de progreso y estancamiento es insostenible. Para ver con claridad que precisamente el ejemplo de la India, elegido por él mismo, invalida su tesis, basta con señalar que el estancamiento de la cultura hindú está estrechamente ligado a la ética y a las normas de conducta de la India, a esa enseñanza según la cual la vida presente es un deber inmodificable que todos deben aceptar tal cual, lo que hace de la escrupulosa observación de las reglas de casta la más alta virtud, y del abandono de la casta el mayor crimen. Ahora bien, esa ética —como lo saben todos cuantos han estudiado con cierta profundidad la historia de la filosofía india— se ha correlacionado en el curso de la evolución con las metafísicas y las teorías del conocimiento más dispares; pero como la ética —el *Sollen*— seguía siendo la misma, la trasformación de las ideologías desde el Rig Veda hasta Buda y más allá no modificó en nada el carácter de la cultura hindú, que excluye todo progreso social.

Del mismo modo, también es insostenible el estrecho nexo intrínseco que Karoly Schlesinger trata de demostrar entre positivismo y progreso y entre ideología trascendental y conservatismo. Aun haciendo abstracción del positivismo hedonista antiguo cuya sustancia ética consistía en llegar, partiendo de la negación de todo fin (trascendente) superior a la felicidad individual, a la negación del *Sollen*, podemos encontrar su contrapartida en la ideología de la reacción que siguió a la gran revolución rusa (1904-1907), y que rechazaba, por ejemplo, el socialismo, en cuanto metafísica trascendente. (No citaremos aquí un libro como *Sanine* más que a título de documento.) Por otra parte, no es serio afirmar que la trascendencia debe tener necesariamente un efecto paralizante sobre la actividad progresista. Eso no ocurre más que si el *Sollen* significa que en comparación con la importancia única de la realidad trascendente la realidad empírica se vuelve totalmente indiferente; pero no se debe olvidar que la consecuencia puede igualmente bien ser el siguiente imperativo: que la realidad trascendente nos aparezca como una tarea inmediata, que nos sintamos en el deber de hacer descender el reino de Dios a la tierra en este mismo momento. (Los movimientos anabaptistas que siguieron a la Reforma son un ejemplo muy instructivo de esa posibilidad.) Si las iglesias en general tienen un carácter conservador, aun cuando ello no es obligatorio, la causa se halla en su naturaleza de instituciones, no en su ideología trascendente.

Es a propósito de la noción de institución que, para distinguir mejor la política de la ética, debemos completar con algunas observaciones lo expuesto por Fogarasi.[2] En esencia, la actividad ética tiende a la trasformación interior del hombre, a que la intención interior de sus acciones, que se quieren justas por su justeza misma, correspondan lo más pura y claramente posible a las normas de la ética. La actividad política, por su parte, mira a la creación, al mantenimiento o a la trasformación de instituciones que, por esencia, tienen una autenticidad coactiva independiente de las intenciones subjetivas, y cuya existencia es —relativamente— independiente de la evolución de las trasformaciones subjetivas de los hombres. Esta distinción entre ética y política permite en primer término refutar el argumento dirigido con mayor frecuencia contra el idealismo —por quienes lo consideran con indulgencia— a saber, que un objetivo ético demasiado elevado y sin ninguna relación con la realidad, por su carácter *a priori* desesperado, no puede servir a la causa del progreso. Esta objeción confunde *l'action directe*[3] ética con la política. El idealismo ético, en la medida en que se orienta hacia la política, no quiere otra cosa que crear instituciones que correspondan lo mejor posible a los ideales éticos, y hacer desaparecer a otras que constituyen un obstáculo para la realización de esos ideales. Y toda política basada en el idealismo ético es consciente en todo momento de que lo que puede realizar es *solamente* política, es decir la creación de instituciones destinadas solamente a favorecer, positiva o negativamente, ese progreso; ninguna política puede aportar lo que en la ética es verdaderamente esencial: el perfeccionamiento interior del hombre, el hombre ético; no puede hacer más que apartar los obstáculos del camino del progreso. La acción ética por el contrario tiende a la trasformación del alma de los hombres, soslayando el rodeo de la política y las instituciones. No hay duda de que ese camino se justifica éticamente, pero tampoco hay duda de que esa ruta no es la única consecuencia posible del idealismo ético; y como separa *a priori* la política de la esfera de la acción, no puede ni siquiera relacionarse con el problema que examinamos aquí, el del nexo entre el idealismo ético y el idealismo político. (La demostración de esa separación no intenta ocultar que hay allí problemas muy importantes y muy profundos, los de los conflictos eternos entre esferas; intenta simplemente precisar que ese conflicto no afectaría el fondo del problema tratado aquí sino en el caso de que del idealismo ético derivara necesariamente una *action directe* ética, en una palabra, la eliminación de toda política.)

[2] Bela Fogarasi (1891-1959): profesor y filósofo. Uno de los fundadores del PC húngaro en 1918. Su exposición sobre el idealismo ante la Sociedad Científico-social fue el punto de partida para la intervención de Lukács.

[3] En francés en el original.

Pero ese ajuste de cuentas con la política, que por naturaleza no puede ser más que un instrumento, no indica en modo alguno una relatividad, una disminución con respecto a la *realpolitik*. Por el contrario, es la única actitud que permite ver y querer, en la evolución política y social, un proceso eterno tendiente a crear instituciones que correspondan de la mejor manera posible al perfeccionamiento ético y hacer desaparecer aquellos que sean obstáculos para la realización de esos ideales. La primera consecuencia de esto es el carácter eterno del progreso: puesto que toda institución no puede hacer más que aproximarse al objetivo, único que permite alcanzar realmente una trasformación ética independiente con relación a ese progreso. Pero de ahí se deriva además que, desde el punto de vista del idealismo ético, ninguna institución (de la propiedad a la nación y al estado) puede tener valor propio, sino solamente en la medida en que sirve a esa trasformación. Desde que una institución se convierte en un fin en sí, vuelve a caer del nivel de la autenticidad, deviene en un simple existente que, desde el punto vista del idealismo, se halla así al mismo nivel que los demás existentes y en cuanto tal no puede pretender legítimamente ningún respeto. (Fichte es quien expresó primero esta opinión con una perfección inigualada hasta ahora.) Esa dependencia de la política con relación a las normas éticas que la trascienden responde a Lajos Fülep[4] que plantea el problema de la autonomía de la política. En contra de él debo insistir en el hecho de que el idealismo ético niega necesariamente la autonomía de la política, pues esa autonomía significaría que un simple existente (el estado, la nación) podría tener un valor propio, cosa que la ética no puede aceptar. (Y observamos en efecto que toda teoría que proclama la autonomía de la política se ve al fin de cuentas obligada a renunciar a la ética de la autenticidad y a aceptar una metafísica en la que el estado o la nación, como existente supremo, desempeña el papel de realidad más verdadera, como por ejemplo en Hegel.) Es por eso que Fülep —siguiendo en eso el ejemplo de la escuela alemana de Ranke— ve en la política exterior la auténtica expresión de la política, posición ciertamente consecuente desde el punto de vista de una metafísica del estado —pues es justamente en la política exterior que se expresa con mayor pureza la "existencia en sí" del estado—, pero totalmente incorrecta en la perspectiva de la autenticidad. Porque si definimos la política como una actividad humana tendiente a crear, modificar, etc., instituciones, en ese caso la función creadora inicial corresponde exclusivamente a la política interna (y es también en esa función que es posible poner de manifiesto el carácter heterónomo de la política), mientras que en la política exterior las instituciones no figuran más que en cuanto existentes y su tarea propia será mantener y extender su esfera de influencia: es pues algo accesorio con relación a la verdadera esencia —desde luego heterónoma— de la acción. Las teorías socialistas, que enfatizan la prioridad de la política interna, se han acercado así mucho mejor a la verdadera esencia de la política que la metafísica histórica alemana.

Esa heteronomía intrínseca de la política permite iluminar desde un

[4] Lajos Fülep, filósofo e historiador del arte. En 1911 fundó con Lukács la efímera revista *Szellem* [Espíritu].

nuevo ángulo la contradicción entre el espíritu progresista y el conservatismo: en tanto que a los ojos del idealismo ético las instituciones no tienen valor más que en cuanto medios, en cuanto favorecen la realización de normas éticas, por el contrario todo precepto que tienda a hacer de la política una esfera autónoma está obligado a atribuir a las instituciones un valor propio. Pero la necesidad estructural de la situación da nacimiento entonces a una política conservadora: el objetivo de la actividad política es en consecuencia la defensa de la institución que encarna su valor propio, su desarrollo progresivo inmanente (ya no se intenta saber si la institución corresponde todavía o no a su objetivo inicial) y la extensión de su esfera de influencia. Toda institución convertida en fin en sí tiene un carácter conservador: y esto no explica solamente la política reaccionaria de la iglesia (que tan a menudo se confunde con el conservatismo supuestamente inevitable de la filosofía trascendental) sino también el estancamiento de movimientos originariamente muy progresistas, desde que las instituciones creadas por ellos como medios adquieren esa autonomía. (La historia del socialismo alemán, ya antes de la guerra, pero sobre todo durante la guerra, es un ejemplo tristemente ilustrativo al respecto.)

Frente a todo esto, la principal enseñanza del idealismo ético es que no es posible concebir una institución cuya simple conservación represente valor alguno. La consecuencia práctica, en este plano, del célebre *um so schlimmer für die Tatsachen*[5] es una exigencia sin tregua con respecto a las instituciones para que no creen obstáculos a la exigencia más esencial de la ética, a la *Würdigkeit* de Kant y Fichte, a la dignidad humana autónoma; exigencia frente a la cual se anulan —porque no superan el nivel de lo simplemente existente— todas las objeciones referentes al carácter supuestamente "satisfactor", creador de "bienestar" de esas instituciones, todas las cuales se basan en la noción tradicionalista de un progreso "orgánico", "sin límites", "natural". El idealismo ético es una revolución permanente contra lo existente en cuanto existente, en cuanto cosa que no alcanza su ideal ético; y porque es revolución permanente, porque es revolución absoluta, es capaz de definir y de corregir la orientación y la marcha del verdadero progreso, el que no alcanza jamás un punto de equilibrio.

La objeción que se hace con mayor frecuencia a la ética de Kant y de Fichte —y que por otra parte se ha presentado repetidas veces en el curso de este debate— es que no es sino abstracta, puramente formal, y no permite llegar a conclusiones prácticas (y en consecuencia políticas). Pero esa objeción es insostenible si admitimos que el fin y el contenido de esa ética "formal" son la voluntad libre, autónoma, independiente de toda fuerza o poder exterior, que no sigue más que sus propias leyes y no tiende a través de esa autonomía más que al bien, en cuanto único fin inequívoco posible. Pero la teorización de ese ideal en cuanto ideal significa una prescripción muy concreta —en el curso de una simple intervención no es posible más que aludir a su aspecto más importante: cada hombre debe respetar tanto a sí mismo como a los demás en cuanto realizador posible de ese ideal—,

[5] Tanto peor para los hechos. En alemán en el texto.

pero solamente en cuanto tal. Por lo tanto no debe soportar (y mucho menos provocar) ni en sí mismo ni en los demás una situación o una acción en la que el hombre —ya se trate de él mismo o de otro— pierda su independencia, se degrade convirtiéndose en simple instrumento de una dependencia, cualquiera que sea. La crítica progresista de toda acción y de toda institución no puede, a su vez, resumirse mejor que en esta máxima: jamás y por ninguna razón debe el hombre convertirse en simple instrumento. Si dispusiera de un poco más de tiempo, podría fácilmente demostrar con precisiones que evidentemente no hay una sola exigencia concreta de la política progresista que no sea simplemente la aplicación a un caso preciso de ese principio general. Y del mismo modo se podría demostrar que ningún otro principio general (por ejemplo la felicidad) es más apto que ese principio "formal" para englobar así en un sistema homogéneo todas las exigencias progresistas.

EL BOLCHEVISMO COMO PROBLEMA MORAL*

GYÖRGY LUKÁCS

[*El artículo "El bolchevismo como problema moral" fue publicado en diciembre de 1918 en el órgano del Círculo Galileo,* Szabad Gondolat [*Libre Pensamiento*]. *Como es sabido, Lukács se afilió al* PC *húngaro pocos días después de la aparición de este ensayo contra el bolchevismo. Algunos militantes del partido se asombrarían mucho de ese viraje y de la rapidez con que Bela Kun y la dirección del PCH aceptaron al recién venido y confiaron responsabilidades importantes al "antibolchevique" de la víspera.*[1] *Unas semanas después, Lukács, "convertido" al bolchevismo, escribe* Taktik und Ethik, *que constituye la respuesta comunista a sus vacilaciones morales de* Szabad Gondolat.

Como hemos tratado de mostrar en el capítulo 1 de este libro, "El bolchevismo como problema moral" constituye el punto último del dualismo neokantiano en Lukács, de la oposición rígida y sin compromisos entre el deber ser y el ser. Es un escrito eminentemente "de transición", que rechaza el bolchevismo al mismo tiempo que es atraído por su "fuerza fascinante", y que debe ser visto sobre todo como etapa decisiva en la evolución ideológica de Lukács, pese a que intenta esbozar una concepción política coherente y autónoma.

Es muy probable que las críticas de Lukács contra el bolchevismo hayan sido inspiradas directa o indirectamente por Ervin Szabo, que en un artículo publicado en Szabad Gondolat *en junio de 1918 predicaba el principio ético absoluto según el cual "la lucha por fines puros no soportaría medios impuros", y que manifestaba a sus amigos íntimos reservas y temores con respecto a la política del poder soviético. Esas críticas también estaban estrechamente ligadas a la problemática ética del ensayo de Lukács sobre el idealismo progresista.*]

No pretendemos ocuparnos aquí ni de las posibilidades de realización práctica del bolchevismo ni de las consecuencias útiles o nocivas de su eventual acceso al poder. Independientemente del hecho de que el autor de estas líneas no se siente en absoluto competente para atacar ese tipo de problema, parece sin embargo oportuno, a fin de poder plantear claramente la cuestión, hacer abstracción completa de la reflexión sobre las consecuencias prácticas: la

* "A bolsevismus mint erkölcsi problema", *Szabad Gondolat,* diciembre de 1918, reeditado en Litvan György y Laszlo Szucs, *A Szociologia elsö magyar mühelye. Valogatos,* Budapest, Tarsadalomtydomanyi Könyvtor, Gondolat, 1973, vol. II.

[1] Véase Joseph Lengyel, *Visegrader Strasse,* Berlín, Dietz Verlag, 1959, p. 140.

decisión es —como en toda cuestión importante— de naturaleza ética, cuya tarea efectivamente primordial es la clarificación inmanente, justamente desde el punto de vista de la acción pura. Por un lado, ese modo de plantear la cuestión se justifica por el hecho de que el argumento que se emplea con mayor frecuencia en la discusión en torno al bolchevismo, a saber: si la situación económica y política está suficientemente madura para su realización inmediata, nos lleva *a priori* hacia un problema insoluble; en mi opinión, nunca puede existir una situación tal que podamos reconocerla *con absoluta certeza y por adelantado: la voluntad,* que se da como objetivo la realización inmediata y a cualquier precio, es parte integrante de la situación "madura" por lo menos tanto como lo son las condiciones objetivas. Por otra parte, el reconocimiento del hecho de que la victoria del bolchevismo podría eventualmente aniquilar grandes valores culturales y civilizadores no puede ser nunca un argumento en contra decisivo para quienes lo adoptan por razones éticas o histórico-filosóficas. Tomarán conocimiento del hecho mismo, deplorándolo o no, pero dándose cuenta de su carácter de inevitable no modificarán en nada —con justicia— al objetivo fijado. Porque saben que semejante perturbación de los valores, de envergadura mundial, no puede producirse sin la aniquilación de los antiguos valores, y su voluntad, tendida hacia la creación de valores nuevos, reconoce en sí misma fuerzas suficientes para compensar ampliamente a la humanidad futura por la pérdida de los otros.

Parecería que después de eso, y para un socialista serio, no podría haber siquiera problema ético, porque no quedaría duda alguna sobre la decisión en favor del bolchevismo. Puesto que si la inmadurez de las condiciones y la aniquilación de los valores no cuentan ya como obstáculos esenciales, el problema se plantea probablemente así: hay una posibilidad de realizar nuestras convicciones *inmediatamente y sin la menor concesión*; ¿puede ser un buen socialista el que en ese momento nos propone reflexionar aún, esperar lo que sea, en una palabra, el que nos habla de compromiso? Y cuando frente a eso un no bolchevique se refiere al principio de la democracia, que la dictadura de la minoría excluye por naturaleza y conscientemente, los discípulos de Lenin, siguiendo una de las declaraciones de su jefe, reaccionan eliminando del nombre y del programa de su partido hasta el propio término democracia, y se declaran simplemente comunistas. La posibilidad misma de plantear el problema ético depende entonces del modo como se resuelva si la democracia forma parte solamente de la táctica del socialismo (como instrumento de combate para el período en que es minoritario, mientras lucha contra el terror legalizado e ilegal de las clases opresoras), o bien es parte integrante de él hasta el punto de que no es posible suprimirla sin esclarecer de antemano todas sus consecuencias éticas e históricas. Porque, en este último caso, para todo socialista consciente y responsable, la ruptura con el principio democrático sería un problema ético muy grave.

Muy pocos han tenido discernimiento suficiente para separar la filosofía de la historia de Marx de su sociología. Así, muy a menudo no se entiende que los dos puntos cardinales del sistema, la lucha de clases y el orden socialista llamado a suprimir las clases y toda opresión, por estrecha que sea su interdependencia, no son productos de la misma empresa conceptual. La primera, comprobación que hizo época en la sociología marxiana, a saber, que el orden social ha existido siempre y que necesariamente ha tenido siempre una fuerza motriz, es uno de los principios básicos más importantes de los verdaderos nexos que componen la realidad histórica. El otro es el postulado utópico de la filosofía de la historia de Marx: un *programa ético* para un mundo nuevo por venir. (El hegelianismo de Marx, que tiene una tendencia excesiva a poner en el mismo plano los elementos diferentes de lo real, contribuyó a disimular esa diferencia.) Así, pues, la lucha de clase del proletariado, llamada a introducir ese nuevo orden social, en cuanto lucha de clase no contiene todavía al nuevo orden en sí. Del solo hecho de la liberación del proletariado, suprimiendo la opresión de clase capitalista, no deriva la destrucción de *toda* opresión de clase, igual que no derivaba de las luchas liberadoras y victoriosas de la propia clase burguesa. En el plano de la necesidad sociológica únicamente, eso no significaba otra cosa que el cambio de la estructura de clase, la trasformación en opresor del antiguo oprimido. Para que eso no se reproduzca, para que llegue finalmente la era de la verdadera libertad sin opresores ni oprimidos, la victoria del proletariado es, por cierto, una condición previa indispensable —porque permite la liberación de la última clase oprimida—, pero no puede ser más que una condición previa, un hecho negativo. Para que se realice esa era de libertad es necesario, más allá de las comprobaciones de hechos sociológicos y leyes (de donde no puede derivar), *querer* ese mundo nuevo: el mundo democrático. Sin embargo, esa voluntad —justamente porque no deriva de ninguna comprobación de hecho sociológico— es un elemento tan esencial de la óptica socialista, que no se puede separar de ella sin correr el riesgo de que se derrumbe todo el edificio. Porque es esa voluntad lo que hace del proletariado el portador de la redención social de la humanidad, la clase mesías de la historia del mundo. Y sin el *pathos* de ese mesianismo hubiera sido inconcebible la marcha triunfal sin paralelo de la socialdemocracia. Y si Engels veía en el proletariado al heredero de la filosofía clásica alemana, lo hacía con buenas razones, porque así se convirtió por fin en acción el idealismo ético de Kant y de Fichte que suprimía todo apego terrestre y que quería arrancar de sus goznes —metafísicamente— al mundo antiguo. Sólo así pudo convertirse en acción lo que no era en ellos más que pensamiento; así pudo dirigirse en línea recta hacia el fin lo que en Schelling se apartara de la vía del progreso por la estética, y en Hegel por la teoría del estado, para volverse al fin de cuentas reaccionario. Aun cuando Marx haya construido ese proceso histórico-filosófico a la manera hegeliana (*List der Idee*),[2] a saber, que es luchando por sus intereses de clase inmediatos que el proletariado llegará a liberar al mundo de todo despotismo, en el instante de la decisión —y ese instante está ahí— se hizo imposible no ver la separación entre la realidad empírica árida y la voluntad ética, utópica, humana. Y entonces se verá si el papel redentor del socialismo consiste realmente en ser el portador a la vez sumiso y voluntario de la redención del mundo, o bien

[2] En alemán en el texto. En realidad la expresión de Hegel es *List der Vernunft* [la astucia de la razón].

si no es simplemente una envoltura ideológica de intereses de clase reales, que no se diferencian de otros intereses más que por su contenido, y no por su calidad o fuerza moral. (Las teorías liberadoras de la burguesía del siglo XVIII proclamaron y creyeron igualmente en la redención del mundo, por ejemplo, por la libre competencia; pero en tanto no se trataba entonces más que de una ideología construida a partir de intereses de clase no se descubrió sino en plena revolución francesa, en el momento de la decisión.)

En consecuencia, si el orden social sin opresión de clase —la socialdemocracia pura— no era más que una ideología, entonces no hay lugar para hablar en este momento de problema moral, de dilema moral. El problema moral aparece precisamente por el hecho de que para la socialdemocracia el verdadero objetivo final de toda la lucha, el que decide todo y corona todo, se encuentra en esto: el sentido final de la lucha del proletariado es imposibilitar de ahí en adelante toda lucha de clases, crear un orden social tal que la lucha de clases no pueda reaparecer ni en forma de pensamiento. He aquí pues ante nosotros, seductora por su proximidad, la realización de ese objetivo, y es de esa proximidad misma que surge el dilema ético. O bien aprovechamos la ocasión para realizar ese objetivo, y entonces nos colocaremos necesariamente en el terreno de la dictadura, del terror, de la opresión de clase; tendremos que remplazar la dominación de las clases precedentes por la dominación del proletariado, creyendo que —Satán expulsado por Belcebú— esta última dominación de clase, por naturaleza la más cruel y la más abierta, se destruirá a sí misma y destruirá además toda dominación de clase. O bien queremos que el nuevo orden social sea realizado por medios nuevos, por los medios de la verdadera democracia (porque la verdadera democracia no existía hasta aquí más que como exigencia, nunca ha existido en cuanto realidad, ni siquiera en los estados llamados democráticos), pero en ese caso corremos el riesgo de llegar a que, como la gran mayoría de la humanidad todavía no quiere ese nuevo orden social para hoy mismo, y nosotros mismos no queremos disponer de ella contra su voluntad, tendremos que esperar, enseñar, difundir la fe en la espera, hasta que la humanidad, disponiendo por fin libremente de sí misma y de su voluntad, haga nacer el orden que querían desde mucho antes los más conscientes, para quienes era la única solución posible. El dilema ético proviene del hecho de que cada actitud social encierra en sí la posibilidad de crímenes espantosos y de errores inconmensurables, pero deberán ser asumidas con plena conciencia y plena responsabilidad por quienes se sientan obligados a elegir. El peligro de la segunda posición es perfectamente claro: se tratará de la necesidad —provisoria— de colaborar con clases y partidos que no están de acuerdo con la socialdemocracia más que sobre ciertos objetivos inmediatos pero siguen siendo hostiles a su objetivo final. La tarea es entonces hallar para esa colaboración una forma tal que sea posible sin que la pureza del objetivo, sin que el *pathos* de su voluntad de realización, pierdan absolutamente nada de su esencia. La posibilidad de error y el peligro se hallan en el hecho de que es muy difícil, casi imposible, desviarse del camino *recto y directo* hacia la realización de cualquier convicción sin que esa desviación se cargue de cierta autonomía, sin que el retardo intencional del ritmo de realización actúe sobre el *pathos* de la voluntad. El dilema ante el cual coloca al socialismo la exigencia de la democracia es un compromiso externo, que no debe convertirse en compromiso interno.

La fuerza fascinante del bolchevismo se explica por la liberación que resulta de la supresión de ese compromiso. Pero quienes son hechizados por esa posibilidad quizá no son siempre conscientes de las responsabilidades que desde ese momento les incumben. Su dilema pasa a ser entonces el siguiente: ¿es posible llegar a lo bueno por procedimientos malos, es posible alcanzar la libertad por la vía de la opresión? ¿Puede nacer un mundo nuevo cuando los medios para realizarlo no difieren más que técnicamente de los medios justamente detestados y despreciados del mundo antiguo? Parece posible referirse en este caso a la comprobación hecha por la sociología marxista de que todo el desarrollo de la historia ha consistido siempre en la lucha de oprimidos y opresores, y que en eso consistirá siempre; de que ni siquiera la lucha del proletariado puede sustraerse a esa "ley". Pero si era cierto, entonces —como ya hemos dicho— todo el contenido espiritual del socialismo, fuera de la satisfacción de los intereses materiales inmediatos del proletariado, no sería más que ideología. Y eso es imposible. Y como es imposible, no se puede erigir una comprobación de hecho en pilar de la voluntad moral, de la voluntad de construir el nuevo orden social. Es preciso entonces aceptar el mal *en cuanto* mal, la opresión *en cuanto* opresión, la nueva dominación de clase *en cuanto* dominación de clase. Y es preciso creer —y es verdaderamente *credo quia absurdum est*— que de esa opresión no renacerá una vez más la lucha de los oprimidos por el poder (con la posibilidad de una nueva opresión), y así una serie infinita de luchas eternas sin objeto ni razón sino, por el contrario, que la opresión se suprimirá a sí misma.

La elección entre las dos actitudes es, pues, como en todo problema de orden moral, una cuestión de fe. Para un observador penetrante pero en este caso preciso quizá superficial, si tantos viejos socialistas probados rechazan la posición bolchevique, es porque hace vacilar su fe en el socialismo. Yo afirmo que no lo creo. Porque no creo que se necesite más fe para el "brusco heroísmo" de la decisión bolchevique, que para la lucha lenta, aparentemente menos heroica, y sin embargo cargada de responsabilidades profundas, la lucha que agota el alma, larga y pedagógica, de quien asume la democracia hasta el fin. La primera actitud permite a cada quien conservar —cualquiera sea el precio— la pureza aparente de su convicción inmediata, mientras que en la segunda esa pureza es sacrificada conscientemente para que, mediante ese autosacrificio, pueda realizarse *la socialdemocracia en su totalidad* y no solamente uno de sus aspectos, uno de sus fragmentos separados de su centro. Repito: el bolchevismo se basa en la hipótesis metafísica siguiente: el bien puede surgir del mal, y es posible, como dice Razumijin en *Crimen y castigo*, llegar hasta la verdad mintiendo. El autor de estas líneas es incapaz de compartir esa fe, y es porque ve un dilema insoluble en la raíz misma de la actitud bolchevique, mientras que la democracia —según cree— no exige de quienes quieren realizarla hasta el fin consciente y honestamente más que una renunciación sobrehumana y el sacrificio de sí mismos. Y sin embargo, aun cuando esa solución exija una fuerza sobrehumana, no es insoluble en el fondo, como lo es el problema moral planteado por el bolchevismo.

PREFACIO A LA EDICIÓN HÚNGARA DE *HUELGA DE MASAS, PARTIDO Y SINDICATOS*

GYÖRGY LUKÁCS

[*En 1921 apareció en Viena una edición húngara del célebre folleto de Rosa Luxemburg* Huelga de masas, partido y sindicatos *con un prefacio de Lukács (*Tomegkztrak, *Wien, Verlag der Arbeiter-Buchlandlung, 1921). Este texto fue elaborado probablemente en la misma época (enero de ese año) que el ensayo* Rosa Luxemburg marxista, *pero mientras que el ensayo analiza sobre todo los criterios económicos de Rosa Luxemburg (*La acumulación del capital, *en particular) el prefacio se refiere a su pensamiento político revolucionario.*

El texto de Lukács se presenta como un balance de la lucha ideológica de Rosa Luxemburg contra el oportunismo en sus variantes bernstenianas y kautskianas. Concluye con una defensa e ilustración de las concepciones de Rosa Luxemburg sobre el movimiento de masas y la huelga general que inclinan, en cierto modo, su pensamiento en un sentido "espontaneísta" y economicista.

Paradojalmente, en el mismo momento en que aparece este prefacio, Lukács acababa de romper, luego de los acontecimientos de marzo de 1921, con el "luxemburguismo", confundido, con o sin razón, por las posiciones antiputschistas defendidas por el ala moderada del Partido Comunista de Alemania, opuesta a la acción de marzo (Paul Lévi, Clara Zetkin).]

Rosa Luxemburg no fue solamente una mártir de la revolución proletaria. Toda su vida sostuvo un gran combate para que el proletariado llegara a ser revolucionario, para que la justa toma de conciencia de la situación de la lucha de clases, oscurecida consciente o inconscientemente a los ojos de la clase obrera por los oportunistas socialdemócratas, se introdujera poco a poco en la conciencia del proletariado, para que la conciencia de clase así desarrollada se transforme en acción revolucionaria. De este modo, Rosa Luxemburg llevó a cabo las batallas más difíciles de su vida ante todo contra las corrientes derechistas y centristas del actual movimiento obrero. No es raro el hecho de que sean los mercenarios de Ebert o Schneidemann los que la mataron, ya que luchó toda su vida contra ellos con las nobles armas de la ciencia y de la justicia, mientras sus enemigos trataban de obstaculizar su influencia sobre la clase obrera mediante calumnias, intrigas y mentiras. Y finalmente, cuando todas esas maquinaciones fracasaron, cuando Luxemburg amenazaba a la cabeza de las masas revolucionarias para ganar la lucha de la clase proletaria por medio de la vía armada, la asesinaron.

Rosa Luxemburg fue un verdadero líder del proletariado. Junto con Lenin, quizás sea el único sucesor digno de Marx y Engels. Pero como la revolución proletaria se distingue fundamentalmente de la revolución burguesa —la del proletariado no es tan brillante como la de la burguesía pero es más profunda y a pesar de que avanza con menos rapidez modifica más a fondo la esencia de la sociedad—, el líder de la revolución proletaria también se distingue profundamente del tipo de líder de la revolución burguesa. Ese líder no es un gran demagogo, un brillante orador y un agitador como Danton o Lajos Kossuth; es el que cultiva con mayor profundidad el *marxismo, la dialéctica revolucionaria,* la ciencia de la lucha de clases. Aquel que, con ayuda del marxismo, es capaz de analizar, estimar y juzgar correctamente todo acontecimiento de la vida cotidiana y, en consecuencia, es capaz de mostrarle la verdadera vida de la acción a la clase obrera.

Pero el hecho de que el juicio sobre la situación actual y la vía indicada para la acción que de él deriva sea correcta no significa que las grandes masas del proletariado puedan comprenderlo súbitamente y reaccionen en la dirección indicada. Los oportunistas, al privilegiar sus propios intereses mezquinos y tramposos, enviciaron durante décadas las reflexiones y los sentimientos de la clase obrera. La habituaron a no observar los acontecimientos desde el punto de vista de los *intereses de clases generales* del proletariado sino a que cada uno se preocupe ante todo de sus *intereses personales,* es decir *los referidos al oficio o a la fábrica en sentido extricto.* Al hacerlo, lograron oscurecer la conciencia del proletariado, dirigir a la clase obrera en una dirección oportunista y pequeñoburguesa y educarla en ese sentido.

Contra este oportunismo pequeñoburgués, Rosa Luxemburg libró las luchas más arduas de su vida. Como agitadora, como organizadora, como periodista de lo cotidiano y como teórica, en las reuniones públicas, en los diarios, en los congresos, con diferentes armas pero siempre con idéntica fuerza, combatió por la defensa del verdadero sentido del marxismo: *por la revolucionarización del proletariado.* Por su lucha en esta batalla, ella y sus compañeros se convirtieron en verdaderos mártires del proletariado.

Rosa Luxemburg fue la más grande entre los grandes porque no solamente presintió con certero instinto los peligros encerrados en el oportunismo sino que analizó con un profundo conocimiento marxista todos los acontecimientos del presente. Fue la primera que entrevió, con profética clarividencia, la esencia de la historia y todo lo que aporta este conocimiento para las acciones del proletariado. Si en la actualidad analizamos la obra de Rosa Luxemburg comprobaremos que fue la primera en percibir correctamente al *imperialismo* como la última etapa del capitalismo y sus consecuencias: *la guerra mundial y la revolución mundial,* la que descubrió la primera y única arma eficaz contra los peligros del imperialismo: *los movimientos de masas revolucionarios.*

El ascenso de la lucha de clases final del proletariado y de la burguesía, sus formas, condiciones, posibilidades y las armas de esta lucha de clases constituyen el contenido de la obra y la vida de Rosa Luxemburg. En momentos en que el movimiento obrero europeo —y sobre todo alemán— se hundía tan profundamente en el oportunismo, en que no solamente saboteaba las acciones de manera encubierta sino que lo manifestaba abiertamente, Rosa Luxemburg fue la primera en imponer la teoría de la revolución proletaria contra la teoría del oportunismo. Es cierto que en ese momento Kautsky también llevó a cabo una batalla teórica contra Bernstein, el creador de la teoría reformista, pero inconscientemente se cuidó de llegar al fondo del problema. Calificó, sin embargo, a la teoría de Bernstein en su conjunto como una "desviación teórica" que sólo puede y debe ser analizada *en el interior del partido.* Rosa Luxemburg demostró con lógica decisiva y cruel que es preciso elegir. *Elegir entre seguir o no seguir siendo socialista.* Aquel que como Bernstein enseña que en el capitalismo la posibilidad de adaptarse aumenta progresivamente con el desarrollo de la sociedad y que, en consecuencia, la posibilidad de las crisis económicas y su fuerza y significación disminuyen cada vez más; aquel que pretende que la clase obrera sólo tiene posibilidades de hacerse cargo del poder organizativo de la producción con ayuda de la "lucha" sindical y sin revolución; aquel que pretende que la sociedad se "fusione" en paz con el socialismo, *ha dejado de ser socialista* y ha abandonado el terreno teórico del socialismo revolucionario.

Aparentemente Rosa Luxemburg libró también esta batalla junto con Kautsky y otros. Ellos criticaban "su tono" y no se identificaban con "sus exageraciones", pero, "en el fondo", según decían, coincidían con ella. En efecto, la toma de posición oficial del partido significaba la condena al oportunismo manifiesto de Bernstein y otros. Pero lo que Bernstein y sus seguidores perdieron aquí, lo ganaron en la práctica. El partido alemán declaraba en vano que estaba de acuerdo con las posiciones del marxismo revolucionario. En la práctica, cuando más se acercaba la crisis final del capitalismo, más se aproximaba el partido a la posición de Bernstein, más oportunista se volvía.

Contra este oportunismo Rosa Luxemburg libró una batalla en todos los ámbitos, sola, apoyada por unos pocos camaradas comprensivos y revolucionarios (Liebknecht, Mehring, Radek, Zetkin, etc.). Otros en cambio, la dejaron sola, como por ejemplo Pannekoek, quien no comprendió su profunda toma de posición. En un primer momento Kautsky y compañía observaron los esfuerzos de Luxemburg con objetividad "científica", elegante y "neutra" para luego volverse abiertamente hostiles.

El contenido de la obra principal de su vida (*La acumulación del capital,* aparecida en 1913) consiste en el análisis del imperialismo como etapa última y nueva del desarrollo capitalista; es un retorno al *verdadero* método de Marx y una tentativa por comprender, con ayuda de su *espíritu,* el problema de los nuevos tiempos que los oportunistas, basándose en la *letra* de Marx, no podían y no querían comprender. La cuestión de la acumulación del capital es, en efecto, una cuestión vital del desarrollo capitalista. Acumular quiere decir, con ayuda de una parte de la ganancia producida por año, aumentar la producción capitalista. Esta parte es igual a la que queda si de la ganancia global de un año de la clase capitalista se retiene la que es consumida para las propias necesidades de esta clase. Con el resto, agranda y desarrolla sus fábricas. La acumulación es, por lo tanto, una cuestión de valorización económica de la ganancia que supera el consumo capitalista. El problema reside en saber *quién va a comprar* esas mercancías que son producidas en forma acelerada. Para todo obrero sensato, la teoría de Rosa Luxemburg es bien clara: de la acumulación del capital deriva necesariamente esta tentativa del capital de tratar de ampliar el mercado de manera *continua e ininterrumpida.*

Dado que la capacidad de absorción del mercado interno es limitada, el capital es forzado a expandirse a escala mundial (véase el imperialismo). Pero puesto que tarde o temprano se va a dar una situación en la que todas las colonias y esferas de interés serán propiedad de ciertos grupos de intereses imperialistas-capitalistas, el estallido de una batalla vital entre esos grupos es inevitable: *la guerra mundial.* La causa final de la guerra se halla en el hecho de que todo grupo imperialista-capitalista quiere evitar la crisis *definitiva* descargándola en otro lado, pues para la producción capitalista en aumento no hay mercado suficientemente grande. Puesto que la guerra mundial no puede ser sino una tentativa para evitar la crisis final y puesto también que no resuelve la crisis en sí misma sino que siembra los gérmenes para nuevas guerras mundiales, de allí se deriva que la guerra mundial es necesariamente la crisis última del capitalismo y de este modo debe conducir a la *revolución mundial.*

Contra esta determinación extremadamente clara, la "ciencia" del oportunismo llevó a cabo una batalla tan encarnizada como no se recuerda otra en toda la historia del pensamiento socialista. La élite de la "ciencia" del oportunismo con Otto Bauer y Hilferding a la cabeza trataron de probar con argumentos, burlas y datos estadísticos no sólo que Rosa Luxemburg se equivocaba sino que veía un problema donde no lo había. El problema de la acumulación del capital no es tal, según ellos: el mismo capital crea su propio mercado. El imperialismo es un "fenómeno efímero", las crisis tienen un carácter "transitorio" y por lo tanto el capitalismo, desde el punto de vista económico, puede hasta ser eterno. Al menos es cierto que no es él mismo quien cava su propia tumba mediante su desarrollo ilimitado y técnico.

Toda teoría de la lucha de clases tiene como criterio de verdad su práctica. Así como los oportunistas durante largos años no querían reconocer la existencia del imperialismo y la cercanía necesaria de la guerra mundial que le seguiría, del mismo modo, cuando el estallido de la guerra mundial, tampoco querían ver en ella el comienzo de la crisis mundial y mucho menos extraer las consecuencias derivadas de su acción. Al igual que el imperialismo, consideraron a la guerra como un episodio después del cual retornaría nuevamente la situación "normal" y comenzaría la época de la lucha sindical, de las elecciones parlamentarias, de los congresos internacionales. Es evidente que en esas condiciones la Internacional de los oportunistas se derrumbó. Por otra parte, ellos la consideraron también como un episodio. "La Internacional es un método para la paz y no para la guerra", decía Kautsky, el más prudente.

La lucha teórica y práctica de Rosa Luxemburg contra los oportunistas consechó en ese sentido las más difíciles y brillantes victorias. Pese a haber pasado la mayor parte de la guerra en prisión, fue ella junto con Mehring, Liebknecht y Jogiches quien organizó la lucha antibélica ilegal. Con Mehring crearon la revista *Die international* y más tarde, con la ampliación del grupo, publicaron ilegalmente las famosas "cartas" y fundaron la Liga Espartaco. Fue ella quien durante los primeros días condujo a Liebknecht, quien vacilaba, por el buen camino, y gracias a su clarividencia teórica la vacilación del mayor héroe de la guerra antibélica sólo duró algunos días. Fue ella quien sentó las bases teóricas de toda la lucha. En su magnífico folleto titulado *La crisis de la socialdemocracia* esboza nuevamente un cuadro grandioso del desarrollo del imperialismo, de la significación histórica y mundial de la guerra, de la tarea del proletariado frente a su propia misión, tarea que no pudo ni quiso cumplir la socialdemocracia. Además, exigió la creación de un arma necesaria para la lucha del proletariado contra el capitalismo mundial: la formación de una nueva Internacional de carácter revolucionario.

Rosa Luxemburg nunca olvidó la práctica y la colocó junto a la teoría. La teoría más profunda y verdadera sólo era válida para ella en la medida en que mostraba una nueva vía para la acción del proletariado así como la crítica fue para ella sólo un medio para el *descubrimiento de medios de lucha positivos.* Rosa Luxemburg observaba la proximidad de la revolución mundial con la misma clarividencia profética que el cercano peligro de la guerra mundial. La revolución rusa de 1905-1907 despertó por un momento a la socialdemocracia europea de la pereza teórica. Bajo la influencia de la revolución rusa, hasta el propio Kautsky y sus seguidores creyeron que el momento de la revolución había llegado y tomaron como objeto de análisis un método de lucha que se manifestara en ese país por primera vez y en gran estilo: *la huelga de masas.*

Pero, al igual que toda teoría oportunista abierta o encubiertamente, ésta partió de bases falsas para llegar a resultados igualmente falsos y a la inacción. Aquí también Rosa Luxemburg descubrió de manera definitiva la falsedad del punto de partida. Las dos corrientes oportunistas polemizaron para saber si era justo (y en qué momento) utilizar como medio de lucha la huelga de masas. Rosa Luxemburg, por el contrario, comprobó que la cuestión era planteada en forma incorrecta. Porque no se trata de saber si se quiere o no y en qué momento la huelga de masas (en última instancia, la revolución) sino de saber qué posición se adoptará frente a la huelga de masas que se produce necesariamente como consecuencia del desarrollo económico: *¿cómo conducimos esta huelga de masas en dirección a la revolución proletaria?*

Con esta concepción, la posición relativa al problema de la organización cambia radicalmente. Según la vieja concepción de la socialdemocracia, la organización es una premisa de la revolución: se puede pensar en la revolución solamente cuando la clase obrera ya está organizada de tal modo que pueda llevarla a cabo con éxito. Contra esta posición, la crítica de Engels a la teoría de la huelga anarquista es totalmente correcta. Según esta teoría, o son las coyunturas políticas las que no permiten la evolución de la organización perfecta, y en ese momento la huelga general es *imposible,* o ellas la permiten pero entonces el poder del proletariado es ya tan grande que la huelga general se convierte en *inútil.* Rosa Luxemburg rompe ante todo con el concepto estricto y mecánico de la huelga general, según el cual ésta es una acción momentánea, bien preparada y putschista para la toma consciente del poder político o para alcanzar otro objetivo político determinado. Demuestra con abundantes materiales históricos que la huelga general es un *proceso.* La huelga no es un medio de la revolución sino que es la *revolución misma.* No es la simple utilización del poder económico de la clase obrera para adquirir ciertos objetivos políticos sino que la *huelga general es la unidad inseparable de la lucha económica y política.* Los movimientos de reivindicaciones salariales provienen inevitablemente de las luchas políticas. Además, las épocas revolucionarias están caracterizadas justamente por esta unidad inseparable. En consecuencia, la organización no es una premisa (una condición) sino que es la *consecuencia* de la huelga general, es decir de la revolución. La consigna del *Manifiesto Comunista* según la cual el proletariado *se organiza como clase* en la revolución ha sido claramente confirmada por la revolución rusa. Tanto más si se tiene en cuenta que el proletariado como clase está lejos de parecerse a esos sectores de la aristocracia obrera cuya organización es el único o más bien el principal objetivo del oportunismo. En cada país —y no solamente en la Rusia "atrasada"— existen vastos sectores del proletariado (en relación a Alemania Luxemburg menciona a los mineros, los obreros textiles, los obreros agrícolas) cuya organización es posible *únicamente en la revolución,* en una vía revolucionaria. Pero entonces esos sectores "atrasados", explotados infinitamente, precisamente porque no tienen otra cosa que perder que sus cadenas se convierten durante la revolución en combatientes, al menos tan dignos de confianza como los antiguos miembros de los sindicatos.

De este modo, se considera desde otra perspectiva el *papel del partido en la revolución.* Rosa Luxemburg rechaza la posición según la cual el papel del partido consiste en "hacer" la revolución, y que es similar entre los oportunistas y los putschistas, aunque por lo menos con un objetivo diferente. Debido a que describe la huelga general revolucionaria como una *explosión elemental* resultante del desarrollo económico, no niega la significación del partido. Por el contrario, es la primera, con excepción de los rusos, en descubrir y colocar en su justo lugar el verdadero del partido en la revolución: *la dirección de los movimientos de masas espontáneamente desarrollados.*

Con este descubrimiento, Rosa Luxemburg vuelve a la fuente inicial de la ciencia de la lucha de clases, que estuvo oculta durante tanto tiempo por la falsa ciencia del oportunismo: Karl Marx. Marx define claramente, desde comienzos de los años cincuenta, la esencia de la revolución proletaria, contraponiéndola a la revolución burguesa. Y entonces Rosa Luxemburg, la discípula autónoma, genial y fiel, lo sigue en esta definición: la revolución proletaria no puede terminarse con la toma del poder del estado, momentánea y lograda, sino que es un proceso largo y doloroso, lleno de altibajos. Contra las preocupaciones oportunistas según las cuales la revolución proletaria llega demasiado pronto y no encuentra "maduros" ni las condiciones económicas ni el proletariado, Rosa Luxemburg demuestra desde la década del 90 que la revolución no puede llegar demasiado pronto porque la simple existencia de las fuerzas revolucionarias del proletariado ya es *una consecuencia* de la madurez de las condiciones económicas. Desde el punto de vista del *mantenimiento del poder,* por el contrario, la revolución llega y debe llegar demasiado pronto. *Porque la madurez revolucionaria sólo puede ser adquirida por el proletariado mediante la acción revolucionaria, en la revolución misma.*

Rosa Luxemburg, la fanática de la revolución, era una revolucionaria de visión exaltadamente clara, liberada de toda ilusión. Cuando en noviembre de 1918 las puertas de la prisión se abrieron ante ella, cuando las masas sublevadas comienzan o organizarse bajo la bandera de Espartaco, Rosa Luxemburg no sobrestimó en ningún momento la evolución de la revolución alemana. Ella sabía muy bien que las grandes masas del proletariado alemán no eran verdaderamente revolucionarias, que la revolución política (burguesa) recién *comienza* a trasformarse en revolución económica (proletaria). Sabía perfectamente que la insurrección de enero provocada por Noske debía terminar en un fracaso y que ese enfrentamiento significaba solamente una batalla preparatoria para la revolución alemana. Pero en momentos en que los proletarios conscientes se lanzan a la lucha, Rosa Luxemburg era totalmente consciente de que la lucha no tenía salida, pero sabía con mayor conciencia aún que la victoria final se acercaba, y cae en manos de los mercenarios de Noske como una mártir y una verdadera heroína.

BIBLIOGRAFÍA

NOTA

Esta bibliografía no tiene la pretensión de ser exhaustiva. Se trata más bien de una lista de aquellos escritos que fueron utilizados para la redacción de este trabajo.

El criterio utilizado fue el siguiente

1] En el cuadro del período estudiado (1909-1929) utilizamos el *conjunto* de los escritos *no húngaros* de Lukács, así como un número limitado de artículos y trabajos húngaros particularmente importantes, de los que hemos podido consultar los extractos traducidos o que hicimos traducir para nuestro uso (véase los trabajos incluidos en la parte final de este volumen). Para una bibliografía que incorpore todos los escritos (incluidos los húngaros) de Lukács, nos remitimos a Jürgen Hartmann, "Chronologische Bibliographie der Werke von Georg Lukács", en *Georg Lukács, Festschrift zum 80. Geburtstag* (ed. Frank Benseler, Neuwied, Luchterhand, 1965). Se trata, hasta donde nosotros conocemos, de la bibliografía más completa de las obras de Lukács. A pesar de ello faltan algunas decenas de artículos alemanes poco conocidos, algunos de los cuales fueron incorporados en este volumen.

2] En lo que respecta a los escritos posteriores a 1929, nos hemos limitado a incluir las obras principales, selecciones de ensayos y algunos artículos o entrevistas que consideramos particularmente significativas, pues no figuran en ninguna compilación.

I. INÉDITOS (LUKÁCS ARCHIVUM, BUDAPEST)

Cuadernos de Notas diversas, 1909-1915.

Tagebuch, 1911.

Zur Ästhetik der "Romance", 1911.

Cartas a Martin Buber, 1911, 1916, 1921; a Salomo Friedlaender, 1911; a Leopold Ziegler, 1911-1913; a Gustav Radbruch, 1917; etcétera.

Notas diversas sobre Dostoievski, sin datos (¿1915?).

Plan original de la obra sobre Dostoievski, sin datos (¿1915?).

Zur Entstehungsgeschichte der Facistischen Philosophie in Deutschland, 1933-1934.

Autobiografía, sin datos (¿1941?).

Gelebtes Denken (autobiografía), 1971.

II. PUBLICACIONES

1. PERÍODO 1909-1929

1909:

"Uj magyar lira" [La nueva poesía lírica húngara], en *Huszadik Szazad,* vol. 2.

1910:

"Megjegysezek az irodalamtörtenet elméléhez" [Teoría de la historia de la literatura], Budapest, Alexander-emlekkönyv, 1910 [trad. al.: "Zur Theorie der Literaturgeschichte", en *Text + Kritik, Georg Lukács,* núms. 39-40, 1973].

1911:

"Wilhelm Dilthey", en *Szellen,* 1911.

A modern fejlodesenek története [Historia del desarrollo del drama moderno], Budapest, Kisfaludy Tarsasag, Franklin, 2 vols.

Die Seele und die Formen, Essays, Berlín, Egon Fleischel & Co., 1911 [*El alma y las formas,* Barcelona, Grijalbo, 1975].

1912:

"Von der Armut am Geiste. Ein Gespräch und ein Brief" [De la pobreza del espíritu. Una conversación y una carta], en *Neue Blätter,* II/5-6, 1912.

1913:

Esztétikai Kultura [Cultura ética], Budapest, Tanulmanyok, Atheneum, 1913 (recopilación de artículos que contienen los ensayos de Lukács sobre Endre Andy escritos en 1909).

1914:

"Zur Soziologie des modernen Dramas" [Sociología del drama moderno], en *Archiv für Sozialwissenschaft und Sozialpolitik,* XXXVIII, 1914.

Reseña a Th. G. Masaryk, "Zur russischen Geschichte und Religions-philosophie" [Sobre la historia y filosofía de la religión rusa], (Jena, 1913), en *Archiv für Sozialwissenschaft und Sozialpolitik,* XXXVIII, 1914.

1915:

"Zum Wesen und zur Methode der Kultursoziologie" [Sobre la esencia y el método de la sociología de la cultura] (reseña a Hans Staudinger, *Individuum und Gemeinschaft*), en *Archiv für Sozialwissenschaft. . .,* XXXIX, 1915.

Reseña a Vladimir Soloviev, *Ausgewählte Werke,* t. I (Jena, 1914), en *Archiv für Sozialwissenschaft. . .,* XXXIX, 1915.

Reseña a Benedetto Croce, *Zur Theorie und Geschichte der Historiophie* (Tübingen, 1915), en *Archiv für Sozialwissenschaft. . .,* XXXIX, 1915.

Reseña a M.-L. Gothein, *Geschichte der Gartenkunst,* 2 t. (Jena, 1914), en *Archiv für Sozialwissenschaft. . .,* XXXIX, 1915.

1916:

Die Theorie des Romans, en *Zeitschrift für Ästhetik und Allgemeine Krunstwissenschaft,* t. 2, 1916 [*La teoría de la novela,* Barcelona, Grijalbo, 1975].

Reseña de Vladimir Soloviev, *Ausgewählte Werke,* t. II (Jena, 1916), *Archiv für Sozialwissenschaft...,* XLII, 1916-1917.

1917:

"Die Subjekt-Objekt Beziehung in der Ästhetik" [La relación sujeto-objeto en la estética], en *Logos,* t. VII, 1017-1918.

1918:

"Georg Simmel (obituario)", en *Pester Lloyd,* 2 de octubre de 1918.

"Emil Lask, un obituario", en *Kant-Studien,* t. 22, 1918.

"A konzervativ es progresszív idealizmus vitaja", en *Muszadik Szazad,* 1918, vol. 1 ["Idealismo conservador e idealismo progresista", en el apéndice de este volumen].

"A bolsevizmus mint erkölcsi probléma", en *Szabad Gondolat,* diciembre de 1918 ["El bolchevismo como problema moral", en el apéndice de este volumen].

1919:

Taktika és Ethika [Táctica y ética], Budapest, Közoktatasügyi Nepbiztossag Kiadasa, 1919 [trad. al.: en G. Lukács, *Werke,* 2 (*Früschriften,* II), Neuwied, Luchterhand, 1968].

"Bericht über die Rede auf dem Kongress der ungarischen Landesverbandes der Jungarbeiter in Budapest" [Informe sobre el discurso en el Congreso de la Liga Nacional Húngara de Jóvenes Trabajadores], (agosto de 1919), en *Freie Jugend,* 1/4, 1919.

"Az erkölos szerepe a kommunista termelésben" [El papel de la moral en la producción comunista], en *Szocialis Termelés,* 1/11, 1919 [trad. al. en G. Lukács, *Werke,* 2, Neuwied, Luchterhand, 1968].

1920:

"Zur Organisationsfrage der Intellektuellen", en *Kommunismus,* 1/3, 1920 ["El problema de la organización de los intelectuales", en György Lukács, *Revolución socialista y antiparlamentarismo,* Cuadernos de Pasado y Presente núm. 41, México, Siglo XXI, 1978].

"Die neueste Uberwindung des Marxismus" (crítica a Oswald Spengler, *La decadencia de Occidente*), en *Kommunismus,* I/8, 1920 ["La última superación del marxismo", en György Lukács, *Revolución socialista y antiparlamentarismo* cit.].

"Zur Frage des Parlamentarismus" ["Sobre la cuestión del parlamentarismo", en György Lukács, *Revolución socialista y antiparlamentarismo* cit.], en *Kommunismus,* I/5, 1920.

"Organisationsfragen der dritten Internationale", en *Kommunismus,* I/8,

1920 ["Cuestiones organizativas de la III Internacional", en György Lukács, *Revolución socialista y antiparlamentarismo* cit.].
"Klassenbewusstsein, en *Kommunismus,* I/14-15, 1920.
"Die moralische Sendung der kommunistischen Partei", en *Kommunismus,* I/16-17, 1920 ["La misión moral del Partido Comunista", en György Lukács, *Revolución socialista y antiparlamentarismo* cit.].
"Kapitalistische Blockade, proletarischer Boykott", en *Kommunismus,* I, 25-26, 1920 ["Bloqueo capitalista, 'boicot' proletario", en György Lukács, *Revolución socialista y antiparlamentarismo* cit.].
"Legalität und Illegalität", en *Kommunismus,* I/35, 36-37, 1920 ["Legalidad e ilegalidad", incluido posteriormente en *Historia y conciencia de clase,* México, Grijalbo, 1969].
"Die Frise des Syndikalismus in Italien", en *Kommunismus,* I/40, 1920 ["La crisis del sindicalismo en Italia", en György Lukács, *Revolución socialista y antiparlamentarismo* cit.].
"Kassel und Halle", en *Kommunismus,* I/41-42, 1920 ["Kassel y Halle", en György Lukács, *Revolución socialista y antiparlamentarismo* cit.].
"Alte und neue Kultur", en *Kommunismus,* I/43, 1920 ["Vieja y nueva *Kultur*", en György Lukács, *Revolución socialista y antiparlamentarismo* cit.].
"Der Parteitag der Kommunistischen Partei Deutschland", en *Kommunismus,* I/44, 1920 ["El Congreso del Partido Comunista Alemán", en György Lukács, *Revolución socialista y antiparlamentarismo* cit.].
"Önkritika" [Autocrítica], en *Proletar,* Viena, 12 de agosto de 1920.

1921:
"Rosa Luxemburg als Marxist", en *Kommunismus,* II/1, 1921 ["Rosa Luxemburg como marxista" incluido posteriormente en *Historia y conciencia de clase* cit.].
"Ukrainischer Nationalbolschewismus", en *Kommunismus,* II/5-6, 1921 ["Nacionalbolchevismo ucraniano", en György Lukács, *Revolución socialista y antiparlamentarismo* cit.].
"Von dem dritten Kongress", en *Kommunismus,* II/17-18, 1921 ["Ante el Tercer Congreso", en György Lukács, *Revolución socialista y antiparlamentarismo* cit.].
Weltreaktion und Weltrevolution, Vortrag auf der 2. Südostkonferenz der Kommunistischen Jugend-Internationale, Viena, 1920, Flugschriften der Jugend-Internationales, 11 (1921) [Reacción mundial y revolución mundial (comunicación a la Segunda Conferencia del Sureste De la Internacional Juvenil Comunista)].
"Zur Frage der Bildungsarbeit" [Sobre la cuestión del trabajo formativo], en *Jugend-Internationale,* II/7, 1921.
"Partei und Jugendbewegung in Ungarn" [Partido y movimiento juvenil en Hungría], en *Jugend-Internationale,* II/9, 1921.
"Zur Frage von 'Partei und Jugend' " [Sobre la cuestión "Partido y Juventud"], en *Jugend-Internationale,* II/11, 1921.

"Spontaneität der Massen, Aktivität der Partei" [Espontaneidad de masas, actividad de partido], en *Jungend-Internationale*, III/6, 1921.
"Organisatorische Fragen der revolutionären Initiative" [Cuestiones de organización de la iniciativa revolucionaria], en *Die Internationale*, III/8, 1921.
"Contribución a los debates del III Congreso de la Internacional Comunista, jornada del 2 de julio de 1921", en *Protokoll des III. Kongress der Kommunistischen Internationale, Moscú, 22 de junio-12 de julio de 1921*, Biblioteca de la Internacional Comunista, t. 23, Moscú, 1921.
Prefacio a Rosa Luxemburg, *Tömegsztrajk*, Viena, Verlag der Arbeiter-Buchhandlung, 1921 ["Prefacio a la edición húngara de *Huelga de masas, partido y sindicatos* de Rosa Luxemburg", en el apéndice de este volumen].

1922:
"Noch einmal Illusionspolitik" [Otra vez la política de las ilusiones], en Ladislau Rudas, *Abenteurer und Liquidatorentum. Die Politik Béla Kuns und die Krise der KPU*, Viena, 1922.
"Die zwei Epochen des bürgerlichen Materialismus, zum hundersten Geburtstag Moleschotts [Las dos épocas del materialismo burgués, en el centenario del nacimiento de Moleschott], en *Die Rote Fahne*, 28 de agosto de 1922.
"Zum 50. Todestag Ludwig Feuerbachs" [En el 50 aniversario de la muerte de Ludwig Feuerbach], en *Die Rote Fahne*, 20 de septiembre de 1922.
"Zur Frage des Aheimus" [Sobre la cuestión del ateísmo], en *Die Rote Fahne*, 1 de octubre de 1922.
"Marx und Lassalle in ihren Briefwechsel" [Marx y Lassalle a través de su correspondencia], en *Die Rote Fahne*, 4 de octubre de 1922.
"Marxismus und Literaturgeschichte" [Marxismo e historia de la literatura], en *Die Rote Fahne*, 13 de octubre de 1922.
"Die KPR und die proletarische Revolution" [El KPR y la revolución proletaria], en *Die Rote Fahne*, Viena, 7 de noviembre de 1922.

1923:
"Eine Kampfschrift gegen Krieg der Bourgeoisie" [Un escrito de lucha contra la guerra de la burguesía], *Die Rote Fahne*, Berlín, 30 de marzo de 1923.
Geschichte und Klassenbewusstsein. Studien über marxistische Dialektik, Berlín, Der Malik Verlag, 1923 [*Historia y conciencia de clase. Estudios de dialéctica marxista*, México, Grijalbo, 1969].
"Die Jugendgeschichte Hegels" [Historia de la juventud de Hegel], en *Die Rote Fahne*, Berlín, 3 de mayo de 1922.
"Der Nachruhm Balzacs" [La fama de Balzac], en *Die Rote Fahne*, 26 de abril de 1922.
"Russische Kritiker [Críticos rusos], en *Die Rote Fahne*, 7 de mayo de 1922.
"Artur Schnizler", en *Die Rote Fahne*, 14 de mayo de 1922.
"Bernard Shaws Ende" [El fin de Bernard Shaw], en *Die Rote Fahne*, 19 de mayo de 1922.

"Freuds Massenpsychologie" [La psicología de las masas de Freud], en *Die Rote Fahne,* 21 de mayo de 1922.

"Lessings Emilia Galotte und die bürgerliche Tragödie" ["Emilia Galotti" de Lessing y la tragedia burguesa], en *Die Rote Fahne,* 4 de junio de 1922.

"Zu Hauptmanns Entwicklung" [Acerca del desarrollo en Hauptmann], en *Die Rote Fahne,* 15 de junio de 1922.

"Zum 10. Todestag August Strindberg" [En el décimo aniversario de la muerte de August Strindberg], en *Die Rote Fahne,* 25 de junio de 1922.

"Stawrogins Beichte" [La confesión de Stavrogin], en *Die Rote Fahne,* 17 de julio de 1922.

"Nathan und Tasso" [Nathan y Tasso], en *Die Rote Fahne,* 13 de agosto de 1922.

1924:

"Über Lenin" [Sobre Lenin], en *Das Forum,* t. VIII, Berlín, 1924.

Lenin, Studie über den Zusammenhanng seiner Gedanken, Berlín, Der Malik Verlag, 1924 [*Lenin. La coherencia de su pensamiento,* México, Grijalbo, 1970].

"Lassalle als Theoritiker des VSPD" [Lassalle como teórico del VSPD], en *Die Internationale,* VII/19-20, 1924.

"Der Triumph Bernsteins. Bemerkungen über die Festschriften zum siebzigsten Geburtstag Karl Kautskys" [El triunfo de Berstein. Observaciones sobre los escritos de homenaje en el septuagésimo aniversario de Karl Kautsky], en *Die Internationale,* VII/21-22, 1924.

Reseña de Max Adler, *Das Soziologische in Kants Erkenntniskritik,* Viena, 1924, en *Internationale Presse-Korrespondenz für Politik, Wirtschaft und Arbeiterbewegung,* IV/46, 1924.

1925:

Reseña de Nicolai Bujarin, *Theorie des historischen Materialismus,* Hamburgo, Verlag der Kommunistischen Internationale, 1922 ["Tecnología y relaciones sociales", en Nicolai I. Bujarin, *Teoría del materialismo histórico. Ensayo popular de sociología marxista,* Cuadernos de Pasado y Presente núm. 31, México, Siglo XXI, 1977].

Reseña de Karl A. Wittfogel, *Die Wissenschaft der Bürgerlichen Gessellschaft,* Berlín, 1922, en *Archiv für die Geschichte des Sozialismus und der Arbeiterbewungung,* XI, 1925.

"Die neue Ausgabe von Lassalles Briefen" [La nueva edición de las cartas de Lassalle], en *Archiv für die Geschichte des Sozialismus und der Arbeiterbewungung,* XI, 1925.

1926:

"Der Nelson Bund" [La Liga Nelson], en *Die Internationale,* IX/5, 1926.

"Moses Hess und die Probleme der idealistischen Dialektik [Moses Hess y los problemas de la dialéctica idealista], en *Archiv für die Geschichte des Sozialismus und der Arbeiterbewungung,* XII, 1926.

Reseña de Vladimir I. Lenin, *Ausgewählte Werke, Sammel-Band. Der Kampf um die soziale Revolution*, Viena, 1905, en *Archiv für die Geschichte des Sozialismus und der Arbeiterbewungung*, XII, 1926.
Reseña de *Unter dem Banner des Marxismus*, I/1-2, Viena, 1925, en *Archiv für die Geschichte des Sozialismus und der Arbeiterbewungung*, XII, 1926.

1927:
"Eine Marxkritik im Dienste des Trotzkismus [Una crítica de Marx al servicio del trotsquismo], Rezension von Max Eastman, *Marx, Lenin and the science of Revolution*", *Die Internationale*, marzo de 1927.

1928:
Reseña de Edgar Zilsel, *Die Entstehung des Geniebegriffs*, Tübingen, 1926, en *Archiv für die Geschichte des Sozialismus und der Arbeiterbewegung*, XIII, 1928.
Reseña de Othmar Spann, *Kategorienlehre*, Jena 1927, en *Archiv für die Geschichte des Sozialismus und der Arbeiterbewegung*, XIII, 1928.
Reseña de Carl Schmitt, *Politischen Romantik*, 2ª ed., Münich-Leipzig, 1925, en *Archiv für die Geschichte des Sozialismus und der Arbeiterbewegung*, XIII, 1928.
Reseña de Jakob Baxa, *Gesellschaft und Staat in Spiegel deutscher Romantik*, Jena, 1924, y de Manfred Schröter, *Schelling, Schriften zur Gesellschaftsphilosophie*, Jena, 1924, en *Archiv für die Geschichte des Sozialismus und der Arbeiterbewegung*, XIII, 1928.
Reseña de Robert Michels, *Zur Soziologie des Parteiwesens in der modernen Demokratie*, 2ª ed., Leipzig, 1925, *Archiv für die Geschichte des Sozialismus und der Arbeiterbewegung*, XII, 1928.

1929:
Reseña de Otto Rühle, *Geschichte der Revolutionen Europas*, 3 ts., Dresden, 1927, en *Archiv für die Geschichte des Sozialismus und der Arbeiterbewegung*, XIV, 1929.
Blum-Tézisek (1928-1929) [Tesis de Blum]. Trad. al.: *Blum-Thesen* (1928), György Lukács, *Werke*, 2, *Frühschriften* [Escritos juveniles], II, Neuwied, Luchterhand, 1968.

Recopilación de escritos juveniles

Werke [Obras], 2, *Früschriften* [Escritos juveniles], II, Neuwied, Luchterhand, 1968.
Scritti Politici Giovanili 1919-1928 [Escritos políticos juveniles. 1919-1928], Bari, Laterza, 1972.
Kommunismus 1920-1921, Padova, Marcilio editori, 1972 [György Lukács, *Revolución socialista y antiparlamentarismo* cit. e *Historia y conciencia de clase* cit.].

Frühe Ausfsätze 1920-1921 [Publicaciones juveniles, 1919-1921], Schwarze Presse ("edición pirata"), s.d.

Political Writings 1919-1939 [Escritos políticos], Londres, New Left Books, 1972.

Publicaciones póstumas

Philosophie der Kunts (1912-1914) [Filosofía del arte (1912-1914)], Neuwied, Luchterhand Verlag, 1971.

"Die Deutschen Intellektuellen und der Krieg" [Los intelectuales alemanes y la guerra], s.d. (¿1915?), en *Text + Kritik Georg Lukács,* núms. 39-40, Münich, Boorberg Verlag, 1973.

"Curriculum Vitae", 25 de junio de 1918, en *Text + Kritik Georg Lukács,* núms. 39-40, Münich, Boorberg Verlag, 1973.

Heidelberger Ästhetik (1916-1918) [Estética de Heidelberg (1916-1918)], Neuwied, Luchterhand Verlag, 1974.

Paul Ernst und Georg Lukács, Dokumente einer Frendschaft [Paul Ernst y György Lukács. Documentos de una amistad], Emsdetten, Verlag Lechte, 1974 (cartas 1911-1926).

2. PERÍODO POSTERIOR A 1929

"Über den Dostojewski Nachlass" [Sobre el legado de Dostoievski], en *Moskauer Rundschau,* Moscú, marzo de 1931.

"Lenins philosophischer Nachlass" [El legado filosófico de Lenin], en *Moskauer Rundschau,* Moscú, marzo de 1931.

"Die Bedeutung von *Materialismus und Empiriokritizismus* für die Bolchewisierng der Kommunistischen Partei" [La significación de *Materialismo y empiriocriticismo* para la bolchevización de los partidos comunistas], en *Pod Znamenem Marksizma,* 4, Moscú, 1934. [Trad. al. en *Geschichte und Klassensbewusstsein heute* Historia y conciencia de clase hoy, Amsterdam, Verlag de Munter, 1971.]

Deutsche Literatur während des Imperialismus [La literatura alemana durante el imperialismo], Berlín, Aufbau Verlag, 1945. [*Nueva historia de la literatura alemana,* Buenos Aires, La Pléyade, 1970.]

Goethe und seine Zeit, Berna, Francke, 1947 [*Goethe y su época,* Barcelona, Grijalbo, 1968].

Der Junge Hegel. Über die Beziehungen von Dialektik und Ökonomie, Zürich y Viena, Europa Verlag, 1948 [*El joven Hegel y los problemas de la sociedad capitalista,* Barcelona, Grijalbo, 1972 (trad. de la versión alemana de 1954: *Der Junge Hegel und die Probleme Kapitalistischen Gesellschaft,* Berlín, Aufbau)].

Existencialisme ou marxisme?, París Nagel, 1948 (con un nuevo prefacio de 1960) [*La crisis de la filosofía burguesa,* Buenos Aires, La Pléyade, 1970].

Deutsche Realisten des 19 Jahrhunderts, Berlín, Aufbau Verlag, 1951 [*Realistas alemanes del siglo XIX,* Barcelona, Grijalbo, 1970].

Balzac und der französische Realismus [Balzac y el realismo francés], Berlín, Aufbau Verlag, 1952.

Der russische Realismus in der Weltliteratur [El realismo ruso en la literatura universal], Berlín, Aufbau Verlag, 1952.

Die Zerstörung der Vernunft, Berlín, Aufbau Verlag, 1954 [*El asalto a la razón. La trayectoria del irracionalismo desde Schelling hasta Hitler,* Barcelona, Grijalbo, 1976].

Der Historische Roman, Berlín, Aufbau Verlag, 1955 [*La novela histórica,* México, ERA, 1971].

Probleme des Realismus, Berlín, Aufbau Verlag, 1955 [*Materiales sobre el realismo,* Barcelona, Grijalbo, 1973].

Thomas Mann, Berlín, Aufbau Verlag, 1957 [*Thomas Mann,* Barcelona, Grijalbo, 1969].

Wider den missverstandenen Realismus, Hamburgo, Claasen, 1958 [*Significación actual del realismo crítico,* México, ERA, 1977].

Schriften zur Literatursoziologie (ed. Peter Ludz), Neuwied, Luchterhand, 1961 [*Sociología de la literatura,* Barcelona, Península, 1973].

Die Eigenart des Ästhetischen, Werke, ts. 11 y 12, Neuwied, Luchterhand, 1963 [*Estética t. 1: Cuestiones preliminares y de principio; t. 2: Problemas de la mímesis; t. 3: Categorías básicas de lo estético,* Barcelona, Grijalbo, 1965].

Der Junge Marx, Seine Philosophische Entwicklung von 1840 bis 1844 [El joven Marx. Su desarrollo filosófico desde 1840 hasta 1844], Pfullingen, Verlag g. Neske, 1965.

Schriften zur Ideologie une Politik [Escritos sobre ideología y política], (ed. Peter Ludz), Neuwied, Luchterhand, 1967.

Gespräche mit Lukács (Wolfgand Abendroth, Hans Heinz Hols y Leo Kofler), Hamburgo, Rowohlt, 1967 [Wolfgand Abendroth, Hans Heinz Holz y Leo Kofler, *Conversaciones con Lukács,* Madrid, Alianza, 1969].

"Le grand octobre 1917 et la littérature" [El gran octubre de 1917 y la literatura], en *L'Homme et la Societé,* núm. 5, 1967.

"The importance and influence of Ady" [La importancia e influencia de Ady], en *The New Hungarian Quaterly,* núm. 35, otoño de 1969.

Russische Revolution, Russische Literatur [Revolución rusa, literatura rusa], Hamburgo, Rowohlt, 1969.

Marxismus und Stalinismus [Marxismo y estalinismo], Hamburgo, Rowohlt, 1969.

"The twin crises" [Las crisis gemelas], en *New Left Review,* núm. 60, 1970.

Solschenizyn, Neuwied, Luchterhand, 1970 [*Soljenitsin,* México, Grijalbo, 1974].

Georg Lukács zum 13 April 1970 [György Lukács a propósito del 13 de abril de 1970], Neuwied, Luchterhand, 1970.

"Lukács on his Life and Work" [Lukács, su vida y su obra], en *New Left Review,* núm. 68, 1971.

Zur Ontologie des Gesellschaftlichen Seins. Hegels falsche und echte Ontologie [Ontología del ser social. La falsa y la verdadera ontología de Hegel], Neuwied, Luchterhand, 1971 (póstuma).

Zur Ontologie des Gesellschaftlichen Seins. Die ontologischen Grundprinzipien von Marx [Ontología del ser social. Principios ontológicos fundamentales de Marx], Neuwied, Luchterhand, 1972 (póstuma).

Zur Ontologie des Gesellschaftlichen Seins. Die Arbeit [Ontología del ser social. El trabajo], Neuwied, Luchterhand, 1973 (póstuma).

"La politique culturelle de la république des conseils" [La política cultural de la República de los Consejos], en *Action poétique,* núm. 49, 1972.

"Bela Bartok", en *New Hungarian Quaterly,* núm. 41, 1971.

Marxismo e politica culturale [Marxismo y política cultural], Il Saggiatore, 1972.

"Mon chemin vers Marx"; "Lénine"; "Art et Societé"; "Littérature mondiale", en *Nouvelles Etudes hongroises,* vol., 7, 1973 ["Mi camino hacia Marx", en Giovanni Piana, Marco Macció, Giairo Daghini y György Lukács, *El joven Lukács,* Cuadernos de Pasado y Presente núm. 16, Córdoba (Arg.), 1970].

L'uomo e la rivoluzione [El hombre y la revolución], Roma, Riuniti, 1973.

"Entretien" [Conversación], en Yves Bourdet, *Figures de Lukács,* París, Anthropos, 1973.

Ecrits de Moscou [Escritos de Moscú], París, Éditions Sociales, 1974 (póstuma).

BIBLIOGRAFÍA GENERAL EN ESPAÑOL

Abendroth, Wolfgang, Holz, Hanz Heins y Kofler, Leo, *Conversaciones con Lukács,* Madrid, Alianza, 1969.

Althusser, Louis y Balibar Etienne, *Para leer "El capital",* México, Siglo XXI, 1977.

Aron, Raymond, *La sociología alemana contemporánea,* Buenos Aires, Paidós, 1976.

Balzac, Honoré de, *Ilusiones perdidas,* Barcelona, Bruguera, 1970.

Baran, Paul A., Sweezy Paul M. y Magdoff, Harry, *Paul A. Baran: el hombre y su obra,* Madrid, Siglo XXI, 1971.

Bendix, Reinhard, *Max Weber,* Buenos Aires, Amorrortu, 1970.

Bloch, Ernst, *Thomas Münzer, teólogo de la revolución,* Madrid, Ciencia Nueva.

Buber, Martin, *Caminos de utopía,* México, FCE, 1966.

Colletti, Lucio, *El marxismo y Hegel,* México, Grijalbo, 1977.

Dostoievski, Fedor, *Los hermanos Karamazov,* en *Obras completas,* Madrid, Aguilar, 1968.

———*Los endemoniados,* en *Obras completas* cit.

———*Crimen y castigo,* en *Obras completas* cit.

Engels, Friedrich, *Anti-Dühring,* México, Grijalbo, 1964.

Gallas, Helga, *Teoría marxista de la literatura,* México, Siglo XXI, 1977.

Goldmann, Lucien, *Investigaciones dialécticas,* Caracas, Universidad Central de Venezuela, 1968.

———*Las ciencias humanas y la filosofía,* Buenos Aires, Nueva Visión, 1976.

———*et al., Kierkegaard vivo,* Madrid, Alianza, 1970.

———"Introducción a las primeras obras de Lukács", en *Teoría de la novela,* Buenos Aires, Siglo XX.

———*Marxismo y ciencias humanas,* Buenos Aires, Amorrortu, 1974.

Gramsci, Antonio, *Los intelectuales y la organización de la cultura,* México, Juan Pablos, 1975.

———"Algunos temas sobre la cuestión meridional", en Juan Carlos Portantiero y Antonio Gramsci, *Los usos políticos de Gramsci/Escritos políticos. 1917-1933,* Cuadernos de Pasado y Presente núm. 54, México, 1977.

Gorz, André, "Técnicos, especialistas y lucha de clases", en Armando de Palma, Raniero Panzieri, Michele Salvati, Bianca Becalli, Antonio Lettieri y André Gorz, *La división capitalista del trabajo,* Cuadernos de Pasado y Presente núm. 32, México, Siglo XXI, 1977.

Guevara, Ernesto Che, Textos militares, en *Obras,* La Habana, Casa de las Américas, 1970.

Hegel, Georg Wilhelm Friedrich, *Filosofía del derecho,* México, UNAM, 1975.

———*Fenomenología del espíritu,* México, FCE, 1973.

Horkheimer, Max y Adorno, Theodor, *Dialéctica del Iluminismo,* Buenos Aires, Sur, 1969.

Kant, Immanuel, *La crítica de la razón pura,* Buenos Aires, Losada, 1970.

Lane, David, *Las raíces del comunismo ruso. Un estudio social e histórico de la socialdemocracia rusa (1898-1907),* México, Siglo XXI, 1977.

Lenin, Vladimir I., *¿Qué hacer?,* en *Obras completas,* t. v, Madrid, Akal, 1974-1977.

———*Se agudiza la situación en Rusia,* en *Obras completas* cit., t. IX.

———*A todos los ciudadanos de Rusia,* en *Obras completas* cit., t. XVIII.

———*El estado y la revolución,* en *Obras completas* cit., t. XXV.

———*La enfermedad infantil del "izquierdismo" en el comunismo,* en *Obras completas* cit., t. XXX.

———*Cuadernos filosóficos,* en *Obras completas* cit., t. XLII.

———*Materialismo y empiriocriticismo,* en *Obras completas* cit., t. XIV.

Lichtheim, Georg, *Lukács,* México, Grijalbo, 1972.

Lockwood, Davis, *El trabajador de la clase media,* Madrid, Aguilar.

Luxemburg, Rosa, *La crítica de la revolución rusa,* Buenos Aires, La Rosa Blindada, 1969.

———*La acumulación del capital,* México, Grijalbo, 1967.

———*Huelga de masas, partido y sindicatos,* Cuadernos de Pasado y Presente núm. 13, México, Siglo XXI, 1978.

Löwy, Michael, *La teoría de la revolución en el joven Marx,* México, Siglo XXI, 1972.

———*Dialéctica y revolución,* México, Siglo XXI, 1975.

Mandel, Ernst, "La proletarización del trabajo intelectual y las crisis de la producción capitalista", en *La rebelión estudiantil y la sociedad contemporánea,* México, UNAM, 1973.

Mann, Thomas, *Consideraciones de un apolítico,* en *Obras completas,* Barcelona, Plaza Janés.

———*Buddenbrooks,* en *Obras completa* cit.

———*La montaña mágica,* en *Obras completas* cit.

———*La muerte en Venecia,* en *Obras completas* cit.

———*Relatos de mi vida,* en *Obras completas* cit.

Mannheim, Karl, *Ensayos sobre sociología y psicología social,* México, FCE, 1963.

Marx, Karl, *El capital,* México, Siglo XXI, 1975.

———*En torno a la crítica de la filosofía del derecho de Hegel,* en *La Sagrada Familia,* México, Grijalbo, 1967.

———*Manifiesto del partido comunista,* en *Obras escogidas* en 3 tomos, Moscú, Progreso, 1973.

———*Miseria de la filosofía,* México, Siglo XXI, 1975.

Marcuse, Herbert, *El hombre unidimensional,* México, Joaquín Mortiz, 1970.

Merleau-Ponty, Maurice, *Las aventuras de la dialéctica,* Buenos Aires, Leviatán, 1957.

Mészáros, István, *El concepto de dialéctica en Lukács,* en G. H. R. Parkinson, *György Lukács. El hombre, su obra, sus ideas,* Barcelona, Grijalbo, 1973.

Michels, Roberts, *Los partidos políticos,* Buenos Aires, Amorrortu, 1972.

Mills, C. Wright, *Las clases medias en Norteamérica,* Madrid, Aguilar.

Mitzman, Arthur, *La jaula de hierro. Una interpretación histórica de Max Weber,* Alianza, 1976.

Nietzsche, Friedrich, *La genealogía de la moral,* Madrid, Alianza, 1971.

———*Más allá del bien y del mal,* Madrid, Alianza, 1972.

Pascal, Blaise, *Pensamientos,* Madrid, Aguilar, 1960.

Poulantzas, Nicos, *Las clases sociales en el capitalismo actual,* México, Siglo XXI, 1976.

Rocker, Rudolf, *La ideología del anarquismo,* en Irving L. Horowitz, *Los anarquistas,* Madrid, Alianza, 1977.

Savinkov, Boris, *Memorias de un terrorista,* México, Juan Pablos, 1973.

Schumpeter, Joseph A., *Capitalismo, socialismo y democracia,* Madrid, Aguilar, 1961.

Serge, Victor, *Memorias de un revolucionario,* México, El Caballito, 1973.

Simmel, Georg, *Cultura femenina y otros ensayos,* Madrid, Espasa Calpe, 1936.

Spengler, Oswald, *La decadencia de Occidente,* Madrid, Espasa.

Tönnies, Ferdinand, *Cultura y Sociedad,* Córdoba, Universidad Nacional de Córdoba (Arg.).

Touraine, Alain, *El movimiento de mayo y el comunismo utópico,* Buenos Aires, 1970.

Trotski, Leon, *Historia de la revolución rusa,* México, Juan Pablos, 1972.

———*Literatura y revolución,* México, Juan Pablos, 1973.

———*Stalin. Escuela de falsificadores,* México, Juan Pablos, 1973.

———*Su moral y la nuestra,* México, Juan Pablos, 1973.

———*1905,* París, Ruedo Ibérico.

Vincent, Jean-Marie, *Fetichismo y sociedad,* México, ERA, 1977.

Voltaire, *Cándido,* Barcelona, Vergara.

Weber, Max, *El político y el científico,* Madrid, Alianza, 1972.

———*Ensayos de sociología contemporánea,* Barcelona, Martínez Roca, 1977.

———*Ensayos sobre metodología sociológica,* Buenos Aires, Amorrortu, 1973.

———*La ética protestante y el espíritu del capitalismo,* Barcelona, Península, 1969.

Los cuatro primeros congresos de la Internacional Comunista Segunda parte, Cuadernos de Pasado y Presente núm. 47, México, Siglo XXI, 1977.

V Congreso de la Internacional Comunista Primera parte, Cuadernos de Pasado y Presente núm. 55, Córdoba (Arg.), 1975.

ÍNDICE DE NOMBRES

impreso en talleres gráficos victoria, s. a.
jesús terán 9-a, méxico, d. f.
tres mil ejemplares más sobrantes para reposición
28 de septiembre de 1978

www.ingramcontent.com/pod-product-compliance
Ingram Content Group UK Ltd.
Pitfield, Milton Keynes, MK11 3LW, UK
UKHW041842190726
13854UKWH00002B/679

9 789682 301162